新时代教师教育
系/列/教/材

U0573662

融合教育理论与
实践指导

RONGHE JIAOYU
LILUN YU
SHIJIAN ZHIDAO

主　编 ◎ 王志丹

副主编 ◎ 王清风

北京师范大学出版集团
BEIJING NORMAL UNIVERSITY PUBLISHING GROUP
北京师范大学出版社

图书在版编目(CIP)数据

融合教育理论与实践指导 / 王志丹主编. —北京：北京师范
大学出版社，2025.1
新时代教师教育系列教材
ISBN 978-7-303-29709-2

Ⅰ. ①融… Ⅱ. ①王… Ⅲ. ①小学教育－教学研究－高
等师范院校－教材 Ⅳ. ①G622.0

中国国家版本馆 CIP 数据核字(2024)第 009840 号

图书意见反馈 gaozhifk@bnupg.com 010-58805079
营销中心电话 010-58802135 010-58802786
编辑部电话 010-58807068

出版发行：北京师范大学出版社 www.bnupg.com
　　　　　北京市西城区新街口外大街 12－3 号
　　　　　邮政编码：100088
印　　刷：北京顶佳世纪印刷有限公司
经　　销：全国新华书店
开　　本：787 mm×1092 mm 1/16
印　　张：21.75
字　　数：440 千字
版　　次：2025 年 1 月第 1 版
印　　次：2025 年 1 月第 1 次印刷
定　　价：50.00 元

策划编辑：张筱彤　　　　　　责任编辑：薛　萌
美术编辑：焦　丽　李向昕　　装帧设计：焦　丽
责任校对：包冀萌　　　　　　责任印制：马　洁

总　序

党的二十大报告提出："坚持以人民为中心发展教育，加快建设高质量教育体系，发展素质教育，促进教育公平。"在教育强国的时代背景下，优先发展教育是迈向教育强国时代的重要战略。教师是教育高质量发展的第一资源。习近平总书记高度重视教师队伍建设，相继提出"四有"好老师、四个引路人、大先生、教育家精神等重要论述。教育家精神体现了教育者对教育事业的理想信念、道德情操、育人智慧、躬耕态度、仁爱之心和弘道追求，是中国教师群体铸造的宝贵智慧成果，也是迈向教育强国时代、培育大国良师、落实科教兴国战略的先决条件。新时代教师教育系列教材旨在提升教师的核心素养与实践能力，为我国基础教育高质量发展注入新的活力。

本套教材涵盖德育原理、学习科学、脑科学、编程教育、教育统计、信息科技、融合教育、心理健康、劳动教育等模块，旨在紧密结合新时代教师教育需求和趋势，从德育、智育、心育、劳育等维度阐释教育家精神扎根于基础教育的前瞻理论与实践案例，进而构建全面、系统、科学的教师教育知识体系。本套教材编写遵循三个原则：理论联系实际原则、需求推动创新原则、学科多元融入原则。

第一，理论联系实际原则。传统教师仅为学科知识的传授者，而今日的教师应是复杂问题的解决者和全面发展的培养者。因此，将理论与实践紧密结合是提升教师教育质量、促进教育创新的关键。本套教材充分融入最新的教育研究成果和技术前沿，确保理论内容的先进性和科学性；同时增加案例分析、教学设计等模块，使教师直观地感知理论指导实践的转化机制，强化理论知识应用于教育实践的能力。

第二，需求推动创新原则。在"数字化"时代，对教育的需求已超越传统的知识传授，聚焦于素养全面发展、创新能力培养、社会适应能力提升及信息技术融合等多个维度。本套教材在编写时注重五育并举、新文科、教师核心素养等前沿理念的融合与阐释，同时注重项目学习、情境创设、技术操作等方法的应用与分析，以培养教师的逻辑思维、问题解决能力与创新精神，提升其数字、信息、人文等核心素养，进而更有效地开展教学实践。

三是学科多元融入原则。本套教材在编写过程中，注重将思政教育、跨学科思维及特殊儿童教育需求融入教材内容，以培养对未来社会负责任的教师。强化社会主义核心价值观引领，将爱国主义教育、法治教育、职业情怀教育有机融入教材，潜移默化地涵养正确的世界观、人生观、价值观；积极响应新课程方案和课程标准需求，打破学科壁垒，将不同知识模块融入教学案例和教学设计，培养跨学科教学设计能力；深入探讨如何在普通教育体系中为特殊儿童提供适切的支持与服务，确保每位儿童都能够享有平等受教育的机会。

本套教材由江苏师范大学教育科学学院（教师教育学院）牵头，众多专家学者共同编写，承载着编写团队对教育事业的热爱和责任。在本套教材出版之际，由衷感谢编写团队所有成员的同心同德、同甘共苦。感谢北京师范大学出版社李轶楠、张筱彤及其他编辑同志的认真负责和精益求精。当然，由于编写团队水平有限，教材难免有疏漏，同时随着教育理论和实践的不断发展，教材的内容也须更新扩展，敬请广大读者、同行专家批评指正，提出建设性宝贵意见，以便今后修订完善。也期待更多专家学者和中小学教师能够参与本套教材的修订和使用，共同推动我国教育事业的高质量发展，让我们携手共进，为新时代的教育事业贡献力量！

陈　鹏

前　言

融合教育是全球范围内特殊教育改革与发展的主流思想，发端于西方教育发达国家 20 世纪后半叶以来的教育改革和社会运动，迄今已有半个多世纪的演变历程。1994年联合国教科文组织（UNESCO）在西班牙萨拉曼卡召开了"世界特殊需要教育大会"，会议通过了著名的《萨拉曼卡宣言》和《特殊教育行动纲领》，首次正式提出了"融合教育"（inclusive education）的主张，并将融合教育定义为：通过不同程度的教育设计与调整，使特殊儿童顺利进入普通班进行无差异学习。

自此之后，融合教育作为一种国际性的教育改革运动在世界各国得到了广泛的推广和实施。融合教育作为全球特殊教育改革与发展的主流思想，其理念和实践与党的二十大精神高度契合。党的二十大精神强调以人民为中心的发展思想，坚持全面深化改革，推动社会主义教育事业发展。融合教育的核心目标正是促进每个孩子的全面发展，这体现了教育的普遍性和公平性，与党的二十大提出的"发展素质教育，促进教育公平"相吻合。在此背景下，我国也在积极探索和推进融合教育的相关理论和实践，特别是随班就读政策的出台和实施，这为我国特殊教育的发展提供了新的契机和挑战。党的二十大提出的"强化学前教育、特殊教育普惠发展"也为融合教育的推进提供了指导。融合教育的实施不仅需要在教育政策和法规方面的支持，还需要在教育实践层面进行创新和改革，这与党的二十大强调的改革精神和创新理念相一致。目前，我国融合教育正在从"量的累积"逐步转化到"质的提升"，逐渐形成了以特殊教育学校为支撑、多元融合发展的特殊教育安置体系；与此同时，也面临着特殊儿童义务教育阶段入学率低、支持保障体系不完善等巨大挑战。

融合教育的发展既非一蹴而就，也非一劳永逸。它需要在不同的社会文化背景下进行本土的理解和适应，需要在不同的教育阶段和领域进行系统的分析和调整，需要在不同的学校和课堂环境下给予有效的支持和保障。总之，融合教育既是一种理想，也是一种实践；既是一种挑战，也是一种机遇；既是一种探索，也是一种创新。党的二十大精神中强调的社会主义核心价值观在融合教育中得到了体现。融合教育不仅仅是将特殊需求儿童纳入普通教育体系，更是一种价值观念的传递，即尊重差异、倡导平等、促进和谐。这种价值观念的传播与党的二十大精神中强调的社会主义核心价值体系相辅相成。

本书旨在从理论和实践两个层面，对融合教育进行全面而深入的探讨。全书共分为两部分：第一部分为理论分析，主要介绍融合教育的起源、发展、概念、原则、目标、效果、评价等基本内容，并对融合教育面临的问题和困境进行反思；第二部分为实践干预，主要介绍融合教育在不同教育阶段和不同教育领域中的具体实施策略和方法，结合案例分析和实证研究，介绍融合教育在我国的成功经验和典型模式。全书共分为十章：第一章为融合教育概述，主要介绍了融合教育的定义、相关概念辨析、基本理念、理论基础、模式等内容；第二章为融合教育的历史发展，主要介绍了融合教育的缘起、国际和国内的发展历程、重要事件、主要法律文献等；第三章为融合教育研究方法，主要介绍了融合教育研究的范式、特点、过程、实践运用等；第四章为融合教育的价值，主要介绍了融合教育的个体价值、经济价值和人文价值；第五章为融合教育的支持体系，主要介绍了融合教育所需的社区支持、学校支持、家庭支持和社会支持；第六章至第十章为不同类型的融合教育实践干预，分别介绍了孤独症、听觉障碍、言语障碍、注意缺陷多动障碍、唐氏综合征的基本概念、特征及其案例分析与教育干预。

　　本书力求以理论指导实践，以实践检验理论，以国际视野促进本土发展，以多元视角促进共识形成。本书适用于特殊教育或学前教育等专业的教师和学生、特殊学校或融合学校管理者、家长及社会各界人士阅读参考。在本书的理论与实践探讨中，我们可以看到党的二十大精神的影子。无论是理论分析还是实践干预，都体现了以人民为中心的发展思想，强调了公平、质量、改革、创新等关键词。这些都与党的二十大精神紧密相连，体现了我国特殊教育改革与发展的方向和目标。因此，本书的出版不仅是对融合教育理论与实践的贡献，也是对党的二十大精神在特殊教育领域的具体体现和落实。希望本书的读者能够从中感受到党的二十大精神的力量，进一步推动融合教育在我国的深入发展。

　　在此，感谢本书的出版社和编辑，使得本书能够顺利出版。同时，感谢本书的参与者和贡献者，他们提供了宝贵的数据、案例、意见和建议，使得本书能够更加丰富和完善。该书撰写过程中参考了大量著作、期刊、网站的研究成果，对于这些参考，我们尽量做到引用规范，既便于读者进一步阅读参考，又表示对文献作者的感谢。由于时间和能力的限制，本书成书较为仓促，难免存在一些错误和不足之处，恳请各位专家同人不吝赐教。

目　录

理论篇

第一章　融合教育概述 …………………………………………………（3）

　　第一节　融合教育的定义 …………………………………………（5）

　　第二节　融合教育相关概念辨析 …………………………………（11）

　　第三节　融合教育的基本理念 ……………………………………（17）

　　第四节　融合教育的理论基础 ……………………………………（24）

　　第五节　融合教育的模式 …………………………………………（37）

第二章　融合教育的历史发展 ………………………………………（47）

　　第一节　融合教育的缘起 …………………………………………（49）

　　第二节　中国融合教育的发展 ……………………………………（56）

　　第三节　国外融合教育的发展 ……………………………………（64）

第三章　融合教育研究方法 …………………………………………（77）

　　第一节　融合教育研究的基本概况 ………………………………（79）

　　第二节　融合教育研究的基本过程 ………………………………（84）

　　第三节　融合教育研究的具体方法 ………………………………（88）

　　第四节　融合教育研究的展望 ……………………………………（110）

第四章　融合教育的价值 ……………………………………………（115）

　　第一节　融合教育的个体价值 ……………………………………（116）

　　第二节　融合教育的经济价值 ……………………………………（121）

　　第三节　融合教育的人文价值 ……………………………………（124）

第五章　融合教育中的支持体系 ……………………………………（130）

　　第一节　融合教育的支持体系概述 ………………………………（132）

　　第二节　学校支持 …………………………………………………（132）

　　第三节　家庭支持 …………………………………………………（142）

　　第四节　社区支持 …………………………………………………（146）

　　第五节　社会支持 …………………………………………………（150）

实践篇

第六章　孤独症儿童的融合教育 ……………………………………………（157）

　第一节　孤独症概述 ……………………………………………………（158）

　第二节　孤独症儿童特征 ………………………………………………（165）

　第三节　孤独症儿童的案例分析及教育干预 …………………………（174）

第七章　听觉障碍儿童的融合教育 …………………………………………（208）

　第一节　听觉障碍概述 …………………………………………………（209）

　第二节　听觉障碍儿童特征 ……………………………………………（215）

　第三节　听觉障碍儿童的案例分析及教育干预 ………………………（225）

第八章　言语障碍儿童的融合教育 …………………………………………（241）

　第一节　言语障碍概述 …………………………………………………（243）

　第二节　言语障碍儿童特征 ……………………………………………（250）

　第三节　言语障碍儿童的案例分析及教育干预 ………………………（255）

第九章　注意缺陷多动障碍儿童的融合教育 ………………………………（273）

　第一节　注意缺陷多动障碍概述 ………………………………………（276）

　第二节　注意缺陷多动障碍儿童特征 …………………………………（289）

　第三节　注意缺陷多动障碍儿童的案例分析及教育干预 ……………（295）

第十章　唐氏综合征儿童的融合教育 ………………………………………（318）

　第一节　唐氏综合征概述 ………………………………………………（320）

　第二节　唐氏综合征儿童特征 …………………………………………（323）

　第三节　唐氏综合征儿童的案例分析及教育干预 ……………………（327）

参考文献 ………………………………………………………………………（336）

理论篇

融合教育概述

章结构图

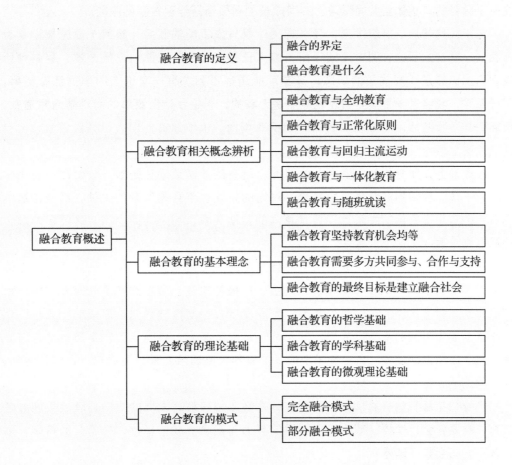

◎ 学习目标

1. 熟悉融合教育的定义、特点及原则。
2. 辨析融合教育与全纳教育、正常化等相关概念的异同。
3. 掌握融合教育需遵循的基本理念。
4. 了解并掌握融合教育的理论基础。
5. 了解融合教育的模式。

情境导入

当初次听到融合教育这个词时，我就感受到一种温暖、开放、包容的美好氛围。在一个融合的班集体里共同学习、共同成长的画面渐渐浮现在我的眼前。

自正式接管这个班级以来，我一直关注着与众不同的熙熙，熙熙 1 岁时被诊断为孤独症，并在之后的检测中还被诊断为智力低下。虽然现在熙熙已经 8 岁，但是她所表现出的仍然是 3 岁孩子的状态，甚至可能还达不到。有一次班上同学捣乱做错事，冤枉熙熙，我经过一番调查后发现熙熙是无辜的，于是我让做错事的同学向熙熙道歉，但熙熙却一脸茫然，没有意识到同学们不尊重她，也不知道他们为什么要道歉，但自此之后班上再也没有发生过类似的事件。

在课堂上，所有的教学资源向她打开，所有的教学活动让她参与，使熙熙与同学们融为一体。教师的观念也有所转变，对她的关注也不再是有意的关注，而是自然的指导；她与助学伙伴的关系也不再是单向的帮助关系，而是共同学习。这温馨的融合使熙熙真正融入了这个班集体。

在教师榜样的示范下，班级同学对待熙熙的态度也发生了变化，从一开始的冷落排斥到现在的主动帮助，体育课、运动会、广播操比赛、合唱比赛、升旗表演等场合都能看到熙熙与伙伴们在一起的身影，大家发自内心地接纳熙熙为班级的一分子，让她在这个集体中感到幸福和温暖，与大家一起接受教育，共同学习，参与活动，与大家一起全面和谐地发展、自由快乐地成长。看到大家团结友爱，互助前行，作为老师，我真的深感欣慰。

每一朵花都有盛开的权利，融合教育是当今特殊教育发展的方向，有效实施融合教育，需要社会、学校、家庭等各方面的努力与配合。我们相信，在不久的将来，融合教育之花会越开越盛！

这是一位在普通小学有着多年教育经历的一线教师所记录的一份教育笔记。她所理解的融合教育与我们所理解的是否一样？那么究竟什么是融合教育？融合教育的开展需要遵循什么基本理念？它需要哪些理论作为支撑？推行融合教育的模式有哪些？本章主要围绕这些问题进行详细阐述。

第一节
融合教育的定义

一、融合的界定

(一)"融合"一词的由来

为了科学把握融合教育的内涵，首先需要逐层分析"融合"这一限定词的意思。"融合"一词在教育领域中的运用，源于英语中的"inclusion"一词，意为包含。1982 年 4 月在美国明尼苏达州召开的一次会议上，美国教育部负责特殊教育项目的桑塔格博士在报告中提出，在选择特殊学生到正常班级的干预政策中使用"融合概念"(inclusion concepts)是合理的。1994 年，美国全国教育与融合研究中心(the National Center on Education Restructuring and Inclusion，NCERI)经过多年研究最终得出"融合"(inclusion)的定义："对所有学生，包括有重大残疾的学生提供得到有效服务的机会，包括得到需要补充的工具和辅助性服务并安置到附近学校与其年龄相适应的班级，以使学生在社会中像所有成员一样拥有富裕生活。"①

(二)"融合"的词义辨析

在《现代汉语词典(第 7 版)》中，"融合"作为动词被解释为"几种不同事物合成一体"。基于这种定义，按照互动性质(单向或双向)与互动意向(主动或被动)的维度可以将"融合"分为以下四种组合(见表 1-1)。

表 1-1　融合的两维分析表

维度	单向	双向
被动	一方静候等待，被动接纳对方	借助外力干预，被动彼此接纳
主动	一方静候等待，主动接纳对方	两方采取行动，主动接纳对方

---

① 朴永馨：《融合与随班就读》，载《教育研究与实验》，2004(4)。

在单向互动性质的融合中，被动融合与主动融合都存在两种情况：一是正向融合，即将特殊儿童融入普通儿童；二是反向融合，即将普通儿童融入特殊儿童。而在双向互动性质的融合中，无论是双向被动融合还是双向主动融合都更强调普通儿童与特殊儿童彼此的相互理解，区别在于前者需要借助外力，可能会出现"貌合神离"的现象，难以获得融洽的同伴关系；后者是在彼此相互理解后主动接纳对方，会出现"情投意合"的良好效果，有利于良好同伴关系的建立。

从两类儿童融合程度上来考察，还可以分为部分融合与完全融合两种情况，前者是指将特殊儿童部分融合到普通儿童中，后者是指将特殊儿童全部融合到普通儿童中，然而，鉴于特殊儿童中又包含多种类别（孤独症儿童、听觉障碍儿童、言语障碍儿童、唐氏综合征儿童等），部分融合又可进一步细分为哪些类别的特殊儿童能融合到普通儿童之中，以及同一类别中具有哪些特征的特殊儿童能融合到普通儿童之中这两种情况。从儿童年龄来看，可以分为同龄普通儿童与特殊儿童的融合，以及异龄普通儿童与特殊儿童的融合。从儿童所在阶段来看，可以分为学前普通儿童与特殊儿童的融合、学龄普通儿童与特殊儿童的融合等。从时间的角度来看，"完全融合是指对特殊儿童进行全日制的普通教室安置；部分融合即让特殊儿童部分学习时间在普通教室学习。"①

二、融合教育是什么

(一)融合教育的定义

1994 年 6 月 7 日至 10 日，联合国教科文组织(UNESCO)在西班牙萨拉曼卡召开了"世界特殊需要教育大会"，会议通过了著名的《萨拉曼卡宣言》(见图 1-1)和《特殊教育行动纲领》，正式提出了推广"融合教育"(Inclusive Education)的主张。融合教育采用"特殊需要儿童"这一概念来替代过去常用"特殊儿童"和"残疾儿童"的概念，打破了原有的按照残疾分类来对特殊儿童贴标签的做法，同时扩展了特殊教育的概念，让人们从教育角度而不是医学角度来考虑教育计划的制订，对践行融合教育理念具有重要意义。②

在萨拉曼卡通过的《特殊教育行动纲领》将融合教育定义为：普通学校"应接纳所有学生，而不应考虑其身体、智力、社会、情感、语言及其他状况"；"残疾儿童③和天才

---

① 邓猛、朱志勇：《随班就读与融合教育——中西方特殊教育模式的比较》，载《华中师范大学学报（人文社会科学版）》，2007(4)。

② 周兢：《学前特殊儿童教育》，5 页，北京，高等教育出版社，2016。

③ 特殊儿童曾被称为残疾儿童，本教材在论述过去的情况时采用当时所使用的名称。

儿童、流浪儿与童工、边远地区及游牧民族的儿童、少数民族儿童及其他处境不利的儿童"都应该一同在融合学校中接受教育；"每个儿童都有独一无二的个人特点、兴趣、能力和学习需要"；融合教育"必须认识到和照顾到不同学生之间的不同需要，顺应不同的学习类型和学习速度，通过适当的课程、组织安排、教学策略、资源利用及社区合作，提升全体学生的教育质量"。

综上所述，融合教育的核心理念就是实现全民教育，建立全纳社会。"全纳社会与全民教育的宗旨一致，就是要保障所有学习者受教育的权利不会因为个人的特点与障碍而被剥夺，其最终目的在于建立一个更加公正的社会。"①

图 1-1　《萨拉曼卡宣言》②

①　联合国教科文组织：《全纳教育共享手册》，陈云英等译，13～14 页，北京，华夏出版社，2004。

②　"The Salamanca Statement and Framework for Action on Special Needs Education-UNESCO Digital Library," https://unesdoc. unesco. org/ark:/48223/pf0000098427，2023-05-15。

(二)融合教育的特点

融合教育反映了全人类对平等、人权的共同诉求与期望，其最大的特点便是保障有质量的教育公平，具体包括教育权利、教育过程和教育结果的平等。

1. 教育权利平等

(1)融合教育与权利平等。

融合教育强调，教育应面向所有适龄儿童，不能以学生的性别、年龄、健康状况、信仰、语言、文化背景等为由拒绝其接受教育，这是一项基于"人人生而平等"的人权诉求，是人人都能平等享有受教育权的重要体现。实施融合教育课程的机构或学校应通过提供各种资源、设备、条件与服务，减少或消除儿童入学的各种障碍，包括物理障碍、制度障碍和文化障碍等，从而实现融合教育课程的"零拒绝"(zero-reject)。

(2)我国融合教育政策体现权利平等的特点。

2022年国务院办公厅转发教育部、中国残联等部门《"十四五"特殊教育发展提升行动计划》(以下简称《行动计划》)要求切实保障残疾儿童青少年平等接受教育的权利，强调"公平优质"，在于为每个孩子提供平等的教育机会，明确了我国融合教育"适宜融合"的本土模式。[①]

2. 教育过程平等

(1)强调接纳、尊重并欣赏学生的差异性。

融合教育最具价值的内容之一在于它把学生间的差异性当作人类发展过程中一个普遍意义上的特征去对待并接纳，反对教学内容及呈现方式的"主流中心论"。于是在课程设计之初就把学生的差异性考虑在内，以适应不同学生的学习特点与需要；与此同时，多元化的学生结构是一种资源而非问题，正是学生特点与需求的多样性打破了旧有课堂的一成不变，也能够促进教师在教学方法和教学策略上不断推陈出新。

(2)强调全体学生充分参与学习活动。

加鲁西(Gallucci)等人1998年在访谈融合教育中的特殊儿童时发现，这些儿童时刻强调自己在班级中不只是意味着身体的存在，而是真正成为班级的一员，其关键在于参与到班级活动中。[②] 融合教育要做到所有学生都能充分参与，就要求学习活动和课程设计必须是灵活的、可调整的，要求教师应当拥有课程调整决策权，同时在课程目标、内容、评估等环节，教师也要有必要的自主权，这些都需要国家在课程管理层面做出相应的调整和改变。

---

① 张玲、邓猛：《新时代我国融合教育发展的本土模式与实践特色——基于〈"十四五"特殊教育发展提升行动计划〉的解读》，载《残疾人研究》，2022(1)。

② Rachel E. Janney and Martha E. Snell, "Modifying Schoolwork in Inclusive Classrooms," in *Theory into practice*, 2006，vol. 45, pp. 215-223.

（3）强调每个学生都能取得与其能力相匹配的成就。

融合教育改革学生学习活动的评价机制和体系，"成就"不应局限于学业考试或测验的结果，而是与课程相关的所有成果。在融合教育的课程中，仅仅把学生纳入课程是远远不够的，更重要的是要让学生有被纳入的体验，力图让学生在课程中体验到成就，而且这种成就应与学生自身的经验相关，并将其体现在课堂学习当中。

3. 教育结果平等

（1）教育结果平等的内涵和类型。

教育结果的公平是指评价方式、就业机会的公平。[①] 在教育评价方面，融合教育强调个性潜能的充分发展，不能用同一标准衡量所有儿童，要根据特殊儿童的发展特点制定相应的评价标准，采用系统的、小组式的评价方法。就业机会的公平也是教育结果公平的重要指标。就业是改善特殊儿童未来生活状况、参与社会活动、提高社会地位的基础，是实现人生价值的关键。融合教育强调所有儿童的社会性发展，反对将特殊儿童排斥在主流社会之外。因此，融合教育尽可能地缩小了特殊儿童与普通儿童的差距，最大限度地促进特殊儿童得到相应的不同程度的发展，特别是社会性得到了充分的发展。因此，融合教育为特殊儿童的就业问题提供了一定的条件。

（2）目前我国融合教育中的结果平等。

虽然融合教育的特点反映出学生接受教育的最终结果状态的一致公平，而现实的教育中，现阶段我国特殊教育的状况无法为每位特殊儿童提供适合其特殊需要的教育及评价方式，一般特殊儿童接受完义务教育后很难再升入高一级的学校进行学习，即使毕业也很难在社会中找到工作，这就影响了特殊儿童学习的积极性。

（三）融合教育的原则

融合教育要求面向全体学生，满足所有儿童（包括普通儿童和特殊儿童）的特殊教育需要，要求按照教育法规和教育民主化精神切实保障所有儿童的受教育权利，并依据不同儿童的个性特点提供有针对性的教育，使每个人的个性都能得到充分而和谐的发展。要顺利实施融合教育，就必须贯彻以下原则（见图1-2）。

1. 主体性原则

所有学生都是学习活动的主体，教学活动要围绕着培养和发展学生的自主性、合作性和创造性，加强师生多向互动、鼓励学生主动参与。

2. 教育正常化原则

要根据不同儿童的个性特点，为其制定符合其身心发展规律的、具有针对性的教育措施，尽可能使个别具有特殊教育需求的儿童融入全体儿童中去，使他们尽可能在

---

① 李术：《试论残疾人的教育公平》，载《中国特殊教育》，2003（4）。

正常环境中学习、发展和进步。

3. 早期干预原则

早期干预主要是针对低年龄段、可能或已经偏离正常发展水平的儿童所进行的预防、鉴别、治疗和教育四个方面的工作。这里的"早期"一方面是指针对 7 岁以前的儿童的干预；另一方面是指儿童出现特定症状的早期甚至是在症状出现以前的干预。

4. 成功教育原则

成功教育是指在教育过程中教师通过帮助学生体验成功，促使学生主动争取成功。在实施中要求教师不断更新教育观念和教育方法，从而帮助学生获得成功体验，使学生形成成功的心理和积极的学习动力。

5. 教育平等原则

实施融合教育的机构或学校对所有学习者应当一视同仁，为其提供平等的学习机会和教育资源，并根据学习者各自的身心特点提供适合其水平和需要的教育。

6. 系统教育原则

系统性教育涉及多方面问题。在教育环节上应将医学康复、心理康复、教育训练、职业技能培养等各个方面统一起来；在教学内容上应涉及各个领域的知识、技能、情感等方面的要求；在不同的学科教学中，应加强知识间的联系，以形成完整的知识体系。

7. 个别化教育原则

根据每一个学生的身心特点，制订相应的教学计划，通过调动学生参与的积极性，实现建构式学习，加强对学生的个别指导，根据学生参与教学活动的情况对其作出相应的评价。[①]

图 1-2　融合教育的原则

---

① 兰继军、李国庆、柳树森：《论全纳教育的教育原则》，载《中国特殊教育》，2003(6)。

第二节
融合教育相关概念辨析

融合教育思想一经提出，迅速成为全球各国教育改革关注的重点问题。为了更好掌握融合教育这一理念，我们需要厘清与之意义相近却又有所不同的相关概念。

一、融合教育与全纳教育

（一）"inclusive education"一词的由来

1994 年《萨拉曼卡宣言》正式提出"inclusive education"一词，根据不同的翻译方式，翻译为"全纳教育"或"融合教育"。"全纳教育"一词是根据"inclusive"的含义"包括的、包含的"意译过来的。赞同该译法的人认为，全纳教育产生于 20 世纪 90 年代初的全民教育思潮，它"超出了特殊教育的范畴，指向的是整个教育领域"；而融合教育的产生则需要回顾整个特殊教育发展历程，它包含了从 20 世纪六七十年代以来西方特殊教育领域内将特殊儿童放在普通学校进行"正常化"教育、"一体化"教育及"回归主流"运动，它"专指将特殊儿童融入普通教育与社会中的教育方式"，二者不是同一概念的不同表述，而是既有明显区别又有紧密联系的两个概念，在概念起源背景、研究领域与研究范围上均存在差异。[①]

（二）"inclusive education"的翻译问题

但也有不少研究者认为，"inclusive education"应该被翻译成"融合教育"更准确。他们认为，在西方，融合教育的支持者们内部也存在部分融合（partial inclusion）还是完全融合（full inclusion）的争论。部分融合派认为特殊儿童在普通班接受教育只是其教育的一部分，应当允许他们在必要时间到特殊资源教室或特殊学校接受一段时间的教育与服务；完全融合派则认为所有儿童都能在普通教室接受满足他们需要的教育，所以对特殊儿童进行全日制的普通教室安置。如此一来，"全纳"在英文中的准确表述应是"full inclusion"，而将"inclusion"翻译成"全纳"是不够准确的，因此，"inclusive educa-

---

① 李拉：《"全纳教育"与"融合教育"关系辨析》，载《上海教育科研》，2011(5)。

tion"应该被翻译为"融合教育"。① 本书赞同后者的观点，将"inclusion"翻译为"融合"，将"inclusive education"翻译为"融合教育"。

二、融合教育与正常化原则

(一)正常化原则提出背景

特殊教育在其有限的历史进程中，经历了从隔离到融合的过程。西方早期的特殊教育以隔离、分类为特征，将视障、听障和智障特殊儿童安置到特殊学校和班级，与普通儿童所接受的普通教育相隔离。直到 20 世纪 50 年代，丹麦的米克尔森（Bank-Mikkelsen)提出正常化原则(normalization)，主张将特殊儿童安置到正常社会环境中学习和生活，与普通儿童接受同样的教育，这种普特隔离的状况才得以被打破。

(二)正常化原则的核心思想

其核心在于强调"人皆平等，享有同等权利""接受他们的障碍情形，提供一样的机会和权利""给他们应有的尊重和了解"和"提供他们自我决定和参与的机会"。瑞典学者本格特·尼尔耶(Bengt Nirje)更进一步澄清所谓"正常化原则"并不是只针对轻度障碍者而言，也不是要让障碍者变成"正常"，更不是要把这群人扔进社区而不提供任何支持，而是让他们在享有同样权利和机会的同时，提供他们所需要的支持性服务。② 过去认为，"正常化"的环境就是正常人生活的环境，并将此理解为"最少受限制的环境"，随着人们对实践的认识转化及对特殊儿童在"正常化"环境中出现的各种利弊的权衡，最少受限制环境(Least Restrictive Environment，LRE)得到了新的理解。

(三)融合教育的核心思想

融合教育的核心思想是让所有儿童都得到教育，让所有儿童都得到适合他的教育，使每个儿童都得到最佳成长机遇和对社会生活的最佳适应。在融合教育的环境中，儿童被鼓励与同年龄的同伴一起增进互动，共同学习与成长。同时，普通及特教老师会一起合作，确保特殊儿童自然参与，使其真正融入班级，成为班级的一分子，而非貌合神离。在教育过程中，执行个别化的教育计划，并改编主要课程或材料，使个别化教育计划的目标融入班级课程教学当中，以增进儿童的参与学习。

---

① 邓猛、朱志勇：《随班就读与融合教育——中西方特殊教育模式的比较》，载《华中师范大学学报(人文社会科学版)》，2007(4)。

② 林宝贵：《特殊教育理论与实务》，28 页，台北，心理出版社股份有限公司，2000。

(四)融合教育和正常化原则有何不同

由此可见，正常化原则与融合教育的不同之处主要体现在两个方面。一方面，"正常化原则"始于 20 世纪 50 年代，在 20 世纪 60 年代奠定了基本的思想体系，早于融合教育，为融合教育的产生与发展提供了可能。另一方面，正常化运动为特殊儿童融入普通儿童提供了客观的环境基础，但在实际的课程教学中并未采取主动有效的措施来确保特殊儿童真正融入，这使他们仍然处于被隔离的边缘地位；而融合教育从儿童、教师、社会三个角度制订具体措施，在确保设施、环境等客观条件之外，通过鼓励师生互动、生生互动、课程或材料的改编、教育计划的定制等切实保障特殊儿童与普通儿童的真正融合。

三、融合教育与回归主流运动

(一)回归主流运动

"正常化"主张传播到美国后，邓恩(Dunn)于 20 世纪 60 年代提出改革方案，认为"特殊教育与普通教育必须融合，于是在教育体制上传统学校的自足或特殊班的隔离教育学者们纷纷主张回归主流"，并于 20 世纪 70 年代中期开展了一场回归主流(mainstreaming)运动，让每个儿童都有平等接受教育的权利。

(二)回归主流运动的模式与本质

回归主流主要有两种模式：①零拒绝模式(zero-reject model)，主张特殊儿童原本就应在普通班就读，并认为儿童已经统合在普通班不可能被转移到特殊班就读。②失败—救援模式(fail-save model)，该模式可被看成一种过滤体系，根据特殊儿童是否通过特殊测评来决定其是回到普通班还是特殊班。回归主流本质上仍然是以特殊儿童应该在普通教室以外的、隔离的环境中受教育为前提，要求特殊儿童必须达到某种预定的标准(鉴定或评价结果)才能到普通教室就读。特殊教育仍然属于主流之外的"支流"，普通教育才是权威和正本，特殊教育只是不断地回归到这个主流上来。特殊儿童必须通过自己的努力去争取、赢得在普通教室接受教育的权利，如果不能达到某种标准则只能在限制较多的环境中学习。①

(三)回归主流运动与融合教育有何不同

从历史发展进程看，融合教育思想源于回归主流运动，但二者仍有本质区别。融

---

① 李拉：《"全纳教育"与"融合教育"关系辨析》，载《上海教育科研》，2011(5)。

合教育始于 20 世纪 90 年代，回归主流运动兴起于 20 世纪 60 年代，盛行于 20 世纪 70 年代中期，早于融合教育，并为融合教育奠定了理论与实践基础。两者本质上的区别在于，回归主流运动视特殊需求儿童为"支流"，强调儿童通过一系列的努力与改进及环境的转换来适应学校，学校是被动地接受他们；而融合教育没有"主流"和"支流"之分，它更倾向于以儿童为中心，要求学校自身充分认识学生的差异及特点，并设法满足儿童的各种不同需要，为他们提供高质量的个性化教育，即学校适应学生。融合教育的本质是认为特殊儿童本来就属于普通教室，他们有权利在普通教室接受高质量的、符合他们自身特点的、平等的教育及必要的支持与服务，无须经过自己的能力去争取、赢得在普通教室接受教育的权利，这是融合教育与回归主流运动最大的不同。在融合教育环境下，没有主流和权威之说，每个孩子都是班级里不可替代的、独一无二的一部分。

四、融合教育与一体化教育

(一)一体化教育形成历史

正常化思潮下的融合教育运动在以美国为代表的北美洲通常被称为回归主流运动，而在以英国为代表的欧洲则被称为一体化运动。[①] 一体化教育(integrated education)在日本被称为"统合教育"。在正常化理念支配下，日本于 20 世纪 80 年代初期在部分地区掀起了"将所有障碍儿童送进普通学校"的教育改革运动，称为"统合教育"。自 20 世纪 70 年代起，丹麦开始将盲童[②]安置在普通公立学校接受混合式的学校教育，将盲婴幼儿送入普通托儿所和幼儿园。1980 年，丹麦新立法明确规定：丹麦障碍儿童与其他儿童一样以同样的条件接受教育。

(二)一体化教育的四个层次

一体化教育主张将普通教育和特殊教育两种不同的教育糅合在一起，构成一种新的教育体系。它包括四个层次：①形式上的一体化，目的在于减少特殊儿童和普通儿童之间的距离。特殊儿童可以组成一个特殊的班级或教学组，但在空间上并不隔离，仍在一所普通学校内接受教育，既融合又保持一定的独立性。②功能上的一体化，旨在缩小特殊儿童和普通儿童之间功能上的差异。在开展诸如音乐、美术、戏剧和体育等教学活动时使用同样的课程与教学设备。③社交上的一体化，旨在减少交际方面的差距，鼓励特殊儿童与普通儿童之间进行接触和联系。④社会上的一体化，力图扩大

---

① 李拉：《"全纳教育"与"融合教育"关系辨析》，载《上海教育科研》，2011(5)。
② 视觉障碍儿童曾被称为盲童，本教材在论述过去的情况时采用当时所使用的名称。

特殊儿童与社会方面的相互作用和联系，让他们广泛了解社会。[1]

（三）一体化教育和融合教育有何不同

有学者指出"一体化"通常被用来泛指将特殊儿童从隔离的教育环境向较少隔离的教育环境转换、过渡的过程，尤其是指向普通教室转换、过渡的程序、过程。[2] 可见，"一体化"可以被看作一个行动的过程。因此，从广义上看，回归主流和融合教育都可以被看作是一体化教育运动。但其实两者还是有很多不同。首先，两者在指导思想上存在差异。一体化教育仍然是以特殊需要儿童属于正常环境之外的"支流"为前提的，这一前提假设使得一体化教育在产生之初就违背了其要追求的教育平等的目标，因此具有先天的缺陷。而融合教育则较好地体现了教育平等的原则，在融合教育看来，教育没有主、支流之分，每个儿童都应被纳入教育的主流，机构或学校应根据儿童的不同需要对其实施教育。其次，两者的出发点不同。一体化教育是以推广特殊教育为出发点的，而融合教育立足于全民教育理念，强调提高教育质量。最后，两者对学校与儿童之间关系的认识不同。一体化教育强调儿童入学前已经做好一切准备以适应班级，即儿童适应学校；而融合教育强调学校应在师资、设施等方面提前做好准备以适应各类不同特殊需要的儿童，即学校适应儿童。

综上，融合教育与正常化原则、回归主流运动、一体化教育虽有细微区别，但仍有很多相似或是重叠的地方。其核心内容都是：让儿童在最少受限制的环境中接受教育，同时依据残疾程度的不同，设置不同类型的特殊教育形式，制订具有针对性的、个别化的教育计划，主张使大多数特殊儿童尽可能地在普通学校或普通班级与普通儿童共同学习和生活，改变以往将特殊儿童集中在特殊学校、将他们与普通儿童隔离开的传统教育方式，最终达到特殊教育与普通教育融为一体的目的。

五、融合教育与随班就读

（一）"随班就读"一词的由来

"随班就读"这一概念的正式提出是在 1987 年 12 月，国家教委在发布的《关于印发"全日制弱智学校(班)教学计划"的通知》中指出："在普及初等教育过程中，大多数轻度弱智[3]儿童已经进入当地小学随班就读。"随后，国家把普通教育机构招收特殊学生随

---

① 盛永进：《特殊教育学基础》，51 页，北京，教育科学出版社，2011。

② Mel Ainscow，Peter Farrell and Dave Tweddle，"Developing Policies for Inclusive Education：A Study of the Role of Local Education Authorities，" in *International journal of inclusive education*，2000，vol. 4，pp. 211-229.

③ 智力障碍儿童被称为弱智儿童、智能障碍儿童，本教材在论述过去的情况时采用当时所使用的名称。

班就读正式作为发展特殊教育的一项政策。国家教委在 1994 年下发的《关于特殊儿童少年随班就读工作试行办法》对随班就读的定义是："随班就读就是让具有一定能力的视障、听障、弱智等特殊儿童少年就近进入普通学校同普通学生一起学习、一起活动、共同进步。"2003 年，《关于印发〈全国随班就读工作经验交流会议纪要〉的通知》指出，"随班就读"是我国实施融合教育的一种形式，是"我国基础教育工作者特别是特殊教育工作者参照国际上其他国家的融合教育做法，结合我国的特殊教育实际情况所进行的一种教育创新"。随班就读是在西方一体化运动及回归主流教育思潮的影响下，由我国特殊教育工作者根据我国国情探索出的针对特殊儿童实施特殊教育的一种形式，它使特殊儿童就近进入普通小学接受义务教育，使大量游离在学校大门之外的特殊儿童就学有门。[①]

(二)融合教育与随班就读的共同之处

我国特殊教育资深专家朴永馨先生在《融合与随班就读》一文中总结了融合教育与随班就读的共同之处：①教育安置形式相同或相似，均把特殊学生安置到普通班级(或主要是在普通班级)与正常学生一起上课；②学生都有平等受教育的权利；③体现特殊学生与社会、特殊教育与普通教育相融合的思想；④根据学生的个体差异采取个别帮助、辅导或咨询。

(三)融合教育与随班就读有何不同

即便如此，随班就读与融合教育二者也不能直接画等号，它们之间还存在以下四个显著的不同点。

第一，随班就读参照了融合教育的做法，如将特殊儿童安置在普通教室，逐渐重视学生潜能的鉴定与开发。但随班就读保留了某些苏联的影响，重视对学生的缺陷进行补偿与矫正，这些缺陷学的理论与方法在中国特殊教育领域受到重视，其效果也为实践所证明。

第二，融合教育以自由、平等、多元的社会文化价值观念为基础，而随班就读产生发展于传统儒家教育思想的历史文化背景之上，并体现社会主义的政治与教育理念。

第三，随班就读比较简单、粗糙，并不像融合教育已经成为一个理想的教育哲学并具有完备的教育目标、方法和体系；随班就读只是解决中国特殊儿童教育问题的一个切实可行的具体实施方法。

第四，融合教育的根本目标是在普通教室为包括特殊儿童在内的所有儿童提供高质量的教育，面向的是全体学生；随班就读的服务对象目前还是以盲、聋、弱智三类

---

① 转引自赵小红：《试论中国全面推进随班就读工作的必要性》，载《中国特殊教育》，2011(11)。

特殊儿童为主，许多重度残疾、综合残疾儿童及其他残疾类型的儿童还没有进入普通学校，还没有上学接受教育的机会。[①]

从广义上看，随班就读属于融合教育的范畴。中国随班就读的实践既受国际先进特殊教育理论的指引，又考虑到了中国本土的社会文化、经济、教育等实际情况。这种因地制宜探索出的随班就读模式，丰富了融合教育的理论与实践，并为其他情况类似的发展中国家提供了可借鉴的经验。可以说，随班就读正处在融合教育发展的初始阶段，最终会演变为真正的融合教育。[②]

第三节
融合教育的基本理念

一、融合教育坚持教育机会均等

1994年由联合国教科文组织在西班牙萨拉曼卡召开的"世界特殊教育需要大会"重申了1947年《世界人权宣言》中提出的每个人都有受教育的权利，并郑重声明"有特殊教育需要者必须有机会进入普通学校，这些学校应将他们吸收在能满足其需要的、以儿童为中心的教育活动中"，并号召所有政府"以法律或方针保证全纳性教育原则的采用，将所有儿童招收进普通学校，除非有不得已的原因才作别种选择"；"有特殊教育需要者必须有机会进入普通学校"及"将所有儿童招收进普通学校"等思想体现了人们在特殊教育领域中追求一种"教育机会均等"的理念。

《教育大辞典》将教育机会均等的含义概括为：①入学机会均等或入学不受歧视；②受教育过程中的机会均等；③取得学业成功的机会均等；④机会均等的原则是指那些在物质、经济、社会或文化方面处于最底层者应该而且应尽可能地通过系统得到补偿；⑤不仅在获得知识，而且在获得本领上的机会均等；等等。由此可见，教育机会的均等是建立在多层次、多方位理解基础上的均等。[③]《萨拉曼卡宣言》中的声明无处不体现着教育机会均等的思想。教育机会均等作为融合教育的基本理念主要体现在两个方面：一是特殊儿童与普通儿童一起在普通教室接受教育；二是特殊儿童与普通儿童

---

①　邓猛、朱志勇：《随班就读与融合教育——中西方特殊教育模式的比较》，载《华中师范大学学报（人文社会科学版）》，2007(4)。

②　肖非：《中国的随班就读：历史·现状·展望》，载《中国特殊教育》，2005(3)。

③　顾明远：《教育大辞典》，413页，上海，上海教育出版社，1992。

一样在普通班级中获得充分发展。

(一)特殊儿童与普通儿童一起在普通教室接受教育

1."平等接受教育"的提出背景

融合教育强调每个儿童都应在主流教育体系中接受教育。尽管在 100 多年前许多国家就已经颁布了义务教育法来保障个体基本的受教育权,但直到 20 世纪末,世界上仍然有 7700 万适龄儿童失学及 7.7 亿成人文盲。[①] 即使在已经就读的普通学生里也会存在各种显性或隐性排斥的问题,而针对特殊儿童的排斥现象更甚。特殊儿童通常被人为地隔离在特殊环境里,有些特殊儿童根本没有机会上学,或者即使有机会上学,也只能上特殊学校,长期处在与普通儿童完全隔离的、封闭的环境中。尽管有法律的规范及多方的倡导,儿童平等受教育的权利仍然没有得到充分的保障,这是 20 世纪后期国际社会和许多国家一直在努力解决但始终没能很好解决的问题。20 世纪 50 年代兴起的正常化原则及 60 年代兴起的回归主流运动,都是在为以残疾人为主的特殊群体争取平等的受教育权,主张要求将特殊儿童安置在普通学校和普通教室,与普通儿童一样平等地接受教育。普通教室是对学生限制最少的教育环境,应尽可能使有特殊教育需求的儿童从限制较多的环境到限制最少的环境中去,即从特殊学校向普通学校转移、过渡。融合教育正是在这一基础上发展而来的,不过相较于回归主流运动将特殊儿童视为"支流"、要求用"正常的主流"去统合"特殊的支流"的观点,融合教育更好地体现了尊重差异、践行公平的原则。

2. 实现"平等接受教育"的具体做法

融合教育以人人都享有平等的受教育权、人人原本都应属于主流教育体系为出发点,通常的做法是让特殊儿童就近入读在居住地附近学校的普通班级,与年龄相近的普通儿童一起学习,并提供必要的支持与服务,而非根据其障碍类别和程度将其安置在特殊学校、特殊班级或不适龄的普通班级(如年龄较小的班级中)。也就是说,融合教育强调特殊儿童与普通儿童一样享有平等的权利,主张在相同的教育环境下运用恰当有效的教育方法,让不同特质、不同能力的儿童一起学习与生活并获得发展。

(二)特殊儿童与普通儿童一样在普通班级中获得充分发展

融合教育不仅要确保所有儿童都有在主流教育体系中平等接受教育的机会,还强调所有儿童都能在普通班级中获得充分发展。《特殊教育行动纲领》中明确指出:融合

---

① "Inclusive Education: The Way of the Future: Conclusions and Recommendations of the 48th Session of the International Conference on Education (ICE)-UNESCO Digital Library," https://unesdoc. unesco. org/ark:/48223/pf0000180629,2023-05-14.

教育必须"认识和照顾到学生之间的不同需要，顺应不同的学习类型和学习速度，通过适宜的课程、组织安排、教学策略、资源利用及社区合作，确保面向全体学生的教育质量"。换言之，融合教育首先是要平等接纳所有儿童；其次，也是更重要的，要改进教育教学方法，切实提升教育质量，为所有儿童发挥潜能、获得成功提供可能。教育心理学研究也表明，只要给予足够的学习时间和适当的教学方法，几乎所有儿童都能学到应学的知识，并对所学内容达到掌握程度（能完成 80％～90％ 的评价项目）。[①] 让特殊儿童与普通儿童一样在普通班级中获得充分发展这一目标，主要是通过尊重差异和开发潜能来实现。

1. 尊重差异

(1)融合教育如何体现"尊重差异"？

融合教育认为人与人之间的差异性是人类发展过程中一个普遍意义上的特征，也是具有重要价值的特征，每个儿童都有独一无二的个人特点、兴趣、能力和学习需要，因此教育体系的设计和教育方案的实施应充分考虑到这些特点与需要的广泛差异，重视每个学生的独特需要。融合教育通过适宜的课程、组织安排、教学策略、资源利用及社区合作等，使学习过程适合每个儿童的需要，而不是将儿童套入预先设定的有关学习速度和学习特点的假说中。换言之，融合教育并非让所有学生在相同时间、以相同方式、学习相同的东西，也不是要牺牲普通学生的教育去照顾特殊学生，而是在尊重差异的基础上通过制订不同的教育目标、采用不同的教育方式，让所有学生一起学习并获得发展。

(2)融合教育如何做到"尊重差异"？

传统教学强调以教师、教材为中心，首先考虑的是要达成预先设定的目标，强调学生适应教师的教，而不考虑学生的多样性和差异性。融合教育则从教学、制订个别化教育计划(Individualized Education Program，IEP)、评估等多方面都要求依据儿童不同的特点和需要，提供适合他们自身发展的优质教育。融合教育强烈反对程式化、模式化的塑造，认为只有儿童的个性特点被真正重视并且儿童能够接受符合自身特点和需要的教育，个体才能得到充分自由的发展，个体价值才能真正得到尊重。

2. 开发潜能

(1)融合教育如何体现"开发潜能"？

在尊重差异的前提下，融合教育还强调潜能的开发。与一般意义上的"因材施教"不同，融合教育更多是帮助教育对象获得最大利益的适切性平等，是一种高期望值的教育。[②] 以往，受传统的医学-心理学模式的影响，人们对残疾人的研究比较关注导致

---

① 柳树森：《全纳教育导论》，6 页，武汉，华中师范大学出版社，2007。

② 转引自朱楠、王雁：《全纳教育视角下特殊儿童的教育公平》，载《中国特殊教育》，2011(5)。

残疾的病理学根源、残疾人的行为特点及矫正补偿的方法等，其基本假定是：残疾由个体生理、心理缺陷所致，残疾是儿童本身的问题，因此特殊儿童被贴上不同的标签，划分为不同的类别，并被送进不同类型的特殊学校，教育的作用是对特殊儿童的缺陷或障碍进行矫正或补偿。这一范式从 18 世纪末特殊教育诞生到 20 世纪中期一直占据统治地位。这使特殊儿童与普通儿童长期处于相互隔离的教育状态，并且教育关注的是儿童不能干什么，而不是能干什么。融合教育则认为残疾并非单纯是某种身体器官或功能损伤的结果，而是社会、政治等多因素导致的结果。[1] 因此，融合教育关注的是特殊儿童本身，而不是他们的缺陷，认为教育就是要给所有儿童提供平等的发展机会，以达到个人的自我实现并成功发挥其潜在的能力与价值。注重对特殊儿童潜能的挖掘，也是基于对"人和人类是未完成的、有待完善的社会存在物"和"人尽其才、每个人的天赋和潜能应予充分发展"的观点的认同，人的发展的"不确定性"赋予特殊儿童同样巨大的潜能和无限发展的可能性。于是，特殊教育问题也就从伦理学的问题——"谁应该接受教育"转变为科学的问题——"接受什么样的教育"。[2]

（2）融合教育如何做到"开发潜能"。

《萨拉曼卡宣言》强调融合教育要对所有儿童提供有效的教育："在融合学校环境中，具有特殊需求的儿童应当获得他们可能需要的各类额外支持，以确保其教育成效得以优化。"融合教育要做到"开发潜能"，即要求对特殊儿童提供针对且有效的教育。

一方面，政府和学校需要继续在生均公用经费、师资配备、生活学习辅助材料、资源教室建设、干预及康复、资源整合等方面提前做好补偿性支持的设计和服务提供，[3] 保障补偿性或差异性支持是促进特殊儿童学校和生活适应，实现特殊儿童潜能最大发挥的前提和关键。另一方面，融合教育学校和教师应当坚持"育人为本"的基本属性，遵循"潜能开发优先、缺陷补偿其次"的教学观，并强调其多学科交叉的特性，兼收并蓄各个学科的优势，通过多元范式，提升融合教育教学的质量。具体而言，融合教育本土教学实践应将潜能开发确立为教学的起点，善于从教育的发展性视角发掘特殊学生在学习上的优势与长处，并以此为他们的学业发展契机设计有效教学，同时通过合理利用医学康复手段辅助教学，渗透医学康复对于残障儿童缺陷补偿功能。[4]

综上，融合教育不是将特殊儿童与普通儿童简单归并到一起，而是强调通过尊重差异和潜能开发，使每个儿童都能获得充分发展。这种个性化的、使儿童充分发展的

---

① Keith Ballard, "Researching Disability and Inclusive Education: Participation, Construction and Interpretation," in *International journal of inclusive education*, 1997, vol. 1, pp. 243-256.

② 柳树森：《全纳教育导论》，8 页，武汉，华中师范大学出版社，2007。

③ 关文军、刘菁菁、李鑫：《融合之殇：孤独症儿童家长教育安置选择的质性研究》，载《中国特殊教育》，2022(1)。

④ 王东升、张玲、邓猛：《教育现代化背景下融合教育本土教学实践特色的探析》，载《中国特殊教育》，2022(9)。

教育，不仅保证了教育质量，有益于所有儿童，而且其结果也将有益于整个社会。

二、融合教育需要多方共同参与、合作与支持

按照融合教育的观点，任何与融合教育相关的人，诸如学校中的成人、儿童、青少年及其家庭和社区成员等，都是融合教育活动中的主人，都应该积极参与和投入教育教学活动和学校日常生活中去。

首先，融合教育主张"共同参与"。对特殊儿童而言，融合教育不仅可以让他们回归到主流学校，积极参与正常的教育教学，接受符合他们特点和需要的高质量教育，还可以使他们通过学习掌握参与社会的技能与方法，为未来的社会生活做准备。对普通儿童而言，通过参与融合教育，他们能够学会理解与尊重差异，增强责任意识，能更加深刻地理解学习的目的和意义，并且有更多机会体验与学习有关接纳、理解、合作等的方法。而对参与其中的成人而言，融合教育是实现他们自身理想与目标的一个良好途径。正如日本著名教育家佐藤学在其《静悄悄的革命》一书中所说："与同伴（残疾儿童）一起相互学习具有无限丰富的内容，通过这种学习，我们能够改变自己的人生，也能够改变我们所生活的世界；教师通过引导、支持、促进学生的学习，也能够实现对自我的追求。"①总之，与曾被排斥、隔离的特殊群体共同生活，不是基于对他们的同情和怜悯，而是基于对人权和主体的承认和尊重。因此，融合教育不仅反对将任何特殊儿童排斥在教育过程及学校生活之外，还主张所有与学校活动有关的人都积极参与进来。夏皮罗（Shapiro）认为，要促进每个人的参与，需要具备"承认"（recognition）、"尊重"（respect）和"责任"（responsibility）三个要素。"承认"指注意到并接纳一个人或一个群体的存在；"尊重"指对待所有的人要像对待自己一样；"责任"则是对尊重的拓展。融合教育的"积极参与"反映的其实是一种民主观。融合教育的目的是让学生及与融合教育相关的人在学校中体验到这种民主，进入社会后也能积极参与社会生活及改造社会。如学者黄志成在《全纳教育：关注所有学生的学习和参与》一书中所言："他们不再会为了生存而刻意改变自己去适应社会，而是以社会一分子的身份积极参与到社会的改造过程中去，是以主人公的身份参与社会发展的决策和实践，未来社会就是人人参与的民主社会。"②

其次，融合教育提倡多方合作和支持。除了积极参与之外，1994年联合国教科文组织颁布的《特殊需要教育行动纲领》还明确指出：尽管融合学校"为实现平等机会和全

---

① ［日］佐藤学：《静悄悄的革命——课堂改变，学校就会改变》，李季湄译，33页，北京，教育科学出版社，2014。

② 黄志成等：《全纳教育——关注所有学生的学习和参与》，10页，上海，上海教育出版社，2004。

面参与提供了有利的环境，但它们的成功仍需要一种不仅仅是教师和学校其他人员的努力，而且还包括同伴、家长、家庭和志愿者的共同努力的局面"。可见，融合教育强调的是多方参与的、合作的教育。在学校教育过程中，融合教育主张在教师和教师之间、学生和学生之间、教师和学生之间及社区和各级组织之间建立一种合作关系，共同营造一种融合的氛围。

(一)教师之间的合作与支持

融合教育认为每个儿童都可能在求学生涯的某个时期遭遇学习上的困难或障碍，由此可能会产生特殊教育需要。当一个儿童产生特殊教育需要时，这种需要很可能是多方面的，此时就需要班主任、任课教师、心理教师、家长甚至职能治疗师、物理治疗师、语言治疗师等各类人士进行合作，共同进行评量，制订个别化教育计划，并对儿童进行个别化的教育和支持。教师之间的这种合作与支持可以说是融合教育的关键。

(二)学生之间的合作与支持

一方面，融合教育提出，应尽可能地将有特殊教育需要的儿童安置在普通学校和教室，目的是为特殊儿童提供一个限制最少的、正常化的教育环境，为他们提供与普通儿童交流、合作、学习的机会，进而让他们在未来更好地适应社会生活。因此，可以说融合教育是训练有特殊需要的儿童与其他儿童团结合作的最有效的途径。另一方面，融合教育也强调普通儿童主动与特殊儿童合作，其目的在于发展普通儿童正确的社会认知，在培养其社会责任感的同时增强其对特殊儿童的情感支持。

(三)家庭、学校、社会之间的合作与支持

实现对有特殊需要的儿童进行成功的教育这一目标不仅是教育部和学校系统的任务，它要求有家庭合作、社区志愿组织的发动及广大公众的支持。因为是对所有儿童的教育，所以需要所有人士的共同合作与支持。融合教育意味着所有人结合起来相互帮助。

(四)地区之间和国家之间的合作与支持

融合教育是国际上共同倡导的教育理念，不是某个地区或某个国家单独施行的一种教育，而是世界范围内所有人的教育。所以它强调政府组织、非政府组织、地区及跨地区组织之间联合起来进行交流、互助、合作，共同推动融合教育的发展。

总而言之，融合教育鼓励每个人作为参与的伙伴和成员，充分发挥出他们的能力，是一种提倡多方参与的合作化教育。

三、融合教育的最终目标是建立融合社会

融合教育不仅能向所有儿童提供有质量的教育，而且能帮助改变歧视性态度，是创造受人欢迎的社区和建设一个全纳性社会的关键一步。融合教育的最终目标是建构一个融合的社会，在这种融合的社会集体中，每个人都是集体中独一无二的一员，人人参与，共同合作。由此可见，融合教育认为教育既是整个社会文明进步的有机组成部分，又是支持和推动社会文明进步的动力和手段，从这个角度看，融合教育本身不是目的，而是构建融合社会的重要手段。

(一)融合社会的核心理念

首先，融合的社会是多元共存、人人平等的社会。融合社会不仅倡导人人平等，享有共同的权利，而且尊重差异，通过多元共存的方式接纳并尊重差异性的存在。其次，融合社会是使人充分发展的社会。融合社会重视个体不同的情感、动机、爱好、需求等，从而使个体充分发展，以此来实现对个体差异性的尊重。最后，融合社会是互助、共赢的社会。互动使社会中的每个人都能主动接纳对方，了解彼此内在的精神世界，并能互帮互助，共同成长，充分体现互助合作精神。在合作过程中，双方或多方相互作用，相互影响，共同实现优质高效发展。

(二)构建融合社会的途径

融合教育为促进社会的公平与正义，主要通过以下三种途径来实现融合社会的构建。第一，融合教育站在全人类的角度，提出建立人人平等、人人都能自由、充分和全面发展的社会，该主张为融合社会的构建提供了具体的理想和目标。第二，融合教育通过国际宣言、国家政策、法律等形式为融合社会的构建提供了政策保障，如1997年英国教育与就业部发表的题为"所有儿童的成功：满足特殊教育需要"的绿皮书中声明，"我们支持联合国的世界《萨拉曼卡宣言》，支持宣言所号召的政府应采取联合教育的原则……除非存在不可抗拒的因素"。第三，将融合教育这一理念付诸具体的教育实践。《萨拉曼卡宣言》指出："以融合为导向的普通学校是反对歧视、创建受欢迎的社区、建立融合性社会和实现人人受教育的最有效的途径。"融合学校将"社会公正"的思想真正付诸实践，在融合班级中，学生能亲身感受到"社会公正"的教育，而不仅仅是学习"社会公正"的课程。[①] 当学生进入社会后也会以主人公的身份积极参与社会发展的

---

① Sapon Shevin, "Learning in an Inclusive Community," in *Association for Supervision and Curriculum Development*, 2008.

决策和实践，并努力构建一个融合公正的社会。

正如联合国教科文组织前总干事费德里科·马约尔（Federico Mayor）所说："特殊需要教育不能孤立地发展，而必须成为全面教育战略的重要组成部分，并且确实要成为新的社会和经济政策的组成部分。"可见，融合教育是以更广阔和更多元的视角来认识事物、解释世界，不再是封闭于自我空间的狭小的特殊教育，而是站在经济和社会全局发展的高度，站在面向全体儿童的高度，站在人的全面和谐发展的高度，建立一种开放的、多极化的大视野和大教育观。它将所有的人都纳入自己关注的范围，它将人的自由、解放和全面发展作为自己的终极目标，它向社会各阶层都敞开合作、对话的怀抱……它带来的是视野、领域和观念的开放。可以说，思维范式的转向成就了开放性的融合教育，而这种开放性的教育也为它自身的发展带来了更广阔的空间。

第四节
融合教育的理论基础

一、融合教育的哲学基础

融合教育作为一种道德理想，与当今的各种信仰、价值观和理念相互印证和支持，成为当今价值体系重要的组成部分。融合教育虽源于西方，但因其在本质上符合现代社会所追寻的具有共同价值的理想，所以能在世界范围内得到认同并生根发芽。从整体上看，融合教育是建立在人文主义、后现代主义、社会建构主义三大社会哲学思潮基础之上的。

（一）人文主义

1. 人文主义的内涵及其演变过程

人文主义是文艺复兴时期在新兴资产阶级反封建反教会斗争中形成的思想体系，是西方各国的人文主义者所共有的世界观。它主张以人为本，反对神的权威，把人从中世纪的神学枷锁下解放出来；歌颂赞扬人的价值和尊严，宣扬人的思想解放和个性自由。[①] 反对等级观念，崇尚理性，反对蒙昧。人文主义对人的赞颂与中世纪特别是中

---

① 吴式颖、李明德：《外国教育史教程》，109页，北京，人民教育出版社，2018。

世纪早期对人的贬抑形成了鲜明对比。中世纪的神学认为，上帝是全知、全能、全善的，而人是卑微的，是具有天生的原罪的，人唯有靠上帝的恩惠才能得到拯救，而人文主义正是对这种宿命论的反叛。在不同的历史阶段，人文主义的内涵及其反对的东西是不一样的。文艺复兴时期，人文主义反对的是中世纪僵化的基督教思想对人的禁锢，而现代科学体系建立起来以后，科学主义又成为人文主义反对的对象。有趣的是，科学主义在早期还是人文主义的同盟军，它破除了宗教迷信，为人文主义的发展扫清了障碍，而当人们的生活被科学理性钳制之后，这种同盟关系就破裂了。其实准确来说，人文主义应该被称为"人的主义"，它主张一切以人的价值为标准，而人的价值可以逐渐扩大，从生存到自由到自我实现。我们相信几乎所有人生来就具有人文主义情怀，这种情怀很多时候表现为同情心或同理心，设身处地理解处境不利者的痛苦，从人的角度而不是从其他角度（如效率、稳定）来处理问题。

2. 人文主义对特殊教育的影响

人文主义作为一种被广泛接受的社会思潮，影响着人类社会的方方面面，当然也包括特殊教育领域。可以说，特殊教育在发展之初就闪烁着人文主义的光辉，即使是在阴暗蒙昧的中世纪，基督教神学中包含的慈善观念所体现的人文精神就催生了特殊教育活动的萌芽。融合教育作为当今被普遍推崇的一种特殊教育模式，不仅是特殊教育的一种安置形式和策略，而且还渗透着人文主义精神，这种人文主义精神不仅包含着对处境不利的特殊儿童予以帮助的意愿，更体现在促进普通儿童和有特殊教育需要的儿童在平等环境中共同发展的教育思想。①

3. 融合教育中的人文精神

融合教育的人文精神体现在平等对待所有儿童的基本理念，认为传统隔离的特殊教育模式是不人道的。融合教育者认为传统的特殊教育作为"陈词滥调"和"错误意识"应该被完全抛弃，人们对传统特殊教育的怀念不只是因为缺乏知识和资源，更是由于缺乏智慧和美德。特殊儿童有权利与普通儿童一起学习生活，建立良好的人际关系，若将两类儿童隔离开来，那么"融合"这个目标就不可能实现。普通教育在很长一段时间里都把特殊教育场所当作那些"不可教育"的孩子们的聚集地，如普通教育者把智力发展严重缓慢的儿童当成"不可教育"的人，这是严重违背人文精神的观念。因此，为了确保特殊儿童在主流教育环境中的平等地位，排除隔离给儿童带来的种种不利影响，融合教育者们呼吁取缔一切隔离的特殊教育设施，这些设施在道德层面上是跟种族隔离一样的东西。融合教育的人文精神还体现在尽可能淡化普通儿童和特殊儿童的区分，关注儿童实际的教育需要。美国盲人协会主席肯尼迪·杰尼根（Kenneth Jernigan）认为，如果失明是一种缺陷的话（并且确实是），那它也应当同普通人所具有的很多其他

① 陈云英：《中国特殊需要在线远程咨询报告》，载《中国特殊教育》，2004（9）。

特征一样，被人们认可和接受。失明与人所具有的其他上百种特征一样。每个盲人基本上都可以完成职业范围内相应的工作，也会获得很多职业培训和发展机会。布莱特（Bereiter）指出，任何学习，不论是游泳还是阅读，总有一些学生不需要任何帮助而另一些学生需要大量的帮助。教育处境不利的学生就是那些在学业上比普通学生需要更多帮助的人，他们需要帮助的理由是多方面的，可以简单认为儿童只是在是否需要帮助和为什么需要帮助方面存在很大的差异。可见，融合教育从人文主义的理念出发，认为特殊儿童与常人没有本质区别，残疾本身并无特殊之处，它只是人所具有的无数特征中的某一个特征。所有儿童都应一起在普通教室内上课，只不过其中一些儿童在某些时候需要一些额外帮助而已。

（二）后现代主义

1. 后现代主义的内涵

后现代主义（postmodernism）是 20 世纪 60 年代流行于西方社会的哲学和文化思潮，它是相对于现代主义而言的，主要用以指称西方后工业社会或晚期资本主义社会新兴的社会文化现象，显示出与此前的现代主义文化形态明显不同的特性。① 后现代主义是一个从理论上难以精准下定义的概念，人们经常在不同意义上使用这个概念。后现代主义的代表人物大卫·格里芬（David Griffin）认为，如果说后现代主义这个词在使用时可以从不同方面找到共同之处的话，那它指的是一种广泛的情绪而不是任何共同的教条——即一种认为人类可以而且必须超越现代的情绪。罗森奥（Rosenau）在分析现代主义和后现代主义的不同时说："现代的信仰寻求孤立的元素和特定的关系并形成系统，而后现代主义者却相反。后现代主义者提供不确定性而非确定性、多样性而非统一性、差异性而非综合性、复杂性而非简单性。他们寻求独特而非一般、上下互动关系而非因果关系、不可重复性而非再次发生的惯例。伴随后现代主义的视角，真理让位给了尝试，社会科学成为一个更谦虚的事业。"②

2. 现代主义的内涵及其对传统教育的影响

现代主义建立在对事物认识的普遍性和同一性的基础之上。西方哲学从柏拉图开始就试图寻找永恒不变的"理念世界"，寻找事物的共同本质，并试图对事物作出同一性的解释。这样的追求造成了对事物多元性和差异性的压抑，导致了有优势地位群体的"话语霸权"。那些处在边缘地位的群体的声音往往得不到表达，世界的丰富性被冷峻的现代主义话语抹上了灰暗的颜色。传统教育深受现代主义文化的影响，表现为教

---

① 景时：《融合教育后现代差异观的阐释与批判》，载《中国特殊教育》，2021(4)。

② Miloslav Petrusek, *Post-Modernism and the Social Sciences. Insights, Inroads, and Intrusion*, JSTOR, 1997.

学以教材为中心，教科书呈现的知识绝对客观，高高在上，不可动摇。教师一方面成为绝对知识的"传声筒"，另一方面在教室内掌握着绝对话语权。学生在教室中只是知识的被动接受者，他们独特的个性特征并没有被重视。在特殊教育领域，特殊儿童被认为不符合普通教室的统一标准而被排斥并隔离，后现代主义者认为人当然是有价值的，但人的价值更多的不是在于作为人的一种共同身份，而是在于人与人之间的差异。正是由于人与人之间存在差异，每个人才更能彰显其独特的价值。

3. 后现代主义对融合教育的影响

融合教育似乎天然地带有后现代主义的意蕴，因为要维护特殊儿童在普通教室中存在的合理性就需要建立起对多样性与差异性的价值认同，而这正是后现代主义所坚持的核心理念。融合教育认为我们应该将多样性看成一种"资源"，而不是"问题"，"始终存在的学生多样性在大多数时候仍被视为一个'问题'，而融合教育则要求我们从一开始就必须主动接受学生的多样性，将其视为一种资源而不是学校和班级发挥其'良好'功能的阻力。"①可以看出，融合教育尊重不同学生在兴趣、学习方式与速度方面的差异，并期待学校的改革以适应这种差异，这显然体现了后现代主义的价值追求。1994 年特殊教育大会上发布的《萨拉曼卡宣言》提出："人的差异是正常的。学习必须据此来适应儿童的需要，而不是儿童去适应预先规定的、有关学习过程的速度和性质的假设……每个儿童都有其独特的特性、兴趣、能力和学习需要……教育制度的设计和教育计划的实施要考虑儿童特性和需要的广泛差异……普通学校来一次重大的改革……发展一种能成功地教育所有儿童，包括处境非常不利和严重残疾儿童的儿童中心教育学……认识到学生的不同需要并对此做出反应，通过适当的课程、组织安排、教学策略、资源利用及与社区的合作，来适应学生不同的学习风格和学习速度，并确保每个人都能受到高质量的教育。"

(三)社会建构主义

1. 建构主义的内涵

建构主义(constructivism)也被译作"结构主义"，其最早提出者是让·皮亚杰(Jean Piaget)。皮亚杰认为，儿童是在与周围环境相互作用的过程中，逐步建构起关于外部世界的知识，从而使自身的认知结构得到发展。

2. 个人建构主义和社会建构主义

早期的建构主义更多带有个人主义的倾向，这种个人建构主义的知识观专注于个

---

① "Inclusive Education: the Way of the Future: Conclusions and Recommendations of the 48th Session of the International Conference on Education (ICE) -UNESCO Digital Library," https://unesdoc. unesco. org/ark:/48223/pf0000180629，2023-05-14.

人获得知识的过程，认为认识不在于客观地把握和表达客观世界，而在于个体妥善地适应客观世界，因而带有知识相对主义的危险性。[①] 个人建构主义的最大难题是无法解决公共知识是如何建立起来的这个问题，如果知识是"内源性"的，带有极强的个人特征，那么人与人之间的交流就会陷入鸡同鸭讲的困境。社会建构主义则更为强调知识的社会性，强调知识来源于社会群体，而不仅仅来源于个人的认知结构。根据1999年《剑桥哲学辞典》的界定：社会建构主义的一个共同观点是，某些领域的知识是我们社会实践和社会制度的产物，或者是相关社会群体互动和协商的结果。[②] 社会建构主义认为，知识是在人类社会范围里，通过个体间的相互作用及自身的认知过程而建构的，是一种意义的建构。同时强调，知识的获得不仅仅是个体自己主动建构的过程，更注重社会性的客观知识在个体主观知识建构过程中的中介作用，也更注重社会的微观和宏观背景与自我的内部建构、信仰和认知之间的相互作用，并认为它们是不可分离的、循环发生的、彼此促进的、统一的社会过程。[③]

3. 从"疯癫"一词认识社会建构知识的过程

对于社会是如何建构知识的，福柯在他最为重要的著作《疯癫与文明》中有一段精彩论述，解释了为什么人们对于"疯癫"的理解是基于社会文化的。"人们用一种至高无上的理性所支配的行动把自己的邻人紧闭起来，用一种非疯癫的冷酷语言相互交流和相互承认……在现代安谧的精神病世界中，现代人不再与疯人交流。一方面，有理性的人让医生去对付疯癫，从而认可了只能透过疾病的抽象普遍性所建立的关系；另一方面，疯癫的人也只能透过同样抽象的理性与社会交流。这种理性就是秩序、对肉体和道德的约束、群体的无形压力及整齐划一的要求。"[④]福柯在这里想要表达的意思是，疯癫在现代被看作一种精神疾病，是整个社会共谋的结果，而关于疯癫的认识就在这种社会共谋中产生。疯癫并不是一种生物学意义上的自然现象，而是社会文化的产物。如果没有把这种非理性的现象说成疯癫的文化历史，也就根本不会有疯癫的历史。

4. 社会建构主义对融合教育的影响

融合教育思想就是建立在"残疾更多的是一种社会建构，而不是生理缺陷"这一核心观点之上，认为残疾人能力丧失和生活窘迫的主要原因不在于残疾本身，而是外部障碍，包括经济、政治、文化等方方面面的阻碍。外界障碍的存在使残疾人在社会生活中处于某种不利地位，阻碍了他们权利的实现和能力的发挥。融合教育理论家莫里斯（Morris）应用这一理论来反对"隔离"的特殊教育，他认为如果残疾人被隔离，被看成异类，被看成功能不同的人，那么他们永远不会作为完整的社会成员被接受。这是

① 钟启泉：《知识建构与教学创新——社会建构主义知识论及其启示》，载《全球教育展望》，2006(8)。
② 刘保：《作为一种范式的社会建构主义》，载《中国青年政治学院学报》，2006(4)。
③ 郑东辉：《社会建构主义学习理论述评》，载《宁波大学学报(教育科学版)》，2004(6)。
④ [法]米歇尔·福柯：《疯癫与文明》，刘北成译，1~2页，北京，生活·读书·新知三联书店，2019。

对特殊学校、对隔离的规定最严厉的声讨。加伯(Gerber)更是直接主张用社会建构理论来对特殊教育进行全面改造,他认为社会建构主义认为社会与文化背景不仅影响认知领域,而且反映特定的历史形势。社会建构主义者想要通过重新塑造人们在社会交往中共同认知的方式来改变政治与意识形态……特殊教育的阻碍并不是源于社会结构,而是源于由班级或团体支配的知识系统,正是这一知识系统规定了现存社会结构的合法性。社会建构主义认为那些位高权重的群体通过控制语言、标准和科学逻辑系统化地压抑了相对弱势的群体的自然"声音"和发展潜力。融合教育者认为特殊儿童的"特殊"是社会隔离与排斥的结果,那些被称作不正常的儿童无论是在普通教室还是在隔离环境中,都被寄予很低的期望,很少被他人需要。如果一个儿童被称为智力发育迟缓,他就会被要求接受一些特殊教育来纠正一些细小的毛病,渐渐地,这些学生无论智力水平高低,都会在"特殊"的分类中寻找保护。因此,融合教育者认为现行的特殊教育体制是社会不公与阶层分化、科学的独断及处于优势地位阶层独白式叙述与强势的支配的结果。有时,隔离的特殊教育还被看成类似于监狱与奴隶制的体制。由于残疾是一种社会建构,而隔离式特殊教育是这种社会建构的主要方式,融合教育就成了重新认识残疾观念与反抗社会压迫的必然选择。

二、融合教育的学科基础

融合教育实质上就是实现普通教育与特殊教育的融合。在特殊教育发展的整个过程中,特殊教育总是会从其他学科或知识体系中汲取养分。一般认为,特殊教育包含两个概念:一是特殊教育科学;二是特殊教育活动。前者是研究特殊教育现象及其规律、原则和方法以指导特殊教育活动的科学;后者是具体的特殊教育实践。[①] 特殊教育自 20 世纪 20 年代开始逐步发展成一个需要特定知识与技能的职业领域,并形成自己独特的话语体系、概念范畴与研究领域,初步获得独立学科的尊严。虽然特殊教育作为一门独立学科的历史相对比较短暂,但是作为一种实践活动,它的历史就要长得多。在成为独立的、整合的、成熟的特殊教育学科之前,特殊教育活动以其他发展较为成熟的学科理论为基础也就成为必然。

(一)融合教育的心理学基础

1. 心理学作为融合教育学科基础的由来

心理学作为特殊教育的学科基础已有很长的历史。当特殊学生表现出差异的学习能力、行为或情绪的时候,人们往往倾向于寻找这些学生与众不同的心理特征,如聋

[①]　雷江华:《特殊教育理论基础的多维视角辨析》,载《中国特殊教育》,2012(2)。

生倔强、智力障碍儿童情绪不稳定、肢体残疾学生不合群等。这些心理特征总是与特殊学生的生理特征紧密相连，他们的一切个性特征因此就被打上了"不正常"的病理标签。我们需要提出这样的疑问，这些心理特征是否真的存在？即使这些学生普遍存在这样的心理特征，那么是否就可以归因为他们的生理缺陷呢？社会心理学为我们认识这些所谓"异常"提供了新的理论视角。

2. 融合教育以社会心理学为基础

社会心理学倾向于寻找这些心理现象的社会因素，而不是个体因素。如果特殊学生表现出不合群或心理阴郁的症状，那很有可能是由周围的社会人际环境造成的。一个正常学生每天遭受别人的歧视与排斥，每天都无法与他人顺利交流，也会出现类似的心理问题。社会心理学中的符号互动理论认为，人们是在具体的社会环境中、在与他人交往的过程之中获得自我概念的。一个人对于自我有一种明确的想象，他所具有的这种自我感觉取决于别人对自己的态度和看法。人们一旦获知了他人对自己的评价，便会不由自主地按照他人的看法对自己做出反应，从而形成自我概念，可以称之为"反射的自我"或"镜中我"。[1] 例如，如果主流社会认为残疾人是悲惨、无用、懒惰、心理阴暗、依赖的，那这就会影响残疾人对自我的认知，让他们对自身形成消极评价，让他们感到自己没有能力、没有价值。相对于生理上的缺陷，残疾更意味着承担一种难以摆脱的社会角色。对一个在某一方面有残疾的人来说，他要学习的行为必须是社会可接受的行为。[2] 史东（Stone）以盲人为例，阐明了失明是一种社会角色的观点。"盲人所特有的生活态度和行为模式并非失明这种残疾所固有的，而是通过再普通不过的社会学习过程所获得的。因此，失明本身不会使盲人变得依赖、忧郁和无助，这种残疾本身也不会使盲人变得独立和自信。盲人是由我们所有人都要经历的社会化过程所塑造的。"[3]总之，融合教育的心理学基础应该是社会心理学，过去强调个人归因的心理学无法与融合教育理念相适应。

(二)融合教育的医学基础

1. 医学在融合教育中发挥的作用

当今时代，残疾越来越被当作一种社会建构而不是生理缺陷，然而在融合教育的实际操作中，仅仅依靠不将残疾当作病理缺陷的观念并不能解决特殊儿童在教室内有效学习的问题。科学技术在很大程度上促进了实施融合教育的可能性。例如，为视障

---

① 袁钰等：《现代社会理解论》，44 页，北京，中国时代经济出版社，2010。

② 马洪路：《残疾人社会工作》，132 页，北京，中国社会出版社，2010。

③ Cathy Warms, "Awakening to Disability: Nothing About Us Without Us," in *Rehabilitation Nursing*, 2000，vol. 25, p. 198.

的儿童提供"放大器"，为耳聋①的儿童提供助听器或植入人工耳蜗。随着科学技术的发展，很多"残疾"都有可能被治愈，人类基因组计划如果能够获得全面成功，那么更多的残疾是可以避免和消除的。

2. 医学作为融合教育基础学科应持有的三大态度

融合教育反对从医学的角度看待残疾，但实施融合教育不能完全抛弃医学的理论支持，而是要改变我们看待医学的态度和方式，并限定医学发挥作用的范围。融合教育在对待医学的态度上应该坚持以下三点。第一，摆脱医学模式。医学模式在融合教育实践中根深蒂固，即使将特殊儿童安置在普通教育环境中，为他们提供的教育依然像某种"治疗"。这里应该从思想上重新建构特殊儿童的观念，即勿将融合教育看作神秘晦涩的东西，而应将所有儿童都看作教育对象，即有着不同需求而需采取不同教育方式的鲜活个体。正如美国特殊教育学者柯克所言，医学的终点就是教育的起点。因此，教师们不应过多考虑医疗康复的问题，将特殊儿童当成病人，而要把他们视为学生，积极寻找教育上的改进方法，而非进行医学上的归因。第二，将医疗康复融入教育中，而不是将教育方法医学化。很多学校会将特殊儿童抽出来进行康复训练，但却不明白，并非所有特殊儿童或特殊儿童在所有时候都需要康复训练；康复训练只是特殊教育的支持部分，并非主体。融合教育必须以教育为根本立场，康复训练应该被纳入个别化教育计划，在教育活动中完成，如大动作训练可以融入体育教学中，精细化的拧螺丝动作训练完全可以在乐高游戏中完成。第三，医学要在早期诊断、早期干预和医疗技术辅助中发挥作用，为特殊儿童提供必要的帮助。我们要改变的是从医学角度看待"特殊学生"的思想倾向，而不是医学本身。在融合教育的具体实践中，医学应该被限制在它可以发挥作用的范围内，这样才能从多方面为特殊儿童提供帮助。

(三)融合教育的教育学基础

1. 教育学在融合教育中发挥的作用

特殊教育学是教育学的分支或子学科，即教育学一级学科下的二级学科。融合教育是特殊教育的发展趋势，当前学界讨论的焦点已经从"是不是应该实行融合教育"转移到"怎样有效实施融合教育"的问题上来。融合教育在实施中最为核心的问题是，如何让所有儿童在主流班级中提高学业成就，得到全面发展。解决这一问题的方法并非源于康复训练或仅仅将特殊儿童安置在平等的教育环境中，而是有赖于教育理论指导下有效的教育策略，通过教育的力量让所有儿童获益是融合教育的理想。因此，虽然融合教育可以从许多学科中汲取理论养分，但归根结底融合教育的发展需要建立在教育学的理论基础上，站在教育的立场上解决问题。教育的立场就是在研究教育问题时，

---

① 听觉障碍儿童曾被称为耳聋儿童、聋童，本教材在论述过去的情况时采用当时所使用的名称。

能够自觉或自动地从教育学的视野出发，以相应的思维方式，运用特有的概念表达方式分析教育问题，得出教育的知识和结论。作为教育者，必须站在教育的立场上对其他学科的知识进行必要的过滤、筛选、整合和转化，使之为教育所用，变成教育学的知识，为教育实践服务。[①] 教育学的立场是追求如何影响人、培养人，本质上是一种黑箱理论，它不追求精确地认识黑箱的运行机制（心理与神经过程），而更追求成为一种反思性的实践理论，通过不断尝试形成对总体教育过程的理解。

2. 教育学是融合教育的核心理论基础

从历史的发展过程看，特殊教育经历了从神学模式到医学模式再到逐渐走向教育模式的过程。教师是融合教育的实施者，一方面，他们应该了解多学科的理论知识；另一方面，他们也应明确这些问题的最终解决应依托教育的方式。除此之外，我们也应看到融合教育的发展反过来是能够进一步促进教育学独立学科地位的形成与发展的。因此，融合教育最核心的理论基础应该是教育学，融合教育作为特殊教育的重要领域应该站在教育立场上将其他学科范畴纳入其中，而不是被其他学科同化。

(四)融合教育的社会学基础

1. 从社会学的视角看待残疾人

社会学研究的核心目的是研究社会是如何对人产生影响的，进而发现社会制度中不合理与不公正的部分并加以改进。特殊教育之所以能够从隔离走向融合，很大程度上归功于社会学理论的贡献。社会学是从社会角度而不是从个人角度来看待残疾，认为不公正的社会制度才是造成残疾的罪魁祸首，而改造社会制度才是"治疗"残疾的有效途径。奥利弗(Oliver)指出，残疾政策理论模式从个体或社会的角度来看，可以分为"个人悲剧"理论(personal tragedy theory)与"社会压迫"理论(social oppression theory)。"个人悲剧"理论视残疾为个人的身体或心理问题，与宏观社会、经济结构无关，因而不是公共政策即社会科学研究的主要议题。近年来，越来越多的人转而支持"社会压迫"理论，认为残疾人是遭受社会压制的"少数群体"，他们不能全面参与社会生活不是由残疾所致，而是由强加给他们的社会限制及与之相关的歧视与排斥观念造成的。以社会学中"社会排斥"(social exclusion)的概念为例，从社会排斥的角度来看，残疾是处于社会边缘，无法获得物质资源，无法正常参与社会生活的状态。残疾不是个体的生理机能缺陷，而是一个"社会建构"(social construct)的过程，即残疾是由社会不平等与社会机制的缺陷导致的。社会对残疾人的排斥是一个全球性的问题，残疾人因功能缺失等原因在观念、人格尊严、教育、就业等各方面受到社会排斥，其结果就是导致一

---

① 冯建军：《论教育学的生命立场》，载《教育研究》，2006(3)。

种社会不公平。① 残疾人平等、全面地参与社会生活是真正实现社会公正理想的有效途径。

2. 社会学为融合教育提供伦理基础

从社会排斥角度出发，我们更容易发现残疾人悲惨生活的真正来源。对残疾人来说，生理上的病症固然会影响他们的生活，但是社会的排斥与歧视可能更是残疾人生活悲惨的主要原因。社会排斥的视角为融合教育提供了一个追求社会公正的伦理支点。首先，反对社会排斥是人们价值标准中的固有部分，它自身就有价值，不需要通过对其他有价值的事情起促进作用而凸显其重要性。换言之，消除社会排斥有助于残疾人免受贫穷、歧视的困扰。即便消除社会排斥并不能完全达到这些目的，那它也是有意义的。因为对残疾人来说，能够免受排斥而有机会参与到正常的经济、政治与主流文化生活中本身就满足了他们的社会心理需要。同理，融合教育的"零拒绝"安置方式从教育领域出发反对社会排斥，本身就具有伦理上的正当性。其次，社会排斥的概念为我们解决残疾问题起到了汇聚伦理认同的作用。对绝大多数人来说，"社会排斥就意味着不平等"是易于理解与接受的价值观念。社会排斥的现象是普遍存在的，每个人都会由于自己的性别、年龄、种族、工作、社会地位等遭受不同程度的歧视与排斥。从社会排斥的视角出发，人们看待残疾人不再是作为局外人给予适当的同情，而是作为局内人一样感同身受。因此，融合教育并不仅仅是一种安置方式，实施融合教育同时也意味着关注之前被教育体制排斥的边缘人，关注之前被忽视的每个学生身上的特殊教育需要。

三、融合教育的微观理论基础

目前有很多成熟的理论与融合教育理念相契合，可以被直接用来指导融合教育实践。举例来说，与发现学生特殊教育需要相关的理论有多元智能理论、学习风格理论、气质类型理论等；与融合教育中的行为管理相关的理论有认知归因理论、行为干预理论、积极行为支持理论等；与融合教育教学实施相关的理论有建构学习理论、最近发展区理论、大脑本位教学理论、合作学习理论等。本节主要介绍比较常用的三种理论：多元智能理论、建构主义学习理论、合作学习理论。

（一）多元智能理论

1. 多元智能理论的内涵

多元智能理论（multiple intelligences）又称"多元智力理论"。传统的智能理论认为

---

① 周彩姣、李湘：《论残疾人的政治参与》，载《湖北社会科学》，2009(9)。

人类的认知是一元的，个体的智能是单一的、可量化的，而美国教育家、心理学家霍华德·加德纳(Howard Gardener)在 1983 年出版的《智能的结构》一书中提出"智能是在某种社会或文化环境的价值标准下，个体用以解决自己遇到的真正的难题或生产及创造出有效产品所需要的能力"。加德纳认为，智能是一种计算能力，即处理特定信息的能力，这种能力源自人类生物的和心理的本能。人类具有的智能，是一种解决问题或创造产品的能力。这些问题的解决和产品的创造，是特定文化背景下的社会团体所需要的。解决问题的能力就是能够针对某一特定的目标，找到通向并实现这一目标的正确路线的能力。文化产品的创造则需要获取知识、传播知识，并表达自己的结论、信仰或感情。多元智能理论本身就是按照生物在解决每个问题时本能的技巧构建而成的。需要注意的是，实际解决某种特定形式问题的时候，生物的本能还必须与这个领域的文化教育相结合。如语言是人类共有的技能，但在一种文化背景下可能以写作的形式出现，在另一种文化中可能以演讲的形式出现，在第三种文化背景下说不定就是颠倒字母的文字游戏。① 因此，在加德纳看来，智能与一定社会和文化环境下人们的价值标准有关，这使得不同社会和文化环境下的人们对智能的理解不尽相同，对智能表现形式的要求也不尽相同。

2. 多元智能理论在融合教育中的作用

通过以上阐述，我们会发现大众对多元智能理论的理解停留在一个表面化的、望文生义的层次上。通常多元智能理论仅仅被理解成反对基于智商测试的简单一元论智能理论。事实上，多元智能理论认为人类思维和认识的方式是多元的，即人的智能是多元的，每个人都至少具备语言智能、数理逻辑智能、音乐智能、空间智能、身体运动智能、人际交往智能和自我认知智能。后来，加德纳又添加了自然主义智能和存在主义智能。基于这种理解，那些智力落后学生可能数学不是很好，但是却在音乐上有一定的潜能和天赋。这样的理解往往将实践引向歧途，多元智能理论变成了发掘特殊儿童在某一方面的特殊才能的理论基础。然而，实际上这些多元智能是加德纳在研究基础上的一种筛选，他发现这些智能在解决实际问题中扮演重要的角色，而不是一定表明每个人的智能就是这些多元智能不同高低的组合形式。

3. 多元智能理论之于融合教育的意义

多元智能理论之于融合教育的意义在于我们在主流学校中的教育应该考虑到我们的文化背景和每个儿童解决实际生活问题的能力，融合教育提供一个具体的情境让特殊儿童和普通儿童学会彼此相处，让教师重新理解智能的意义。多元智能理论在实践中是与生活化教育相关的。当然这里的生活化教育并不仅仅指具体的生活技能，而是在生活情境中解决问题的能力。在整个教育的过程中，人们不应该以成绩好坏和智商

---

① ［美］霍华德·加德纳：《多元智能新视野》，沈致隆译，7 页，杭州，浙江教育出版社，2021。

高低作为评判标准，更为可靠的标准是儿童在面临障碍时如何应对与解决，并在这样的过程中逐步提高自己的智能。在这里，智能的文化含义发生了变化，智能不再是固着在一个人身上不可变化的标签，而成为一个可以不断变化的因素。因此，多元智能理论打破了传统隔离教育所宣称的"特殊儿童由于智能不足，不能在普通学校接受教育"的固有偏见，而着眼于儿童问题解决能力的培养及智能文化内涵的变更。

(二)建构主义学习理论

1. 建构主义学习理论的内涵

在社会科学领域，尤其是教育界，建构主义成为 20 世纪 90 年代以来一种非常有影响的学术思想，被誉为"当代教育心理学中的一场革命"[①]。建构主义学习理论是继行为主义、认知心理学之后学习理论的进一步发展，强调知识学习的内在生成及主动建构活动，寻求学习知识的新路径。[②] 建构主义学习理论关注如何以原有的知识经验来构建知识及知识构建过程中的主动性、创造性等问题。[③]

2. 建构主义学习理论的两个观点

建构主义学习理论对知识的理解坚持两个观点。第一，知识是相对的，即学习不是接受代表真理的绝对知识的过程。第二，知识具有主观性，即学习不是促使学生用同样的方式认识和解释世界的过程。因此，建构主义者认为学习的过程包括两方面的内容。第一，学习者已有的知识背景是理解新知识的"桥梁"。建构主义者重视学生脑海中已有的认知结构在学习新知识过程中的作用，他们认为学生脑海中已有的认知结构在同化新知识的过程中主要是起到一种"桥梁"作用，用奥苏贝尔的话说，是起到一种"先行组织者"的作用，将新知识准确而有效地纳入已有的认知结构中，以提升原有的认知结构。简言之，学习的过程要考虑到每个学习者不同的知识背景和认知结构。第二，学习是一个意义建构的过程。学习不是被动接收信息刺激，而是主动地建构意义，是学习者根据自己的经验背景对外部信息进行主动的选择、加工和处理，通过新旧知识经验之间反复、双向的相互作用过程，建构出新的意义。因此，学生脑海中已有的知识背景在学习新知识时不但能起"桥梁"作用，而且会深深影响到学生建构什么样的新意义。换言之，在建构主义者看来，由于不同学生脑海中原有的知识背景不同，导致即使是在同一课堂接受同一个教师的教学，不同学生也会建构出不完全相同甚至完全不同的意义。[④] 综上所述，建构主义学习理论之于传统学习理论的核心区别在于：建构主义学习理论强调学生对知识的主动探索、主动发现和对所学知识意义的主动建

---

① 陈琦、刘儒德：《当代教育心理学(第 3 版)》，131 页，北京，北京师范大学出版社，2019。
② 陈琦、刘儒德：《教育心理学(第 3 版)》，81 页，北京，高等教育出版社，2020。
③ 鲁忠义、白晋荣：《学习心理与教学》，100 页，石家庄，河北人民出版社，2004。
① 汪凤炎、燕良轼：《教育心理学新编(第 3 版)》，261 页，广州，暨南大学出版社，2011。

构，可以说建构主义重新发现了"学习者"，将学习的权利重新交还到学生手中。

3. 建构主义学习理论在融合教育中的作用

建构主义学习理论为融合教育提供了基础：如果每个人的学习过程都是根据自身已有的知识经验主动建构意义的过程，那么在主流教室中教育所有的儿童就是理所应当的。这里的基本逻辑是，无论是智力落后、孤独症或有听力障碍的人，他们都有独特的知识经验和认知结构，这些并不是他们在主流学校学习的障碍，而与其他学生一样是他们学习的基础。虽然由于这些知识经验与认知结构的不同，他们可能并不会获得完全一样的认识与解释世界的方式，但这是无可厚非的，因为没有两个人会获得同样的认知结构，这也正是个体差异性的价值所在。比喻地讲，主流教室的学生就是花圃里不同的植物，教师作为园丁只是负责照料它们，让它们按照自己的方式生长，而不是期待它们长成一个模样。教师在这里需要学会的是，了解每个学生的认知基础，关注每个学生学习成长的方式，鼓励他们主动积极地探究世界，并建构新意义。

(三)合作学习理论

1. 合作学习理论的内涵和由来

合作学习的思想源远流长，在中西方都能找到源头。《学记》中提出"相观而善之谓摩""独学而无友，则孤陋而寡闻"的思想。亚里士多德认为营造一种合作式的宽松氛围，能激发人求知的本性，有利于个体潜能的发挥。文艺复兴时期的教育家夸美纽斯也提出，学生不仅可以从教师的教学中获得知识，还能通过别的学生获取知识。现代合作学习(cooperative learning)是 20 世纪 70 年代初兴起于美国，并在 70 年代中期至80 年代中期取得实质性进展的一种富有创意和实效的教学理论与策略。由于它在改善课堂内的社会心理气氛、大面积提高学生的学业成绩、促进学生形成良好非认知品质等方面实效显著，很快引起了世界各国的关注，并成为当代主流教学理论与策略之一，被人们誉为"近十几年来最重要和最成功的教学改革"[①]。合作学习的代表人物约翰逊曾指出合作学习的重要性："教师的一切课堂行为，都是发生在学生—同伴群体关系的环境之中的。"[②]"学生之间的关系是儿童健康的认知发展和社会化所必须具备的条件。事实上，与同伴的社会相互作用是儿童身心发展和社会化赖以实现的基本关系。"[③]

2. 合作学习的要求和步骤

研究表明，合作学习能提升普通学生的社会技能，使其能更好地处理同伴间的差异，而且合作学习中所包含的个人绩效与团体成就对增进特殊学生的学业成就有很大

---

① 转引自王坦：《论合作学习的基本理念》，载《教育研究》，2002(2)。

② [美]詹姆斯·H. 麦可米伦：《学生学习的社会心理学》，何立婴译，144 页，北京，人民教育出版社，1989。

③ 同上书，145 页。

的帮助。合作学习的教学方式并不是通过随意的分组、合作就能成功的，它有具体、明确的要求和步骤。①明确界定学习任务。班级范围的同伴指导计划是建立在明确界定学习任务和同伴指导角色及教育责任的基础之上的。②个别化教学。在班级范围的同伴指导中，教师会有计划地进行前测和后测，安排学生当前所需要的学习同伴，进行有针对性的教学。③来自学生高比率的积极反馈。每个学生既以被指导者的身份（对指导者的提示作出最初的回答），又以指导者的身份（对回答作出提示）对学业任务作出回答。④直接的反馈和称赞。同伴指导者应当对被指导者作出反馈并称赞他们，教师则向指导者提供反馈，并以此促进班级范围的合作学习。⑤系统性的错误纠正。指导者应及时并系统地纠正被指导者所犯的错误。⑥激发学生的学习动机。在班级范围的同伴指导计划中，学生喜欢以类似游戏的形式、团队目标或以图标表示进步情况，以此来激发学习动机。①

3. 合作学习在融合教育中的作用

融合教育要求我们从一开始就必须主动接受学生的多样性，将其视为一种资源而不是学校和班级发挥其"良好"功能的阻力。如果在实际中真的能将学生的多样性转化成资源的话，那么融合教育的可行性就能大大提高。合作学习理论为我们提供了将问题转化为资源的理论视角。合作学习是将融合教育中学生多样性转化为资源的有效教学形式，同时也是促进特殊儿童社会融合并消除他们融入主流学校过程中遭遇到的文化观念阻碍的有效方式。在以往的教育中，合作学习并未受到应有的重视。由于教育工作者认为，学生之间的相互作用是没有什么好处的，所以没有人主张对这种关系加以建设性的利用，也就不去系统地训练学生们相互交往所必备的基本社会技能。毫无疑问，成人与儿童双边活动的教和学的观点低估了课堂上学生与学生相互作用的重要性。对融合教育而言，这些以往被忽视的学生与学生之间的相互作用，是面对融合班级中学生多样性的必然选择。在某方面学习较好的学生通过给其他学生讲解，在自身知识得到强化的同时也促进了不同学生之间的交流与融合。可以说，合作学习模式在融合教育领域必将成为最为核心的教学方式。

第五节
融合教育的模式

董泽芳教授在《百川归海——教育分流研究与国民教育分流意向调查》一书中，将

---

① 刘春玲、江琴娣：《特殊教育概论（第2版）》，215页，上海，华东师范大学出版社，2016。

"模式"一词界定为"在一定教育指导思想支配下建立起来的、有关设计和调控教育分流活动全过程的理论模型与操作程序"。根据上述定义可以将融合教育模式界定为在融合教育指导思想支配下建立起来的、有关设计和调控融合教育活动全过程的理论模型与操作程序。这些理论模型与操作程序包括纵向上的层级运作体系和横向上的要素组合体系。

融合教育是在一体化教育和回归主流的实践运动中不断发展起来的,世界范围内出现了不同的融合教育运作模式,美国国家改革与融合中心 1994 年根据教师扮演的角色将融合教育模式分为小组模式(team model)、协同教学咨询模式(co-teaching consulting model)、平行教学模式(parallel-teaching model)、协同教学模式(co-teaching model)、资源教师模式(resource teacher model);根据教学的实施方式,将融合教育模式分为多元教学(multi-instruction)、合作学习(cooperative learning)、活动本位学习(activity-based learning)、精熟学习和成果本位的教学(mastery learning and outcomes-based education)、科技应用(technology)、同伴支持与指导教学(peer support and tutoring programs)六种模式。汉森等人 2001 年根据学生融合程度将融合教育分为完全融合、部分融合与活动融合三种模式。斯泰恩伯克等人 1996 年根据普通儿童与特殊儿童的比例将其分为社区模式(community-based model)与合作模式(collaborative model)。[①] 本书重点解释一下完全融合模式(full inclusion)和部分融合模式(selective inclusion)。

一、完全融合模式

完全融合是指将特殊儿童安置在全日制的普通教室。它是一种单一的安置形式,认为不应该根据儿童的残疾、障碍程度来安排他们在普通教室学习的时间,而应该在普通教室里满足所有学生的学习需要,普通教师应该在特殊教育专业人士的支持下承担起教育特殊儿童的主要责任。[②] 完全融合的安置形式是融合教育发展的主要方向。

完全融合教育支持者认为:①对特殊儿童进行隔离教育及对他们使用标签的做法应该被取消,因为这些做法是低效率的,而且从本质上来说是不公平的;②所有的儿童都有学习和成功的能力,学校应为他们的成功提供足够的条件;③所有的儿童都应该在邻近学校内的高质量、年龄适合的普通班级里平等地接受教育,学校必须成为适应所有儿童多样学习需要的场所;④应该让特殊儿童在具有接纳、归属、社区感的氛

---

① 王凯:《融合教育模式的探索与实践》,硕士学位论文,天津理工大学,2019。

② 邓猛、潘剑芳:《关于全纳教育思想的几点理论回顾及其对我们的启示》,载《中国特殊教育》,2003(4)。

围中接受教育；① ⑤在普通教室里，特殊儿童应通过教育工作者之间的合作教学、学生之间的同伴学习，以及所提供的各种相关服务而获益。

在完全融合教育者看来，融合教育是不需经过任何经验或实证检验的，它是一种崇高的伦理追求。不过，虽然都是在普通班接受教育，但是特殊儿童和普通儿童接受教育的方式是有区别的，大致可分为以下三类。

(一)完全由普通教师负责

完全负责模式下，普通教育教师要负责特殊儿童所有的教育评估、个别化教育计划的制订及个别指导等工作，必要时需要"巡回指导教师"提供指导。巡回指导教师负责一个辖区范围内特殊儿童的教育指导工作，他不直接面对特殊儿童，只是向一线普通教育教师或特殊教育教师提供专门的教材、教具及教学策略等，对普通教师进行指导。在这种模式的教育中，特殊儿童的障碍程度一般较轻，需要的辅助较少，但是对教师要求较高，要求教师在普通课堂上，使特殊儿童和普通儿童都接受符合其特点和需要的高质量教育。当然，在完全由普通教师负责的情况下，教师可以通过"小组学习""合作学习"等方式，使普通儿童参与到特殊儿童的教育中来。

(二)普通教师为主，巡回服务人员为辅

普通教师和巡回教师主辅结合模式的特点是普通教师负责特殊儿童的全面正常教学，而巡回服务人员则负责对特殊儿童进行特殊评估、特殊教育和提供所需的其他服务及材料等。巡回服务模式是指组织专家队伍，从一个学校到另一个学校开展评估、提供咨询、提供材料，甚至做一些直接教学的活动。② 巡回人员主要包括语言病理学家、学校心理学家、社会工作人员、物理治疗师、医生、特殊教育教师等。这些人员并不固定在某个班级或学校服务，而是在一个学区或是几个学区之间巡回服务。服务的频率及每次服务时间的长短由学校和巡回服务人员共同讨论决定。在提供相应服务的同时，尽可能避免打扰普通班级的正常教学。如果在提供一定时间的相关服务后，特殊儿童情况有明显好转，甚至基本达到正常学生水平，由巡回服务人员提议，经学校研究后，即可停止特殊教育服务。③ 这种类型教育模式的优点是专门服务直接进入每所学校和每个社区。在偏远的乡村地区和特殊儿童人数较少的学校或学区多采用这一模式，不过如果服务过于分散，则不利于保证服务的质量。

---

① Peder Haug, "Understanding Inclusive Education：Ideals and Reality," in *Scandinavian Journal of Disability Research*, 2017, vol. 19, pp. 206-217.

② 刘春玲、江琴娣：《特殊教育概论(第 2 版)》，35 页，上海，华东师范大学出版社，2016。

③ ［美］任颂羔：《特殊教育发展模式》，51 页，北京，北京大学出版社，2012。

(三)普通教师为主，助教为辅

普通教师和助教主辅结合模式在美国被称为助教服务模式(aide services)，在日本被称为助教模式。相对于整个班级来说，特殊教育教师是普通教师的助手。这类教育方式是由持有特殊教育执照的教师直接进入班级，负责特殊儿童的全面评估，制订个别化教学计划，配合正在教的教学内容。助教往往坐在特殊儿童旁边，或是往返于班上几个特殊儿童之间，采取个别辅导的方式辅导特殊儿童，帮助他们理解和消化课堂上的内容等。这种做法在一些发达国家是比较常见的，它能为特殊儿童提供更专业和细致的服务，能保证特殊儿童受教育的质量，不过这对特殊教育教师的数量和质量有较高的要求。当这种方式的教育进行一段时间后，如果特殊儿童在学业表现上仍然没有明显改变，甚至较普通班级平均水平落后两年以上，学校就应重新对其进行全面评估，根据测试评估结果调整特殊教育服务计划。

二、部分融合模式

部分融合模式是指特殊儿童与普通儿童一起接受普通教育，但是在有特殊教育需要时，会抽出一部分时间到另外的教室或地方接受个别辅导，或是被安置在普通学校的特殊班里进行教育，或是根据需要灵活地在普通学校及特殊学校两地接受教育。部分融合模式的支持者认为普通教室安置并不适合所有的特殊儿童，完全融合只是一系列特殊教育服务形式中的一种选择。因此，部分融合模式的倡导者支持多样化的特殊教育服务体系，尤其是资源教室的建设，希望提供从最多(隔离的学校或机构)到最少(普通教室)限制的多种教育安置选择。[①] 具体来说，部分融合教育模式有以下三种类型。

(一)资源教室/中心模式

1. 资源教室/中心模式的内涵

资源教室/中心模式(resource room model)，又称辅导教室，主要流行于美国与加拿大，是安置特殊儿童的主要措施之一。[②] 这种模式是指特殊儿童在大部分时间与普通儿童一起接受普通教育，但会根据学习需要抽出一部分时间到资源教室或是资源中心接受个别辅导。资源教室是在普通学校专门设置的特殊教育辅导室，配备有特殊儿童所需要的各种辅助设备、教材、教具、训练器材等，由受过特殊教育专业训练的资源教师负责。资源中心可以看成资源教室的一种拓展，只不过资源教室为一所学校服务，

[①] 邓猛、潘剑芳：《关于全纳教育思想的几点理论回顾及其对我们的启示》，载《中国特殊教育》，2003(4)。

[②] 邓猛：《融合教育理论反思与本土化探索》，265 页，北京，北京大学出版社，2014。

而资源中心是跨校为辖区内不同的学校提供服务。而且资源教室和资源中心不仅直接负责特殊儿童的教学，还会为普通教师和家长提供咨询、支持和资源。这种模式的优点是特殊儿童不脱离正常的班级教学环境，既与普通儿童一起接受教育，发展了其社会适应能力，又能获得必要的、专业化的特殊教育与服务，使自己的潜能得到最大限度的发挥。

2. 资源教室/中心类型

无论是资源教室还是资源中心，其核心在于"资源"功效的发挥。其一是物质资源中心，资源教室/中心要配置充足的教学设备、特殊教育教材、教具及图书资料、评估工具等，以供学校或学区的师生利用；其二是教学资源中心，资源教室/中心的教师要负责所有特殊儿童部分时间的单独教学或训练，并配合普通教师共同开展教学活动，改善教学效果；其三是咨询、培训、支持的资源中心，资源教室/中心除了直接提供教学及相关服务之外，还要为普通教师和家长提供咨询和支持，帮助普通教师进行专业发展，对特殊教育教师进行职后培训。

3. 资源教室/中心模式的特点

资源教室/中心模式具有以下五个特点。①它是一种暂时性的支援教学。资源教室/中心的安置通常是暂时性的，要依据学生的个别需要及学习进步的情形作适时的调整。②这种模式强调个别化教学。资源教师要根据特殊学生个体的长处和不足，拟订个别化教学计划，并着重开展个别化指导或小组学习。③该模式具有预防功能。具有轻度学习障碍或行为问题的学生，在资源教室/中心里及早地接受辅导，能预防问题向更严重的态势发展。④该模式具有统合功能。资源教师在为特殊儿童提供服务时，是以学生的整体发展为主，而不只考虑学生缺陷的补偿，在对特殊儿童提供服务时，需要资源教师与普通教师、相关专业人员、管理人员和家长共同商量决定，不能只由某一方面单独决定。⑤该模式可以降低隔离与残疾标签的不良影响。特殊儿童在普通班级与正常学生一起上课，并在资源教室/中心接受辅导，这打破了传统的特殊教育分类，避免了具有歧视性的标签与隔离。①

4. 资源教室/中心模式下教师的工作

当然，这种模式对资源教师的要求是比较高的。在该模式下，资源教师是教学方案的主要实施者，也是特殊教育和普通教育沟通的桥梁，负责对特殊儿童进行个别辅导与补救教学，为普通班教师和家长提供咨询与支援服务。哈里斯和斯库兹（Harris & Schutz）1986 年将资源教室定义为由资源教师为特殊儿童提供直接服务和由资源教师与普通教师合作为特殊儿童提供间接服务之间的最佳平衡点，提出资源教师的主要职责有十项：①建立、实施与协调全校特殊儿童的转介与鉴定工作；②负责制订本校特殊

---

① 刘春玲、江琴娣：《特殊教育概论（第 2 版）》，37 页，上海，华东师范大学出版社，2016。

教育的有关规定，并对其实施情况进行检查与协调；③评估、获取、运用并解释各种诊断工具与策略；④和普通教师、家长一起编拟个别化教育计划，并对其执行效果进行评估；⑤为特殊儿童提供直接教学（与学生有关的科目或必备的社会技能、学习策略）；⑥与普通班教师共同研究特殊儿童在普通班的学习障碍和行为问题；⑦与特殊儿童家长一起交流学生的学习情况，提供相关的服务措施及相互支援的方式；⑧与可能为特殊儿童及家庭提供服务与协助的社区、学校、医院等有关机构保持联系；⑨尽可能从各方面获取为特殊儿童提供服务的各项支援的信息，并尽可能在必要时加以利用；⑩为本校教师、行政管理者和家长提供特殊儿童所需的在职专业培训。① 学者王和平2005 年将资源教师定义为承担评估和计划的制订、资源教学、咨询及日常管理和行政事务等多方面工作的主要资源人士，其职责体现在六个方面的 30 多项工作中（见表 1-2）。

表 1-2　资源教师职责②

类别	职责
鉴定与评估	1. 启动转介程序，做好相关准备工作，如熟悉转介流程和设计表格
	2. 熟悉学生转介资料，安排筛选、鉴定和评估相关事宜
	3. 与普通班教师一起从普通班筛选"有特殊需要的学生"
	4. 收集学生在普通班学习的具体情况，为鉴定和评估做准备
	5. 进行教育诊断测验，为鉴定和评估做准备
	6. 配合进行多元评估，汇总、撰写评估鉴定报告，提出初步安置和教育方案
教学与指导	7. 参与设计个别化教育计划方案
	8. 设计并运用特别的教学方法和行为指导策略，进行个别训练和指导
	9. 选择、设计适合个别学生需要的教材、教具和多媒体
	10. 开展小组的或个别的资源教学
	11. 动态观察和评估学生接受资源教学的发展状况，为修改个别化教育计划(IEP)收集信息
	12. 促成学生回归主流，跟踪服务直至完全适应普通班级的教学活动
	13. 指导或协同完成正常班级的差异教学
咨询与沟通	14. 为普通教师、家长和(或)志愿者提供特殊教育专业技能咨询
	15. 给普通教师、家长等介绍或提供特殊教育的有关法规、书籍和其他信息
	16. 给普通教师介绍或提供在正常班可使用的特殊教材及其教具
	17. 为普通教师介绍或提供在正常班开展 IEP 教学或行为辅导的策略
	18. 主(协)办特殊教育研讨班(研讨学习活动)，介绍特殊教育有关知识

① 雷江华、方俊明：《特殊教育学》，140 页，147 页，北京，北京大学出版社，2014。
② 王和平：《随班就读资源教师职责及工作绩效评估》，载《中国特殊教育》，2005(7)。

续表

类别	职责
行政事务	19. 分析、整理学生接受资源教室方案服务的内容、教育效果及其他行为表现，充实和完善学生档案
	20. 定期开展资源教学成败的自评工作，作为发展或改进的参考
	21. 组织有关人员研讨资源班学期或学年度的教学实施计划
	22. 管理资源教室内各种软硬件设施
	23. 制订资源班学期经费预算和使用计划
	24. 组织召开(定期或不定期)资源班教育的各项会议
公共关系	25. 向同事和家长介绍资源教室方案的功能，获得其理解和支持
	26. 与普通教师交流资源班学生在两种环境中学习发展的信息，并交流经验
	27. 与相关教师或教辅人员沟通协调，建立良好关系，便于开展工作
	28. 组织并利用各种校外资源，促进资源班教育教学工作的开展
	29. 与家长联系，告知学生在资源班的发展情况及要求家长配合的事宜
	30. 与相关学术和行政机构保持联系，了解资源教室方案发展动态和相关政策
	31. 与专业机构联系，及时解决资源教室方案实施中的疑难问题
	32. 构建学区(校)"助学伙伴"队伍，获取助学者帮助及其家长支持
教科研	33. 相关基础理论和研究方法的自学或咨询
	34. 规划学期、学年度或更长时间的研究课题
	35. 课题研究的组织实施
	36. 向学校同事、家长或相关会议作专题研究报告，介绍和推广研究成果

(二)普通学校特殊班模式

1. 何为普通学校的特殊班

特殊班一般附设在普通学校内，是专门为残疾程度相对较重、特殊教育需要比较突出的学生设立的。当上述安置形式都不适合特殊学生时，就可以考虑采用这种模式。特殊班人数一般为 10～15 人。在美国，特殊班会根据学生的情况，有不同的师生比组合，多数特殊班配有一名持有州执照的特殊教育教师及一名助手，这名助手没有资格进行课堂教学，只是协助特殊教育教师维持班级纪律或进行分组辅导。[①] 在中国一般就由一名特殊教育教师来负责该班的日常运作。一般而言，特殊班学生的文化课与正常学生是完全分开的，不过也在某些时间，让特殊班的学生与普通班的学生一起上体育、

---

① [美]任颂羔:《特殊教育发展模式》，53 页，北京，北京大学出版社，2012。

音乐、美术等课程；而学校的活动，如晨会、运动会、外出游玩等，特殊班的学生仍然与普通班的学生在一起。这种模式的特点是特殊班的学生与普通班的学生分开在不同的班级接受教育，或是在少量的、适当的课程上在一起上课，课后会与普通班的学生一起参与某些活动。它的优势在于：①特殊儿童增加了与普通儿童的日常交往，有利于相互了解；②教师可以进行有效的个别化教学；③在一定程度上为特殊儿童创造了融合的环境；④有利于全校同学正确认识人与人之间的关系。①

2. 普通学校的特殊班与资源教室/中心模式的区别

特殊班的学生几乎所有的教学活动都在特殊班进行，只有少部分活动会与普通班的学生在一起；而资源教室/中心的学生大部分时间都留在普通班级，只是部分时间到辅导中心上课。还有学者从九个维度，对特殊班与资源教室/中心进行了区分（见表1-3）。

表1-3　特殊班与资源教室/中心的区别②

项目	特殊班	资源教室/中心
服务对象	有残疾证明的特殊儿童	有特殊教育需要的儿童
目的	提高特殊儿童入学率	支持有特殊教育需要的儿童在普通班继续顺利地学习下去
入班标准	有正式的残疾证明	有正式的鉴定及教育诊断
课程设置	与特殊学校类似	根据学生需要
教材	特殊学校教材	修改、选编或自编的教材
教学方式	集体教学	个别化教学
排课方式	在本班按课表编排上课	抽离式、外加式、抽离＋外加式
学习时间长度	全部在校时间	不超过在校时间的一半
任教教师及职责	受过特殊教育专门训练的教师负责几乎全部的教育教学工作	受过特殊教育专门训练的教师负责诊断、教学、评量和咨询的工作

(三)普通学校＋特殊学校模式

1. 普通学校＋特殊学校结合模式的内涵和现状

这种形式是指特殊儿童根据需要在普通学校与特殊学校两地灵活接受教育。可以是以普通学校为主、特殊学校为辅的形式，即特殊儿童大多数时间在普通学校就读，少部分时间在特殊学校接受特殊教育，这有些类似于资源教室/资源中心模式，只是接受特殊教育的地点改为特殊学校。也可以是以特殊学校为主、普通学校为辅的形式，即特殊儿童大多数时间在特殊学校接受教育，有需要时到普通学校与普通儿童一起学

---

① 雷江华、方俊明：《特殊教育学》，146 页，北京，北京大学出版社，2014。

② 徐美贞、杨希洁：《资源教室在随班就读中的作用》，载《中国特殊教育》，2003(4)。

习及活动，这有些类似于普通学校特殊班模式。只是普通学校＋特殊学校模式的融合程度可能比普通学校特殊班模式更低，毕竟普通学校特殊班模式中特殊儿童接受教育的地点还是完全在普通学校。当然，这种安置模式还是可以根据特殊儿童的需要灵活调整的，如特殊儿童在特殊学校康复训练取得较好效果后，可以转入普通学校的班级就读，如果在普通学校不能适应，可以转回特殊学校学习。总体而言，在该模式下，特殊儿童可以拥有普通学校及特殊学校双重学籍，根据需要在两地灵活转换。这种形式的融合教育在国内很多地方都存在，但并没有建立起良好的衔接制度。

2. 融合教育模式的形成与变迁

总之，融合教育思想的发展使传统的对残疾人进行隔离的教育体系受到公开怀疑与挑战，目前，西方各国传统的隔离式特殊教育机构体系已经崩溃。多数研究认为在普通学校设置资源教室的效果优于隔离式特殊学校（班）和全日制的普通班。很多之前还普遍存在的为特殊需要的学生提供服务的全日制特殊学校和特殊班级逐渐淡出了人们的视野，取而代之的是融合的教育形式。这不仅使残疾人进入各类各级普通学校的趋势在全球范围内得到加强，也使更多的人关注特殊教育安置与服务体系的研究。[①]

3. 融合教育模式的争论与本土化

完全融合即在普通教室教育特殊儿童似乎逐步成为各国特殊教育的主要选择。有学者认为，普通学校的特殊班模式是融合教育的低级模式，因为它只是让特殊儿童在部分时间、空间与普通儿童在一起，而主要的教学活动却是分开的，这从本质上说仍然是隔离的。也有学者反对上述完全融合的观点，认为那是一种"一刀切""用一个框框量所有儿童"的做法。他们认为在同一个普通教室里，能力强的儿童可能经常会因内容简单而厌倦，而有特殊教育需要的学生又因赶不上教学的平均进度而焦虑，从而使教育的质量难以得到保障，因此特殊班应该存在，而且也是一种很好的融合教育模式。融合教育的关键在于提高融合学校容纳和服务所有学生的能力，以保障每个学生都能获得适合其需要及发展的教育。至于安置的形式可以多元化，可以结合各个国家及地区的历史文化特点、基础教育情况、特殊教育的发展，以及对融合教育的不同理解，形成本土化的融合教育的安置形式。

【关键概念】

 1. 融合教育   2. 全纳教育   3. 回归主流运动

 4. 一体化教育   5. 随班就读   6. 基本理念

---

① 邓猛：《双流向多层次教育安置模式、全纳教育以及我国特殊教育发展格局的探讨》，载《中国特殊教育》，2004(6)。

7. 理论基础　　　　8. 完全融合模式　　　9. 部分融合模式

【问题与思考】

1. 谈谈你对融合教育的理解。

2. 试分析融合教育与随班就读的关系。

3. 在融合教育实施过程中，教师应秉持怎样的理念？

4. 社会建构主义认为残疾是一种社会建构的产物，你如何理解这个观点？

5. 为什么要站在教育的立场上看待儿童的融合教育？

6. 根据你所在地区的历史文化特点、基础教育情况及特殊教育的发展，你认为实施融合教育应采用哪种模式比较恰当？为什么？

【深思感悟】

结合本章内容，谈谈你对融合教育的理解。

【延伸阅读】

1. 邓猛. 融合教育理论反思与本土化探索［M］. 北京：北京大学出版社，2014.

2. 刘春玲，江琴娣. 特殊教育概论（第2版）［M］. 上海：华东师范大学出版社，2014.

第二章

融合教育的历史发展

章结构图

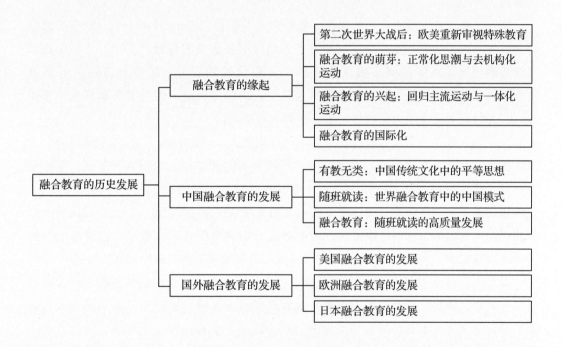

🎯 **学习目标**

1. 了解融合教育的缘起和发展历程。
2. 掌握我国融合教育的发展历史。
3. 辨析不同国家融合教育的现状、模式、教师专业发展等的异同。
4. 根据不同国家的实际情况，评析各国融合教育的本土化发展。

情境导入

20 世纪 30 年代，纽约附近的一所著名寄宿制特殊教育学校莱奇沃思(Letchworth)有着光鲜的名声，其教育服务人性化、环境干净整洁，被视为当时全美特殊教育领域的典范。

然而，真正进入莱奇沃思的摄影记者欧文·哈伯曼(Irving Haberman)公布了几组照片，发现这里特殊儿童的生活和学习条件远没有其宣传的那样好。照片中显现出那里悲惨的状况：裸体的寄宿者，蓬乱的头发和肮脏的衣服，蜷缩在简陋的娱乐室里……这些照片公布后引起了社会的极大震动，纷纷指责政府的监管失职和教育资源投入不到位，导致学校内部拥挤不堪、服务人员不足。

一名曾在该学校工作的教师在日记中这样写道："悲惨的状况，被忽视的病人，工作人员不足且缺乏专业训练，对寄宿者进行反复暴力和虐待。由于经费短缺，学校经常让高年级的寄宿者充当工作人员，使得服务条件进一步恶化。在管理者的掩盖下，这些事实并不为外界所知。"曾在寄宿制特殊教育学校的学生们回忆道："护理人员不知所措，从一开始他们就不是很灵活、没有耐心，后来事情越来越糟糕，监护室的各种吵闹声震耳欲聋。""学校几乎毁掉了我的生活，我不敢相信他们曾经对我所做的一切。"

类似的记载在 20 世纪初的美国还有很多，从记载上看，早期的特殊教育学校存在着诸多问题，随后社会各界对寄宿制特殊教育学校安置模式进行了全面质疑和激烈批判，更加坚定了特殊儿童利益相关者全力保护特殊儿童合法权益的斗争，同时点燃了推动 20 世纪 60 年代后期正常化、去机构化、回归主流运动产生的导火线，进而迸发出融合教育的理念，由此融合教育在全球范围内兴起并推广。那么，这些教育运动与思潮是如何进行的？它们是如何推动融合教育的产生与发展的？它们体现了哪些思想内涵？融合教育在不同国家和地区是如何发展的？本章将就这些问题进行详细的阐述。

第一节
融合教育的缘起

一、第二次世界大战后：欧美重新审视特殊教育

(一)特殊教育受到国家和社会的关注

从西班牙修道士庞赛开始训练聋哑儿童算起，人类真正意义上的特殊教育发展至今已有 400 余年历史。[①] 但特殊儿童受教育权真正获得国际社会广泛关注是在第二次世界大战后。第二次世界大战结束后，欧美国家经济迅速复苏，对民主、平等和人权的追求促使当时的人们对各领域进行反思，并掀起了一系列为处于社会弱势地位的民众争取公平社会地位的运动。在其中，残疾人作为长久以来备受忽视的群体，逐渐受到社会和国家层面的关注。正是在这个阶段，传统意义上的特殊教育受到了社会各界的重新审视，正常化、去机构化、回归主流等新的特殊教育思潮开始涌现。

(二)第二次世界大战后美国特殊教育管理的混乱

以美国为例，19 世纪中期以来，公立学校的特殊班级与寄宿制特殊教育学校是特殊儿童的两大主要接受教育方式。第二次世界大战后，美国的残疾人数剧增，公立学校无法为所有残疾人群提供教育，迫使一大批特殊儿童与成年人进入私立或公立的寄宿制学校，从而导致寄宿制学校规模急剧膨胀。这一时期，美国政府公共机构将特殊教育的关注点集中在公立学校的特殊班级，忽视了大量寄宿制特殊学校，导致美国寄宿制特殊学校出现内部管理混乱、人员复杂的问题，并在很大程度上承担了医院、惩戒所等多重角色，其最基础的教育功能反而被逐步淡化。战后寄宿制特殊学校的真实状况被社会披露，造成了社会民众的极大愤慨，引发了全美社会各界对此种特殊群体安置模式的全面质疑和激烈批判。[②] 由此，人们开始重新审视特殊教育，融合教育的思想开始萌芽。

[①]　朱宗顺：《特殊教育史》，20 页，北京，北京大学出版社，2011。
[②]　黄建辉：《公平与卓越的追求：美国特殊教育发展与变革研究》，博士学位论文，福建师范大学，2015。

二、融合教育的萌芽：正常化思潮与去机构化运动

在融合教育萌芽之前，以隔离为主的特殊教育形式占据主流。随着人们对民主和平等人权的追求日益增加，融合教育开始萌芽，其主要标志是 20 世纪 50 年代的正常化思潮与去机构化运动。

(一)正常化思潮

1. 正常化思潮提出的背景

正常化思潮(normalization)最初由北欧国家提出，当时低质量的特殊教育服务现状促使人们对传统特殊教育形式提出了质疑，要求社区和机构提高对特殊儿童的服务质量。基于当时传统特殊教育的现状，丹麦的班克·米克尔森(Bank Mikkelsen)于 20 世纪 50 年代提出正常化原则，主张将特殊儿童安置到正常社会环境中学习和生活，与普通儿童接受同样的教育。正常化原则倡导特殊人群与正常公民应具有同等的生存权利，应尽可能地让他们享有与普通公民相同的生活条件和生活方式。这是一种专注于改善残疾人生活和发展的理念，倡导"平等"，提出"帮助每个人拥有正常的生活"的思想。这种思想得到当时欧洲国家很多学者的认同，与当时欧美民主运动对平等和人权的追求一致。20 世纪 60 年代，瑞典学者本格特·尼尔耶(Bengt Nirje)应邀出席美国召开的关于智力落后问题研讨会，并在会上提出"尽可能使特殊人群的日常生活与正常公民的生活模式相接近"。他提出不仅要为特殊人群提供正常化的环境，关键还要为他们提供必要的社会支持系统，突出强调了社区本位安置模式的重要性。这种理念不是要让特殊人群变成正常，也不是要把他们放在社区而不提供任何支持，而是要让他们在享有同等权利和机会的同时，给予他们所需要的支持服务。

2. 正常化概念的形成

随后，正常化概念得到美国著名特殊教育研究者沃尔夫芬斯伯格(Wolfensberger)的极力倡导，开始在美国正式盛行起来。他在《公共服务正常化原理》一书中详细论述了"正常化"思想在智障儿童寄宿制机构中的实践运用。他认为，在传统特殊教育的思想和模式下，智障者的社会结构是极"不正常"的，传统隔离、孤立的寄宿制教育机构和学校不利于智障儿童融入正常人的社会生活。对此，他提出了改革传统特殊学生安置模式和教育方式的建议，设计学习环境和建筑风格，改善寄宿制服务方式、心理卫生保健、职业培训、社会交往等方面内容。同时他也指出，尽管在实施过程中可能会威胁到部分人和组织的利益，存在一定的风险性，但是值得去为之奋斗，因为传统隔离模式看似在保护障碍儿童，实则是一种对他们未来不负责任的表现，应打破普特隔离的状况。

3. 正常化的内涵和实施途径

20 世纪 60 年代后期，正常化形成了其基本的思想体系，即强调身心障碍者的个别性和公民权，认为身心障碍者应该尽可能与普通人一样，拥有一个良好的教育和生活环境，并享有自由的权利和公平的机会。正常化包括三个方面的内涵：①力求平等，即主张特殊人群应尽可能地接近正常公民的生活形态与条件；②追求质量，即主张为特殊人群创造高质量的生活条件；③强调人权，即把所有公民都看作具有价值的人，特殊人群与正常公民均享有同等的人权。正常化有两种实施途径：①改造特殊教育学校、养护机构等，使学校和机构可以为特殊人群提供尽可能正常的设施与环境；②使特殊儿童融合到普通教育学校和机构，与普通儿童、主流社会文化保持联系。这两种途径通过尽可能融入主流文化的方式，帮助特殊人群建立和维持符合主流社会文化的个人行为和特征。

(二)去机构化运动

1. 去机构化运动的内涵

正常化思潮的传播对以美国为代表的欧美教育发达国家的社会改革运动也开始产生重要影响，并直接导致了去机构化(deinstitutionalization)运动的出现。"去机构化"是 20 世纪 50 年代出现的术语，指减少残疾儿童和成年人住宿、教育、治疗或其他服务机构的使用，反对数十年来将残疾人收容在环境不良的机构中的做法。这些环境不良的机构各种各样，但它们有共同的典型特征，包括相对高程度的隔离监护、集体的治疗、统一的管理及严格的控制。此外，这些机构日常活动的水平和形式异于正常社会文化，规模相对庞大。① 这些环境不良的机构向社会公众传递一个强烈而真实的信号，即类似生存环境恶劣的机构必须关闭，要求特殊儿童教育去机构化。著名心理学家沃尔夫芬斯伯格和不遵医嘱学术研究联盟(Non-adherence Academic Research Consortium，NARC)的倡导者纳尔(Gunnar)、露丝玛丽(Rosemary)、迪布瓦德(Dybwad)等教育民主人士在去机构化运动中发挥了主导性作用。由此，20 世纪 60 年代末至 70 年代初的美国关停了大量基础设施薄弱、教育环境恶劣的教育机构，同时对环境稍好的教育机构在校生人数进行了严格控制，并以社区为中心重新将机构中的寄宿生安置在社区临时庇护所、过渡性设施和其他服务中心机构。这样使得残疾儿童与社会建立起了更为紧密的联系，越来越多的残疾人经工作教练(job-coach)的帮助和指导后能在竞争性就业情境中工作。②

---

① 李拉：《国际融合教育的发展脉络及阶段特征》，载《现代特殊教育》，2021(7)。
② 黄建辉：《公平与卓越的追求：美国特殊教育发展与变革研究》，博士学位论文，福建师范大学，2015。

2. 去机构化运动的程序目标

去机构化运动是将残疾人从大型的、较为封闭的残疾人医疗养护、康复、教育机构转向以社区为基础的、较小的、比较独立的生活环境。[①] 广义上的去机构化运动包括三个主要的程序目标：①减少进入机构的人数；②将机构中的人转移到非机构的环境中；③改革或减少机构化环境中的机构化特征。去机构化运动不仅是一种具体的社会政策，也是赋予残疾人公民权这一更广泛社会运动的组成部分。[②]

3. 去机构化运动的影响和问题

经过十数年西方国家去机构化运动的兴起和展开，越来越多的残疾人离开了封闭的、与主流社会隔离的、寄宿制的社会福利或康复机构，重新返回正常的社区环境接受相关的支持与服务，加速了残疾人对主流社会的融合与参与，促进了平等、支持性社区的形成，在全球范围内产生了巨大的影响。例如，美国、英国、澳大利亚等西方国家不断减少隔离的残疾人福利或教育机构，大力发展以社区为基础的康复服务，从而提高残疾人的自我决定、选择的能力及他们生活的质量。[③] 但是，去机构化运动仍然出现了很多问题：有些残疾儿童特别是那些严重疾病困扰者，他们在离开机构以后便开始无家可归、流浪街头，社会上一些最为弱势的个体依然很可能被虐待和被人忽视。另外，经济衰退经常导致资金经费的投入减少，而且几乎没有专家去研究如何能使社区安置机构更加有效地运作。[④]

4. 正常化思潮和去机构化运动中融合教育的萌芽

在上述正常化思潮和去机构化运动的影响下，欧美国家的政府采取了多种措施提升残疾人的生活质量，鼓励残疾人尽可能回到正常的社区。正常化思潮和去机构化运动都是基于残疾人生存情况和社会环境考虑而产生的社会变革，这种变革同时也包含了教育。[⑤] 尽管在变革中出现了一些问题和困难，但是在一定程度上维护了残疾人这一特殊群体的利益，提高了他们的生活质量，打破了普特隔离的状况，并最终为融合教育的出现奠定了基础。

三、融合教育的兴起：回归主流运动与一体化运动

融合教育兴起的标志。正常化思潮和去机构化运动使欧美国家开始反思既有的普

---

① Geoff Lindsay，"Educational Psychology and the Effectiveness of Inclusive Education/Mainstreaming," in *British journal of educational psychology*，2007，vol. 77，pp. 1-24.

② 李拉：《国际融合教育的发展脉络及阶段特征》，载《现代特殊教育》，2021(7)。

③ Patricia O'Brien et al.，"Perceptions of Change，Advantage and Quality of Life for People with Intellectual Disability Who Left a Long Stay Institution to Live in the Community," in *Journal of Intellectual and Developmental Disability*，2001，vol. 26，pp. 67-82.

④ 朱宗顺：《特殊教育史》，131 页，北京，北京大学出版社，2011。

⑤ 李拉：《国际融合教育的发展脉络及阶段特征》，载《现代特殊教育》，2021(7)。

通教育与特殊教育体系，开始尝试教育变革，打破固有的特殊教育实践方式，不约而同地将特殊儿童安置在普通学校，让特殊儿童与普通儿童一起接受教育。由此，回归主流运动与一体化运动产生，成为融合教育产生的先声。这种运动在以美国为代表的北美国家，大多被称为回归主流；在以英国为代表的欧洲国家，大多被称为一体化(integration)。从现在来看，我们可以将回归主流与一体化视为融合教育改革运动兴起的标志，也是融合教育运动的初始阶段，这一阶段约从 20 世纪 60 年代持续到 20 世纪 90 年代初期。[①]

(一)回归主流运动

1. 回归主流运动的产生背景

随着 20 世纪 60 年代去机构化运动的兴起，以邓恩、德诺(Deno)、史提芬·丽莉(Stephen Lilly)为首的一批学者以更加尖锐的眼光和思维来反思特殊教育自身的特征，包括规模的扩展、与普通教育之间的关系、隔离教育模式、课程内容价值、教育质量有效性等，正式吹响了重构特殊教育、回归主流的号角。一般认为，1968 年邓恩对特殊班级教育质量的严厉批判是打响特殊儿童"回归主流"运动的第一枪。随后教育领域对"回归主流"展开激烈的讨论，并且应用到实践。在邓恩看来，特殊教育的产生只是出于维护普通教育的秩序，将制造混乱的学生和学习落后者等问题儿童丢给特殊教育教师。特殊教育地位状况很大程度上依赖于普通教育，是一种不成比例的、奉承的、屈从的关系。特殊班级课程与普通教育没有什么区别，只是放慢了教学节奏和减少了教学内容，这与其说是教学，不如说是在替家长临时照顾障碍儿童。德诺指出，特殊教育是整个教育体系的一个组成部分，根本目的在于满足不同特殊学生的教育需求。同时，特殊教育也是一个独特的教育体系，作为特殊儿童的发展资本，在提升整个公共教育有效性中具有重要作用。因此，传统低效的特殊教育模式必须进行彻底的根本性的改革。[②]

2. 回归主流概念的提出

在 20 世纪 70 年代初期，回归主流运动已经进入实践阶段，并出现了各种不同的模式，但此时一些专业组织和机构对"回归主流"概念的具体应用还较为谨慎。美国最早正式使用"回归主流"术语的是 1972 年凯斯·比里(Keith Beery)出版的《回归主流模式》(*Models for Mainstreaming*)一书。1976 年美国特殊儿童委员会在代表大会上提出："回归主流是一种有关特殊儿童教育安置的措施和过程的理论，要求每个儿童都应

① 李拉：《国际融合教育的发展脉络及阶段特征》，载《现代特殊教育》，2021(7)。

② Evelyn Deno，"Special Education as Developmental Capital," in *Exceptional Children*，1970，vol. 37，pp. 229-237.

该在最少受限制的环境中接受教育，这样才能保证他们在教育和发展上的有关需要可以得到较好的满足。"这种认识得到了与会者的普遍认同。① 随后，"回归主流"这一术语在各种学术期刊和论坛中广泛出现，特殊教育领域回归主流运动如火如荼地展开。

3. 回归主流运动的核心思想

回归主流运动是一种将特殊儿童纳入普通班级的特殊教育理念，以确保特殊人群可以获得与其他学生相同的教育资源和机会，同时在非隔离的环境中接受正常化的教育。其核心思想体现了两种走向：①从强调安置模式的转变走向强调教育质量的提升；②从强调特殊教育单一的参与走向强调特殊教育与普通教育之间合作和责任划分。

4. 回归主流运动存在的局限

回归主流运动片面强调特殊儿童群体与普通儿童在形式上的融合，即在同一课堂中一起接受教育，这种片面的融合一方面可能会导致特殊儿童在普通教育环境中受到歧视和排斥；另一方面普通的教育环境可能无法为特殊儿童提供他们所需要的支持和资源。②

(二)一体化运动

1. 一体化运动产生背景

从本质上而言，北美的回归主流运动与欧洲的一体化运动的核心理念和实施模式是趋同的，都是在正常化思潮影响下将特殊儿童融入普通教育机构和主流社会中的实施活动。③ 一体化运动在日本被称为统合教育(integrated education)。日本在 20 世纪 80 年代初期在部分地区掀起了"将所有障碍儿童送入普通学校"的教育改革运动，即统合教育。丹麦从 20 世纪 70 年代开始将盲童安置在普通公立学校接受混合式的学校教育，使盲童和其他儿童以同样的方式接受教育。

2. 一体化教育的安置形式

一体化教育要求将两种不同的教育(普通教育和特殊教育)简单搭配到一起，组成一种新的教育体系。无论障碍的种类和程度如何，所有特殊儿童都可以直接进入中小学的普通班级接受教育。其安置形式有两种：①特殊儿童参与普通儿童全部的学习、生活，由辅导教师或巡回教师给予特殊的帮助；②特殊儿童参与普通儿童部分的学习、生活，另外的时间在特殊班进行缺陷补偿训练。

3. 回归主流运动和一体化运动的影响

回归主流运动和一体化运动的一些理念与思想，如最少受限制环境、个别化教育

---

① 朱宗顺：《特殊教育史》，131 页，北京，北京大学出版社，2011。

② 邓猛：《融合教育与随班就读：理想与现实之间》，41 页，武汉，华中师范大学出版社，2009。

③ 李拉：《"全纳教育"与"融合教育"关系辨析》，载《上海教育科研》，2011(5)。

计划、资源教室、特殊教育需要等，极大地推动了欧美国家融合教育的政策变革。英国、美国、加拿大、澳大利亚等教育发达国家开始通过立法或制定政策，来改变固有的教育体制。但在实际运行中仍存在问题，如美国教育部前助理行政长官威尔于 1986年提出：不全面的鉴定与障碍类别的划分导致特殊教育效率低下；双轨制导致特殊教育与普通教育各自平行发展，两者不能很好地合作、协调以满足学生的特殊教育需要；等级制服务体系中特殊儿童仍然容易被隔离并受到歧视；家长和学校教师对儿童的教育安置，即儿童应该在哪一等级中受教育，有着不同的见解，因而容易造成冲突。这深刻地反映出了 20 世纪 80 年代中后期回归主流运动与一体化运动普遍面临的困境。融合教育该何去何从，又走到了一个亟待反思与重构的十字路口。①

四、融合教育的国际化

(一)融合教育思想的产生和发展

20 世纪 90 年代至今，融合教育迎来了其国际化的发展。1990 年，泰国召开了世界全民教育大会，会议通过的《世界全民教育宣言》提出，全世界都应积极关注残疾人的学习问题，各国政府必须采取措施向各类残疾人提供平等教育的机会。1993 年 2 月在菲律宾召开的亚太地区工作会议上，新西兰的一位代表在发言中提出了融合学校(inclusive school)的说法。融合(inclusive)的思想开始在全世界范围内被正式提及。1994 年 6 月 7 日至 10 日，联合国教科文组织在西班牙萨拉曼卡市召开了世界特殊教育大会，颁布了《萨拉曼卡宣言》，首次明确提出了融合教育的思想。其核心思想是：让所有儿童都得到教育，都得到适合他们的教育，使每个儿童都得到最佳成长机会和对社会生活的最佳适应。1995 年，国际智力障碍者联盟更名为"国际融合教育联盟"。该组织在 1995 年至 1998 年以"每人都有受教育权利"和"融合教育"作为宣传重点。

2001 年，联合国教科文组织为了支持在世界各国推进融合教育，组织来自 30 多个国家和地区的 40 多位专家，精心编写了一本在不同国家推行融合教育经验的手册——《融合教育共享手册》(*Inclusive File on Inclusive Education*)。2005 年 8 月，第六届国际特殊教育大会在英国格拉斯哥城举行，大会的主题为"融合教育，包容多元"(Inclusive：Celebrating Diversity)。同年，联合国教科文组织发布《融合教育指南：确保全民教育的实施》，作为推进融合教育的纲领性文件。2007 年 6 月，美国国际特殊教育协会与我国香港大学特殊教育研究发展中心共同举办了特殊教育全球会议，主题为"特殊教育全球挑战：历史、现状、未来"。2017 年，联合国教科文组织又发布了新版《融合教

---

① 李拉：《国际融合教育的发展脉络及阶段特征》，载《现代特殊教育》，2021(7)。

育指南》，强调融合体系的构建与融合学校的变革。2019 年，联合国教科文组织在哥伦比亚卡利市召开"教育中的融合和公平国际论坛"，以纪念《萨拉曼卡宣言》发布 25 周年，并在会上发布《卡利承诺》，呼吁各国政府采取行动加速推进融合教育。

(二)国际化时期融合教育的特点

联合国教科文组织及其他国际组织的一系列举措，推动了世界各国的融合教育政策和实践变革，融合教育在全球呈现出蓬勃发展的态势。目前，我们仍处于融合教育的国际化发展时期，与融合教育的兴起阶段相比，国际化时期的融合教育总体来看有四个方面的显著特征：①在实施范围上，融合教育成为世界上很多国家教育改革的主要方向；②在推进方式上，明确了以普通教育为核心的融合教育推进路径；③在融合教育对象上，由"残疾"扩展到所有"特殊教育需要"；④在理论研究与实践模式上，呈现容忍争议与多样化的特点。[①]

(三)融合教育的演变历程

迄今为止，融合教育已有近百年的演变历程：从一百年前人们开始重新审视特殊教育，到正常化思潮与去机构化运动，再到回归主流运动与一体化运动，融合教育逐步走向全世界，在全球范围内展开理论、政策、实践等诸多方面的探讨与变革。至此，融合教育理论精彩纷呈，融合教育实践各具特色，融合教育发展兼容并包、渐入佳境。

第二节
中国融合教育的发展

在我国，两千多年前有教无类思想已有当代融合教育思想之先见，但在封建社会等级森严的礼教制度下，类似的思想没能得到广泛的传播和真正的实践。1994 年，联合国教科文组织首次明确提出了融合教育的思想。融合教育与我国随班就读的模式不谋而合，随班就读是世界融合教育中的中国模式。历经了数十年的发展，我国的融合教育将国际发展经验与本土化实践经验相结合，逐渐走出了具有中国特色的道路，加大了融合程度。

一、有教无类：中国传统文化中的平等思想

有教无类是春秋时期孔子提出的教育观点，源自《论语·卫灵公》，指所有人都可

---

① 李拉：《国际融合教育的发展脉络及阶段特征》，载《现代特殊教育》，2021(7)。

以接受教育，期望实现人与人之间平等教育的大同世界。有教无类的思想包含着当代融合教育平等的思想，在中国古代封建社会中，有教无类类似的思想还有很多，但是在封建等级制度下教育平等思想很难真正落实。

(一)儒家有教无类教育思想之先见

1. 有教无类体现古代的平等思想

儒家有教无类的思想是我国古代教育平等思想的源头。例如，在战国至秦汉年间儒家学者编写的《礼记·礼运》中有"矜、寡、孤、独、废疾者皆有所养"的论述。中国先秦时期保护和优待残疾人，不但会对残疾人"有所养"，还会对部分残疾人"有所教"，任用他们从事脑力、文化工作。有教无类的思想闪烁着中国古代人民"仁爱"的传统美德，作为人类文明的宝贵遗产，历久弥新。

2. 有教无类在当代教育平等中的三种释义

有教无类在当今教育公平的视角下主要有三种释义：①起点机会公平，主张不分类别，人人都可接受教育，具体而言即不分贤愚贵贱，不分国界贫富，只要有心求学的学生，都可以入学接受教育；②过程公平，既然从师"有教"，那教师对待学生的态度就要做到"无类"，即一视同仁，平等对待每一个学生，具体到教学，孔子主张因材施教；③结果公平，主张"有教"为的是"无类"，即"有了教育"为的是"都得到应有的发展"。[①] 孔子不仅提出了有教无类的思想，而且还落实到行动上。《论语·卫灵公》记载，孔子亲自为盲人乐师告知台阶、告知座席、告知各个位置所坐之人。这种公平正义之举为后人树立了典范。

(二)有教无类在古代并未真正实现

1. 封建社会下教育是少数人的特权

虽然中国儒家在两千年前就提出了有教无类的思想，但是在漫长的封建社会中一直没有诞生专门针对残疾人的、系统的学校教育。这一现象可以归结为儒家的教育目的，即要培养修身、齐家、治国、平天下的士人；而残疾人大多是小民，最多作为君子同情与修己践德的对象。因此，在中国封建时代的绝大多数时期里，教育只是培养士大夫的工具，是少数人享有的特权。

2. 封建时代将残疾人排除在教育之外

中国先秦时期的仁爱思想及一些特殊教育的实践在后来的封建时期中也没能传承下来。特殊教育也因此成为教育中最薄弱的环节。虽然有极少数残疾人接受了普通教育和职业教育，但同先秦相比反而逊色、萎缩了。儒家虽然对残疾人有同情与仁爱之

---

① 陈敏：《"有教无类"新解》，载《语文教学与研究》，2019(12)。

心，但实际上将他们排斥在教育之外。① 以明朝为例，政府曾规定残疾人不允许在学校中学习。在这种思想下，曾在先秦时期萌芽的特殊教育体系，在其后几千年的封建时代里却一直也没有再现。直到 19 世纪末鸦片战争后，由于西方传教士的直接参与，特殊教育学校机构在中国才得以出现（见图 2-1）。②

图 2-1　1874 年成立的瞽叟通文馆是我国历史上第一所盲人学校，
后发展为北京市盲人学校③

二、随班就读：世界融合教育中的中国模式

随班就读是目前我国特殊教育的主要形式，即把特殊学生编入普通班级，由普通班级的教师进行教育。随班就读旨在让特殊学生融入普通教育环境，接受与普通学生同等的教育。随班就读是在普通学校的普通班级接纳一到三名轻度残疾儿童（以视、听、智力残疾等儿童为主），使之接受一种特殊教育的组织形式，是顺应融合教育思想潮流下、独具中国特色的特殊教育实践路径，是世界融合教育浪潮中的中国模式。④ 下面将从历史发展的角度来解读我国随班就读的发展历程。

（一）随班就读的萌芽与产生：20 世纪 50 年代至 70 年代

个别地区开始出现特殊儿童上普通学校的事例。早在 20 世纪 50 年代，特殊儿童在普通学校随班就读的现象就已经在我国的个别地区出现。著名特殊教育专家朴永馨

---

① 侯晶晶：《论人性观的嬗变对特殊教育的影响》，载《现代特殊教育》，2004(1)。
② 景时：《中国式融合教育：随班就读的文化阐释与批判》，博士学位论文，华中师范大学，2013。
③ 《【致敬特教老师】百年特教路 几代特教人》，https://www.sohu.com/a/www.sohu.com/a/583811540_121106869，2023-05-15。
④ 雷江华、方俊明：《特殊教育学》，138 页，北京，北京大学出版社，2014。

先生指出：在中国的历史文献中，残疾人在普通教育系统中接受教育的情况早有记录。如在 1948 年出版的《第二次中国教育年鉴》中就有关于盲学生在普通大学毕业的记载。20 世纪 70 年代后在中国东北地区及长沙、北京、南京等城市也有聋人在国内高校读书并毕业的事例。在改革开放的初始时期，一些个别地区的学校出现了智力落后儿童、聋童、多重残疾儿童在普通小学上学的情况。[①] 与此同时，自 20 世纪 70 年代以来，香港也开始极力推崇将有特殊教育需要的儿童融入主流学校，以期与同龄的普通儿童接受同样公平的教育。所以，在随班就读正式推广之前，这一形式就已经在我国民间的特殊教育实践中零星产生。

(二)随班就读的试验与推广：20 世纪 80 年代至 90 年代

1."随班就读"一词在正式文件中出现

1986 年 9 月，我国颁布了《中华人民共和国义务教育法》。在随后发布的《关于实施〈义务教育法〉若干问题的意见》中更是指出：残疾儿童的义务教育"办学形式要灵活多样，除特设特殊教育学校外，还可在普通小学或初中附设特殊教学班。应该把那些虽有残疾，但不妨碍正常学习的儿童吸收到普通中小学上学"。该文件首次明确地规定了残疾儿童进入普通学校就读的这种教育形式。1987 年 12 月，"随班就读"一词首次出现在正式文件，即原国家教委在《关于印发〈全日制弱智学校(班)教学计划〉(征求意见稿)的通知》中提及该词，其中指出：在普及初等教育的过程中，大多数轻度弱智儿童已经进入当地普通小学随班就读。这种形式有利于弱智儿童与普通儿童的交往，是在那些尚未建立弱智学校(班)的地区特别是农村地区解决轻度弱智儿童入学问题的可行办法。1988 年 9 月，《中国残疾人事业五年工作纲要(1989—1992)》出炉，在其中首次正式提出了"随班就读"的概念。该纲要提到：普通班中要吸收肢残、轻度弱智、弱视和重听等残疾儿童随班就读。

2.随班就读开始试验

随班就读的试验始于徐白仑先生的"金钥匙计划"。徐白仑先生原是一名高级建筑师，在 41 岁时(1971 年)因医疗事故失明。徐白仑先生在经历了 14 年的失明之后，受西方回归主流运动、一体化运动等的影响，于 1985 年开始从事盲童教育事业，在 1988 年成立"金钥匙盲童教育研究中心"，其后更名为"金钥匙视障教育研究中心"。"金钥匙计划"先在华北、华东地区试点推行后，又继续扩大至东北地区的黑龙江省(见图 2-2)。

---

① 刘全礼：《随班就读教育学——资源教师的理念与实践》，10 页，天津，天津教育出版社，2007。

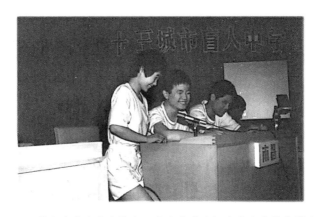

图 2-2　1988 年 11 月，徐白仑先生主办的全国盲人中学生智力竞赛在北京举办。除了智力竞赛，徐白仑还举办了盲童夏令营，极大地丰富了当时在校盲童的课余生活①

3. 随班就读在各地开始推广

1988 年 11 月，在全国特殊教育工作会议上将随班就读这种形式正式确立为我国特殊教育的主体形式。会议交流了各地开展特殊教育的经验，提出适合中国具体情况的发展特殊教育的途径，即逐步形成一定数量的特殊学校为骨干，以大量设置在普通学校的特殊教育班和吸收能够跟班学习的残疾儿童随班就读为主体的残疾儿童少年教育的格局。② 1989 年 5 月，国务院办公厅转发了国家教委、中残联等八个部门《关于发展特殊教育的若干意见》的规定："盲童教育，则以省、自治区、直辖市为单位划片设校，或以地市为单位设校；并有计划地在聋童学校和普通小学附设盲童班，或吸收掌握盲文的盲童在普通小学随班就读。"此时，我国的随班就读已开始在全年龄阶段展开，但其所针对的特殊儿童类型仍片面地集中于盲、聋、哑儿童。

4. 随班就读在全国正式推广

1990 年 5 月，国家教委在江苏省无锡市召开了盲童随班就读现场会，各省、自治区、直辖市教委（教育局）和残联派代表参加，听取了曾经试行"金钥匙计划"的各省、市的经验介绍，到宜兴市、无锡市作了实地考察。国家教委基础教育司在同年 9 月发出了《关于转发盲童随班就读现场会交流材料的通知》。1991 年 6 月又在河北省石家庄市召开了第二次现场会议，进一步交流视障儿童随班就读的经验。据此次会上统计，全国进行此项试点工作的已有北京市、河北省、山西省、黑龙江省、辽宁省、江苏省、湖北省、贵州省、广西壮族自治区、甘肃省 10 省、自治区、直辖市的 88 个县（市），

---

① 《徐白仑 送盲童一把"金钥匙"》，https://www.chinadp.net.cn/topic_/1988-privatealbum/reports/2018-03/20-17438.html，2023-05-15。

② 景时：《中国式融合教育：随班就读的文化阐释与批判》，博士学位论文，华中师范大学，2013。

有 444 名视障儿童随班就读。① 由此，"随班就读"的试验逐步在全国范围内推广。

(三)随班就读的规范与深化：20 世纪 90 年代至今

1. 随班就读政策文件的规范化

20 世纪 90 年代后，我国逐步建立了以法律为保障的特殊儿童随班就读的教育体系。1990 年 12 月通过的《中华人民共和国残疾人保障法》第二十二条规定："普通教育机构对具有接受普通教育能力的残疾人实施教育。"1994 年，为进一步规范和推进"随班就读"的实践，国家教委在江苏召开的全国残疾儿童随班就读工作会议对"随班就读"的实践经验进行了系统的总结，并以此会议讨论为基础，出台了一部专门的随班就读政策指导文件《关于开展残疾儿童少年随班就读工作的试行办法》。② 在此文件中，对随班就读的对象、入学、教学要求、师资培训、家长工作、教育管理等诸多方面作出了规定。该文件对于规范和深化我国随班就读的发展起到了重要的作用，成为各地开展随班就读工作的依据。1996 年，国家教委、中国残疾人联合会共同颁布了《全国残疾儿童少年义务教育"九五"实施方案》，进一步从政策层面上明确了随班就读的作用与地位。该方案指出：我国要普遍开展随班就读，乡(镇)设特教班，30 万以上人口、残疾儿童少年较多的县设立特殊教育中心学校，基本形成以随班就读和特教班为主体，以特殊教育学校为骨干的残疾儿童少年义务教育格局。在法律规范的保障下，在残疾儿童的三种教育安置形式(随班就读、特教班、特殊教育学校)里，随班就读由最初的作为推进残疾儿童义务教育的补充方式，提升到了三种安置形式表述的最前端。表述的变化绝非简单的文字排序变动，它更表达出政府大力推进随班就读的决心。③

2. 随班就读政策文件的具体化

后续国家陆续出台的一些特殊教育方面的政策文件中，随班就读的表述越发具体。譬如，1988 年的《特殊教育学校暂行规程》对在特殊教育学校中读书的残疾儿童向随班就读的普通学校转学问题作出了规定与说明；2001 年的《关于"十五"期间进一步推进特殊教育改革和发展的意见》则更为明确地提出了要建立随班就读教学管理制度、普通学校建立资源教室、特殊教育学校提供巡回指导服务及编制随班就读指导手册等要求。这些政策文本的出台标志着随班就读作为一项教育政策，开始由"经验模式"逐步迈入"规范化时代"。④

---

① 徐白仑：《视障儿童随班就读教学指导》，9～10 页，北京，华夏出版社，1992。
② 华国栋：《加强教育研究 促进随班就读发展》，载《中国特殊教育》，2003(5)。
③ 李拉：《我国随班就读政策演进 30 年：历程、困境与对策》，载《中国特殊教育》，2015(10)。
④ 同上。

3. 随班就读政策文件的深化

随着 20 世纪末 21 世纪初"融合教育"浪潮在全球范围内的推广，我国也加快了改革发展的步伐，随班就读的形式更进一步深化，在残疾儿童教育安置形式中的主体地位也越发凸显。2003 年教育部和中国残疾人联合会印发的《全国随班就读工作经验交流会议纪要》指出："十多年来的实践证明，随班就读在普及残疾儿童少年义务教育中发挥了非常重要的作用，是发展我国特殊教育事业的重要策略，是我国基础教育工作者特别是特殊教育工作者参照国际上其他国家融合教育的做法，并结合我国特殊教育实际情况所进行的一项教育创新。"这一时期，随班就读作为残疾儿童教育的基本政策，开始被纳入教育法律体系。2006 年，随班就读被正式写入了新修订的《中华人民共和国义务教育法》，该法案第十九条规定："普通学校应当接收具有接受普通教育能力的残疾适龄儿童、少年随班就读，并为其学习、康复提供帮助。"2008 年，修订后的《中华人民共和国残疾人保障法》出台，将随班就读这种残疾儿童少年教育安置形式从义务教育阶段扩大到了包括幼儿园、普通高级中等学校、中等职业学校和高等院校在内的所有普通教育机构。2010 年，我国出台了进入 21 世纪之后的第一个中长期发展规划纲要《国家中长期教育改革和发展规划纲要(2010—2020 年)》，其中将特殊教育专门列为一章，并再次提到："要不断扩大随班就读规模，完善特殊教育体系。"2020 年，教育部印发《关于加强残疾儿童少年义务教育阶段随班就读工作的指导意见》，对新时代进一步加强随班就读工作、完善随班就读工作机制、提升随班就读工作水平作出部署。相对于以往有关随班就读的文件，指导意见首次明确提出"应随尽随"。指导意见的提出，标志着随班就读工作将从"求数量"向"问质量"进行跨越式发展，这是新时代全面推进随班就读工作的行动纲领。

三、融合教育：随班就读的高质量发展

(一)"融合"一词首次出现

随班就读作为我国特殊教育发展中的重要政策，在其产生和发展的过程中也未免与全球融合教育的浪潮产生碰撞。融合"inclusion"一词在我国于 1993 年在哈尔滨召开的亚太地区特殊教育研讨会上首次提及，被译为"全纳"。以此为标志，学界开始就"全纳"进行理论争鸣，然而相关实践微乎其微。当时，我国特殊教育关注焦点仍然是残疾儿童少年入学率，随班就读主要还是在"数量"方面下功夫。1997 年，香港率先推出融合教育先导计划，推动"全校参与"的融合教育模式，鼓励学校全校参与，至今"全校参与"已经成为香港融合教育的基本原则。随着 21 世纪的到来，我国特殊教育发展进入

新的历史阶段，开始由追求数量向追求质量转化，从随班就读走向融合教育。[①] 2003年，教育部印发的《全国随班就读工作经验交流会议纪要》首次在政府部门文件中使用"融合"一词，并明确地将随班就读与融合教育联系起来。[②]

(二)融合教育核心精神下更高质量的随班就读

如今，人们越来越认识到，以提升入学率为目标的随班就读模式已经顺利地完成了它的历史任务，提高质量才是新时代特殊教育应当追求的终极目标。近年来，人们更加关注特殊儿童在普通班级的发展与相关配套支持落实情况，思考这一模式是否能够满足特殊儿童对"公平优质"教育的需求。越来越多的研究者认为：随班就读是我国改革开放以来普及九年制义务教育的重要举措，是特定历史时期的产物，也是中国特殊教育实践经验的总结与国际融合教育发展趋势下的本土化探索与政策宣示。[③] 新时代背景下，随班就读的名称虽未改变，但其目标与内涵却不断演化，以更加契合融合教育的核心精神。我国随班就读的模式是中国本土特殊教育实践与全球融合教育思潮相结合的产物，与两千多年来"有教无类""矜、寡、孤、独、废疾者皆有所养"等思想一脉相承(见图2-3和图2-4)。以随班就读为核心的中国式融合教育必将在传承本土文化的基础上，与全球融合教育思潮碰撞，继续向高质量特殊教育的目标稳步迈进。

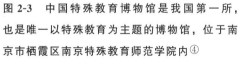

图 2-3　中国特殊教育博物馆是我国第一所，也是唯一以特殊教育为主题的博物馆，位于南京市栖霞区南京特殊教育师范学院内[④]

图 2-4　中国特殊教育博物馆的展品：盲人教学[⑤]

[①] 谢正立、邓猛：《中国融合教育本土化发展与反思》，载《现代特殊教育》，2020(22)。
[②] 谢正立、邓猛：《中国融合教育本土化发展与反思》，载《现代特殊教育》，2020(22)。
[③] 邓猛、颜廷睿：《我国特殊教育研究新进展与发展趋势》，载《现代特殊教育》，2016(10)。
[④]《南京栖霞：这里藏着中国第一所特殊教育博物馆》，https://plan.njts.edu.cn/2022/0519/c3810a65077/page.htm，2023-05-15。
[⑤] 同上。

第三节
国外融合教育的发展

由于国情不同，融合教育在不同国家、不同地区的发展水平和特点各有不同。美国是全球融合教育的领导者，欧洲的英国、瑞典、芬兰等国也走在前列；在亚洲，日本、韩国、新加坡等国也正在积极推进特殊教育融合化进程；印度、南非等国则相对滞后。正如考夫曼（Kauffman）等人所言，也许并不存在唯一的、最好的融合模式，没有任何一种融合教育的有效性能够得到普遍的认同或能够满足所有特殊儿童的教育需要。探索最适合本国的路径才是融合教育发展的关键所在。因此，本书进行比较的最终目的是促进我国融合教育的发展，通过将各国的教育模式、师资培养和特殊儿童类型同中国进行比较，有利于我国采取多样的融合模式，有效地使用教学策略，最大限度地发挥所有学生的潜能。

一、美国融合教育的发展

（一）美国融合教育的发展

1. 给予特殊需要儿童平等的教育和就业机会

美国是走在全球融合教育前列的国家。1975 年《残疾儿童教育法案》（the Education for All Handicapped Children Act，EHA）是美国融合教育的一个重要里程碑。该法案指出，所有接受联邦资金的公立学校应为身体和精神残疾的儿童提供平等的教育机会；要求公立学校评估残疾儿童，并为其量身制定教育计划和方案，听取家长的意见；尽可能减少特殊儿童的环境限制，给予特殊学生更多与正常学生互动的环境和机会；只有当特殊学生由于身体或心理原因无法进行正常的学习时，才进行单独的教育活动。[①]EHA 于 1990 年修订并更名为《残疾人教育法》（Individuals with Disabilities Education Act，IDEA），修正案增加了特殊学生进入主流学校的包容性，同时给予了特殊学生从高中到就业过程中更多的帮助和支持。新法案不仅关注特殊群体从出生到 18 岁的学校生活，更将教育重点体现在为他们整个生命赋能。例如，患有唐氏综合征的学生不仅可以获得文凭，还可以申请继续教育或社会工作。这一修正案有利于在全年龄段推广融合教育，支持了特殊群体的终身发展。

---

① Ernest L. Boyer, "Public Law 94-142: A Promising Start?" in *Educational Leadership*, 1979, vol. 36, pp. 298-301.

2. 融合教育热潮

1995 年，美国的泊根(Pugach)和弗格森(Ferguson)等提出对美国教育体系进行改革的思路，再次发起了美国融合教育运动的热潮。他们认为，以往的教育改革主要是将特殊教育资源吸收到普通教育系统中，而普通教育本身并没有为满足所有学生的需要而做出积极努力，导致整个教育体系并无实质性改变。若要深化融合教育运动，应该重新思考整个美国的教育体系：特殊教育不应当是单独的、与普通教育平行的教育体系；学校教育的价值核心是为所有的学生(包括有残疾的学生)提供全面的服务，所有学生的利益都应得到关注和保护。[①] 1997 年，《1998—2002 年教育发展战略》提出中学教育必须"让所有学生都达到具有一定挑战性的学业标准，为他们将来成为有责任感的公民、继续学习和就业做好准备"。同年，克林顿政府修正的《残疾人个体教育法案》对残疾人教育问题又作了全面而细致的规定。以上法案的制定与完善，扩大了美国融合教育的对象和服务的范围，使美国的融合教育发展处于国际领先地位。[②]

3. 促进融合教育高质量发展的举措

进入 21 世纪之后，美国相继出台了《普及科学——美国 2061 计划》《美国 2000 年教育战略》《不让一个孩子掉队法案》《改革蓝图》《每个学生成功法》等教育改革纲领性法律及文件，进一步保证融合教育的质量，促进教育公平。[③] 2015 年，奥巴马政府通过了《每个学生都成功法案》(the Every Student Succeeds Act)，该法律是奥巴马政府对"不让一个孩子掉队"(no child left behind)挑战的回应，维护了美国弱势和有特殊需求学生的利益，进一步促进了教育公平。

总之，在健全的法律支持、良好的环境支持、完善的技术支持下，美国的融合教育发展日趋成熟，走到了世界的前列。

(二)美国融合教育及其借鉴价值

1. 融合教育模式

美国的融合教育模式较为多样，主要有四种融合教育模式：咨询模式(consultation)、团队教学模式(team teaching)、专业助手模式(aide services)和有限移出式服务模式(limited pullout service)。在咨询模式中，特殊教育教师不为普通班级中的特殊学生提供直接服务，而是与普通教育教师讨论学生的需要，并提供各类物品；团队教学模式要求普通教育教师和特殊教育教师在教室中共同工作以完成全部教学；专业助手模式需要助教检查学生的进步、提供辅导并向特殊教育教师汇报学生的学习进展，特

---

① 刘宝存、罗媛：《面向 21 世纪的美国高中教育改革探析》，载《比较教育研究》，2010(6)。

② 辛菱霞：《从特殊教育到全纳教育的发展历程及对中国的启示》，硕士学位论文，宁夏大学，2018。

③ 同上。

殊教育教师每月至少要与班级同学接触一次，以便观察和评估他们的进步；在有限移出式服务模式中，特殊学生必须在特定时间去资源教室接受特殊教育，这一模式可以减轻普通教育教师对特殊学生的责任。在中国，融合教育以随班就读的形式开展。随班就读作为具有中国特色的融合教育模式已有较长的历史，主要表现为行政推动工作模式和学校实施模式。香港地区的融合教育表现为全校参与的模式。台湾地区的融合教育模式最大的特点就在于特别重视资源教室（相似的名称有资源班、资源教室方案或资源方案等）的建设。

美国的专业助手模式已相对成熟与完善，具有较高的借鉴价值。专业助手服务模式作为美国融合教育模式的重要一部分，包含一对一服务模式、班级服务模式和巡回服务模式三种实践样态：一对一服务模式是指专业助手为特殊学生提供一对一、直接的特殊教育及相关服务的模式；班级服务模式是指专业助手为教师日常的教育教学工作（如准备教学材料、上课、维护班级秩序等）提供支持服务的模式；巡回服务模式是指专业助手需要在一天中跨越多个班级，与不同教师共同开展特殊学生教学工作。[①②③]专业助手服务模式在美国广泛应用的过程中，展现出众多优势，例如，可以缓解特殊教育师资短缺的压力，降低财政支出；减轻教师工作负担，提高教师授课效率；能够惠及所有学生。由此可见，专业助手模式在促进特殊学生全面发展和推动融合教育质量提升方面发挥重要作用，值得其他国家借鉴。[④]中国的随班就读形式在资金投入、设备完善、政策倾斜等方面尚未形成完善的法律法规保障，缺乏成熟的模式建构的外部条件。[⑤]我国香港地区的全校参与模式是在整体观背景下的一种模式，给予学校很大的自主权，有机协调了参与融合教育的各方，但是内部存在一些矛盾。[⑥]我国台湾地区的融合教育在发展过程中也存在一些问题，如资源教室定位不清、资源教师负担过重等。[⑦]

2. 师资培养模式

美国融合教育的师资培养呈现"高规格"的标准。为了满足融合教育对教师的高规格要求，美国采取了"双证式"融合教育师资职前培养模式，辅以严格的入职培训与在职研修，以提高融合教师与辅助人员的专业发展水平、培养他们对融合教育的兴趣与

① Mary Fisher and Stacia L. Pleasants, "Roles, Responsibilities, and Concerns of Paraeducators: Findings from a Statewide Survey," in *Remedial and Special Education*, 2012, vol. 33, pp. 287-297.

② Gazi F. Azad et al., "One-to-one Assistant Engagement in Autism Support Classrooms," in *Teacher Education and Special Education*, 2015, vol. 38, pp. 337-346.

③ Charlene Cobb, "Training Paraprofessionals to Effectively Work With All Students," in *The Reading Teacher*, 2007, vol. 60, p. 686.

④ 张珍珍等：《美国融合教育专业助手服务模式：优势、困境与应对策略》，载《中国特殊教育》，2022(7)。

⑤ 雷江华：《融合教育导论（第 2 版）》，75 页，北京，北京大学出版社，2017。

⑥ 雷江华、连明刚：《香港"全校参与"的融合教育模式》，载《现代特殊教育》，2006(12)。

⑦ 雷江华：《融合教育导论（第 2 版）》，88～89 页，北京，北京大学出版社，2017。

胜任能力，满足有特殊需要儿童多样性的需求。"双证式"教师需在大学前四年进行课程学习，在第三、第四年穿插一定学分的专业实习，在第五年进行高密度的实习。学生毕业后所获得的普通教育教师和特殊教育教师双重认证，使其兼具从事普通教育工作和特殊教育工作的资质，以更经济的方式为融合教育培养了大量的师资。[①] 目前，美国融合教师的培养和专业发展已非常完善，数百所大学都提供融合教育的师资培养，形成了从大学本科到博士研究生阶段的融合教育师资培训体系。[②] 这一培养体系突破了学科壁垒，把普通教育教师和特殊教育教师融合在一起，使教师队伍具有多样化的学科背景，值得其他国家学习和借鉴。目前，我国融合教师的师资培养力度虽有显著加大，但培养体系仍存在一些问题：职前与职后教育体制脱节，普通教育与融合教育二元分割；融合教育推进了普通学校与特教学校的交往与合作，却没有真正地使二者相互承认与接纳。

不局限于高校教师和专家，美国在融合教育的师资培养上更欢迎对融合教育有切身体会的相关人员参与讲座和交流。如美国某融合教育项目会在特定时间邀请包括特殊儿童家长、项目主要负责人、优秀一线教师、多元文化代表等融合教育相关人员对学员进行培训。师资培训的目的不仅仅是传授融合教育知识和技能，更是让学员从不同角度充分感受融合教育的信念和过程，引发大家对重要问题的讨论和思考，从而减少对融合教育的顾虑，提高胜任融合教育的能力和决心。这就需要所有融合教育相关人员共同参与培训项目，组成多元化的师资培训队伍，形成融合教育的合力，在增加培训项目感染力的同时，有效提高项目的培训效果。中国融合教育教师培养相对滞后，专业人员职业体系不够分化，现有的师资培训体系也没有系统地包含融合教育的内容。这导致了师资培养与社会需求的不匹配，成为制约我国融合教育发展的瓶颈。[③] 为了突破这一困境，近年来我国加大了对融合教育师资培养的重视。2020 年，华中师范大学成立了全国第一个融合教育学院；2021 年，创办了全国第一个融合教育本科专业。该学院秉持"平等、共享、多元、创新"的理念，联动各方、协同攻关、系统推进我国融合教育教师的培养，愈发注重教师培养视角的专业化和多元化。此外，我国台湾地区主要以师范院校的特殊教育系为主培养融合教育教师。因此，我们可以借鉴美国融合教育师资培养主体的广泛化。具体来讲，在针对融合教育进行师资培训时，主体不仅限于专家和高校教师，最好由教师、助教、家长、专家、学校管理者、康复治疗师等所有相关人员共同参与，形成多元化的师资培养队伍。

---

① 冯雅静、王雁：《美国"双证式"融合教育教师职前培养项目的概况和启示——以田纳西大学早期教育融合教师培养项目为例》，载《中国特殊教育》，2015(3)。

② 辛菱霞：《从特殊教育到全纳教育的发展历程及对中国的启示》，硕士学位论文，宁夏大学，2018。

③ 邓猛：《融合教育理论指南》，237 页，北京，北京大学出版社，2017。

3. 特殊儿童类型

目前，美国普通班级中的特殊儿童按照特殊类型与程度被分类为 13 种，包括 1991 年以前制定的 10 类：特殊学习障碍、言语或语言障碍智力落后、智力落后、情绪障碍、听觉障碍、多重残疾、肢体障碍、聋盲、视觉障碍、其他健康障碍和 1991 年以后增加的脑外伤、自闭症①和发展迟缓。② 我国将特殊人群主要分为七类，包括视力残疾、听力残疾、言语残疾、智力残疾、肢体残疾、精神残疾、多重残疾。③ 美国的分类方法覆盖广泛、划分科学细致，值得世界各国借鉴。

二、欧洲融合教育的发展

(一)英国融合教育的发展

1. 英国融合教育的发展

(1)从"隔离"到"融合"。

英国融合教育的起源可以追溯到 20 世纪 70 年代。1978 年，英国政府调查委员会发布的《沃诺克报告》(Special Education Needs：Report of the Committee of Enquiry into the Education of Handicapped Children and Young People)首次提出特殊教育需要(Special Educational Needs，SEN)。这是英国的一个首创概念，强调有特殊教育需要(SEN)的儿童应该尽可能在主流学校接受教育。SEN 标志着英国特殊教育从"隔离"到"融合"的转变，《沃诺克报告》作为英国第一次全面性检验特殊教育的相关议题，也对后来特殊教育政策的制定产生了深远的影响，融合教育自此成为英国特殊教育的核心政策。1981 年，英国的《教育法》(the Education Act)彻底摒弃了对残疾儿童实施"隔离教育"的观念，首次要求地方教育当局评估有特殊教育需要的儿童，并依照评估结果为其提供适当的教育。英国教育部不仅希望特殊儿童能够同普通儿童一起学习，更希望将社会诸多影响因素引入教育之中，将学校的特殊教育融入社区服务中去。在 1981 教育法的指导下，英国逐步形成了覆盖全体有特殊教育需要儿童的融合教育模式。④

(2)融合教育在普通学校的进一步普及。

在此之后，随着融合教育的理念在全球范围的大规模普及和推广，英国在原有"一体化"教育的基础上继续普及融合教育，"融合教育"一词取代了"一体化教育"，在英国

---

① 孤独症曾被称为自闭症，本教材在论述过去的情况时采用当时所使用的名称。
② 张朝、于宗富、方俊明：《中美特殊儿童融合教育实施状况的比较研究》，载《比较教育研究》，2013(11)。
③ 《中国残疾人联合会 2021 年残疾人事业发展统计公报》，https://www.cdpf.org.cn/zwgk/zccx/tjgb/0047d5911ba3455396faefcf268c4369.htm，2023-05-30。
④ 杨正刚：《从"隔绝"到"融合"英国特殊教育变革与发展研究(1760—1981)》，硕士学位论文，福建师范大学，2018。

特殊教育界形成了一股强大的潮流。① 1997年英国颁布的《特殊教育绿皮书》提出了八大主题：卓越政策（policies for excellence）、与父母合作（working with parents）、特殊教育需要规定框架的实践支持（practice support：the framework for SEN provision）、增进融合（increasing inclusion）、特殊教育需要规定的计划（planning SEN provision）、技能的发展（developing skills）、共同合作（working together）及情绪与行为困难的实践原则（principles into practice：emotional and behavioral difficulties）。《特殊教育绿皮书》被视为继1978年《沃诺克报告》后最重要的跨世纪政策，其中增进融合、共同合作的思想蕴含了融合教育最核心的理念。同年，英国政府颁布《学校中的成功白皮书》（Excellence In School，1997 White Paper），明确表明了对融合教育的支持。《学校中的成功白皮书》承诺：只要学生有特殊教育需要，普通学校就应为他们提供满足其特殊需要的强大教育、社会和道德的基础。② 2001年，英国教育与技能部颁布了"特殊教育需要实践准则"（Special Educational Needs：Code of Practice），确认了地方教育管理部门（Local Education Authority）在融合教育管理与实施中的主导作用，明确了以特殊教育协调员、支持教师等为核心的各项针对融合教育环境中特殊教育需要儿童的支持与服务体系。③

（3）从宏观、中观、微观层面推动融合教育高质量发展

在融合教育的理念下，英国政府不再将扩大现有教育规模作为改革的重点，转而关注提升特殊儿童学校教育的质量。于是，让特殊儿童像普通学生一样接受高质量的教育，成为英国最主流的呼声，进而凝聚成为推动英国特殊教育改革的重要力量。正是在这样一股巨大推力的作用下，英国的特殊教育彻底改变了过去对残疾儿童分类教育的做法，改为鼓励特殊儿童在普通学校中和正常学生一起接受教育，逐步实现了融合教育从理念到实践的转变。④ 英国的融合教育在政府部门及各专业组织的推动下不断发展，在宏观层面，从政策立法、资源配置等方面予以外部保证；在中观层面，从各级各类学校、课程教学等方面展开积极改革工作；在微观层面，对每位英国公民宣传包容、全纳、平等的理念，给予融合教育中的每位参与者足够的安全感与继续推行的信念（见图2-5）。

---

① 邓猛：《融合教育理论指南》，52页，北京，北京大学出版社，2017。
② 朱宗顺：《特殊教育史》，136页，北京，北京大学出版社，2011。
③ 邓猛：《融合教育理论指南》，52页，北京，北京大学出版社，2017。
④ 杨正刚：《从"隔绝"到"融合"英国特殊教育变革与发展研究（1760—1981）》，硕士学位论文，福建师范大学，2018。

图 2-5　2020 年 2 月 11 日，融合教育老师凯尔西·泰勒（Kelsey Taylor）周二在钱德勒（Chandler）的弗莱小学（Frye Elementary）与二年级学生一起上阅读理解课①

2. 英国融合教育的借鉴价值

英国融合教育师资培养主要通过综合性大学的高质量的培训课程，使每个师范生都成为自信、能胜任、善理解、高效率的合格教师。首先，英国融合教育师资培养的原则是"普通教育能力与特殊教育能力相结合"，使教师具备融合教育理念和融合价值观并融汇于日常教学之中，在面对有特殊教育需要的学生时能够坚持公平、公正的原则。其次，英国融合教育师资培养注重提升教师的教学胜任力和执教能力，包括普通教育能力和特殊教育能力两方面：普通教育能力旨在培养教师在工作和行为中达到最高标准和行为规范；特殊教育能力旨在确保有特殊教育需要的儿童能够得到高质量的教育。培养要求新教师必须具有特殊教育能力和甄别能力，便于鉴别课堂上不同特殊教育需要的儿童，并能采取恰当的方法为他们提供不同的特殊教育需求。另外，英国政府还通过实施获得准入资格的职后培训模式，培养特别技能教师作为特殊教育协调员对有特殊教育需要的孩子加以特别的辅助。② 再次，英国融合教育教师培训体系高度重视培养教师融合教育信念。融合教育信念强调所有儿童具有平等的受教育权利，教育应当满足所有不同能力背景学生的学习需要。最后，英国还重视为教师提供充分、广泛参与融合教育实践的机会。实践既是教师培养和培训的最终目标，又是实现该目标的重要途径。英国的融合师资培养项目为教师提供并延长了参与融合教育实践的时间，让教师在实践和冲突中不断反思、调整、巩固自己的信念、知识和技能，胜任融合教育的工作。③ 我国师资培养的普校教师的职前教育并没有系统地包含融合教育知

①　"Special Education Legislation Has Never Been Fully Funded. Let's Change That，" *The Arizona Republic* ，https://www.azcentral.com/story/opinion/op-ed/2020/12/21/special-education-funding-needs-boost-45-years-after-idea/6549246002/，2023-05-15.

②　辛菱霞：《从特殊教育到全纳教育的发展历程及对中国的启示》，硕士学位论文，宁夏大学，2018。

③　邓猛：《融合教育理论指南》，250 页，北京，北京大学出版社，2017。

识，资格证书的获得与考核很少或根本就没有包含融合教育成分。为了应对我国融合教育教师培养的这种现实状况，未来应培养融合教育的普及型人才和专业化人才，即让普通教师具备特殊教育技能、让特殊教育教师具备普通教育能力。① 此外，英国在师资培养中注重教师信念的培养、注重教师的融合教育实践等做法也是其他国家可以借鉴的地方。

(二)芬兰融合教育的发展

1. 芬兰融合教育的发展

(1)芬兰融合教育的三阶段。

芬兰融合教育的发展始于普通教育领域的综合学校改革，教育公平的理念由普通教育领域辐射到特殊教育领域，促使特殊教育体系从传统的隔离教育向全纳教育的方向发展。芬兰的融合教育主张所有儿童都有权利在公平环境中接受高质量的教育，以此总结出了为有需要的儿童提供个别化的特殊教育服务，帮助越来越多的儿童被纳入普通教育体系的实践经验。芬兰融合教育的发展不是一蹴而就的，其经历了 1921—1968 年的免费义务教育实施、1968—1998 年的综合学校教育改革、1998 年至今的个别化教育三个阶段。②

(2)少数残疾儿童接受隔离教育。

1921 年芬兰颁布的《义务教育法》(Compulsory Education Act)在世界上较早提出了全民教育的思想。③ 然而，这一时期芬兰公立教育体系并没有将发展有障碍的儿童纳入其中，只有少数的残疾儿童能够在由私人和慈善组织建立的机构中接受简单的、与普通儿童隔离的教育。④

(3)特殊需要儿童进入主流教室。

1968 年，芬兰颁布了《综合学校法》(Comprehensive School Act)，确立了面向所有学生的融合教育的理念。1983 年，基础教育法要求所有儿童都要接受义务教育，残疾儿童应该像其他儿童一样接受教育的观念逐渐被接受。20 世纪 80 年代中期，芬兰政府开始将轻度智力残疾的学生纳入综合学校系统中。1994 年，芬兰更新了核心课程，规定只要有可能，有特殊教育需要的学生就应该进入主流教室，与其他学生群体在一起

---

① 邓猛、赵泓:《新时期我国融合教育现状和发展趋势》，载《残疾人研究》，2019(1)。

② 景时、邓猛:《公平与质量，不可兼得吗？——芬兰全纳教育的启示》，载《中国特殊教育》，2013(4)。

③ Markku Jahnukainen and Anu Korhonen, "Integration of Students with Severe and Profound Intellectual Disabilities into the Comprehensive School System: Teachers' Perceptions of the Education Reform in Finland," in *International Journal of Disability, Development and Education*, 2003, vol. 50, pp. 169-180.

④ Irmeli Halinen and Ritva Järvinen, "Towards Inclusive Education: the Case of Finland," in *Prospects*, 2008, vol. 38, pp. 77-97.

学习。① 到 1997 年，即使是最严重的智力残疾学生也能从社会福利服务系统中转入学校教育系统中。② 融合教育作为主流思想已经在芬兰生根发芽，但实践上的转变仍需时间。

（4）为每位儿童设计"个别教学计划"。

1998 年，新《基础教育法》（Basic Education Act）的颁布使残疾学生有更多机会进入普通班级学习。新法案的一个重要内容就是为这类学生建立"个别教学计划"（plan on individual teaching arrangements）。该法案第 17 条规定："为了实施特殊教育支持，必须为这些学生设计'个别教学安排计划'。该计划需要根据学生需要而修改，这种修改至少一年一次。"③新基础教育法实施之后，芬兰政府实施了简单而明确的"绑定式"资金分配政策：每个儿童都会获得一份专属的教育基金，而且教育基金会始终跟随着儿童。如果儿童中途转学，教育基金也就会跟着儿童转移到新的学校。④ 在一系列政策的支持下，芬兰融合教育在实践上真正从隔离走向了融合，促使学校和教师逐渐认可在主流学校中也可以有多样性的学生。另外，改革没有采用激进的方式，而是递进地、有条不紊地进行，给予学校和教师足够的缓冲时间做出调整，保证教育质量。⑤

2. 芬兰融合教育的借鉴价值

在综合学校体制改革的过程中，芬兰政府意识到学生的多样化会给教学造成诸多困难，于是在全国范围内引入了"非全日制特殊教育"（part-time special education）的教育形式。非全日制特殊教育的学生大部分时间还是在主流教室中接受与正常学生一样的教育，只是在较少的时间会有额外的指导。由于接受融合教育的人群范围扩大了，特殊人群在主流学校内接受额外的特殊教育服务就不会很显眼，这也就在很大程度上减少了人们对他们的歧视与排斥。⑥ 非全日制特殊教育模式体现了芬兰对特殊人群的包容，有利于营造和谐的融合教育氛围，这一点是值得其他国家学习的。

---

① Irmeli Halinen and Ritva Järvinen, "Towards Inclusive Education: the Case of Finland," in *Prospects*, 2008, vol. 38, pp. 77-97.

② Markku Jahnukainen and Anu Korhonen, "Integration of Students with Severe and Profound Intellectual Disabilities into the Comprehensive School System: Teachers' Perceptions of the Education Reform in Finland."

③ "FINLEX®," https://www.finlex.fi/en/laki/kaannokset/1998/en19980628.pdf., 2023-05-15.

④ Linda J. Graham and Markku Jahnukainen, "Wherefore Art Thou, Inclusion? Analysing the Development of Inclusive Education in New South Wales, Alberta and Finland," in *Journal of Education Policy*, 2011, vol. 26, pp. 263-288.

⑤ 景时、邓猛：《公平与质量，不可兼得吗？——芬兰全纳教育的启示》，载《中国特殊教育》，2013(4)。

⑥ 景时、刘慧丽：《芬兰融合教育的发展、特征及启示》，载《外国教育研究》，2013(8)。

三、日本融合教育的发展

(一)日本融合教育的发展

1. 日本融合教育的萌芽

日本是亚太地区较早重视特殊教育研究的国家之一，特殊教育的历史可以追溯到明治初期。1956 年，日本实现了盲聋哑学校的义务教育，并着手实施其他类型特殊教育的义务教育化。1979 年，日本全面实施特殊儿童的义务教育，形成了完整的特殊儿童义务教育体系，基本解决了所有残疾儿童义务教育阶段的入学问题，但特殊教育仍存在与普通教育脱离的问题。[①] 1986 年，日本特殊教育综合研究调查合作者会议的报告提及的"回归主流"话题开始受到社会和政府的普遍关注，日本传统的特殊教育体系受到了冲击。[②] 在全球融合教育浪潮下，日本开展了特殊教育向融合教育发展的变革。2001 年发布的《21 世纪特殊教育的理想方法——根据每个障碍儿童的需要进行特别支援的理想方法》提出，不应当将障碍儿童区分为视觉、听觉或智力等障碍，而是应当适应每个儿童的教育需要，给予他们特殊的教育支持。[③] 至此，日本开始走向根据每个儿童的特殊教育需求进行适当教育支援的"特别支援教育"的融合教育之路。

2. 特别支援体系的形成和发展

2005 年，日本实施了《发展障碍者支援法》和《推进特别支援教育的制度改革》，确定了国家和地方政府对于发展障碍者早期发现、援助和就学具有援助职责，确立了特别支援教育的理念和重要意义，制定了特别支援教育的基本方针和推进机制，成为日本从特殊教育向融合教育改革的纲领性文件。2007 年修订的《学校教育法》，将"特殊教育"正式更名为"特别支援教育"，从法律上阐明普通学校里的特殊需要教育，鼓励将特殊孩子融合到普通学校系统，同时强制特殊需要教育学校应为本地区的普通学校提供建议和合作。[④] 该法案将原本只接收单一残障学生的盲、聋、养护学校改造为可以接收多重残障学生的特别支援学校。[⑤] 可以说，2007 年日本"特别支援教育体系"的确立正式开启了日本融合教育之路，这使得一直以来在日本特殊教育中承担普通学校残疾儿童教育服务的"通级指导"愈加重要。"通级指导"是日本 1993 年设立在普通中小学资源教室模式的统称，是日本结合国外融合教育理念与本土特殊教育实践的典型代表。日

① 辛菱霞：《从特殊教育到全纳教育的发展历程及对中国的启示》，硕士学位论文，宁夏大学，2018。

② 赖晶玲：《日本特殊教育研究综述》，载《赣南师范大学学报》，2017(4)。

③ 朱宗顺：《特殊教育史》，184 页，北京，北京大学出版社，2011。

④ 张洪高：《日本全纳教育的实施体系、改革方向及面临的问题》，载《中国特殊教育》，2010(12)。

⑤ 伊丽斯克、邓猛、乌云毕力格：《桥梁或枷锁：日本资源教室"通级指导"模式》，载《外国教育研究》，2016(11)。

本文部科学省对"通级指导"的定义是学籍在普通学校的特殊儿童需大部分时间在中小学的普通班级接受教育，并根据儿童残疾程度与特殊教育需要在特别的指导场地（通级指导教室）实施的特别指导活动，是世界融合教育中的日本模式。① 至此，日本特别支援教育形成了以特别支援学校、普通中小学中设有特别支援班级、普通学校普通班级中设有特别支援教育指导三部分构成的特别支援教育体系。

2016 年，日本颁布的《障碍儿童歧视消解法》提出，公立学校要不断扩大教育对象，为障碍儿童提供适宜的教育。在一系列政策的指导下，日本的融合教育取得了卓越的成效。

(二)日本融合教育的借鉴价值

通级指导是日本结合国外融合教育理念与本土特殊教育实践的典型代表，也可以说是一种具有日本特色的资源教室模式。"通级"指残障程度较轻的学生在中小学等普通院校就读，同时根据残障程度在"通级"指导教室接受相应的特殊指导，使学生既能够在普教的环境下接受教育，又能得到特别的指导。通级指导包括自校通级、他校通级、巡回指导三种类型，自校通级指学生在自己所处的学校接受指导；他校通级指学生到其他学校接受特殊指导；巡回指导指学生在本校接受来自其他学校巡回教师的特殊指导。通级指导使得有特殊需要的学生既能在普通班级中接受各科目的指导，也能在专门场合下接受学习和生活的帮助。② 通级指导模式十分注重加强包括法律支持、行政支持、技术支持、社区支持等多个层次的支持服务体系的构建，涉及儿童不同发展阶段和不同的个别需求，以形成校内校外相互协调、相互联系、相互衔接的系统网络。通级指导应当是开放的、能够应对更多儿童的需要，而不仅是单纯地依据儿童残疾特征或某种不利处境片面、刻板地被执行。所以，在具体实践过程中，指导不应是单向或静态的，而应是互融、流动与平等的。通过分析邻国日本融合教育的通级指导模式可以看到教育改革背后文化的力量。虽然日本还没有真正实现高质量的融合教育，但是在不断地朝着实现更加高质量、高效率的融合教育的方向进行尝试与改革。成功的融合教育模式必然是与其本土文化及该国家在政治、经济、教育等各个方面的状况息息相关。在发展我国本土化融合教育模式时，应充分考虑国外借鉴而来的理念与经验是否适合我国的教育环境、基本国情与本土文化。儒家文化为我国融合教育的再生成提供了文化土壤，我国政治文化环境为我国本土化融合教育的发展提供了社会基础和物质条件。在建设相应的服务支持体系的过程中，我国应注意充分利用特殊学校与相

---

① 伊丽斯克、邓猛、乌云毕力格：《桥梁或枷锁：日本资源教室"通级指导"模式》，载《外国教育研究》，2016(11)。

② 王康：《日本的特殊教育及其对中国的启示》，硕士学位论文，延边大学，2011。

关机构的专业知识与技能，注重发挥普通学校的主导作用，建立有效的家校合作模式，最终形成内外联系、相互协调的支持网络。[①]

日本是亚洲融合教育实施较早、面向对象较广的国家。早在 1947 年，日本颁布的《学校教育法》就规定了六类特殊儿童，包括存在智能障碍、肢体伤残、身体病弱、视觉障碍、听觉障碍的儿童和"具有其他身心障碍而适于在特殊班级中接受教育者"。2007 年《学校教育法》修订之后，将最后一类中的"特殊班级"更改为"特别支援班级"。此外，这一类的范围也不断扩大：2001 年，日本政府将学习障碍、注意力缺陷多动症、高功能自闭症等纳入需要特别支援的对象；2004 年又将自闭症、亚斯伯格症等广泛性发展障碍及学习障碍、注意力缺陷多动症等脑机能障碍列入发展障碍对象，通通纳入社会保护的范围。目前，第六类主要包括情绪障碍（包括自闭症）、语言障碍、学习障碍及注意力缺陷多动症这四类儿童。今天，日本融合教育涉及的特殊儿童类型有十余种，在亚洲乃至全世界都处于领先地位。尽管经过多年发展，我国的融合教育制度从无到有已颇具规模，但对于接受融合教育对象的范围仍远小于美国、日本等发达国家。自开始实施随班就读政策以来，我国融合教育的对象主要包括视力残疾、听力残疾和智力残疾三类。尽管在北上广等较发达的地区，融合教育对象已扩大到 6～9 类特殊儿童，但就全国性政策法规而言，大多数地区仍旧只对这三类特殊儿童提供随班就读的机会。统计数据更能支持这一观点：80％以上的随班就读学生是视残、听残和智残三类儿童；在视、听、智残以外，大量存在的学习障碍、言语或语言障碍等有特殊需要的学生都没有被正式纳入融合教育服务对象的范围。[②] 除此之外，我国人口基数庞大，教育资源分布不均，融合教育中所涉及的特殊儿童覆盖面在全国范围内仍旧参差不齐。

总之，融合教育这种美好的愿景在一些国家已初步实现，世界各国学术界还在不断地改进和完善这种理念并积极指导实践，这将是一项长期而又艰巨的任务。[③] 从其发展过程中我们可以得出如下结论：①世界各国人民越来越追求平等、尊重、接纳、包容的融合教育理念；②世界各国从特殊教育发展到融合教育都是在一定的"本土化"原则下进行；③各国融合教育的发展道路各有特色，没有标准的模式和唯一的评价标准；④融合教育需要因地制宜、相互借鉴、取长补短；⑤融合教育的国际化发展需要全球各个国家和地区的努力。

---

① 伊丽斯克、邓猛、乌云毕力格：《桥梁或枷锁：日本资源教室"通级指导"模式》，载《外国教育研究》，2016(11)。

② 张朝、于宗富、方俊明：《中美特殊儿童融合教育实施状况的比较研究》，载《比较教育研究》，2013(11)。

③ 辛菱霞：《从特殊教育到全纳教育的发展历程及对中国的启示》，硕士学位论文，宁夏大学，2018。

【关键概念】

1. 特殊教育　　　　2. 正常化思潮　　　　3. 去机构化运动
4. 回归主流运动　　5. 一体化运动　　　　6. 融合教育
7. 随班就读

【问题与思考】

1. 社会变革和民权运动如何影响融合教育的发展？
2. 思考并分析我国随班就读的发展趋势。
3. 比较分析不同国家之间融合教育的异同，并结合我国实际，对我国融合教育的发展提出建议。

【深思感悟】

为什么在 20 世纪末融合教育能够迅速扩张到全球的教育理论与实践中？

【延伸阅读】

1. 朱宗顺．特殊教育史[M]．北京：北京大学出版社，2011．
2. 雷江华．融合教育导论(第 2 版)[M]．北京：北京大学出版社，2017．
3. 邓猛．融合教育理论指南[M]．北京：北京大学出版社，2017．
4. 景时．中国式融合教育：随班就读的文化阐释与批判[D]．华中师范大学，2013．

章结构图

学习目标

1. 知晓融合教育研究的基本内容。
2. 了解融合教育研究的理论发展。
3. 了解融合教育研究的实践方法。
4. 学习运用多种融合教育研究方法开展研究。
5. 把握融合教育研究方法的发展趋势。

[情境导入]

天天是一名小学一年级患有自闭症的学生。在老师的建议下，天天的母亲采用亲子日记的方式记录下了天天的生活日常。以下是孤独症儿童天天和母亲的"亲子日记"。

3月6日，天天和我说他不愿意去学校，我问他不想去学校的原因。天天说周围的同学不愿意和他一起玩，老师也总是关注其他同学，很少询问他的想法。天天还是不能很好地融入班级当中，有时会对学校产生抵触的心理。我与老师进行了沟通，希望老师能给天天多一点耐心，为他创设一个比较宽松自由的环境。

3月8日，到了家长开放日。今天去看了天天班表演的节目，同学们跟随着音乐一起跳舞，脸上都露出灿烂的笑容。在人群中的天天有时会忘记动作，还会慢半拍，在同学们中间格外明显。但是，我能发现他在努力做好，尽量调整自己，跟上周围同学们的步伐。能看到他想要一点点融入班级当中，和大家合作共同完成表演。

3月12日，今天是周日，天天不用去学校，其实可以晚一点起床，但是他还是早早地就坐起身来。他开始像往常我们给他做早饭那样，煮上了粥，拿出了面包和鸡蛋，再喊我们过来吃饭。我表扬了他，这件事情让我明白了，在天天想要尝试的时候，我们要尽可能为他提供锻炼的机会，让他从中获得成功的体验。

3月15日，天天把今天在学校里自己动手制作的小手工带回来给我看，他说是老师教给他们的，每一位同学都完成了自己的作品。天天对手工制作会产生很大的兴趣，他会很专注于完成自己的作品。我发觉天天在自己感兴趣的领域会表达很多自己的想法，并能专注地做好一件事情。①

在该案例中，家长采用亲子日记的形式来记录自闭症儿童的成长变化，属于研究方法中的日记描述法，采用该研究方法有利于家长了解孩子的成长状况，发现孩子成长过程中存在的问题，帮助特殊儿童更好地融入集体当中。除了这种方法之外，还有

---

① 王国光：《孤独症儿童的幼儿园融合教育》，180页，北京，中国妇女出版社，2018。

哪些方法可以帮助人们开展融合教育研究呢？融合教育研究具体有哪些内容呢？还有研究者们是如何利用研究方法来开展融合教育研究的呢？本章就针对以上这些问题进行详细的阐述。

第一节
融合教育研究的基本概况

融合教育研究是面向特殊儿童，对融合教育的现象和问题作出解释、预测和控制，对融合教育政策、融合教育态度和信念、融合教育教师培养和融合教育实践等方面进行深入考察的研究，旨在促进理论和实践的发展。融合教育研究的开展不仅丰富了融合教育理论，而且对融合教育实践也起到了重要的指导意义。此外，也能为教师提供专业理论支持，更有利于教师开展课堂教学活动。融合教育研究要遵循特殊儿童身心发展的规律，抓住现实问题，把握整个研究的过程，明确研究的目的和价值，最终促进教师专业发展和学生全面而有个性的发展。

一、融合教育研究的原则

(一)客观性原则

客观性原则是指融合教育研究要以充分的事实材料为研究的依据，尊重客观的规律，考察事物本来的面貌，研究者不得强加主观意识。[①] 在对特殊儿童进行融合教育研究的过程中，研究者首先应尽可能广泛收集资料，准备充足的观察工具。其次，研究者对观察到的材料作出科学的概括，绝对不能附加任何主观臆测，或者设法使之符合自己的假想。再次，要对这些特殊儿童发展的特点进行客观描述，不能主观人为地过度解释，使材料带有主观的情感。最后，研究者对研究结果的评价也要客观公正，内心用一根尺子来进行丈量，不能失之偏颇。儿童的心智尚未发育完全，内心敏感脆弱，成人的主观臆断会给儿童的心理带来不可磨灭的伤害。客观性原则要求融合教育研究要从实际出发，实事求是，要求研究者以客观严谨的态度来开展研究活动。

---

① 王萍：《现代心理学》，7页，济南，山东教育出版社，2012。

(二)伦理性原则

伦理性原则是指融合教育研究要遵循当代社会的伦理规范,有利于儿童的健康成长,不允许研究者开展有损儿童身心健康的研究。测试者和被测试者处于相同的地位,因此测试者要给予被测试者足够的尊重,重视被测试者的情绪情感体验。研究者不能为了达成想要的研究结果,而采取伤害被试身心的研究方法。最典型的案例是华生和雪诺于1920年所做的关于儿童惧怕的研究,实验最后导致小艾伯特惧怕兔子和白色面具,给他的身心发展带来了不可逆转的伤害。在实验研究中,如若被试想要终止研究,测试者必须尊重被试所作出的决定,及时终止研究,不强迫被试做不愿意做的行为。特别强调的是,对被试造成不良影响的研究应该遭到抵制。研究既要注重科学性,也要注重伦理道德,在科学性和伦理道德相矛盾的时候,研究者必须尊重特殊儿童的利益,放弃有悖于伦理的研究或会使特殊儿童感到压力的研究方法。伦理性的原则要求测试者采用的研究方法不得伤害被试的身心,测试者理解被试的个体差异,尊重被试的基本权利。

(三)发展适宜性原则

发展适宜性原则是指融合教育研究要适宜儿童的发展。不同年龄段的儿童之间发展存在着差异,不同的个体之间发展也存在着差异。教师需要考虑到儿童的个别差异,认识到不同年龄阶段的儿童有不同的发展水平,尽可能满足每位儿童的发展需要。特殊儿童因其自身的特殊性,要求教师对他们多一些关注和理解。教师应为特殊儿童提供适宜他们发展的教学内容和课堂环境,激发他们学习的兴趣,帮助他们更好地融入班级当中。发展适宜性原则要求教师遵循儿童发展的规律,为儿童提供更适宜他们发展的课程内容与教学方式,尤其是要关注到特殊儿童的需要。

(四)理论联系实际原则

理论联系实际原则是指融合教育研究必须坚持理论与实际相结合,用理论分析实际,反过来再用实际来验证理论。融合教育研究的内容主要存在于教育实践当中,同时研究过程需要有正确理论作为指导才能取得成效,只有上升到理论层面才具有普遍指导意义。理论来源于实践,又反作用于实践。研究结果必须为现实服务,对实践起着指导作用,研究理论能够通过人们的实践活动转化为巨大的物质力量,为社会创造价值。理论联系实际的原则要求研究者真正做到灵活运用所学知识,在实践中发现问题和解决问题,不断完善该领域的理论,也为社会创造新的价值。

二、融合教育研究的基本特点

(一)客观性

融合教育研究具有客观性、科学性、系统性、综合性和创造性五个基本特点(见图 3-1)。

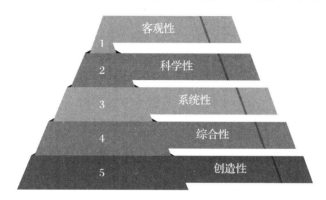

图 3-1　融合教育研究的基本特点

客观性是指事物客观存在，将主观性通过实践与客观性统一才能获得客观真理。[1]
融合教育研究是一种阐释融合教育现象和揭示融合教育规律的活动。任何教育现象都
是客观存在的，研究者必须以一种严谨客观的态度来进行研究，准确真实地对事实进
行观察和反映，摒弃主观偏见。教育规律是事物发展过程中的本质联系和必然趋势。
融合教育规律具有客观性和普遍性，不以人的意志为转移，既不能被创造，也不能被
消灭。研究者应遵循规律，全面推动融合教育的发展。融合教育研究的对象、过程和
结果都具有客观性。融合教育研究的对象都源于客观世界有待解决或发展的问题，不
是凭空想象出来的，而是客观现实的需要。在融合教育研究的过程中，为了使研究准
确揭示事物的客观规律，研究者在研究目标、研究假设、研究设计和数据处理分析等
方面应遵循一定的研究规范，最大限度地保证研究过程和研究结果的客观性和准确性。
融合教育研究所得结论还要回到实践中进行检验，服务于实践，实践是检验真理的唯
一标准。

(二)科学性

科学性既是指概念、原理、定义和论证等内容的叙述是否清楚、确切，还指内容
是否符合客观实际，是否反映出事物的本质和内在规律，即概念、定义、论点是否正

确，论据是否充分，实验材料、实验数据、实验结果是否可靠等。[1][2] 融合教育研究者需要运用一定的科学研究方法，遵循一定的科学研究程序，有目的、有计划地开展融合教育研究活动。首先，研究者收集到的资料必须真实可信，对事实的描述要有理有据；其次，所运用的研究方法应符合科学规范，是真实可操作的；最后，研究结论应该真实可靠，研究者必须在获取到充分依据事实的基础上，经过有力的论证，得出科学结论。研究者要以科学严谨的态度来开展研究，每个环节都要做到实事求是，不能弄虚作假。

(三)系统性

系统性是指一个层次分明的整体，不同维度的指标处于不同层级，相同和不同层级间形成一定前后联系、左右贯通的整体。融合教育研究的系统性要求研究者用全面的、整体的和联系的观点去认识融合教育现象和融合教育规律，从总体上把握教育系统或基于系统的结构、功能、作用机制、运行方式及发展规律等。融合教育研究要求研究者按照一系列预定步骤进行，确定明确的研究目的，制订详细的研究计划，选择科学的研究方法，通过观察法、调查法和实验法等研究方法来获得系统的知识，从而构建合理的知识结构。

(四)综合性

综合性是指把系统的各个部分联系起来，考查其中的共同性和规律性。教育研究问题涉及多方面的问题，如来自社会的、学校的和家庭的问题等，研究者需要以更加全面的角度来看待研究问题，并针对问题选择适宜的研究方法。不同类型的研究课题需要用到不同的研究方法，有时需要研究者采用多种研究方法才能达到研究目的。融合教育研究方法有很多，如问卷调查法、访谈调查法和观察法等，研究者要充分发挥各种研究方法的优势，弥补各种研究方法的不足，将多种研究方法和技术相结合，从多个角度对融合教育问题进行深入探讨和分析。

(五)创造性

创造性一般来说是指个体产生新奇独特的、有社会价值的产品的能力或特性。创造性要求研究者对原有的理论体系、思维方式及研究方法有所突破，探究前人未曾或未能探究出来的问题，主要体现在研究课题、研究方法和研究结论等方面。已有的研究和认识水平为研究提供了基础，大幅降低了研究者的工作量，提高了研究者的工作

---

① 郭红建：《自然科学学报英文稿件的审稿》，载《信阳师范学院学报(自然科学版)》，2004(4)。

② 许文深、陈俊：《论科技期刊责任编辑与同行专家审稿》，载《编辑学报》，2002(2)。

效率。研究者在前人研究的基础上进行了新的探究和发现，寻求新的认识，继承前人的经验并有所创新，探索未曾开辟过的领域，为社会创造出新的价值。

三、融合教育研究的意义

融合教育研究无论是对融合教育理论的发展、融合教育质量的提高，还是对特殊儿童的身心发展等，都发挥着建设性的作用。

(一)丰富融合教育研究理论

融合教育研究带来了大量研究成果，大大丰富了融合教育理论。研究结果解释了融合教育中存在的部分问题，推进了融合教育内涵的丰富和发展，也对融合教育的发展方向提出建设性意见，推进了融合教育高质量发展。此外，融合教育研究使人们更加深入了解此领域的相关知识，提高了人们对融合教育的理解和认识，拓宽了人们的理论视野，提升了研究者们的理论高度。

(二)提高融合教育质量

从实践层面来看，融合教育研究的发展有利于提高融合教育质量。融合教育研究的发展为课堂教学提供了新的出路，融合教育研究要求教师把握好融合教育课堂中的各个环节，运用各种教学材料和教学手段来开展教学，丰富了教学形式，激发了学生的学习兴趣。教师可以在实践中提升自己的教学能力，提高融合教育质量，为特殊儿童提供更加切实有效的帮助。融合教育研究的目的就是为了解决融合教育教学中存在的问题，教师利用融合教育的规律来组织融合教育教学过程，促进课程更加和谐有效地开展，使得班级儿童相处更加和谐，关系更加融洽和睦。

(三)促进特殊儿童健康成长

融合教育研究为人们呵护特殊儿童成长提供了理论与实践的方面的重要支撑。特殊儿童因其自身特殊性，需要得到成人更多的关注和呵护。融合教育研究的蓬勃发展使得更多人将目光聚焦到了特殊儿童的身上，特殊儿童的教育越发得到全社会的共同关注。同时融合教育研究也让人们对特殊儿童的身心发展的规律和特点有了深入的了解，便于教师实施科学有效的教育，给特殊儿童带来切实的利益，促进特殊儿童获得个性化发展，帮助他们更好地融入群体当中。我们极力呼吁社会上的人士对特殊儿童多一些耐心，用大爱之心呵护特殊儿童的成长，共同帮助特殊儿童融入其他儿童的活动中，培养特殊儿童的自信心，促进特殊儿童身心健康发展。从小埋下一颗健康的种子，后天才能成长为参天大树。

第二节
融合教育研究的基本过程

融合教育研究是一项复杂并且具有意义的研究，需要经过一系列的过程，主要包括提出问题、文献综述、研究设计、收集和分析数据、撰写报告等过程。

一、提出问题

研究者要善于发现问题并提出问题，围绕着问题展开研究。教育研究的课题可以通过教育实践、教育理论及课题指南等途径获取。[①] 教育实践中存在着大量的教育问题（见图 3-2），许多教育问题都可以作为研究课题。教育者还可以从前人的研究中获得启发，学会站在巨人的肩膀上看问题。这就要求研究者广泛而深入地查阅大量文献资料，从而在他人研究的基础之上，确定自己研究的着眼点和切入点。

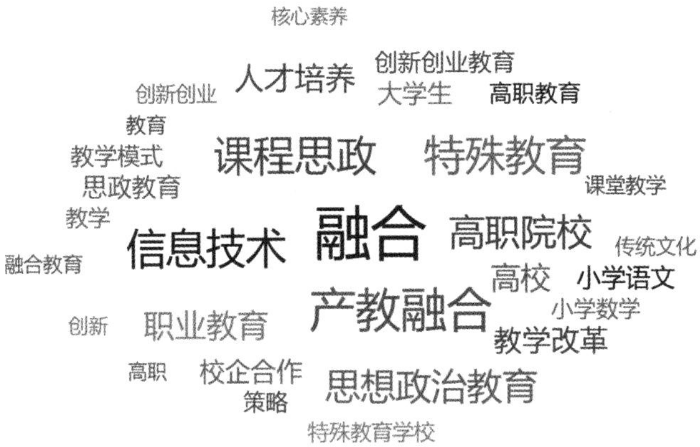

图 3-2　词云图（以"融合""特殊教育"和"产教融合"等为主题，结果以词云图来呈现）

（一）研究问题的特点

1. 研究问题应该具备研究价值

融合教育研究的问题应该具有一定的理论意义或实践意义。理论意义是指所研究的问题对于相关领域理论发展的贡献。实践意义是指所研究的问题对于改革实践具有

---

① 刘淑杰：《教育研究方法》，15 页，北京，北京大学出版社，2016。

指导作用，即通过实践能满足人的某种需要或解决某些现实问题。一个研究问题首先应具备一定的研究价值，才值得研究者们花费时间、金钱和精力来开展研究。

2. 研究问题应该具有科学性

选题要以科学思想为指导，以事实为依据。以科学思想为指导要求所选课题不能和已经经过实践检验的科学原理相违背，才能保证其科学性。研究问题要建立在事实的基础上，研究者应实事求是，研究客观实际存在的现象，尊重特殊儿童身心发展的规律。

3. 研究问题应该具有创新性

所要研究的问题应当是前人尚未研究或者研究不足的问题。不应老生常谈，而要常谈常新，提出的问题要新颖。在查找和阅读大量文献的基础上，研究者可以确定自己感兴趣的研究问题，寻找到有价值的并尚未被解决的问题，探寻融合教育研究发展的新路径。

4. 研究问题应该具有可行性

研究者具备顺利进行课题研究的条件。一方面是客观条件，包括与融合教育领域相关的资料、设备、时间、经费、技术和人力等；另一方面是主观条件，包括研究者所具备的专业知识、专业能力及先前的经验等。

(二)选题的注意事项

1. 题目的大小要适中，过大过小都不可取

如果题目选得过大，研究内容针对性就差，实施起来比较困难，会使得文章变得假大空。如"中国融合教育的发展与变革研究"这个题目就比较宽泛、笼统，深层信息表述模糊。如果题目选得过小，研究范围太过狭隘，则导致研究缺乏研究意义。如"小学一年级融合教育的研究特点"这个题目就过小，会达不到论文的篇幅要求。

2. 选定的题目要简单直白

如果题目太过复杂，研究者把握不好研究重点，读者也很难掌握论文的核心问题。如"分层理念的概念及其在融合教育教学中的有效应用"这个论文题目的重点就不够清晰，不利于论文创作。融合教育题目应该用含义准确的概念来表述，研究课题才不会空泛。具体的题目更能让研究者把握研究的内核，清楚地阐明自己的观点。

3. 题目的难度要适度，过难过易都不可取

如果某个课题存在研究价值，但是实施起来很困难或耗费的时间太长，那么研究者选择的时候要慎重，如"融合教育学校课堂生命教育的探讨"这个研究就不太容易开展，我国学校教育中缺少对学生进行生命教育，有限的资源会使得研究变得困难重重。如果某个课题实施起来很简单或结果显而易见，那么研究者就要考虑其实践价值，即是否值得开展此项研究。如"融合教育对特殊儿童社会性发展的影响"这个研究的结论

显而易见，缺乏研究的价值，因此开展研究的意义不大。

4. 选定的题目要新颖

新颖的题目能够吸引读者的注意，引发读者的共鸣。研究者可以结合当下的热点话题开展研究，如教育戏剧、贯通普特和对分课堂等。随着时代的发展和社会的变迁，人们关注的问题也在不断变化。研究者要实时关注当下的热点问题，更好地把握研究动态，及时更新自己的理念。

二、撰写文献综述

在撰写正式论文之前，研究者需要阅读大量文献并撰写文献综述。文献综述通常包括三个部分：前言、主体和总结。① 前言部分主要说明文献综述写作的目的，介绍主要概念、定义，以及综述的范围、问题的现状和争论焦点等。主体部分包括文献综述的主要内容，可根据时间的顺序对文献进行综述，也可对不同的问题进行综述、对不同的观点进行综述。研究者对文献进行分析、比较和对照，阐明有关问题的研究历史、现状和发展方向，找出已解决的问题和尚存的问题，重点阐述对当前的影响及发展趋势，这样不但可以使研究者确定研究方向，而且便于使读者了解该研究的切入点。总结部分是对文献中的主要观点进行总结，指出研究问题与前期相关研究的关联性，使研究者既了解问题的过去和现在，又能展望未来，由此提出研究问题或研究假设。

撰写文献综述能够帮助研究者了解已有的研究成果，提供研究框架和理论支持，同时帮助确定研究的方法和数据收集。通过撰写文献综述，研究者能够熟知融合教育研究领域的主要问题，研究者将变得更能界定自己的调查问题，为进一步从事科学研究和论文写作打下坚实的基础。

三、研究设计

研究设计是在提出研究问题之后、正式实施研究之前，根据研究问题的性质和研究目的，对研究内容、研究方法及研究结果等预先进行总体设想和规划的过程。在进行融合教育研究时，研究者需要事先拟定提纲，一般包括提出研究假设、确定研究方法、选择研究对象和形成研究方案等步骤。

研究假设是研究者在选定课题后，根据已有理论、经验事实和已有资料对所研究的问题的规律或原因作出的一种推测性论断和假定性解释，是在进行研究之前预先设想的、暂定的理论。简单地说，研究假设即是研究问题的暂时答案，对研究结果进行

---

① 张庆宗：《文献综述撰写的原则和方法》，载《中国外语》，2008(4)。

一个大致的预测。但值得一提的是，并不是所有教育研究都能提出明确的研究假设。研究方法主要反映一项研究课题如何开展的问题，包括研究者采用的研究途径、手段及准备如何开展研究的步骤等方面。研究者应该根据课题研究的具体目标、研究内容和研究对象的性质来考虑选择哪些具体的研究方法，以及在研究中如何科学安排，通过对它们的合理运用来达到研究的目的。一般来说，教育研究中所采用的具体的研究方法主要有调查法、观察法、实验法等。研究者要确保所选定的方法或工具与研究问题相适应，并且可获得可靠的数据。关于研究对象的选择，所选取的对象需要具有代表性，并且样本容量要达到一定的数目要求，增加研究结果的普遍性和科学性。

如果在确定题目之后不加思考，只是盲目地去开展研究，可能会导致研究方向的不明确，使得最后的研究结果与最初的研究目的背道而驰，还会浪费大量的物质资源和人力资源。做好研究设计有利于研究者理清研究的思路，帮助研究者确定好研究的方法，为之后的研究指明方向，有利于研究者更加科学合理地开展研究，合理规划好时间和资源。研究者按照事先制定好的计划一步步解决问题，使得整个过程更加科学化、合理化。

四、收集和分析数据

在研究方案设计好之后，研究者需要根据研究方案用研究工具来收集数据或信息。收集数据是融合教育研究的关键一环，也是最基础的一步。研究者需要去联系研究对象、时间和场地，为研究的开展做好充足的准备。特殊儿童本就敏感，很缺乏安全感。在开展研究的过程中，研究者要做好特殊儿童的安抚工作，还要与被试家长耐心沟通，获取家长和儿童的信任，从而获得高质量的原始数据。原始数据是指尚未处理过的数据，收集高质量的原始数据为之后的数据处理提供了很多的便利，也直接影响了研究结果的可靠性和有效性。研究者还要对收集到的数据进行分类和整理，作为后续研究的素材。

数据分析是研究的必要过程，其目的是揭示数据中各因素存在的关系，以验证研究假设。一般来说，研究所收集到的数据或信息往往结构化程度不高，因此在数据整理之后还要通过一定的工具或程序对数据进行分析，以使之呈现出一定的结构和规律，方便研究者对研究问题进行阐述。量化研究和质性研究对数据分析的方法并不相同。量化研究主要通过一些软件，如 Excel、SPSS 等对数据进行分析，结果较为科学严谨。质性研究通常由研究者进行分析，主观性较强。

五、撰写报告

在整理好数据的基础上，研究者利用已有的数据对研究结果进行提炼和总结，提取其中有价值的部分，客观合理地撰写研究报告，将研究结果以书面的形式呈现出来。在撰写研究报告的时候，研究者要注意文字的表达，正确清晰地阐述观点。语言要简洁精练，语句要通顺合理。报告撰写需要完整规范，研究报告通常包括研究问题、背景、研究设计、数据收集、数据分析、结果、结论和建议等部分。这一步骤的功能并不仅仅是呈现，也是一个梳理并完善的过程，有不少研究者在这个过程中会产生很多新的发现。此外，研究者可以分享科研心得，可以以图表、PPT 等多种形式进行呈现，将研究所获的经验进行推广和普及，真正做到将理论落到实处，对融合教育实践起到指导作用。

第三节
融合教育研究的具体方法

教育研究方法是教育研究所采用的方式、办法、手段和途径及开展教育研究活动的策略、一般程序和准则等的总和。融合教育研究方法是在研究融合教育问题、建构融合教育理论的时候，研究者所采取的策略、一般程序和准则等的总和。融合教育研究方法是解决融合教育实践问题和完善教育理论的重要工具，以确保融合教育研究正常进行。基于融合教育理论之上，常用的融合教育研究方法主要有问卷调查法、访谈调查法、观察法、实验研究法、行动研究法等。

一、问卷调查法

(一)概念

问卷调查法是研究调查中最常用的资料收集方法，是调查者围绕某个主题，将编制的问题以书面的形式发放给被调查者作答，并及时收回和进行信息汇总，依次收集资料的一种调查方法。[1] 朱雁指出，问卷调查法是研究者通过事先设计好的问题来获得

---

① 刘淑杰：《教育研究方法》，69 页，北京，北京大学出版社，2016。

有关信息和资料的一种方法，研究者通常以书面的形式给出一系列与研究目的有关的问题，让被试作出回应，通过对问题答案的回收、整理、分析，从而获取相关信息。[①]李秉德指出，问卷调查法是调查者用书面或通信形式收集资料的一种手段，即调查者将调查项目编制成问题或表式，分发或邮寄给有关人员，请求填写答案，然后收回整理、统计和研究。[②]

由此可见，问卷调查法是研究者依照标准化的程序，把问卷分发给研究者，然后对问卷进行回收，整理数据并进行统计分析，最终得出研究结果。其中，问卷设计在调查过程中占据核心地位，调查开展和结果处理都需要严格按照一定的原则和要求进行。

(二)实施步骤

1. 准备阶段

(1)设计问卷。

问卷的内容主要包括被试的基本资料、被试的行为资料、被试的态度资料三部分。一是被试的基本情况，如性别、年龄、学历、职业、政治面貌等与研究相关的内容，还有包括特殊儿童父母的经济收入和学历等，以便深入展开研究和统计分析。二是被试的行为资料，以了解被试已发生或可能发生的行为表现，特殊儿童的行为表现存在着很大的差异。三是被试的态度资料，包括被试对某些问题或行为的观点、态度、评价等方面的信息。这三部分的问题不要求全覆盖，研究问题需要尊重被试的意愿，不能透露被试的隐私，问卷内容仅为研究本身服务。

在设计问卷的时候，研究者需要注意以下七点。①语言要简洁精练、逻辑性强；②问题的范围适当，围绕具体调查目的、要求或假设进行设计；③问题内容的表述应具体清晰，避免歧义；④问题的数量不宜过多，数量控制在 20 个以内比较适宜；⑤排列顺序要合理，层次分明；⑥问卷要满足信效度检验，提高论文的可靠性和说服力；⑦设计者应持有中立的态度，不能把自己的意志强加给被试，避免问题中隐含会对被试进行暗示的信息。

(2)被试的选择。

在发放问卷前，研究者需要联系好被试。首先，被试样本具有一定的代表性，根据问卷研究的问题，所选择的样本必须能够体现调查对象和调查问题的特点；其次，样本容量大小适宜，通常与研究目的、研究者个人能力等因素有关；再次，选择被试通常采用随机抽样的形式，使样本具有客观性，不得人为多加干涉；最后，当被试年

---

① 朱雁：《调查研究法之问卷调查法(1)》，载《中学数学月刊》，2013(7)。

② 郑晶晶：《问卷调查法研究综述》，载《黑龙江教育(理论与实践)》，2014(10)。

龄较小或者能力不足的时候，由教师或监护人通过问卷的形式报告被试情况。

2．实施阶段

（1）发放问卷。

发放问卷是影响问卷调查质量的重要环节。问卷发放有多种形式，如邮寄、个别发放、集体发放、网络发放、纸质线下等形式，适用于不同的情况。发放问卷最好是将被试集中起来进行调查，一般可以与学校和机构取得联系，两方共同商议时间和地点。在填写问卷的过程中，要避免被试间相互讨论和交流，以免影响选择，从而保证问卷的信度和效度。发放问卷最好是研究者亲自来发放问卷，清楚解释问卷填写的注意事项，这有利于问卷的回收。除此以外，研究者还可以通过向被试赠送小礼品等形式调动被试的积极性和主动性。还有，面对面发放式问卷比互联网发送式问卷的回收率更高，有效问卷的比例也更高，所以面对面发放式问卷的形式更可取。

（2）回收问卷。

被调查者完成问卷调查后，调查者及时进行回收。如果问卷中有空填、漏填或是明显错误的地方，问卷则被定义为无效问卷。问卷回收后，研究者要计算问卷回收率。有相关研究测定，回收率50％是送发问卷的最低要求，回收率在70％以上是较成功的问卷发送，如果问卷回收率低于50％，则问卷调查是失败的。若无效问卷较多，那么此次问卷收集则失去了意义，无法被纳入研究中去，需要研究者进行重新发放。

3．总结阶段

（1）整理问卷。

回收问卷后，研究者要对问卷进行系统的整理。问卷整理主要包括审核、编码、数据分析等一系列步骤。进入审核阶段，研究者需要剔除不准确、不必要的数据，以保证数据的质量，从而保证研究结果的可信度。无效问卷类型包括选择单一选项、漏答超过三分之一、随意填答、多人同种答案等。进入编码阶段，研究者首先需要编制编码手册，再将被试的问卷答案录入系统当中，将文字答案转换成为数字。编码人员在编码过程中要保持高度的严谨，避免因数据的输入错误而影响研究结果，输入过程应谨慎，可以由多人监督数据录入，保证研究结果的严谨性。

（2）分析问卷。

在完成一系列操作后，需要对问卷进行系统的统计分析，进而得出调查结论。统计分析方法可以划分为单变量分析、双变量分析和多变量分析。统计分析常用的软件有 SPSS 统计软件、SAS 统计软件等。分析问卷首先要根据研究内容确定好问卷的统计分析方法，其次研究者需要熟练掌握一定的统计分析软件的操作方法。最为重要的是，研究结论的得出需要建立在统计分析结果上，研究者不能捏造或篡改分析数据，要以科学严谨的态度对待最终的研究结论。

(三)范例

范例一：谈秀菁《特殊儿童家长选择学前教育机构的调查研究》[①]

为了调查特殊儿童家长选择学前教育机构的情况，研究者选用了问卷调查法，对36位年龄在2～7岁的特殊儿童的家长进行问卷调查。研究者采用的工具是研究者自编的调查问卷，问卷内容包括家长的性别、年龄、文化程度和职业，特殊儿童的年龄、残障的类型、所上学前教育机构的类型及是否适合自己的孩子、希望选择的学前教育机构及理由、希望孩子学习的内容及最终的教育目标、希望社会给予的帮助等。发放完问卷之后，研究者将所获数据输入电脑进行统计分析。研究发现特殊儿童入园接受教育的比例低于同龄的普通儿童。大多数特殊儿童的家长希望将自己的孩子送到特殊儿童幼儿园、特殊学校学前班、残联的康复中心等机构接受教育，但也有部分家长选择让他们的孩子上普通幼儿园。家长的希望和选择对各类学前教育机构都提出了新的要求。

范例二：谌小猛、李敏《特殊儿童家庭亲职教育需求的调查研究》[②]

为了分析特殊儿童家长的亲职教育需求状况，以及亲职教育需求的影响因素，研究者以105名特殊儿童家长为调查对象，这些儿童来自全国各地，比较具有代表性。研究中的调查问卷参考了郑凯和殷梦辕的研究结果，并结合罗亦超、雷江华和刘爱民等人的研究，总结出了体现特殊儿童家庭亲职教育需求的27道题，问卷具有较为良好的信效度。儿童家长亲职教育需求研究包括家长的心理调适需求、社会资源需求、教养孩子知识和技能的需求、沟通与社交的需求。本研究共发放了130份问卷，回收有效问卷105份，调查数据结果采用SPSS17.0进行分析。结果表明，特殊儿童家庭亲职教育需求是迫切的、广泛的，其中家长最需要的是社会资源方面的讯息。影响特殊儿童家庭亲职教育需求的因素较多，包括家长性别、家庭所在地、家庭经济收入、儿童年级水平、儿童残疾类型、残疾程度等，其中家庭经济状况是亲职教育需求的最主要影响因素。

由此可见，当需要针对某个融合教育问题进行大规模的抽样调查和定量分析，并且被调查总体成分单一的时候，可以采用问卷调查法来开展研究。

二、访谈调查法

(一)概念

访谈法是指研究者有目的、有计划地与研究对象直接交谈，通过询问引导被访者

---

① 谈秀菁：《特殊儿童家长选择学前教育机构的调查研究》，载《中国特殊教育》，2007(1)。

② 谌小猛、李敏：《特殊儿童家庭亲职教育需求的调查研究》，载《中国特殊教育》，2011(1)。

回答问题的方式来收集所需资料的研究方法，又称谈话法或访问法。[①] 访谈法既可以作为一种独立的研究方法，也可以作为一种辅助方法为研究收集资料。谈话过程紧紧围绕着研究主题展开，内容有很强的针对性，而一般情况下的谈话没有明确的目的，谈话方式随意性很强，是一种非正式的交谈。因为访谈法是通过访谈员与被试者面对面交谈的方式收集研究资料，所以访谈法简便易行，并且具有很强的灵活性和适应性。访谈法在教育研究、心理咨询和征求意见方面得到了广泛的应用，既适用于文化程度较低的成人或儿童等调查对象，也适用于调查问题比较深入、调查对象差别较大、调查场所不易接近等情况的研究。

综上所述，访谈法即一种访谈者围绕着访谈内容，与受访者面对面进行有目的、有计划、有组织的沟通交流来了解受访者的心理和行为的研究方法。

(二)实施步骤

1. 准备阶段

访谈准备阶段一般包括制订访谈计划、编制访谈提纲、选择受访者、培训访谈者、试谈与修改访谈问卷或提纲和预定访谈基本事宜等步骤。

(1)制订访谈计划。

第一，访谈计划需要确定的访谈方式，确定是结构性访谈或是非结构性访谈。在制定访谈计划时应考虑访谈的内容，即访谈的问题。访谈的内容大致可以分为三类：第一类是个人基本情况，包括个人经历、兴趣、爱好、思想特点、个性特征、心理品质、家庭情况及社会关系等信息；第二类是事实调查，由受访者提供自己确实知道的一般情况；第三类是意见征询，征求受访者对某些问题的意见、观点和看法，如研究对象对融合教育理念的看法。

第二，制订访谈计划时还需要商定访谈的时间、地点和场合等因素，这些因素可以视受访者人数而定。如果受访者人数较少，那么访谈时间、地点和场合最好由受访者选择，受访者在熟悉的环境中更易吐露心扉。如果是集体访谈，即访谈人数较多的时候，访谈者也可以征求受访者的意见，尊重受访者的想法。访谈者和受访者共同确定合适的时间、地点和场合，双方达成一致意见。

第三，访谈者还要考虑和准备访谈所需要的工具，如访谈提纲和访谈记录表。在有条件的情况下，访谈人员可以准备采访本、录音笔、照相机和摄像机等。如有需要，访谈人员还要准备好一定的证明材料，届时可以向受访者出示自己的材料，得到受访者的信任，更有利于访谈活动的开展。

[①]　刘淑杰：《教育研究方法》，96 页，北京，北京大学出版社，2016。

(2)编制访谈提纲。

访谈形式可以分为结构性访谈和非结构性访谈，结构性访谈又被称为标准化访谈，指的是访谈者按照统一的及事先规定的访谈内容依次向访谈者进行提问，即访谈提纲是经过严格设计的。非结构性访谈又被称为非标准的访谈，它是一种按照粗线条式的访谈提纲进行的非正式访谈，可针对访谈过程中感兴趣的点继续聊下去，弹性和自由度较大。访谈内容以问题的形式呈现，以受访者的回答为测量依据。

在结构性访谈中，必须事先编制访谈问卷。访谈问卷的形式有开放式问题和封闭式问题，一般以开放式的问题为主。问题的设计要注重表述的口语化，注重上下问题的衔接，除了按顺序排列的访谈题目、答案选项外，还要包括访谈的相关资料，如受访者的个人信息及访谈时间、地点等，信息越详细越好。如果是开放式的问题，研究者需要预先考虑受访者问题回答的可能性，以便及时做出回应。如果是封闭式问题，问题简单易答，答案通常是固定单一的。

在非结构性访谈前，访谈者要制订一个粗线条的提纲。访谈提纲中要确定访谈的程序、主要问题及排列的顺序，访谈者将研究所需要获取的重要信息资料以问题的形式向受访者提问。在访谈过程中，如果受访者在回答某一问题时也提及访谈需要了解的其他内容，那么访谈者就不必拘泥于问题的顺序，可以灵活掌握访谈问题的顺序，就访谈内容进行充分的探讨和交流，对研究问题有着更深入的了解。

此外，访谈法在运用的过程中有一些注意事项：①访谈者的态度极为重要，访谈者在访谈过程中需要注意礼貌用语，善用肢体语言；②访谈者要有善于倾听和提问的能力；③访谈者要尊重受访者的回答，避免给受访者带来压迫感；④由于面对面的回答留给受访者的思考时间更少，采访中可能会出现预想之外的情况，访谈者还需要具备灵活变通的能力，推动着访谈过程顺利进行；⑤访谈者和受访者双方相互尊重、沟通顺畅，共同营造融洽的访谈氛围。

(3)选择受访者。

受访者在整个访谈阶段处于极其重要的地位。选择访谈对象，首先应该考虑访谈的目的，然后确定访谈的总体范围，再在总体范围中采用随机抽样的方法，选取调查研究所需的且有代表性的样本，如自闭症儿童、多动症儿童和听觉障碍儿童等。访谈调查样本的大小，由访谈调查研究的目的和性质决定，还必须考虑访谈者及时间、经费等条件。此外，访谈者还要全面了解受访者的个人信息，如性别、年龄、文化水平、个人经历和家庭背景等。访谈者对受访者的个人信息了解越清楚，选择就越有针对性，这对访谈提纲的编制、访谈类型的选择等都有重要意义。

(4)培训访谈者。

访谈需要面对面进行，需要访谈者和受访者进行互动交流，因此研究对访谈者也提出了一定的要求。首先，访谈者要熟悉访谈调查的内容；其次，访谈者需要具备一定的访谈技巧，包括"听""说""写"等方面的技能："听"即要求访谈者善于倾听；"说"即要求访谈者敢于沟通；"写"则要求访谈者对访谈的内容及时进行记录。此外，访谈者还要掌握收集、判断和分析访谈资料的能力。

（5）试谈与修改访谈内容。

在正式展开访谈之前，访谈者通常要安排一次试谈。试谈前，访谈者需要接受一定的训练，受访者也要满足访谈调查的要求。试谈过程要完整模拟正式访谈的完整过程，以此检查设计的访谈问题和提问的方式是否恰当，帮助访谈者发现访谈问题的不足，同时便于访谈者熟悉整个访谈的流程，促使正式访谈过程顺利开展。如果发现研究设计存在着不足，访谈者应该及时做出调整和修改，继续完善访谈内容。

（6）预定访谈具体事宜。

在一切准备工作都完成之后，访谈者要事先通过电话、书信、邮件等方式与受访者约定访谈的时间和地点。访谈者要说明访谈的目的和内容，态度要客气礼貌。访谈者和受访者双方共同确定访谈的时间和地点，时间和地点的安排应具体详细。如果受访者年龄太小，访谈者可与受访者监护人或教师进行联系，从而间接了解受访者的情况。

2. 实施阶段

在初次访谈时，访谈者进入访谈现场，需要向受访者说明来意，与受访者建立良好的联系，获得受访者的信任和支持。此外，也可请一位与受访者熟悉的人来引荐，未成年可由父母或老师陪同，或者到一个受访者熟悉的场地，这样可以增加受访者对访谈者的信任感。经过介绍受访者了解访谈者的来意之后，访谈者要表达进入访谈的愿望，进一步阐述访谈的目的和意义，以引起受访者的兴趣，并建立融洽的访谈气氛，推动之后正式访谈的开展。如在正式访谈前，访谈者可以先聊一些轻松的话题，或者播放一些柔和的音乐，来消除受访者紧张的戒备心理，拉近双方的距离。在访谈双方初步熟悉之后，访谈者要按照访谈计划中确定的访谈内容、访谈方式和问题顺序进入访谈。如果时间充裕的情况下，访谈者可以就受访者的回答进行追问，来补充访谈的内容。在整个访谈过程中，访谈者一定要认真做好访谈记录，访谈记录要保证客观真实。如果无法即时记录，事后要追记，尽可能还原访谈者的谈话内容。访谈后访谈者要及时整理分析访谈记录，以免访谈记录的丢失。

在访谈阶段，需要注意一些事项。首先，可以调动起受访者的积极性，让受访者了解访谈的目的、意义和价值，如果访谈的内容恰好是受访者感兴趣的话题，受访者更容易敞开心扉。其次，访谈者要有善于倾听、善于沟通和随机应变的能力，运用一定的语言或身体语言来拉近与受访者之间的关系。最后，掌握访谈时间长度，谈话时间不能过短或者过长。时间太短不足以充分了解受访者的情况，而时间太长会引起访谈双方疲劳，进而影响访谈的效果。尤其是儿童，儿童的注意力和精力十分有限。可依据实际情况如访谈内容多少、访谈效果好与差、受访者对访谈问题有无兴趣等，适当缩短或延长访谈时间。最重要的是，访谈者要尊重受访者的隐私，不得随意泄露受访者的隐私，访谈内容仅为研究服务。

3. 总结阶段

访谈结束后，访谈者先对受访者表示感谢，然后对访谈内容进行整理，将访谈内容进行编码，提取其中有用的部分，再分析访谈的结果。基于访谈的结果，访谈者得出访谈的结论，有针对性地撰写研究报告，报告以多种形式进行呈现。

(三)范例

范例一：魏予昕、王志丹《自闭症谱系障碍儿童家长的亲职压力评估》[①]

为了考察自闭症谱系障碍儿童家长亲职压力的深层次原因，研究者采用目的性抽样方法，对 6 名自闭症谱系障碍儿童家长进行深度访谈。研究者自编自闭症儿童家长亲职压力来源访谈提纲，提纲内容包括三个方面：从孩子被确诊为自闭症到现在进行康复训练，家里人有何感受？孩子被确诊为自闭症后家庭生活都发生了哪些改变？陪伴孩子康复的过程中，作为家长都承受了哪些压力？获得访谈对象知情同意后，采取半结构式深度访谈收集资料。访谈地点为独立安静的房间，每位受访者的访谈时间约为 30 分钟。访谈过程中，在征得受访者同意的前提下，对访谈过程进行了录音。研究者对结果的分析采用质性研究方法，利用扎根理论及质性分析软件 NVivo12 对收集的文本资料进行编码整理，并对归纳概括而成的理论进行深入分析。为了确保研究质量，本研究按照受访者的年龄、家庭经济条件及文化程度等条件选择样本，以确保研究对象的代表性。在访谈中，研究者保持中立态度，并采用反问、停顿、重复等技巧确保正确理解受访者的谈话内容。访谈后，研究者将录音转换为文字资料。资料整理初期由两名研究生分别对文字资料进行编码，为了保证编码质量，对两名研究生的编码资料进行一致性检验，Kappa 系数为 0.88，显示具有良好的一致性，符合质性研究编码信度要求。之后，由两名研究生参照文本资料并结合 NVivo12 软件共同分析访谈资料，反复阅读资料，提取相关主题，并将文字资料返还受访者进行核对，以保证访谈资料记录的准确性和真实性。研究发现，其亲职压力有六个来源：经济压力重大；康复效果不佳；教育机制欠缺；亲子关系消极；各方认知不当；精神压力持久。自闭症谱系障碍儿童家长的压力深受自身和外界多重因素的影响，积极与消极交织，并且存在多样的支持需求。基于自闭症谱系障碍儿童家长的压力源提出了相应的经济支持、技术支持、教养支持及社会支持等建议，以期提高自闭症谱系障碍儿童家长的亲职能力并缓解其压力。

---

① 魏予昕、王志丹：《自闭症谱系障碍儿童家长的亲职压力评估》，载《现代特殊教育》，2020(12)。

范例二：冯雅静、李爱芬、王雁《我国普通师范专业融合教育课程现状的调查研究》[1]

随着我国随班就读的大力发展，普通教师的融合教育素养越来越受到关注。在高校普通师范专业中开设特殊教育或融合教育课程的要求也逐渐体现在我国一系列政策、法规中。为了了解该课程开设的时间、课程性质和范围、主讲教师在进行课程设计时考虑的主要因素、对课程定位的基本认识、课程内容的来源、课程具体的实施情况、评价方式和自己的思考等，本研究选择我国 6 所目前在普通师范专业中开设特殊教育课程的、具有代表性的高校为被试，从上述 6 所师范院校中各选择 1 名承担该课程主要教学任务的教师进行访谈，使用自编访谈提纲。通过访谈获得的资料较为详尽，能够与文本课程大纲呈现的课程基本信息有效结合、相互补充，从而对研究对象的整体现状进行全面了解和综合分析。在此基础上对其特点和问题进行分析，提出了改进措施和未来发展的方向。

范例三：蔡卓倪、李敏、周成燕《特殊儿童家庭教育社会支持情况调查分析》[2]

为了了解特殊儿童家庭教育社会支持情况，研究者对 15 位随机选出的成都市特殊儿童父母进行了半结构化访谈，在对访谈记录进行文本分析的基础上编制了一套包含 30 道题的《四川省特殊儿童家庭教育社会支持情况问卷》初稿，经过整合和筛选之后形成 18 道题的问卷定稿。发放问卷后，收回有效问卷 488 份，用 SPSS14.0 进行分析。调查发现，无论在客观支持还是主观支持方面，特殊儿童家庭教育所得到的社会支持，特别是中观和宏观层面的支持都比较有限，微观层面家庭成员的支持和中观层面专业教育机构的支持是家长们的重要支持来源，而纵横交融的社会支持系统尚未形成。为此，研究者建议在全社会尊重特殊需求人士的基础上，重视人才培养和机构设置，构建特殊教育的技术支持体系，并进一步完善社会福利和保障体系，以帮助特殊儿童及其家庭顺利发展。

综上所述，当融合教育研究的对象较为广泛，并且研究目的属于比较细致、具体的情况和探究深层原因等情况的时候，可以采用访谈调查法来开展研究。

三、观察法

(一)概念

观察法是指人们有目的、有计划地通过感官或辅助仪器，对处于自然状态下的客观事物进行系统考察，获得研究对象的第一手原始材料，从而获取经验事实的一种科

---

① 冯雅静、李爱芬、王雁：《我国普通师范专业融合教育课程现状的调查研究》，载《中国特殊教育》，2016(1)。

② 蔡卓倪、李敏、周成燕：《特殊儿童家庭教育社会支持情况调查分析》，载《中国特殊教育》，2010(12)。

学研究方法。① 在一开始进行观察时不需要任何假设，观察可以指向特殊的事实，并在整体上加以即时的把握。所有的观察都是指向可重复的事实，即在某种意义上每一个都能重复最初的观察。科学的研究准则是使用可重复的观察及可检验的观察。② 由此可见，科学的观察具有目的性、计划性和可重复性等特点。

综上所述，观察法是指研究者通过感官或是借助于一定的科学仪器，在一定时间内有目的、有计划地考察和描述客观对象并收集研究资料的一种方法。

(二)观察法的类别

1. 描述性观察法

描述性观察法是指通过详细记载事件或行为发生、发展的过程而获得资料的方法。描述性观察法包括日记描述法、逸事记录法和连续记录法。

(1)日记描述法。

日记描述法是一种记录连续变化、新的发展或新的行为的观察方法。它是一种纵向记录，通常在一个较长的时间阶段中重复观察同一被试或同一组被试。案例中的天天母亲就是采用日记描述法对天天进行着观察记录。优点是方便易行，可以灵活记录，能记录详细而长期的资料，针对一个或几个对象进行持续性追踪。不足之处是样本太小，从一个或几个对象身上观察到的内容不一定具有代表性；选择被试和观察带有偏见，因为往往是选择身边的、亲近的、接近的作为观察对象；观察时间长，费时、费精力。

(2)逸事记录法。

逸事记录法是一种随时随地记录某种有价值的行为及研究者感兴趣的事例的方法。研究者使用逸事记录法不受时间限制，不需要特殊的情境和步骤，方法无一定框架，简单易行。不足之处是该方法容易受到观察者主观影响而在选择所记录的行为时失之偏颇。

(3)连续记录法。

连续记录法是一种对自然发生的顺序事件或行为在一定时间内作连续不断的记录，其记录要求描述足够详细精确和有足够完整的情节。连续记录法观察时间通常为一天或半天。连续记录法的优点是比较完整，为研究者提供大量连续性的数据。不足之处是需要把记录到的内容转化为数据，耗费研究者的时间和精力。

2. 取样观察法

取样观察法的特点是对观察的行为或事件进行分类，把复杂的事件或行为转化为可以数量化或可限制的材料来进行记录。再用具体的、可感知的方式对每种类别进行界定。最后，根据类别设计出记录表进行记录。

---

① 刘淑杰：《教育研究方法》，122 页，北京，北京大学出版社，2016。
② 王萍：《学前特殊儿童教育》，8 页，北京，清华大学出版社，2019。

（1）时间取样法。

时间取样法是以时间取样行为的方法，即研究者在规定的一定时间段中对被试进行有针对性的观察，对这一时间内发生的各种行为表现作较全面的记录，将结果记录到规定的表格上。如可以在幼儿园户外活动这一段时间对特殊儿童的行为表现进行记录，研究特殊儿童的户外活动情况。

（2）事件取样法。

事件取样法是以某件事件为单位进行观察的方法，是研究特定类别的完整行为事件，选取的事件具有典型性。研究者进行观察记录，为了了解某种特定行为出现的条件和过程。如自闭症儿童拒绝与同伴沟通交流，不主动参与到建构游戏中，自己独自坐在教室角落里。

（3）个人取样法。

个人取样法是以个人为单位、对单个被试连续取样的方法。在观察的过程中，观察者选择一个被试，在规定时间内根据记录表单记录这个被试的全部中心行为和事件。当一个被试观察结束后，研究者还可以观察另一被试，重复之前的步骤，取得多个个体组成的样本。

（三）实施步骤

1. 准备阶段

首先，制订观察计划与观察提纲，确保观察能顺利进行。一般情况下，观察计划首先要有明确的观察目的、观察内容和观察对象。观察者要事先预约好观察的时间和地点，规划好观察的流程。其次，准备观察工具，包括制订编码体系、观察记录表、准备仪器设备等，为观察做好充足的准备。再次，选取观察对象，观察对象需要有代表性，并且愿意配合观察。最后，训练观察人员，观察法的运用对观察人员有着严格的要求，观察者需要有科学严谨的态度，还需要掌握观察的技巧、学会处理观察所得的材料。

2. 实施阶段

观察可以大致分为三个阶段，初始阶段是全方位的开放式观察，教育观察一般从叙述性观察开始，也就是先对某一教育情境的时间、空间、人物、活动、物理环境、情绪和目的等做详细的叙述。观察者一开始所能做的就是尽量描述记录自己所观察到的种种状况，将其作为认识环境的基础材料。在初期的时候，观察者可以尽可能运用自己的感官，去感受周围的环境和事物，将看到、听到和体会到的东西尽可能记录下来。到了中期，在对观察现场和观察对象有了一个整体的认识后，观察者的视野逐渐聚焦，缩小观察的范围。到了后期，研究者要把研究的焦点再缩小一点，可以围绕着研究焦点进行选择性观察，探究问题产生的原因，直至得出研究结果。

3. 总结阶段

资料的整理一般包括核对、考据、挑选、淘汰、汇总、统计等环节。首先，核对和考据环节主要是检查观察记录过程是否合理，以及将收集到的同类资料进行相互印证，考证所收集资料有无矛盾和不合理之处。如果参与观察的人员不止一人，也可将不同观察者收集的资料进行相互印证。其次，挑选和淘汰环节即收集来的资料要经过筛选，准确的、有用的资料要妥善保存，错误的、没有用的或不适合的资料要淘汰。最后，汇总和统计环节主要是将收集到的分散资料通过分类之后进行汇总并运用合适的方法进行统计。对待不同种类的资料所运用的分析方法是不同的，描述性的文字资料主要采用逻辑分析的方法，而数据资料则主要采用统计分析的方法。逻辑分析的常用方法主要包括分析与综合、抽象与概括、演绎与归纳等。至于各种数据资料的统计分析，在统计学或教育统计学这些课程中有专门的讲解，这里就不再赘述。处理完观察资料后，接下来要对本次观察活动进行总结，写出观察报告。

(四)范例

范例：张玉红《新疆特殊教育学校项目建设现状、问题与对策》①

为了了解新疆特殊教育学校项目建设现状和存在的问题，本研究采用问卷调查法、访谈法和观察法调查了新疆特殊教育学校工程建设情况，问卷使用的是新疆教育厅组织新疆相关高校编制的《新疆新建、改扩建特殊教育学校调查问卷》，访谈使用的是新疆维吾尔自治区教育厅组织新疆相关高校编制的《新疆特殊教育学校校长访谈提纲》，现场观察的重点内容是新疆30所特殊教育学校项目的建设、运行情况，使用SPSS17.0软件录入数据并分析。研究发现存在工程建设整体进度缓慢、布局缺乏合理规划、标准化建设滞后、学校功能不完善等方面问题。在深入分析问题原因的基础上本文提出了优化新疆特殊教育学校的布局结构、加大特殊教育项目学校建设的经费支持力度、提升特殊教育管理水平等对策建议。

所以，当研究者对融合教育研究对象无法或很难加以控制，或者是在控制条件下可能会影响某种行为出现的时候，可以采用观察法开展研究。

四、实验研究法

(一)概念

实验研究法是操纵自变量以引起因变量的变化，从而确定变量间因果联系的研究

---

① 张玉红：《新疆特殊教育学校项目建设现状、问题与对策》，载《中国特殊教育》，2013(11)。

方法。它是研究者在探究变量间因果关系时使用的一种最有效的研究方法。[①] 实验研究法是根据研究目的，改变或控制某些条件，以引起被试某种心理活动的变化，从而揭示特定条件与这种心理活动之间关系的方法。实验研究法是儿童心理研究中科学性最强的一种方法。从本质上讲，实验研究法也是观察，只不过是一种有控制的观察，对观察法的各种条件进行"强化"。于是，观察法上升到科学的地位，观察变成了实验。[②] 贾霞萍指出，实验研究法是通过主动变革、控制研究对象来发现与确认事物间的因果关系的一种科研方法。[③]

因此，实验研究法是一种探究变量间因果关系的有目的、有组织、有计划的研究方法，可以人为地控制和改变某些条件，从而探究变量间的因果关系。

(二)实施步骤

1. 准备阶段

(1)提出问题。

提出研究问题是正式开展研究前的重要一步。研究者可以在对已有文献进行回顾分析的基础上确定研究问题，也可以从具体的实践活动中获得灵感。研究者提出的研究问题就是实验的内容，实验研究是解决问题的过程。

(2)作出假设。

在进行正式研究前，研究者先要作出假设，对研究结果进行一个预测，实验研究至少要有一个假设。此外，还要判断假设的可检验性，即实验是否可行，避免人力资源和物质资源的浪费，这为实验研究提供了方向和指导。

(3)拟定研究计划。

拟定研究计划包括确定被试、实验的内容、实验的方式、实验的工具等。被试需要具有代表性，如有需要，还可以另外设置对照组。如在研究特殊儿童融合教育的时候，可以设置一组全部是普通儿童的对照组。实验的内容要围绕着实验的问题展开。实验的方式主要由实验的目的所决定，也影响着实验工具的采用。实验研究需要人力和资金的投入，研究者前期需要做好大量的准备，保障研究顺利开展。

2. 实施阶段

实验的操作过程是操纵自变量、控制无关变量和观测因变量变化的过程，这一阶段也是为了验证假设。在实验过程中，要加强实验操作规范，操纵自变量。控制干扰变量就是要严格控制实验条件，确保因变量的变化是由自变量引起的。整个实验过程

---

① 刘淑杰：《教育研究方法》，162 页，北京，北京大学出版社，2016。

② 王萍：《学前特殊儿童教育》，8～9 页，北京，清华大学出版社，2019。

③ 贾霞萍：《中小学教师怎样进行课题研究(四)——教育科研方法之教育实验研究法》，载《教育理论与实践》，2008(11)。

必须做到规范严谨并完整准确地记录实验数据。

3. 总结阶段

基于研究结果，研究者需要撰写研究报告，从而验证实验进行前的假设是否正确。研究者之间可以交流探究的过程和结论，对实验研究的已有经验和不足之处进行反思和总结，并且进行研究的展望，在之后的实验研究中加以改进。

(三)范例

范例一：杜晓新《单一被试实验法在特殊教育研究中的应用》[①]

本研究对单一被试研究方法的主要内容，即单一被试的实验设计类型与相应的统计方法作了简要介绍，并对单一被试实验法在特殊教育研究中的意义、实验的外部效度与实施原则进行了分析与讨论。与早期相比，单一被试实验法有了很大的发展，在实验设计上已从单基线实验设计扩展到多重基线实验设计，在实验结果的分析上已从定性分析发展到定性与定量分析相结合。作者强调单一被试实验实施中应该要提高数据的可靠性、判断基线数据的适当性、确定多重基线实验设计研究对象的原则。

范例二：韦小满、杨希洁《单一被试研究法在我国特殊教育研究中应用的回顾与前瞻》[②]

本研究从质量角度对国内单一被试研究进行回顾，从单一被试实验设计类型的选择考察单一被试研究内容的适切性、从实验复制的严谨度考察单一被试研究结果的可靠程度，以及从实验本身的信度、效度检核单一被试实验的整体品质。文章最后提出了对我国未来研究者开展单一被试研究的可操作性建议。随着期刊论文审查标准的逐步提高，人们质量意识和科研能力的不断增强，研究质量一定会有所提高。

由此可见，单一被试研究法有了很大的发展，而当研究对象较少且研究对象之间的差异较为明显的时候，可以采用单一被试研究法来开展研究。

五、行动研究法

(一)概念

凯米斯(Kemmis)与麦克塔格特(McTaggart)认为行动研究是在社会情境中自我反省的一种形式，参与者为实际工作者，其目的在于促发社会的合理性与正义感，帮助研究者对于工作实际的了解，使实务工作实施能更有成效。[③] 埃利奥特(Elliott)则提出

---

① 杜晓新：《单一被试实验法在特殊教育研究中的应用》，载《中国特殊教育》，2001(1)。

② 韦小满、杨希洁：《单一被试研究法在我国特殊教育研究中应用的回顾与前瞻》，载《中国特殊教育》，2018(7)。

③ Kemmis Stephen，McTaggart Robin and Nixon Rhonda，*The Action Research Planner*，Deakin University Press，1992.

行动研究是社会情境的研究，是从改善社会情境中行动品质的角度来进行探讨的研究取向。[1] 我国的研究学者陈伯璋认为，行动研究是由行动及研究两个词所组成的，意指在实际工作中去尝试各种策略，以作为改善实务的一项方法。[2] 我国学者陈向明认为，教师行动研究是教师作为研究主体的研究，研究的问题来自他们自己的日常工作，研究的目的是解决问题，提高教师改善自己生存状态的意识和能力。与纯粹的学术研究不同，行动研究走的是行动科学的路线，即当行动者面对真实的困境时，采用积极干预的方式对自己所处的社会文化场域进行批判性反思，寻找合适的解决之道，创造实用的知识。教师行动研究的主要旨趣是求善，而不仅仅是求真。[3]

由此可见，行动研究法是由社会情境的参与者，即教育工作者在实践中通过行动与研究的结合，创造性地运用融合教育理论，解决不断变化的融合教育实践情境中的具体问题，从而不断地提高专业实践水平的一种研究方法。

(二)实施步骤

1. 准备阶段

(1)确定研究题目。

教师通常会采用行动研究的方式进行调查，研究的问题主要是在日常的教学经验中积累的问题，或者是学习了某些新的教育、教学理论，想要应用到教学实践中去。教师首先提出改进的初步设想，考虑的内容可能涉及个人对某个方向的研究兴趣、题目本身的重要性、研究可能需要的时间、困难程度、需要的资金及研究道德等。当班级出现特殊儿童的时候，教师可以针对特殊儿童的表现特点开展行动研究，寻找适合特殊儿童的教育方法，帮助特殊儿童融入班集体中。

(2)制订详细的计划。

在确定好研究题目之后，研究者初步分析产生当前问题的原因，再针对研究所指向的行动进行详细的计划，包括明确自己的研究问题和假设、如何开展研究等问题。研究计划尽可能详细具体，包括研究的目标、研究者的分配任务等。研究者根据具体的问题制定具体的措施，通过具体的行动来解决问题。

2. 实施阶段

研究者落实具体的计划，将计划转化为具体的行为，按照计划采取干预行动。在行动的过程中，及时进行评估，采用多种研究手段来收集资料。行动研究总体上呈现一个不断扩展的螺旋式结构，重要的是在于解决实际问题。教师通过各阶段的行动研

① John Elliott, "Research on Teachers' Knowledge and Action Research," in *Educational Action Research*, 1994, vol. 2, pp. 133-137.

② 裴娣娜:《教育研究方法导论》，8 页，合肥，安徽教育出版社，2000。

③ 陈向明:《质的研究方法与社会科学研究》，448～452 页，北京，教育科学出版社，2000。

究，调整自己的教学方法，检验方法的可行性。

3. 总结阶段

研究者根据行动经验提出报告，对整个行动研究进行总结反思，对研究所获得的数据和资料进行系统且科学的处理，得出研究所需要的结论。研究者特别是教师从行动研究中获得宝贵的经验，与周围人交流和分享自己的行动研究，获得来自他人的意见和建议，不断修正之后的教学，持续进行行动研究以改进教学，在教学的过程中得以成长。教师是课程的建设者和开发者，也是教育教学的研究者。

(三)范例

范例一：徐胜、梁英、赵捷《重庆市特殊幼儿融合教育行动研究报告》[①]

鉴于重庆市特殊幼儿入学的困境，本研究采取行动研究法与个案研究法建立特殊幼儿融合教育个案资料，由行动团队成员介入普通幼儿园实际场景，与幼儿园园长、老师及保育人员合作。根据特殊幼儿在普通幼儿园里融合教育的相关需要，对个案相关人员深度访谈、观察、问卷调查、环境分析，为个案进行教育诊断(作相关评估)，制订个别化教育计划，促进相关人员实施教育计划，然后收集结果并分析原因，最后根据结果提出完善融合教育实施策略与方法的建议，如完善法律与体制保障、制订详尽的融合教育实施计划、融合教育专业人士介入、普通幼儿园教师培训、加大特殊教育宣传力度、专业团队的整合等。

范例二：俞林亚《融合教育背景下培智学校职能转变的行动研究——以浙江省杭州市杨绫子学校为例》[②]

融合教育不仅需要普通学校进行改革，也需要特殊教育学校开展变革。为了满足杨绫子学校所在地区融合教育发展的需求，本研究开展了历时三年半的行动研究，对学校原有的办学理念、组织管理框架、师资队伍及教学环境等方面进行调整，明确各部门职能，细化各职能部门的职责，每一轮都有明确的研究目的和改革方向，使培智学校能够更有效地为本地区残疾学生提供教育服务。第一轮行动是为了转变特殊教育学校教师对融合教育的认识；第二轮行动是为了解决融合教育面临的实际问题，初步调整学校组织框架；第三轮行动是再次调整本校行政组织架构，深化融合教育工作。三轮行动研究取得了比较好的成就，不仅改革了学校的组织架构，而且完成了各部门的职能转变，为更好地开展融合教育工作奠定了坚实的基础。

综上所述，行动研究主要是适用于研究融合教育实际问题而不是理论问题，研究

---

① 徐胜、梁英、赵捷：《重庆市特殊幼儿融合教育行动研究报告》，载《中国特殊教育》，2006(2)。

② 俞林亚：《融合教育背景下培智学校职能转变的行动研究——以浙江省杭州市杨绫子学校为例》，载《中国特殊教育》，2014(12)。

规模小，研究问题范围窄，具体容易实施。

六、个案研究法

(一)概念

《教育百科辞典》中指出，个案研究法是对单一的人或事进行深入具体研究的方法，并且所研究探讨的人或事可能具备或呈现出某种典型，也可能不具备任何典型。[①] 叶澜则认为个案研究法是以特别的个人或团体为研究对象，收集完整的资料之后，再对其问题的前因后果做深入的剖析。[②] 王萍认为个案研究是通过对单一或若干个案进行研究，借由多元资料的收集及多重比较分析，以期找出规律性的东西，寻求解决问题的方法或途径。个案研究法就是教育研究者对某个具体的研究对象进行理性分析的方法。[③]

所以，个案研究法即追踪研究某一个体或者是团体的行为的一种研究方法，研究者进行调查研究和深入分析，揭示研究对象形成、变化的特点和规律，以及影响个案发展变化的各种因素，并提出相应的对策。

(二)实施步骤

1. 准备阶段

(1)确定研究问题。

在开始进行个案研究时，研究者需要先确定研究的问题，以及分析采用个案研究法的原因。研究者应根据个案研究的目的和内容，以及对个案问题行为的界定，选择典型的人或事为研究对象，所以确定研究问题是开展研究的关键一步。

(2)设计阶段。

第一，选取研究对象。研究者要考虑个案对象的现实条件，把研究的意图阐述清楚，获得个案对象及其家属的同意。研究对象需要具有特殊性和代表性，才能在个案研究中取得显著的结论。如果研究对象比较普遍，则失去了进行个案研究的价值。研究对象需要情绪稳定，配合程度较高，以此确保研究顺利开展。

第二，明确研究问题。研究者需要细致考虑要研究的问题，明确研究的方向。研究者可以通过查阅大量融合教育相关文献来了解已有研究存在的经验和不足，为自己寻找可靠的理论支撑，形成自己的知识脉络，从而建构起自己的理论框架。

第三，计划研究程序。在选取研究对象和明确研究问题的基础上，研究者需要确

---

① 张念宏：《教育百科辞典》，644 页，北京，中国农业科技出版社，1988。
② 叶澜：《教育研究方法论初探》，148 页，上海，上海教育出版社，2014。
③ 王萍：《学前特殊儿童教育》，10 页，北京，清华大学出版社，2019。

定研究类型。但需要注意的是，在确定了研究类型之后，研究者就需要为接触和了解个案做详细准备，需要和研究对象协商在什么时间进行及进行为期多久的实地考察。研究者可以列一个详细的任务清单，包括详细时间、地点、任务、参与者等信息，以便研究的顺利开展。在研究的计划阶段，研究者还是要进行多种准备，以防研究对象由于某些原因产生变化，而导致研究终止。若当特殊儿童对研究产生抵触情绪的时候，研究者就应尊重儿童的想法，及时终止研究。

2．实施阶段

按照研究计划，全面收集个案资料。收集资料的方式有很多，如书面调查、口头访问、观察法等形式，还可以通过查阅个案的个人资料来获取资料。在实际的个案实施的过程中，研究者通过多方面的信息和资料来检验之前判断的合理性，验证研究假设。

3．总结阶段

研究者对收集到的资料进行检验和归类编码，使复杂的资料条理化、系统化。在数据整理的基础上，对个案的表现进行讨论和评估，对被试提出建议，最终得出结论，撰写研究报告。个案虽然特殊，但是个案揭示或予以验证的问题往往是具有普遍意义的，给特殊教育带来启示。

(三)范例

范例一：于素红《一个随班就读学生的个案调查》[①]

本研究利用质的研究方法，研究了上海市某小学四年级一位随班就读学生李朕在普通学校的学习情况，收集材料的方法是正式访谈、非正式交谈、现场观察和查阅材料。正式访谈的地点在学校会议室，访谈的对象分别是李朕所在学校负责随班就读工作的一名副校长、李朕的数学教师和班主任及李朕本人。每个人的访谈时间大约是20分钟。现场观察包括到李朕所在班级听了一节英语课，观察李朕在课堂内外的表现。非正式交谈主要是研究者课后在李朕所在班级教室外的走廊里随意找了两位李联的同班同学进行交谈，时间大约6分钟，根据结果形成个案报告。结果发现，学校和部分教师对此学生的态度不够积极，对他的教育教学缺乏针对性，存在鉴定不规范、教育指导不够、教师的接纳态度不积极等问题。研究结果启示教师要加强对随班就读学生的个别化教学，以满足他们的特殊教育需要，为学生提供个别辅导。

范例二：王蒙蒙、张悦歆《融合教育环境中家长参与特殊儿童幼小衔接的个案探索》[②]

为了研究融合教育环境中家长参与盲生幼小衔接的动态过程及其影响因素，本研

① 于素红：《一个随班就读学生的个案调查》，载《中国特殊教育》，2004(6)。
② 王蒙蒙、张悦歆：《融合教育环境中家长参与特殊儿童幼小衔接的个案探索》，载《基础教育》，2020(1)。

究在质性研究范式的指导下，以北京一名全盲儿童粤粤为研究对象进行个案研究。基于"家长与儿童互动"理论框架，研究者以访谈提纲为研究工具，在历时一年的研究周期里，对参与人员进行阶段性的访谈，在幼小衔接生态环境中开展参与式观察，收集文本资料。在阶段数据收集之后及时誊录语音资料、整理观察的数据。按照"开放编码—主轴编码—核心编码"三级编码方式对访谈资料进行分析。最终，研究采用叙事研究方法，以叙事、讲故事的方式来表达对社会现象的理解和解释。经为时一年的资料收集与分析得出，儿童与家庭的"调节"与"准备"工作在四个实践阶段呈现不同动态情形。其中，持之以恒的准备是家长与儿童并肩前行的基础；儿童与家长的融合转衔动机、融合教育支持项目、波折中上升的家校关系、区级行政管理基础是影响家庭与儿童准备与调整工作的动力成分；现有条件下的家长参与具有其特定的局限性和影响力。针对研究发现，建议重视早期干预对融合教育的影响、加强特殊儿童转衔教育支持服务建设、强化家长组织的倡导功能。

由此可见，当追踪研究某一特殊个体或者是团体的行为的时候，并且该个体或者团体具有代表性，可以采用个案研究法来开展研究。

七、历史研究法

(一)概念

历史研究法就是借助于对相关社会历史过程的史料进行分析和整理，以探求研究对象本身的发展过程和人类历史发展规律。[1] 简单地说，就是在对研究对象的历史研究的基础上，进一步认识它的过去，并研究它的现在和未来发展的一种科学研究方法。[2]

综上，历史研究法主要是通过收集各种教育现象发生、发展和演变的历史事实，加以系统客观的分析研究，从而揭示其发展规律和特点的一种研究方法。

(二)实施步骤

1. 准备阶段

在研究开始前，应首先明确问题的适当性，即是否适合历史研究法，然后再开展研究。研究问题在一定程度上反映了研究者的兴趣和价值观念，所以，从一定程度上讲，历史研究是主观的，但从研究方法的角度来说，历史研究又是科学的。

2. 实施阶段

广泛收集资料是历史研究法的重要一环。历史研究法特别注重对材料的收集、分

---

① 陈志刚：《历史研究法在教育研究运用中应注意的要求》，载《教育科学研究》，2013(6)。

② 车炯：《论教育历史研究法》，载《现代商贸工业》，2020(8)。

析和考证，获得第一手资料能保证研究的准确性和科学性。研究对资料质量的要求也比较高，研究者需要对材料进行收集和辨别，材料应该尽可能全面充分。除了收集与研究目标相关的资料之外，还可以收集一些背景性和旁证性资料进行补充。资料分析还要注意尽可能不受政治、宗教、种族、文化与个人世界观上的偏见的影响。除了原始资料以外，研究者还需要对第一手资料进行加工、研究或处理，这些资料的作者是以间接见证人的身份出现的，也称为第二手资料，第二手资料帮助拟定更好的研究方法，并可以进一步解释第一手资料。

3. 总结阶段

对于收集到的资料，研究者应进行仔细评估和鉴别，以证实其是否具有研究价值。首先进行真实性评价，即辨别资料的真伪，也称为外部评价。真实性评价更加关注资料的本身，重点在于分析资料，而不是资料所提出的观点及与研究问题的关系。其次，进行准确性评价，即辨别资料的价值，也称为内部评价。准确性评价主要是对资料的价值进行鉴别，重点是资料记录反映的内容是否与历史相符。综合分析资料或文献中的信息，需要对已经掌握的文献资料进行加工，并形成对事实本身的科学认识。在历史研究过程中，研究假设可以进行不断调整，促使最终研究结论的形成。

(三)范例

范例：杨克瑞、郭永《促进新文科建设背景下特殊教育学科与历史研究的融合——"学科建设与特教史研究"高层论坛综述》[①]

2020 年 11 月 3 日，教育部高教司与有关高校共同发布《新文科建设宣言》，提出了新时代我国文科教育及其学术建设的新使命与新要求。在此背景下，南京特殊教育师范学院中国特殊教育博物馆联合特殊教育学院与教育科学学院，于 2020 年 11 月 24 日共同举办了"学科建设与特教史研究"高层论坛，来自北京师范大学、南京大学、东南大学、南京师范大学及多所特殊教育学校的专家和领导一起进行了"新文科"建设背景下特殊教育的学科建设、学校发展及特殊教育的传统精神与现代使命等重要议题的研讨。这是我国特殊教育历史上首次基于学科建设而进行的"特教史研究"专题论坛。论坛从教育学科的理论视野与特殊教育学校的实践创新两大方面进行了很好的交融与对话，取得了丰硕的研讨成果。期待以特殊教育史的研究促进特殊教育学科发展，以特殊教育学科建设丰富特殊教育史的研究。

因此，当需要追溯融合教育发展的轨迹，探究发展轨迹中某些规律的时候，可以采用历史研究法来开展研究。

[①] 杨克瑞、郭永：《促进新文科建设背景下特殊教育学科与历史研究的融合——"学科建设与特教史研究"高层论坛综述》，载《现代特殊教育》，2020(24)。

八、比较研究法

(一)概念

王艳荣和黄东民认为比较研究法是人们认识客观事物的重要方法，也是从事教育科学研究的基本方法之一。比较研究法是根据一定的标准，对某类教育现象在不同情况下的不同表现进行比较研究，找出教育的普遍规律及特殊本质，力求得出符合客观实际结论的方法。[①] 王志明指出，比较研究法就是人们在认识活动中，根据一定的标准，把彼此有联系的各种对象或现象加以对照分析，并确定它们之间的异同关系、共同规律和特殊本质的思维过程和逻辑推理方法。[②] 教育比较研究法指的是根据一定的标准对不同时期、不同地点、不同情况下所发生的教育现象、教育理论进行考察、分析、鉴别和整理，从中找出教育的普遍规律和特殊本质，力求得出符合客观实际的结论，并运用于教育实践的一种方法，它是一种确定教育领域内不同理论、思想、观念、方法、现象、事实等之间异同关系的思维过程和方法。[③]

由此可知，比较研究法是比较两者及以上的研究问题的方法，确定研究问题之间的异同关系，探求事物发展的普遍规律及其本质。

(二)实施步骤

1. 准备阶段

(1)确定比较的问题。

确定比较的问题是比较的前提，可以将融合教育研究与其他研究进行比较，对两个及两个以上研究对象进行比较分析，发现融合教育的特殊之处，分析使用比较研究法的原因，更有针对性地开展融合教育，更好地认识事物的本质，把握教育的普遍规律。

(2)制订比较标准。

在正式比较前，需要制订比较标准。比较标准可以按照实际情况来制订，但需要明确且具体，使得研究结果更加科学严谨。这对研究者也提出了一定的要求，要求研究者具备一定比较的能力，严格按照比较研究的标准开展研究。

2. 实施阶段

(1)收集、整理资料并加以分类解释。

收集、整理资料并加以分类解释是进行比较研究的基础，用于比较的材料必须真

---

① 王艳荣、黄东民：《试论比较研究法在教学中的应用》，载《学周刊》，2011(13)。
② 王志明：《教育比较研究法刍议》，载《科技信息(学术研究)》，2008(6)。
③ 刘淑杰：《教育研究方法》，29页，北京，北京大学出版社，2016。

实可靠，能反映普遍性，能反映研究对象的本质。研究者应对资料进行鉴别，保证资料的权威性和客观性。

（2）比较分析。

比较分析是进行比较研究的重要环节，在这个阶段，研究者要对收集到的材料按一定的标准进行逐项比较，并分析其之所以产生差异的原因，而且要尽可能地进行评价。比较时应以客观事实为基础，对所有的材料进行全面的、客观的分析。

3. 总结阶段

研究者对已有材料进行归纳总结，并作出比较结论，从中获得借鉴或启示。研究者再对所得结论进行理论和实践的论证，验证研究成果是否有效。

（三）范例

范例一：张朝、于宗富、方俊明《中美特殊儿童融合教育实施状况的比较研究》[1]

文章对中美近年的融合教育进行了比较研究。从中美特殊儿童的融合教育机会来看，我国特殊儿童受教育人数比（0.017%～0.021%）与美国（10.48%～12.25%）相距甚远。从中美不同残疾类别特殊学生的融合安置环境来看，美国为 13 类不同残疾类别学生提供 6 类安置环境，安置在分离环境的只有 3.8%。我国为 3 类特殊儿童提供 3 种安置环境，安置在分离环境的占 36.73%。从中美特殊儿童教育安置的发展趋势来看，美国特殊儿童的安置越来越融合，普通班级安置的特殊儿童逐年增多，资源教室和分离班级在特殊儿童安置中有较大的比例。我国特殊教育长期以来一直存在安置环境相对简单的特点。我国应对特殊服务作具体规定，全社会尊重和保护残疾人平等权利的意识需要提升，政府需要加大对特殊教育的投入力度，对融合教育对象和安置环境作出符合中国国情及国际发展趋势的界定，并对特殊服务作具体规定。

范例二：陈蓓琴、谈秀菁、丁勇《特殊教育理念的嬗变与课程的发展——关于特殊教育学校课程发展的比较研究》[2]

特殊教育学校课程发展分为三个阶段：第一阶段的特点是课程偏重职业教育和感官认知能力训练；第二阶段的特点是课程逐步与普通学校教育内容趋同；第三阶段的特点是在一体化教育体系中，课程更加关注儿童特殊需要的满足。研究者开展了对特殊教育学校课程发展的比较研究，从比较研究的角度对特殊教育（学校）课程发展的共同特点和一般性趋势作扼要的分析，着力揭示特殊教育学校课程发展不同阶段的共同特征及普遍趋势，对于深化我国特殊教育学校课程改革具有重要的意义，在课程目标

---

[1]　张朝、于宗富、方俊明：《中美特殊儿童融合教育实施状况的比较研究》，载《比较教育研究》，2013(11)。

[2]　陈蓓琴、谈秀菁、丁勇：《特殊教育理念的嬗变与课程的发展——关于特殊教育学校课程发展的比较研究》，载《中国特殊教育》，2009(11)。

的确定、课程内容的选择和课程的实施方面带来了一些启示。

综上所述，融合教育研究的具体方法日益多样化，研究者应采用丰富的融合教育研究方法开展研究。在研究方法上建议综合使用调查法、访谈法、观察法和个案研究法等多种研究方法开展研究，充分发挥各种研究方法的优势。

第四节
融合教育研究的展望

融合教育研究近几年得到了快速的发展，研究结果显示，关于融合教育研究的文献整体上呈上升趋势。基于对融合教育研究理论和实践方面的分析，本节对融合教育研究内容和方法的发展趋势进行预测。

一、融合教育研究存在的问题

(一)起步晚、发展缓慢

近年来，我国有关融合教育的研究文献有所增加，但从整体上看数量并不多，并且发展缓慢。从研究内容看，大多停留在对我国早期融合教育现状的描述上，实践干预层面的研究较少。研究者们对"融合教育""随班就读"等概念进行了辨析，但对将融合教育的理论及实践与中国特有的社会文化及教育背景相结合的方法研究还是缺乏。形成根植于中国社会文化特性的本土化融合教育理论，是我国特殊教育研究的关键问题。[①] 从研究对象来看，研究对象比较有限，常常局限在自闭症、聋童、情绪行为障碍，对于智力障碍、肢体障碍等其他障碍类型的研究比较少。

(二)对融合教育的认识浅显

当下研究者们对融合教育的认识主要集中在对国外经验的介绍和推广上，而对融合教育形成的历史背景、教师的融合教育素养、融合教育背景下的课程与教学改革等问题缺乏深入的研究，缺乏具有实践意义且对具体活动开展有针对性指导的研究，对融合教育的认识还是不够深入。

---

① 邓猛、朱志勇：《随班就读与融合教育——中西方特殊教育模式的比较》，载《华中师范大学学报（人文社会科学版）》，2007(4)。

(三)缺少社会支持

从研究的合作情况看，以个人研究为主，跨学科的合作研究不足，研究者的学科背景较单一，教师和研究者合作研究较少，研究者没能充分利用社会资源。同时，我国早期融合教育的支持保障体系也亟待完善。早期融合教育的支持保障体系应包括学校、家庭、社区、政府及自我五个子系统。关于学校方面，融合教育教室创设尚处于起步阶段，有融合教育专业背景的教师很少；关于家庭方面，普通儿童家长对特殊儿童的接纳程度较低；关于社区方面，与融合教育相关的社区资源支持较少；关于政府方面，有关融合教育的政策法规尚不完善，并且监督执行的力度也不够。

二、融合教育研究的发展趋势

(一)研究对象

除了特殊儿童本身之外，围绕特殊儿童的普通同伴、特殊儿童家长和融合教育教师等也可以进行研究，从多个角度探索融合教育的影响因素，拓展人们的研究视野，还可以对国家教育系统从法律、经济、文化等层面进行研究探讨，呼吁社会上更多人士关注特殊儿童的融合教育问题，引发大家的思考。

(二)理论层面

在理论方面，对于融合教育的内涵与意义已经作了比较充分的讨论，探明了融合教育的内涵与外延，肯定了融合教育对于特殊儿童身心发展的意义。但是对于早期融合教育的实施原则、教学模式、早期干预的模式等的理论研究还仅停留在表面，国内相关文献起步晚，并且研究的内容有限，因此有待进一步深入讨论。[①] 研究者可以通过阅读大量的文献，或者是从学习、工作和生活中发现问题，开展相关的研究。

(三)实践层面

1. 增强研究方法规范性

学术研究规范是提高研究质量的重要保证之一，随着融合教育研究的增多，融合教育研究方法受到广泛重视，规范性也得到了进一步的提高。行动研究法和个案研究法等研究方法的运用在不断增加，说明研究者们开始采用更为科学的研究方法开展研究，一定程度上也表明了融合教育领域研究方法的规范性正在进一步提高。教师主要采用行动研究法，在教育教学的过程中可以自主开展研究。个案研究法更适合于个体研究者，有

---

①　夏峰：《中国特殊教育新进展(2013—2014年)》，265页，北京，中国人民大学出版社，2017。

助于研究者把握事件的来龙去脉和本质，对客观事实进行全面且真实的反映。教师是教育者，也是研究者，对教育研究应持有严谨认真的态度，不断增强研究方法的规范性。

2. 综合使用多种研究方法

每一种单一的研究方法都有其自身的局限性，对于一个特殊教育问题进行全面的分析，在可能的情况下采用多元化的方法，更可能获得客观、深入的研究结果。从单一研究模式走向多元研究范式，是特殊教育研究的必然趋势，也将成为特殊教育领域弥足珍贵的特色。为了进一步提高研究水平，特殊教育研究者必须意识到不同的研究设计的优点与不足，认真考察适合自己的研究范式及其质量指标体系。

混合研究方法是近年来发展非常迅速的研究方法，混合研究方法是在一项研究中综合使用多种不同方法的研究方法，一般是把一种定性分析方法和定量分析方法结合使用。研究人员可以综合使用观察法、实验法、问卷法等多种形式，丰富研究的内容。不同的研究方法各有优劣，结合多种研究方法，更易发挥方法的优势，帮助研究者得到一个合理有效的结论，减少结论出错的可能性。研究方法日益丰富，研究者灵活运用多种研究方法，推动了研究方法多元化趋势的形成。

3. 考虑实践价值

在实践方面，未来研究应结合实际情况，采用多种研究方法，寻找适宜特殊儿童发展的融合教育模式。将理论回归于实践，着力探索本土化的干预模式和本土化的干预方法、本土化的融合策略与本土化的融合模式。未来研究不仅要关注特定的干预方法是否有效，更应进一步探究哪些因素影响着干预方法的效果，拓宽研究的范围，深入该领域的研究。研究者不仅要考虑到研究的可行性，还应考虑到研究的实践价值，即是否对特殊儿童、学校和社会产生积极的影响。

4. 借鉴国外经验

国外研究者对融合教育政策、融合教育态度和信念、融合教育教师培养、融合教育实践及融合教育质量评价进行了深入的研究，取得了丰硕的研究结果。我国融合教育发展中存在政策法规不健全、态度消极、教师专业水平不高、融合教育质量较低等问题，亟需通过完善法律法规、提高教师观念和融合教育素养、改进课堂教学来促进融合教育的整体发展。研究者可以将自己的眼光投向国外，学习国外的宝贵经验，再与本国实际情况相结合，从而提高融合教育的质量。

5. 大数据研究

2011 年 5 月，"大数据"的概念被世界著名咨询机构麦肯锡公司在其报告中首次提出来，大数据研究也成为现如今的新趋势。雷江华等人提及了大数据背景下特殊教育现代化的方向。① 大数据背景下，特殊教育现代化的发展必须顺应时代潮流，坚持数据

---

① 雷江华、习妮：《大数据背景下特殊教育现代化的内涵与路径》，载《现代特殊教育》，2021(5)。

导向。特殊教育教师要牢固树立数据思维，特殊教育各项数据平台建设要进一步完善，大数据人才培养要向高质量复合型转变，着力推动大数据在特殊教育领域的运用。首先，要完善特殊教育数据平台建设，确保数据的全面性。加强不同数据库之间的流通，实现数据共享。其次，要培养高质量复合型数据人才。最后，培育特殊教育工作者数据思维。开展多种形式的教育培训工作，创新特殊教育人才培养机制，特殊教育工作者自身要树立数据意识。如陈林将大数据运用到了教育研究当中，利用 Python 对微博平台♯幼儿园不得教授小学阶段的教育内容♯话题下的一级评论进行抓取，共获得11565 条原始数据，以每条评论为单位对原始数据进行清洗，然后进行数据分析，探明决策态度、分析情感表达和识别意见领袖，积极发挥大数据在研究中的优势。[1]

6. 元分析

元分析(meta-analysis)统计方法是对众多现有实证文献的再次统计，通过对相关文献中的统计指标利用相应的统计公式，进行再次的统计分析，从而可以根据获得的统计显著性等来分析两个变量间真实的相关关系。元分析能够系统地分析某领域的研究现状和发展趋势，被越来越多的研究者们采纳。如为了探讨自闭症谱系障碍儿童父母的社会支持与生活质量之间的关系，作者采用了元结构方程模型，研究了哪些其他变量来调节这个中介模型中的关系。[2] 采用两阶段元分析结构方程建模方法，从 28 个实证研究中合成 44 个相关矩阵，并与假设的中介模型进行拟合。结果表明，父母教养压力对社会支持与生活质量的关系有显著的部分中介作用。社会支持测量、父母角色和孩子的年龄调节了社会支持和养育压力之间的关系，生活质量的重点调节了社会支持和生活质量之间的关系。西方文化中父母教养压力对生活质量的预测作用明显较强，而东方文化中社会支持对生活质量的预测作用明显较强。由此可知，拥有更多的社会支持可以减轻父母的压力，提高父母的生活质量，这可以帮助他们更积极和有效地应对自闭症患儿。元分析能够提高统计分析效能，获得更加全面且精确的研究结果。

综上所述，融合教育研究领域虽然得到了快速的发展，引发了教育者们的关注，但仍然有许多不足。研究者可以通过分析融合教育研究的发展趋势，进一步完善该领域的研究。融合教育研究应理论与实践相结合、加深研究层次、扩大研究范围及提升研究质量，推动该领域不断发展。

---

[1] 陈林、王志丹、杨光：《孤独症儿童父母的在线社会支持》，载《中国心理卫生杂志》，2023(4)。

[2] Zhidan Wang et al.，"The Mediating Effect of Parenting Stress on the Relationship Between Social Support and Quality of Life in Parents of Children With Autistic Spectrum Disorder：A Meta-Analytic Structural Equation Modeling," in *Frontiers in Psychiatry*，2022，vol. 13.

【关键概念】

1. 融合教育研究方法　　2. 调查研究法　　3. 实验研究法

4. 行动研究法　　5. 个案研究法　　6. 观察法

7. 历史研究法　　8. 比较研究法　　9. 采用综合的研究方法

【问题与思考】

1. 简要阐述融合教育研究的基本概念和内容。

2. 指出融合教育研究的基本原则分为哪几个方面的内容。

3. 阐述融合教育研究的意义，谈一谈自己的理解。

4. 简要概述特殊儿童早期融合教育文献的主要研究类型。

5. 简述适合特殊儿童的融合教育研究方法。

6. 结合多种研究方法展开融合教育研究。

7. 简要分析融合教育研究方法未来的发展趋势。

【深思感悟】

结合本章内容，谈谈你对融合教育研究方法的理解，并采用其中一种研究方法展开研究。

【延伸阅读】

1. 裴娣娜. 教育科学研究方法导论［M］. 合肥：安徽教育出版社，2000.

2. 刘淑杰. 教育研究方法［M］. 北京：北京大学出版社，2016.

3. 夏峰. 中国特殊教育新进展（2013—2014 年）［M］. 北京：中国人民大学出版社，2017.

第四章

融合教育的价值

章结构图

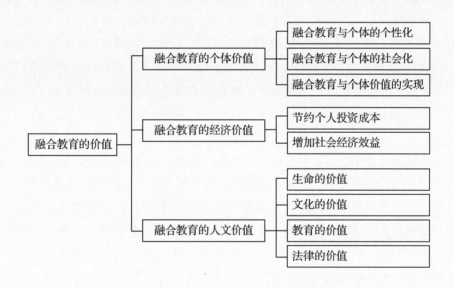

1. 了解融合教育价值的基本内容。
2. 把握融合教育不同价值之间的内在关系。
3. 树立正确的融合教育价值观，并将其落实到具体的教学实践中。

情境导入

特殊儿童煊煊，在融合教育的影响下取得了很大的进步。在煊煊上小学时，爸爸妈妈有意地带她接触小区中的小朋友，也因此认识了年龄相近的恬恬。那时的煊煊还常常注意力不太集中，一不小心就开始走神，转圈，沉浸在自己的世界里。"你看，煊煊你看。"恬恬一边叫着煊煊，一边把自己刚剪好的小花在煊煊眼前晃悠，煊煊的注意力成功地被恬恬吸引。当小区有的男孩子蹲在一块玩小汽车，充满好奇心的小朋友都会扎堆在旁边看，但是煊煊却习惯性地独自在滑梯上来来回回。"煊煊过来！煊煊……"恬恬在这时就会叫上煊煊，并主动去把煊煊拉过去站到一堆小朋友中，当小汽车开动的时候，又拉着煊煊一起跟着小汽车跑。慢慢地，煊煊也逐渐具备了跟随意识，可以对外界有所关注，也能跟着小朋友们玩一些追逐的小游戏。

融合教育是一种双赢的教育。在融合教育过程中，两个孩子不仅建立了情感联结，而且特殊儿童的部分能力也能得到提升。此外，普通儿童帮助到有特殊需求的小朋友，由此获得成就感，变得有爱心，在未来的成长过程中养成良好的道德品质和行为规范。

这是一位从业多年的一线幼儿教师结合自身观察和家长的描述整理而成的一份教学笔记，案例着重体现了融合教育对于个体的重要价值。那么融合教育的个体价值主要体现在哪些方面？除了个体层面，融合教育是否还具有其他方面的价值？本章将就这些问题进行深入探讨与学习。

第一节
融合教育的个体价值

人既是个体的人，也是集体的人、社会的人，有个性化发展价值的同时也会有社会化发展的价值。前者表现为人具有个性，追求个体的独特性；后者表现为人具有社会性，追求个体的共同性。因此，个体发展包含两个方向的变化，一个方向是个性化，另一个方向是社会化。① 社会化与个性化实际上是同一过程的两个方面。融合教育的个体价值主要体现在它促进儿童的个体的个性化和个体的社会化，最终通过个性化和社会化帮助人实现个体价值。

一、融合教育与个体的个性化

个体之间存在差异性。儿童个性化的形成基于对差异的尊重。世界上没有完全相同的两件事物，事物与事物之间总会存在一定的差异。同理，人是一切自然关系和社会关系的总和，本身就具有多样性，人与人之间更是存在千变万化的差异。个体的差异表现在认知、记忆、思维、性格等各个方面。在感知事物方面，有的儿童善于分析感知对象的组成部分，有的偏好注意事物的整体。在注意力方面，有的能较好地集中、分配和转移注意力，有的易于分散注意力，或者不善于分配、转移注意力。在思维能力上个体之间也有明显的差异，有的善于抽象思维，他们借助分析、综合和逻辑推理的方法来领会掌握知识；而有的则善于具体、形象思维，往往在文学、艺术方面的学习成绩好于其他儿童。融合教育具有促进儿童个性化发展的价值，其中包括认知发展、意向发展和意志发展三个方面。

(一)融合教育促进人的认知发展

1. 认知的内涵

认知是人类对外部世界的感知、思考、判断、推理等认识过程，是人类思维活动的核心。融合教育将特殊教育和普通教育相结合，为特殊儿童提供个性化、多元化、全面性的教育，促进他们的认知发展。融合教育能够通过各种方式促进认知中各项发展，包括感知、记忆、思维、语言、注意力等方面。

2. 融合教育促进认知发展的途径

首先，特殊儿童的感知障碍较为突出，而融合教育通过触摸不同材质的物品、嗅闻不同气味的物品、尝试不同口感的食物等方式，为特殊儿童提供更多的感知刺激，帮助特殊儿童建立更为全面的感知体验。其次，记忆是认知中非常重要的一个环节，而特殊儿童的记忆能力较弱，往往难以长时间保持信息的记忆。在融合教育中，通过多媒体教学、形象化教学等方式，能够帮助特殊儿童更好地记忆信息。同时，在课后的复习和训练中，也能够进一步加深记忆。最后，语言是认知中不可或缺的一个环节，而特殊儿童的语言能力较弱，往往不能正常进行语言交流。在融合教育中，通过口语表达教学、语音训练等方式，能够帮助特殊儿童提高语言能力，让他们能够更好地进

---

① 全国十二所重点师范大学联合：《教育学基础》，36 页，北京，教育科学出版社，2014。

行语言表达和交流。

(二)融合教育促进人的意向发展

1. 意向的内涵

意向即"意思所指向的方向或趋势",是个体的愿望、期望、欲望等,是指人们在行动前具有的某种倾向或目的。意向发展是从精神层面提升人的主体性,塑造人的"仁爱"之心。人性的制高点不在于爱自己的"同类",而在于爱自己的"异类"。

2. 融合教育促进特殊人士的意向发展

融合教育对人的意向发展有着积极的促进作用,教我们更多思考"我们",而不是"我"。对于特殊人士来说,就是要在思想上融入普通人的世界,在行动上要主动学会与普通人交往。融合教育可以让特殊儿童在普通班级中自然自发地与普通儿童交往,自觉地关注普通儿童的生活,自动地发展与普通儿童交往的策略,帮助个体建立积极的意向,培养实现意向的能力,增强实现意向的信心和决心,促进个体意向与社会发展的结合,实现个体和社会的共同发展。

(三)融合教育促进人的意志发展

1. 意志的内涵

意志指人的主观能动性,在行动上具有自我调节、自我支配、自我控制、自我激励等功能的心理特征,也是人们内在的力量来源。

2. 融合教育促进意志发展的途径

融合教育通过行动规划、行动跟踪等方式,帮助特殊儿童制订可行的行动计划,使特殊儿童明确自己的目标,增强自我激励和自我控制的能力,帮助特殊儿童更好地了解自己,增强自我认知和自我控制的能力。在融合教育中,特殊儿童能够获得和普通儿童一样的学习机会,提高自己的学习成绩,从而增强自信心。与此同时,通过融合教育,特殊儿童能够接受更为全面、多元的教育,提高自己的综合素质。

二、融合教育与个体的社会化

社会化的结果是使个体在认知和行为上符合社会的要求,这是一个积极主动的过程。融合教育有助于促进个体社会化的价值实现,主要体现为融合教育以促进个体观念社会化为前提,以促进个体技能社会化为条件,以促进个体行为社会化为目标,最终以培养个体的亲社会行为为结果。

(一)融合教育促进个体观念社会化

观念是行动的先导,要想使儿童的行为实现社会化,首先必须实现观念的社会化。

融合教育可以让普通儿童亲身受到社会人道主义倡导的"扶残助残"理念的熏陶，并且不断将这种社会理念内化为自己的道德品质，落实到自己的道德行为中。特殊儿童在融合教育过程中同样能感受到社会对他们的关爱，感受到人道主义的关怀，在接受关爱的过程中学会去关爱他人，形成良好的道德品质，具备"仁爱"之心。[①] 职业是社会化的集中体现，融合教育能有计划、有目的地按照一定的社会要求帮助普通儿童与特殊儿童形成社会所需要的观念，让儿童意识到他们不是被社会抛弃的一部分，而是需要一同参与社会生活并发挥相应的作用。因此，我们要积极引导特殊儿童发展职业意识，使其将来能顺利融入主流社会。

(二)融合教育促进个体技能社会化

1. 融合教育为特殊需要儿童提供社会化的榜样

形成观念是社会化的前提，而培养职业技能是获得社会化的重要方式，融合教育为普通儿童与特殊儿童智力、能力的发展提供了良好的发展平台，而传统上将同类问题特殊儿童安排在特定的场所学习的做法不利于儿童心智的发展。在一个全部都是特殊儿童的班级，相互模仿可能会导致不良行为的增加，而造成这一问题的关键可能是教育者没有为他们树立起为社会所接纳认可的良好榜样。加强儿童的社会化教育需要榜样，因为榜样的影响可能会比训练和强制作用更大、更持久。对于特殊儿童来说，如果因残疾就对其采取与社会相对隔离的教育措施，其社会化发展状态也会和隔离时保持一致。在普通班级中学习和生活能使特殊需要儿童接触到丰富的刺激，促进其智力的发展；融合教育通过向特殊儿童提供观察到不同的榜样的机会，来激发特殊儿童的自信心和自我激励能力；特殊儿童能够在和普通儿童接触中，学会更好地沟通和交流，提高社交能力；特殊儿童能够在和普通儿童接触中，学会更好地理解和关心他人，培养同理心；特殊儿童能够在和普通儿童接触中，了解到社会的多样性和变化，从而增强适应能力。

2. 融合教育为特殊儿童进入社会做准备

儿童长大以后进入社会，要以一定的职业为生，这就决定了融合教育需要为儿童未来的就业和生活做准备。融合教育过程中不但会渗透基本生活能力的教育，而且会渗透职业教育，让儿童将来能对自己的职业生涯进行规划。融合教育特别强调对学生职业技能的训练，尤其是在对智力落后儿童的教育上，人们已经开始逐渐淡化对知识的教学，而强调对职业技能的训练。

(三)融合教育促进个体行为社会化

社会化既是社会交往的过程，又是社会交往的结果。要实现特殊儿童的社会化，

---

① 邓猛、李芳：《融合教育导论》，56 页，北京，北京师范大学出版社，2022。

使他们在交往活动中发展交往能力，遵守行为准则，拥有情感支持，从而形成良好的社会化的人格品质，融合教育在其中发挥着不可替代的作用。

融合教育促进个体社会行为的习得。从交往能力上说，同伴交往是儿童汲取间接经验的重要途径。融合教育中的同伴交往主要体现在共同活动和相互协作上，这一过程能让特殊儿童掌握大量知识，包括游戏规则、物理经验、学习方法乃至有关的知识和道德等，同时，在这一过程中，特殊儿童还能学会如何合作及如何处理与其他人的矛盾。在特殊教育体系中，特殊儿童同普通儿童的社会交往机会比较少，而在融合班级中，教师可以设计一些结构化融合游戏、小组友谊活动等课堂组织策略来促进特殊儿童与普通儿童的交往与接纳，增加交往机会，使特殊儿童学会如何与普通儿童交往，从而形成良好的社会交往能力。从行为规则上说，儿童要融入社会，就必须按照社会要求的行为准则办事，这些行为准则就是社会规范。融合教育通过社会规范的传递，使普通儿童与特殊儿童共同认识社会规范的意义和内容，认识到应该干什么、不应该干什么，从而规范自己的行为，防止自己的行为偏离社会规范的轨道。从情感支持上说，特殊儿童只有在与普通儿童的交往活动中，才能学会与其年龄相称的情感态度。特殊儿童与普通儿童的交往，满足了特殊儿童团体归属感的需要，使他们在情感上得到普通儿童的支持而产生安全感和责任感，这有助于发展特殊儿童的自我意识并增强交往互动的愿望。

三、融合教育与个体价值的实现

(一)在个性化和社会化中发现个体价值

人的个体价值是指个人或社会在生产、生活中为满足个人需要所做的发现、创造，是个人自我发展及社会发展的贡献。个体价值包括个人的个人价值与社会的个人价值。众所周知，儿童的发展是基于生物学因素和社会环境因素的。生物学因素是儿童发展的前提，社会环境因素起决定作用，而生理和社会的双重障碍阻挡着特殊儿童实现个体价值。个性化是人发展的前提，社会化使发展的可能性变为现实性。融合教育思想在反对"标记"和"隔离"的同时，还主张给特殊儿童提供平等的教育机会，让他们在最少受限制的环境中接受教育，以达到个人的自我实现并充分发挥潜力，这在很大程度上提升了特殊儿童在教育中的价值主体地位。特殊儿童和普通儿童一样都是社会的一员，都要实现由"自然人"向"社会人"的转变。

(二)在个性化和社会化中实现个体价值

人们相信，在对特殊儿童抱有期望的同时，只要给予他们机会并创造条件，他们可以学得比设想得要好。作为教育工作者，应转变世俗的眼光，不能为特殊儿童的"标记"所左右，应该多去了解他们的优点与种种可能性，然后致力于寻求特殊儿童能学到些什么，即教育不要局限于矫正受教育者的缺点，弥补他们的缺陷，而更需要发挥他们的长处和优势，使其得到充分发展，这才是融合教育的本质所在。因此，融合教育通过向特殊儿童传授科学知识、技能，使其提高自身的文化素质，把特殊儿童从可能的生产力状态转化为现实的生产力，不但可以使他们自食其力，而且能够服务于社会，为社会的发展做出应有的贡献，在个性化和社会化中实现个体价值。

第二节
融合教育的经济价值

　　融合教育的经济价值与特殊教育的经济价值密切相关。特殊教育是社会教育活动的重要组成部分，它是针对在身心发展上与普通儿童有较大差异、被排除在正常范围之外的儿童的教育，在教育过程中，特殊教育工作者会使用一般的或经过特别设计的课程、教材、教法、教学组织形式和设备以实现一般和特殊培养目标。[①] 只有让社会人士，特别是教育工作者认识到特殊教育的经济价值所在，他们才会积极主动接纳特殊儿童入学，这样融合教育才能得到有效推进，特殊儿童在普通学校才能获得更好的发展。[②]

　　特殊教育发展与经济发展有着非常密切的关系。早在 20 世纪初，我国特殊教育先驱张謇就在为南通盲哑学校制定的《章则》中明确提出其教育目标："知识教育和养成技艺的目的则是培养盲哑学生成为'生利的国民'。"当时出版的专著《二十年来之南通》这样感叹道："故国人恒目南通之伶工学校、盲哑学校为中国特殊教育之鼻祖。造福于贫苦残废之儿童殊为不小……为贫苦残废之人造幸福，为社会国家谋富强也。"特殊教育的发展水平一方面受到经济发展水平的制约，在经济发展水平较低的情况下，特殊教育经费的短缺可能影响到教师的招募、学生入学的人数、教学的条件与效益。同时特殊教育也能推动经济发展，特殊教育为经济发展提供合格的人才，不但可以使特殊儿童将来成为自食其力的劳动者，而且可以使特殊儿童通过掌握技能服务于社会，创造一定的经济效益。这一点也同样适用于融合教育，融合教育不仅能够节约个人投资成本，还能增加社会经济效益。

---

①　刘春玲、江琴娣：《特殊教育概论》，7 页，上海，华东师范大学出版社，2016。
②　邓猛、李芳：《融合教育导论》，57 页，北京，北京师范大学出版社，2022。

一、节约个人投资成本

(一)各国融合教育节约投资成本

融合教育在很大程度上能相对减少国家对个人的投资，从而节约投资成本。很多人认为特殊儿童在普通学校接受融合教育比在专门设置的特殊学校接受特殊教育投入更少，收效更大。根据 2021 年美国国家公共广播电台的统计数据，美国每年大约有 640 亿美元的特殊教育经费，用于资助公立学校的特殊教育、辅助技术工具、专业发展、咨询等方面。根据英国国家审计署的数据，英国政府每年拨出 50 亿英镑的特殊教育经费，用于资助特殊学校、资源基地、语言治疗等专业服务。2015 年我国中央财政下拨特殊教育专项补助经费 4.1 亿元，另外还通过"城乡义务教育补助经费"为农村义务教育阶段特殊教育学校含随班就读学生学校提供公用经费补助资金 6.7 亿元，以上两项共计 10.8 亿元。[1] 从这些数据可以看出，无论是过去、现在还是未来，特殊教育一直都是各国财政支出的必要组成部分，而将资金用于完善随班就读的支持保障体系建设，可能比单纯建设特殊教育学校更具有战略意义。

(二)我国融合教育节约投资成本

我国融合教育的落后影响着残障人士的生活，融合教育服务残障人士还有很大的成长空间。融合教育使残障人士成为合格的社会劳动者，从把我国建设成节约型社会的长远角度考虑，可以节省大量的社会资源。融合教育主要针对的对象是有特殊教育需要的儿童，这类儿童都患有不同程度、不同类别的残疾，其中 80% 属于轻度残疾，15% 属于中度残疾，仅有 5% 属于重度残疾，包括视障、听障、弱智、孤独症、多动症、唐氏综合征等不同的类型。通过适当的教育补偿和职业技术教育，轻度的残障人士有潜力同普通人一样承担社会的责任，进行社会劳动；中度的残障人士能够自我照顾和养活自己；重度的残障人士虽然不能直接创造物质财富，但可以减少外来的投入，减轻自身的痛苦和家庭、社会的负担。正如 1994 年联合国教科文组织主持召开的特殊教育世界工作大会文件中指出的："无论是发展中的国家还是发达国家的经验都证明，残障人士有可能成为社会中有劳动能力的成员。如果从毕生的观点看问题，即使对那些有明显残疾或学习障碍者来说，教育也是一项有意义的投资。"[2]

---

[1] 《2015 年中央财政下拨 10.8 亿元支持特殊教育发展》，http://finance.people.com.cn/n/2015/0828/c1004-27526456.html，2023-05-16。

[2] 联合国教科文组织国际教育发展委员会：《学会生存：教育世界的今天和明天》，华东师范大学比较教育研究所译，213 页，北京，教育科学出版社，1996。

二、增加社会经济效益

融合教育的经济价值绝不仅限于节约个人的投资成本，还能够增加社会经济效益。这表现在融合教育不仅能够为经济发展提供新的增长点，还能够推动社会生产力的发展。

(一)融合教育为经济发展提供新的增长点

融合教育联系各领域从业人员给经济增长提供新平台。融合教育是一项正在快速成长的教育事业，其发展与其他学科的发展休戚相关，它涉及医学、心理学、教育学和社会学等多学科知识。残障人士的教育除了必要的教学安排外，还必须配备相应的辅助科技设备和康复设备。康复技术的开发把各领域的从业人员联系起来，拓展了原有各专业单项技术前进的局面，给社会的经济增长提供了新的平台。虽然融合教育本身培养的劳动者能力有限，但是要提高残障人士的整体素质是个长期、系统的过程。在探索如何更有效地培养、服务残障人士的过程中，更多领域的专业人员也参与其中，通过各方的共同努力，残障人士的社会功能将长期作用于社会经济的发展，成为社会经济可持续发展的动力。此外，融合教育需要普通学校增设资源教室，购买符合特殊儿童教育需要的仪器、设备等，为我国经济的发展提供新的增长点。

(二)融合教育能够推动社会生产力的发展

融合教育转变残障人士为新的社会生产力。美国著名经济学家西奥多·舒尔茨(Theodore Schultz)提出了人力资本理论，认为教育是一种人力资本投资，而且教育是比其他物质资本投资回报率更高的一种投资。融合教育不仅仅是个人支出，更是一种社会投资，国家有责任加大对融合教育事业的投入，培养更多合格的社会劳动者。[1] 首先，经过教育训练和培养的残障人士是生产力的后备军，这笔珍贵的资源被挖掘、开发后，能推动生产力的发展。在知识经济时代，通过融合教育开发特殊儿童的潜能，其社会回报率是很高的。其次，残障人士在现实生活中所展现出的精神与能力也能对社会大众起到正向的引导和激励作用，从而能共同为社会创造出更多的物质财富。[2] 因此，我们要改变我们的固有观念，要具有长远的眼光，国家的建设与发展需要各类人才，人力资源的开发是国家建设的首要途径，而残障人群便是很值得开发的领域。[3]

---

[1] 联合国教科文组织国际教育发展委员会：《学会生存：教育世界的今天和明天》，华东师范大学比较教育研究所译，213 页，北京，教育科学出版社，1996。

[2] 邓猛、李芳：《融合教育导论》，58 页，北京，北京师范大学出版社，2022。

[3] 吴武典：《特殊教育的理念与做法》，63 页，台北，心理出版社股份有限公司，1990。

第三节
融合教育的人文价值

强调对残障人士这一特殊困难群体的人道关切，才更有可能引导社会为特殊教育提供强有力的物质援助。从社会角度考虑，社会正义是经济效益的重要前提之一。公平、公正的包容性社会，将有利于吸引更多的人才、资金等资源投入社会的经济活动中。融合教育的人文价值所说的是融合教育满足儿童人文需要的关系属性，主要体现在生命、文化、教育和法律四个方面的价值。

一、生命的价值

融合教育提供多方面的生命关怀。关怀儿童的生命价值不是关注空洞的、抽象的生命，而是关注具体的、真实的生命。[①] 具体真实的生命是有不同特质的，每个人都是独一无二、存在差异的个体，其生命都具有不同的原色。关怀儿童的生命价值，就是要重视儿童生命的体验与生活的经验；承认儿童生命的差异性，消除残疾的偏见与歧视；让残障人士自己成为强项与弱项的组合体，正视自身的弱点。

(一)所有人都是独一无二的存在，重视残障人士的生命体验与生活方式

我国的残障人士事业集中体现了社会主义人道主义的光辉，融合教育的发展过程无不体现出人道的关怀。[②] 有些特殊儿童出生后父母因传统观念的束缚，剥夺了他们最初的生存环境。对于被遗弃的特殊儿童，我国各级政府通过福利院将其收留下来，保障他们生存的权利。我国的《"十四五"特殊教育发展提升行动计划》提出，要积极促进非义务教育阶段的普通教育和特殊教育融合，探索适应特殊儿童和普通儿童共同成长的融合教育模式。在我国，很多经济发达地区在融合教育理念的引领下，不但解决了很多特殊儿童家长的后顾之忧，改变了家长对待特殊儿童的方式，而且改善了特殊儿童生存的环境，特殊儿童甚至还可以在学校中得到生存能力的训练。

(二)所有人都是差异的存在，消除残疾的偏见与歧视

我们必须承认残疾的客观存在。朴永馨先生认为，残疾是人类发展进程中不可避

---

① 冯建军：《生命与教育(第2版)》，183页，北京，教育科学出版社，2020。
② 葛新斌：《人道主义是特殊教育的思想基础》，载《中国特殊教育》，1997(2)。

免要付出的一种社会代价。残疾是人类进化和社会发展历史上发生过、发生着和将来还要发生的一种现象，是客观存在。既然是客观存在，就不能通过特殊的手段将其隔离于日常的生活空间，融合教育正是从教育场域将两者统合在共同的空间，融合教育的发展让人们消除对残疾的偏见与歧视，意识到残疾人有人的尊严和权利，有参与社会生活的愿望和能力，同样是社会财富的创造者。他们的问题是关系到实现公民权利和解放、关系发展生产力的问题。①

(三)所有人都是强项与弱项的组合体，正视缺陷并发展潜力

无论是普通人还是残障人士，他们都有自己的强项与弱项。融合教育可以让普通儿童看到特殊儿童的强项，从而改变对特殊儿童的认识及态度；可以让特殊儿童在普通班级中与普通儿童正常交往，为他们以后融入社会奠定基础。在此基础上，残障人士通过融合教育能够正视自身的缺陷，勇敢地承认自己的视觉障碍、听觉障碍、智力障碍，坚强地拿起盲杖，自觉地配戴助听器，勇敢地走入社会。正如斯邦·舍文(Mara Sapon-Shevin)所说："融合教育不但要让学生接纳差异，而且要让学生学会面对挑战。在融合课堂中，教师学生必须同时学会面对困难与挫折。"②《特殊需要教育行动纲领(草案)》指出："长期以来，残障人士的困难和问题被一种致残性社会所加重，这种社会着眼于残障人士的缺陷，而不是其潜力。"融合教育把特殊儿童、少年作为社会的平等成员、作为我们的兄弟姐妹来对待，在赋予爱心关怀的同时，也要帮助他们发展自身的潜能。

二、文化的价值

文化是一定社会群体习得且共有的一切观念和行为。不同的文化有不同的规则、期望、态度、信念和价值，所有这些将指导人们的行为。特殊儿童和普通儿童的文化观念会随着他们的态度与行为表现出来并相互影响。融合教育体现出来的文化的共建价值主要表现在可以让所有的儿童树立多元文化观念，促进彼此之间的文化认同，形成文化共同体。

(一)树立文化多元

人们在一起时，无论是在宗教、社交、运动，还是在教学环境中，同样的语言

---

① 朴永馨：《教育康复中的一个基本观点》，载《中国听力语言康复科学杂志》，2003(1)。

② Mara Sapon-Shevin, "Learning in an Inclusive Community," in *Association for Supervision and Curriculum Development*, 2008.

总是使人在交往和表达上感到自由和通畅。如在聋人群体中，不管哪种程度听力损失的人都可以被接纳为聋人文化的成员，他们具有自己的聋人文化。我国聋教育界也有人认为：聋人文化和"有正常听力的人组成的多元文化世界并驾齐驱"。有鉴于此，特殊儿童的融合教育就给学校提供了多元文化交流的机会，比如我们可以鼓励普通儿童在成长过程中多多了解聋人文化，甚至可以学习掌握手语，"尽可能让更多健全人了解聋人"[①]。听障儿童也可以"尽可能深入了解健全人的文化"，"不断加深对健听文化及健听人社会常识和习俗的了解，从而减少不必要的误会，更好地和健听人相处、沟通"[②]。

（二）促进文化认同

融合教育提供了多元文化视角，当一个人拥有了几套文化观念、模式、信念和行为时，他就已经发展了多元文化的才能。融合教育是一种改革运动，它企图改变学校和社会的现状，并且给人们带来了新的视角与思维方式。融合教育会对不同的学生产生长期积极的影响，并使学生产生文化包容的观点，认同不同民族、不同人群的文化观念。特殊儿童与普通儿童长期在普通班级中学习，就会彼此认同对方的文化，为将来在社会生活中的文化认同奠定坚实的基础。

（三）形成文化共同体

共同体是德国社会学家滕尼斯（Ferdinand Ttanies）提出的一个社会学概念。他认为在共同体中，社会关系的基础是某种自然的意愿，这种自然意愿包括感情、传统和人们的共同关系，其特点是人们之间有着强烈的认同感。融合教育注重学校中的文化建设，其目的就是"要给予学校师生员工以精神动力，使他们在现代社会中重新获得传统社会中人们之间所具有的认同感与归属感，从而使他们有一种'共同体'的感觉"[③]。这种"共同体"对于所有的学生来说，都有一种"家"的感觉，以形成一个安定的、受人欢迎的、合作的、具有激励和促进功能的融合团体。在融合教育中，特殊儿童由于身心具有更深刻和敏感的体验，会自然形成一个群体，在主流教育中构建一种"残疾文化"，这种文化可能是一种自然态的东西，而不是因受到主流文化的排斥而形成。融合教育帮助我们寻找形成这种文化的原因，引导这种文化，使其群体成员不仅在残障人士群体而且在共同的融合学校文化和班级中寻求依托和归属，使"残疾文化"具有开放性，促进文化共建。

---

① 赵锡安：《聋人双语双文化教学研究》，128 页，北京，华夏出版社，2004。
② 张宁生：《残疾人高等教育研究》，269 页，沈阳，辽宁人民出版社，2000。
③ 杨全印、孙稼麟：《学校文化研究》，186 页，北京，教育科学出版社，2005。

三、教育的价值

融合教育的实施为我国素质教育提供了新的视角，其中体现出了素质教育的三大要义，分别是面向全体学生、全面发展和主动发展。

(一)体现素质教育面向全体学生

融合教育体现了素质教育的面向全体理念。全体学生应该既包括普通儿童，也包括特殊儿童及各种困难或缺陷需要提供特殊教育服务的儿童。融合教育呼吁普通教育不能仅挑选那些适应教育的儿童，而是无论什么类型的儿童都能接纳，并为之提供适应性服务的教育。这种新的教育观点为"面向全体"的素质教育提供了保证。

(二)体现素质教育面向全面发展

融合教育体现了素质教育的全面发展理念。全面发展中德智体美劳五育并举背后的理念是从学生身心发展不同特点出发，着眼于教育教学全过程与各个环节融合，促进学生和谐发展。融合教育致力于特殊教育与普通教育的融合，倡导用统一的系统替代并存的普通和特殊两个系统，这说明特殊教育与普通教育是相辅相成的关系，二者相互作用才能为学生提供完整的教育。

(三)体现素质教育面向主动发展

融合教育体现了素质教育的主动发展理念。特殊教育起源于在心理或生理上有缺陷的特殊儿童的教育，在改革和发展的过程中，补偿缺陷与挖掘潜力构成了特殊教育的两大主题。特殊儿童的潜力在补偿教育中被挖掘出来，而许多普通儿童的潜力在普通教育中并没有被充分挖掘，表现在他们的学业成就远远低于相应的潜能水平，从而造成人力资源的埋没和浪费，如何开发全体儿童的人力资源，这是特殊教育和普通教育共同关注的问题。融合教育吸收特殊教育的养料，改善了普通教育实践，引发人们对主动发展的重新思考。

四、法律的价值

(一)人权理念的体现

1. 人权理念的内涵和提出背景

人权，顾名思义，是作为人而享有或应该享有的权利。有一些权利是由于人性或人的本质而应当平等地并且在同等程度上适用于一切人类社会的一切人（Human-being）的。它们既不是一种恩赐或施舍，也不只是一种善良的愿望或主张。第二次世界大战之后，随着人权运动的发展，联合国于1948年发表了《世界人权宣言》，呼吁要把残障人士的教育、康复、医疗、就业等提高到人权的高度来认识。

2. 融合教育中人权理念的三层次

融合教育中的人权理念可以体现为三个层次。第一个层次是"生存权"，即任何一个生命都应该得到尊重，都有生存的最基本的权利。这个世界是人的世界，同在蓝天下，残障人士的存在是特殊然而又是合情合理的。第二个层次是"教育权"。即每个人都应有入学的机会，有教无类，并特别强调因材施教。特殊儿童接受符合其身心发展、有利于发挥其潜能的教育，可以被看作最基本的人权的实现。第三个层次是"人格权"。这是在1979年"国际儿童年"特别强调的观念，即对特殊儿童不仅要给予教育，同时对他们的人格应予以尊重，不仅不要歧视，还应该让他们有参与各种活动的机会，歧视和过分保护都是不尊重残障人士人格的表现。

（二）人权理念的保障

1. 残障人士事业需要人权理念

江泽民总书记在全国优秀残疾人和助残先进集体、个人代表座谈会上说，残疾人问题也是一个人权问题。在我们的社会里，残疾人在政治、经济、文化、社会等方面，确实享有同其他公民平等的权利。它显示了社会主义制度的优越性和我国在人权问题上的广泛性、真实性和公平性。[①] 1997年5月江泽民在《自强之歌》的序言中指出："人道主义，是处理人与人之间关系的基本道德规范；人权保障，是国家的责任。对残疾人这个困难群体给予帮助，是人类文明和社会进步的一个重要标志。"[②]

2. 融合教育为人权理念提供保障

融合教育能否维护每一个儿童，尤其是各类有特殊需要儿童的受教育权利，最大限度地为个人提供实现潜能的机会，已成为衡量一个国家或地区物质文明和精神文明程度的重要标志[③]。社会主义人道主义精神遵循公平与平等的行事原则，其突出表现在特殊儿童的受教育权方面。受教育平等权是指"人有获得国家为其提供平等的受教育的客观物质条件的权利"[④]。《中华人民共和国义务教育法》明确规定了"受教育者有平等受

---

① 曹滨滨：《让更多的残疾人受教育》，载《现代特殊教育》，1994(6)。

② 江泽民：《发扬民族精神和良好的社会风尚 积极推进残疾人事业——〈自强之歌〉序言》，载《中国残疾人》，1998(12)。

③ 方俊明：《融合教育与教师教育》，载《华东师范大学学报（教育科学版）》，2006(3)。

④ 温毅斌：《"受教育权"的实质是"受教育平等权"——透析齐玉苓被冒名顶替案的司法解释》，载《上海教育科研》，2003(7)。

教育的权利"。特殊儿童作为社会中的弱势群体，其受教育的权利体现在受教育平等权上，要想接受教育首先要有接受教育的机会，并享有一定的教育资源。特殊儿童享有的受教育权包含两层含义：一是有平等接受教育的权利，是指特殊儿童作为国家公民同样享有进入幼儿园、中小学、职业学校及高等学校学习的权利，在受教育的权利和机会上不应该有先后、多寡、厚薄之别；二是有接受适当教育的权利，根据《中华人民共和国义务教育法》中对学生受教育权的相关规定，结合特殊儿童接受教育的特殊性，特殊儿童的受教育权包括入学平等权、公平享有教育教学设施的使用权、公正的评价权、选择性的安置权、合理的申诉权及其他各项公民享有的权利。[①]

【关键概念】

    1. 个体价值　　　2. 个体个性化　　　3. 个体社会化

    4. 经济价值　　　5. 人文价值　　　6. 人权理念

【问题与思考】

    1. 试述融合教育在个体社会化和个性化形成中的价值。

    2. 为什么要强调融合教育的经济价值？

    3. 融合教育的人文价值主要体现在哪些方面？

    4. 在融合教育的具体实践中，人权理念如何体现？

【深思感悟】

    请从个体、经济、人文三个方面谈谈融合教育的价值。

【延伸阅读】

    1. 邓猛，李芳. 融合教育导论[M]. 北京：北京师范大学出版社，2022.

    2. 冯建军. 生命与教育（第 2 版）[M]. 北京：教育科学出版社，2020.

[①]　邓猛、李芳：《融合教育导论》，58 页，北京，北京师范大学出版社，2022。

第五章

融合教育中的
支持体系

章结构图

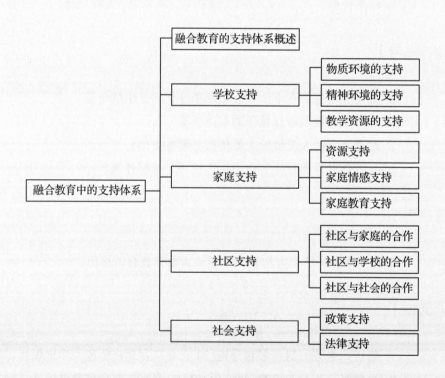

◎ **学习目标**

1. 了解融合教育支持体系的含义和重要性。
2. 理解融合教育中学校、家庭、社区和社会的支持内容。
3. 明确融合教育学校支持、家庭支持、社区支持和社会支持之间的关系。

情境导入

　　宁波的达敏学校形成了"学前教育、义务教育、初级职业教育"为一体的办学体系。在学校支持上，学校联络各方人士组织建立"特殊教育协作理事会"，并选举出理事长、秘书长等，制定章程、工作计划。特殊教育协作理事会拥有上千位理事与上百家理事单位，真正为特殊教育顺利开展教学提供了物质与人文环境，达敏全体教师编写的三套 24 本教材，在全国同类学校中有 400 多家使用，为我国特殊学校开展融合教学开辟了一条有效之路。

　　在社区支持上，达敏学校场地一直向社区开放，定期邀请智障人士进校参加活动，高年级的学生有实地购物的教学内容。某大药房在秀水社区的介绍下，成了达敏学校的教学点，并专门制定了教学点工作条例。两三个礼拜就接待一批孩子来上课，店里的 200 多名员工，绝大多数成了孩子们的好朋友。店员除了教孩子们买药流程外，还带孩子们跟顾客交流互动，培养孩子们的语言能力、交际能力。在社会支持上，新校舍新增了康复中心，中心的设备是由香港某慈善基金会捐资 80 万元购置的。师生外出上课穿的粉红色荧光背心是区交警大队的郝警官为了孩子们的安全而特别设计、某外贸服装公司赠送的。学校的洗车房是由某公司捐赠的，专门用于学校职高班学生进行就业实践操作。

　　2021 年 10 月，在浙江省教育厅的牵头下，6 所浙江省的特殊教育学校与新疆阿克苏地区 2 所特殊教育学校组成特教联盟，签订结对帮扶协议，开展为期 5 年的多样化教育协作帮扶，"解锁"更多特殊孩子崭新的人生路。

　　从特殊儿童接受义务教育，到百分百就业，再到创业，这些故事的背后是学校、社区社会多方面的协作，共同支持的结果。因此，融合教育成功的关键在于能否将特殊教育相关支持与服务融入学校、家庭、社区和社会，让特殊需要的孩子们幸福成长。

第一节
融合教育的支持体系概述

融合教育的基本原则就是平等、公平，不管背景、民族、地位、身体条件如何，个人都应该在普通的学校接受教育；其核心理念就是要让社区所有的儿童进入普通学校接受教育。[①] 但是，平等原则绝不仅只是教育权利平等，不仅仅是将特殊儿童置于普通环境即可，还要保证教育过程和结果的公平，融合教育成功的关键在于能否将特殊教育相关支持与服务融入学校、家庭、社区和社会。有特殊教育需要的人应该得到他们可能需要的各种额外支持，以保证对他们的教育效果。[②] 否则，发生于普通教室的隔离与歧视更能伤害特殊儿童的心灵，也会让普通学生形成歧视、拒绝、隔离等不正确的人生观。因此，融合教育的支持体系应该基于学校、家庭、社区、社会一体的结构。这一体系应涵盖课程设置、情感支持、协助筛查、政策法律、构建社会支持关系网络等不同层次与方面的内容。本章将从融合教育的学校支持、家庭支持、社区支持、社会支持四个方面进行理论分析与探讨。

第二节
学校支持

融合教育发展到今天，学校已不再是把特殊需要学生抽离出来单独给予特殊支持服务，而是把特殊需要学生放在普通班级中提供服务，也就是融入式的服务。这种融入式的服务包括在物质环境、精神环境、教学资源上切实满足学生需求。

一、物质环境的支持

物质环境指周围环境里的物质材料、现象和设施等的状况，包括整个的自然环境和人为创设的环境设施。学校要根据特殊学生的需求，建立或改善整体性的设施设备，

---

① 邓猛：《融合教育理论反思与本土化探索》，152 页，北京，北京大学出版社，2014。
② 柳树森：《全纳教育导论》，390 页，武汉，华中师范大学出版社，2007。

营造无障碍校园环境，这是融合教育的最低标准，也是首要条件。[①] 融合学校应排除各种障碍，对所有人开放。[②] 这种物质环境就包括无障碍的建筑设施与无障碍的环境创设。

(一)无障碍的建筑设施

无障碍的建筑设施和辅助性科技可以促进教学的效益，预防周围环境可能对特殊需要者产生的伤害，有效提升特殊需要者的独立能力和功能表现，保障融合的效果，为特殊学生的有效融合提供支持。在建筑设施的建立上，要充分考虑其安全性。教室、楼梯、游戏室等场所均应考虑无障碍的原则，教室的出入口均有无障碍通路相连，教室外围或内墙均设有扶手，楼层之间均有坡道可以供特殊学生自由进出，门窗高度、宽度、开启设计、地面的铺设材料、教具的选择等都应该充分考虑是否存在潜在的危险。要考虑到不同特殊需要学生的需求，如为肢体残障的学生改装厕所、为视觉障碍的学生铺设盲道、为听觉障碍的学生设置可视化铃声等(见图 5-1)。特殊学生的座位需有足够大的空间，以便放置所需的学习辅助器，如大字体课本、录音机立体图表、扩视机或电脑等。[③]

图 5-1　学校为特殊需要学生提供无障碍解决方案[④]

辅助性科技也是实现融合的重要工具，它能够增加、维持或改进残障者功能，增进对特殊需要学生及普通学生之公平性，在融合班级中辅助性科技主要包括康复类、移动类、沟通类和学习类四种类型。[⑤]

---

① 邓猛：《融合教育理论反思与本土化探索》，185 页，北京，北京大学出版社，2014。

② 柳树森：《全纳教育导论》，390 页，武汉，华中师范大学出版社，2007。

③ 黄志成：《全纳教育、全纳学校、全纳社会》，载《中国特殊教育》，2004(5)。

④ "School Accessible Solutions for Persons with a Physical Disability," February 21, 2019, https://www.lifewaymobility.com/blog/is-your-school-accessible/, 2023-05-15.

⑤ 张超峰：《浅析科技辅具在融合环境下的应用类型及应考虑因素》，载《科技资讯》，2020(27)。

1. 康复类科技辅具

康复类辅助性科技主要涉及一些相关的医疗设备，如站立架、血糖计、吸取器等（见图5-2）。在进行融合的过程中，需要考虑到这些设备的衔接和运输，以及相关操作服务的培训等，以保障特殊学生的使用权益。

2. 移动类科技辅具

进入融合班级中的特殊学生，教师需要考虑他们在移动上是否需要特殊的设备，如轮椅、助行器及盲杖等（见图5-3）。让学生能够借助辅助性科技，在无障碍的空间中进行学习活动或顺利转换学习环境。

图 5-2　儿童站立架（可调）

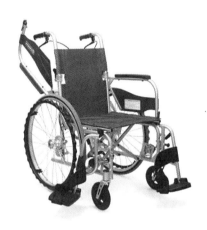
图 5-3　轻量轮椅

3. 沟通类科技辅具

使用沟通辅具是帮助学生进行良好沟通，或让特殊学生能够融入普通班级的关键。特殊学生可以借由替代性的沟通辅具，如沟通图卡、微型计算机沟通板、高科技AAC辅助沟通技术设备（见图5-4）等表达需求，缓解沟通困难，进行信息传递，建立社交亲密感。

4. 学习类科技辅具

包括电脑学习软件、多媒体平台等。多媒体平台可以让沉闷的教室变得有趣，提高学生的学习兴趣，

图 5-4　辅助性沟通（AAC）语音设备——眼动仪追踪系统

激发潜能。当然在这些辅助科技的使用过程中，教师需要结合教学内容合理安排，避免学生因为只顾有趣而忘记学习其中一些特定的内容和能力。

图 5-5　学生使用电子产品进行远程学习①

（二）无障碍的环境创设

1. 无障碍环境中的设施摆放

舒服的环境可以帮助特殊需要的学生拥有一个良好的心理状态，从而减少问题行为的发生，同时帮助他们从多渠道获取信息，得到经验。首先，教室可以借助于结构化环境的安排，将不同内容或功能的教学活动进行清晰明了的功能分区，如小组讨论区、游戏区、个人学习区等，让教学空间及活动场所规划需符合教学的需要，学生能够准确理解环境和活动之间的关系，更好地融入教学活动。其次，教师可以把书本、作业、教具、玩具等日常学习用具放在一个特定位置，向学生示范怎样正确使用桌椅及储物柜，建立清晰的教室指示和教室秩序，帮助学生轻松掌握。

2. 无障碍环境中的座位安排

根据不同类型特殊学生的不同需求，座位的安排也有不同。如听觉障碍的学生可能需要特殊的座位安排，若教师采用讲授的方式，他们可能需要坐在处于教师附近且少受声音干扰的座位；对于视觉障碍的学生，也应该以能够清楚接听教师的口头指引为安排原则，并尽量使其座位能够接近写字白板和其他提供学习指导的器材，以减轻视力负荷。对于有注意力障碍的学生，座位的安排应该尽可能避免他们受到周围事物的影响，远离门口及窗户等，降低环境中可能产生的视觉及听觉刺激。②

<hr />

①　"How Using Technology in Teaching Affects Classrooms，" *GCU*，April 3，2023，https://www.gcu.edu/blog/teaching-school-administration/how-using-technology-teaching-affects-classrooms，2023-05-15.

②　邓猛：《融合教育理论反思与本土化探索》，188 页，北京，北京大学出版社，2014。

二、精神环境的支持

建构融合的精神环境的必要性。如果特殊学生只是身在普通班中随班上课，并没有真正融入普通群体，那么他们只是在进行形式上的融合，但实质上已经被隔离了。这就违背了融合的本意。詹尼和斯内尔（Janney & Snell）指出：经营融合班级最重要的在于在学校和班级中形成"融合的文化"，即需要营造一种有"社群感"的班级气氛，这是一种对所有学生接纳和关照的社群。① 因此，融合教育要建构融合的理念，提供融合的环境，帮助融合关系的形成，强调每位学生在自然融合的环境中与同伴一起学习、生活、工作和游戏，这样才能有助于其适应未来融合的环境。②

（一）建构融合理念

融合学校要公开声明其平等观和融合观，学校领导要公开拥护融合思想和机会均等，人人都是受欢迎的、积极的、不同的，不存在筛选、排斥或拒绝。③ 学校教师的角色可以是灵活的，应相互建立合作体系，促进师生间自然互助的联系。④

（二）营造融合环境

美国著名社会心理学家马斯洛提出了五种层次的需求，由低层次到高层次分为生理需求、安全需求、爱和归属感需求、尊重需求和自我实现需求。归属感的环境是形成爱、尊重和自我实现的基础。本书前部分说明了物质环境的创建，这里重点说明精神环境的创建。⑤

1. 营造尊重接纳的环境

（1）尊重接纳的内涵和必要性。

尊重接纳意味着我们每一个人都隶属于这个群体，强调对个别差异的赞扬和欣赏，而不只是容忍个别差异。阿伦森（Aronson）表示，学生如果觉得自己受忽视和被排斥，这种感觉会使他们陷入混乱、焦虑和无助，感到生活失去意义。青少年的烦恼有一大

---

① Rachel E. Janney and Martha E. Snell, "How Teachers Use Peer Interactions to Include Students with Moderate and Severe Disabilities in Elementary General Education Classes," in *Journal of the Association for Persons with Severe Handicaps*, 1996, vol. 21, pp. 72-80.

② Anne M. Bauer and Glenda Myree Brown, *Adolescents and Inclusion: Transforming Secondary Schools*, ERIC, 2001.

③ 柳树森：《全纳教育导论》，381页，武汉，华中师范大学出版社，2007。

④ 黄志成：《全纳教育、全纳学校、全纳社会》，载《中国特殊教育》，2004（5）。

⑤ Mara Sapon-Shevin, *Because We Can Change the World: A Practical Guide to Building Cooperative, Inclusive Classroom Communities*, Corwin Press, 2010.

部分源自对于受排斥的恐惧。要营造尊重接纳的环境，教师在这个过程中扮演着至关重要的作用。莫克和考夫曼(Mock & Kauffman)认为在融合班级中，教师必须考虑学生教育的公平性，关注所有学生，并且提供适宜他们的教学。[①]

(2)教师如何营造尊重接纳的环境?

首先，教师态度会影响其他学生对特殊学生的看法，那么教师要具有正确的信念，应该珍视每个孩子的独特性而不仅仅局限在孩子的障碍。教师需要对班上的特殊学生秉持积极与接纳的态度。其次，教师需要增进学生之间的了解和接纳，帮助学生彼此间产生正向的回馈，教师可以引导普通学生与特殊学生相互了解，建立友谊，进而支持和协助特殊学生，从而建立一个开放、互相尊重及资源共享的环境。教师可以通过综合实践或班会活动，安排相应的主题，或观看视频媒体等进行知识的分享，帮助普通学生设身处地地理解特殊学生。如重度和多重障碍学生在学习时可能会有发出怪声、摇头晃脑等一系列看起来不正常的行为，普通学生一开始难以接受这些行为，可能会选择远离特殊需要学生。这时教师就需要让学生了解这些行为背后的原因，减少一般学生的恐惧和排斥，最后，当特殊儿童的行为原因能被理解之后，老师再教导普通学生如何去协助障碍同伴，以能被社会所接受的行为来取代原来的行为。教师要把握好关爱的"度"，不能够频繁地因特殊学生的障碍而给予其特权，或剥夺特殊学生与其他学生一起相处和学习的机会。

2. 营造自我实现的环境

(1)自我实现需求的内涵。

自我实现的需求是在尊重与归属感等需求满足之后衍生出来的新需求，如实现自我、发挥潜能等。教师需要让学生意识到自己的价值，并引导学生进行转变。

(2)教师如何营造自我实现的环境?

首先，教师要让特殊学生认识到自我的价值。融合教育更多的是提供一个机会，让学生认识到每一个人都是有价值的。在日常教学和活动中，教师应该鼓励特殊学生参与到教学和管理中，如让特殊学生担任班干部、教师助手等促进其自我价值的发展。同时教师应积极努力让学生发掘和欣赏有特殊需要学生的价值。特殊学生由于生理和心理的限制，可能自我概念较低、自我预期不佳，教师可以多在课堂上给予正面的鼓励和赞许。但是这种鼓励和赞许必须只针对行为表现，切忌滥用赞赏。教师可将教学内容和学生的生活紧密结合在一起，从学生有兴趣的事物切入教学内容，进一步提升其自我认同感。其次，教师要给特殊学生自己做抉择与决定的机会，让学生有自由和受尊重的感觉。在条件允许的情况下，教师衡量学生能够承担的责任范围，让他们学

[①]　Devery R. Mock and James M. Kauffman, "Preparing Teachers for Full Inclusion: Is It Possible?" in *The Teacher Educator*, 2002, vol. 37, pp. 202-215.

习做选择与决定。菲尔德和霍夫曼(Field & Hoffman)提出了在融合情境中发展特殊学生自我决定的个体模型，认为自我决定能力是个体根据对自己的了解和估价来确定和实现目标的能力，强调个体的信念、知识和技能在自我决定发展中的重要性，包括了解自己、评价自己、计划、行动及经验的结果和学习。[①]

(三)形成融合关系

1. 融合关系的内涵

融合关系是在拥有了良好的融合理念，提供一个温暖与鼓励的环境基础上与特殊学生建立良好的社会关系，在逐渐促使他们生活形态正常化时，就能真正做到精神上的融合。鲍尔和谢伊(Bauer & Shea)指出，在普通班级中，为特殊学生建立"自然支持来源"是融合教育成效的要素之一。[②] 这种自然支持来源于融合教育中普通学生和特殊学生和谐有效的同伴关系。

2. 教师如何帮助同伴形成融合关系

在具体的支持过程中，同伴可以率先掌握特殊学生的独特沟通方式，如图片、手势、动作等，达到较好的沟通互动的目的，教师亦可以通过榜样示范、口语提示、身体提示等方式引导普通学生正确地参与到学习和生活情境中，避免特殊学生在寻求互动的过程中处处碰壁，无人引导，甚至对融合环境产生恐慌。在一个真正融合的环境中，一开始我们是为了某些特殊需求的学生做调整和改变，但后来会发现很多学生也都因此而受益，实现了所有学生共同发展的教育理想。

三、教学资源的支持

融合教育让学校意识到学生具有多样性，随着融合理念的发展，随班就读的形式出现，随班就读是我国普及残疾少年儿童义务教育的主要策略，超过60％以上的残疾学生在普通学校里与普通学生在同一环境中接受教育。这一事实意味着异质化、多样化已经成为普通学校的事实，普通学校必须通过自身的变革与资源重组，应对学生多样的、个性化的学习与发展需求，促进教育公平与质量目标的实现。学校要适应儿童的不同生活方式和学习速度，并通过合适的课程安排、合理的师资利用来保证融合教育的质量。

---

① Michael Wehmeyer and Michelle Schwartz，"Self-determination and Positive Adult Outcomes：A Follow-up Study of Youth with Mental Retardation or Learning Disabilities，" in *Exceptional Children*，1997，vol. 63，pp. 245-255.

② 钮文英：《拥抱个别化差异的新典范(第3版)》，251页，台北，心理出版社股份有限公司，2022。

(一)教师的培养

提高融合教育的教学质量，培养高质量的师资是关键。为应对融合教育的发展带来的学生多样化需求的挑战，普通学校需要融合教育的专门人才，当前高等师范院校承担着培养融合教育教师的主要责任，对它们来说，有必要进一步改革教师教育体制，探寻适合融合教育发展方向的教师职前、职后培养体系，提升融合教育质量，促进融合教育发展。[①]

1. 培养融合教育的普及型人才

(1)普及性人才培养现状。

我国近三十年来随班就读实践质量不尽如人意的根本原因就是特殊教育专业支持的缺乏，以及普通学校教师特殊教育意愿与专业能力的不足。几乎所有与融合教育教师相关的研究表明，如果普通教师不具备教育特殊学生的意愿、专业技能与足够的支持，特殊儿童即使被安置于普通教室也会处于被隔离状态。

(2)普及型人才培养建议。

为了适应随班就读的深入开展和融合教育发展的需求，我国在高等师范院校的教师培养课程体系中应该系统、广泛地开设特殊教育知识或学科专业知识的课程。各级师范院校、教师培养机构的职前、职后教师教育及各级教育相关的学位、学历教育中应明确地包含特殊教育课程模块，使之成为教师教育中不可缺少的必修课程，而非仅仅停留在可有可无的选修课程的地位。这样才能将特殊教育知识系统地纳入普通教师培养与教师资格考核制度中来，充分地利用教师资格制度，加强师资培训机构对师资培训的导向作用，培养具备特殊教育基本知识与技能的融合教育普及型人才。这种人才培养模式的课程设置应以"普教为主、特教为辅"的方式进行，学生毕业时获得的是普通教师资格和随班就读资格证书，专业性质较强的特殊教育资质并非其必然要求。[②]

2. 培养融合教育的专业化人才

(1)专业化人才培养现状。

目前我国高等师范院校特殊教育师资培养仍停留在为盲校、聋校、培智学校等三类特殊学校。课程设置多以综合化的特殊教育通识人才培养模式为主，专业不细分，特教学生主要掌握特殊教育专业领域的各类知识，但不针对某特定残疾类型进行深入的学习与实践。这种培养模式随之产生的问题便是如何最充分地发挥特殊教育教师的特长和技能。教师专业精细化程度不够，难以承担对特定残疾类型进行专业性质较强

---

① 邓猛：《融合教育理论反思与本土化探索》，165 页，北京，北京大学出版社，2014。

② 同上书，173 页。

的教育教学或康复训练工作，更不用说满足融合教育发展所要求的支持与指导方面的需求了。

（2）专业化人才培养建议。

我国高等师范院校应该结合国际融合教育的趋势和我国随班就读发展的现实，开设融合教育或者随班就读专业，推进融合教育的发展，促进整体教育体制变革。融合教育专业化人才课程设置应将"特殊教育、普通教育、融合教育"三类知识与技能并重、合理分配，学生毕业时能够获得普通教师和特殊教育教师两种资格证书，具备在普通学校从事资源教师、巡回教师、特殊教育辅导教师等专业性较强职业的能力。在此基础上，我国应尽快将建立随班就读教师任职资格标准的工作提上议事日程，通过国家立法的手段系统地建立起随班就读教师任职资格标准体系，实现随班就读教师专业化发展，提高随班就读质量。

3. 普及型和专业化人才进行职后合作

我国随班就读的发展使越来越多的特殊儿童回归主流学校与教室，仅靠少数的特殊学校教师的支援或资源教师的工作不足以满足学生多样化需求。融合教育成功的关键之一在于普通教师和特殊教育工作者在普通教室的紧密合作与协同教学。在融合教育的背景下，普通教师和特殊教师需要在高度多样性的融合学校环境中相互合作、协同教学。普通教师掌握特殊教育或融合教育相关知识与技能，特殊教育教师学习普通教育的相关教学方法。

（二）课程的设置

普通学校从来就没有也不可能与特殊教育绝缘。[①] 每个儿童都有可能在发展的某个阶段遭遇学习困难而具有特殊教育需要。融合的课堂是落实融合教育的重要环节，是一个实现有教无类、因材施教的具体教学单位。融合教育课程要在以学生为主体的教学思想指导下，允许学生的失败，但时时牢记学习尽可能是成功的。不管他们有多么严重的残疾问题，教师都可以发现其优势与潜能，对他们进行扬长补短式的教育。

在融合的课堂中，学生的多样性不仅不是教学的负担，相反能成为教学的资源与优势。因为教育对象呈现显著异质性，这就要求设计和开发的课程必须增强适应性。但需要补充说明的一点是，强调课程的适应性并不意味着降低其教学标准，应把课程的适应性与挑战性结合起来，当然这种挑战性又建立在受教育者能力及特殊需要的基础上。班级教师和助理辅导人员都参与对学生的辅导，他们之间是互动的关系，而不

---

① Gary M. Sasso, "The Retreat from Inquiry and Knowledge in Special Education," in *The Journal of Special Education*, 2001, vol. 34, pp. 178-193.

是相互推诿责任。在融合课堂课程开发和教学方式的改造中，关注的中心应是课堂教学的缺陷而不是儿童的缺陷，因此需要改革课程教学以适应儿童的需要，而不是改造儿童以适应课程教学。

(三)其他的服务

融合学校要兼顾教师和特殊需要幼儿家长之间的经验交流和沟通。同时通过安全、开放、高效的交流平台，让有相似经历的家长之间得到情感的支持，也受到案例的启发与激励。沟通形式和平台可采用线上线下双模式，线上及时交流、线下定期沟通，及时有效沟通是解决融合教育问题的关键。[①]

首先，可以设立家长资源中心，利用家长捐出的一些物资如助听器、玩教具等建立资源库。同时组成义工小组，为特殊儿童家长提供知识、技术和心理疏导等支持与服务。

其次，可以成立家长支持团体，倡导家长尽自己所能，以义工的身份给予其他家长以帮助，给家长们提供彼此讨论和相互学习的机会。

再次，可以定期开放课堂，鼓励陪读家长进课堂观摩，让家长了解孩子在学校的康复和学习进程，及时学习新的康复训练方法，以便在家进行同步康复训练(见图5-6)。

最后，可以定期召开家长会，播放儿童教室活动的录像，展示儿童提高或掌握特定发展技能的大量实例，收集家长在康复上存在的问题，向家长汇报儿童近期的康复、学习情况。

图 5-6　厦门市举办 2021 年福建省融合教育教学开放活动[②]

---

① 张皓月：《学前特殊需要儿童融合教育家庭支持探析》，载《绥化学院学报》，2018(4)。
② 《走进厦门》，http://www.xm.gov.cn/zjxm/，2023-05-15。

第三节
家庭支持

家庭教育是推动融合教育的重要力量。特殊需要儿童的幸福成长需要家庭支持，融合教育中家长不是旁观者，而是重要的参与者、贡献者，家庭在融合教育中的参与度越高，越有利于其对融合教育做出客观、公正的评价。家庭可以从资源、情感、教育三方面提供支持，从而推动融合教育各个阶段的发展。

一、资源支持

国家财政部门通过相关拨款增加对融合教育的物资设备和经费投入，为特殊儿童教育助力，家庭成员需要将这些外部支持转化为内部可使用的资本。家长应当了解自身在特殊儿童教育全过程当中的角色与权利，充分参与到学校教育、机构康复等活动中，并且在参与过程中获得更多的交流、信息共享、评估、决策的机会，进一步树立其角色意识。目前，各国已经有相当数量的特殊儿童家庭教育经验分享渠道，如书籍、网站、公众号等，为家长提供了"抱团取暖"的平台，为特殊儿童家庭教育提供了范例，家长可以结合家庭的基本情况与场域特征，开展个性化的特殊儿童家庭教育。[①]

(一)网站资源

Teachers Pay Teachers 网站(https://www.teacherspayteachers.com/，以下简称TPT)可以获取美国一线教师教材资源，家长可以将自己需要的资源的电子版下载并打印出来使用。"自闭症之声"(https://www.autismspeaks.org/)是全球最大的孤独症科研与倡导机构，提供了家庭财务、个人教育计划、孩子睡眠、营养等各个方面的建议，家长可以针对自身的需要搜索对应的建议。

(二)公众号资源

北医脑健康行为发展教研院和北医脑健康儿童康复学堂为特殊需要群体提供基于应用行为分析的专业技术咨询、督导培训服务，帮助特殊需要家庭提高干预技能。星

---

① 田文进、张瀚文、黄永秀：《融合教育背景下特殊儿童家庭支持体系建构——基于布尔迪厄场域理论》，载《昆明学院学报》，2021(2)。

儿守望者为家庭康复支持平台，提供线上家长课堂、案例问题解答，有利于家长心理建设。

(三)其他平台资源

中国残疾人联合会(https://www.cdpf.org.cn/)是国家法律确认、国务院批准的由残疾人及其亲友和残疾人工作者组成的人民团体，是全国各类残疾人的统一组织，包括就业培训、地方残联动态等信息。中国自闭症评估干预平台(ALSOLIFE)用大数据和人工智能技术作为支撑，提供自闭症测试、筛查、治疗、评估和康复。

此外，康复训练、亲属和社会服务等资源是特殊需要儿童家庭可获得的外部人力支持，家长应当合理运用各类资源的优势，根据不同时期、不同情况进行合理分配。[1]家长应树立开放意识，优化自己的资本转化与运用力，增加特殊儿童家庭教育储备，提升家庭教育成效。家庭支持的参与者不仅局限于家庭成员，家庭成员自身的社会网络也可以用于支持特殊需要幼儿的发展；家庭成员发挥效用的地点也不限于家庭里，学校、社区、所有孩子可能会去的地方都可以有特殊需要儿童家长的声音。特殊需要幼儿家长的每次出现都能达到令周边同学、家长"喜悦与期待"的效果，大家对儿童的接纳、包容、理解必将显著提升。

二、家庭情感支持

(一)家庭抗逆力的生成

家庭抗逆力的生成是家庭面临危机时进行调整和关系重建的过程。在个体，尤其是儿童的抗逆力形成过程中，家庭应对逆境的方式、过程和结果，对其当下和未来的适应和发展都有着巨大影响。特殊需要家庭需要了解家庭抗逆力关键因素模型(见图5-7)，用乐观的信念激发力量，如积极肯定自身优势"他很有能力，我也很有能力"，并建立对子女的积极期望"我孩子以后比他好"[2]。与此同时，父母的沟通合作也会生成家庭抗逆力，在遭遇子女听力障碍的危机后，通过良性、坦诚的沟通，向内重塑家庭成员分工，向外拓展家庭社会资源，生出抵抗逆境的能力，为孩子提供强有力的保护。[3]

---

① 付钊：《残障儿童家庭照顾存在的问题及对策探析——以兰州市S社区10个残障儿童家庭为例》，载《社会政策研究》，2019(2)。

② 刘颖、肖非：《且行且歌：听障儿童家庭抗逆力生成过程个案研究》，载《中国特殊教育》，2018(4)。

③ 苏雪云、顾泳芬、杨广学：《发展生态学视角下的自闭症儿童融合教育支持系统：基于个案分析和现场研究》，载《基础教育》，2017(2)。

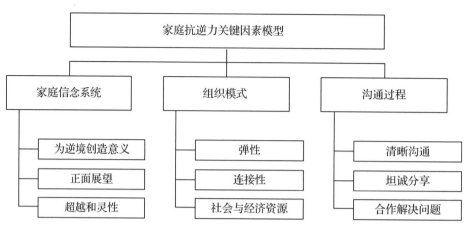

图 5-7　家庭抗逆力关键因素模型①

(二)优化家庭场域，帮助特殊儿童塑造良好惯习

家庭教育对特殊儿童的人格塑造、身心健康、终身发展都具有决定性作用。家长的良好心态与积极应对模式也有利于形成良好的家庭氛围，从而有助于特殊儿童克服自卑、建立自信。特殊儿童的惯习在家庭场域内得到显性或隐性的塑造，而良好的惯习又能更好地形塑其他家庭成员的惯习，形成良性互动，优化家庭场域。特殊儿童家庭通过将那些融入社会需要具备的道德效应和规则意识贯穿于家庭教育中，使家教、家风、家规发挥积极的情感、示范作用，形塑特殊儿童的惯习，帮助特殊儿童在潜移默化中形成适应社会的品质以及迁移能力，达到"条件反射""根深蒂固"的程度。② 即使离开家庭教育这一特定的场域，特殊儿童亦能将在家庭中塑造的人际交往、语言表达、沟通技巧等惯习迁移至学校、社区等其他场域，更好地融入社会。③

三、家庭教育支持

对处于早期发育关键期的特殊需要幼儿而言，家庭是其成长过程最重要的影响因素。家长具有早期干预意识，具有培养和训练幼儿良好生活和行为习惯的意识，积极参与干预训练，并且为幼儿提供丰富适当的物理和心理环境对特殊教育需要幼儿产生

---

① 刘颖、肖非：《且行且歌：听障儿童家庭抗逆力生成过程个案研究》，载《中国特殊教育》，2018(4)。

② 葛敏、缪建东：《家庭教育实践的方法论阐释：基于场域的视角》，载《首都师范大学学报(社会科学版)》，2018(4)。

③ 田文进、张瀚文、黄永秀：《融合教育背景下特殊儿童家庭支持体系建构——基于布尔迪厄场域理论》，载《昆明学院学报》，2021(2)。

重大影响。[1]

(一)尊重理解但不过度保护特殊儿童

家长需客观看待特殊需要儿童，既能看到现在儿童存在的障碍及优势，也能看到儿童未来的发展潜能。首先，特殊儿童的独特性需要被接受和尊重，家庭应该了解特殊儿童的特点和需求，并尊重他们的意愿和选择，这样可以让特殊儿童感到自己被认可和被接受，同时也可以让他们感受到成长的自由和权利。在此基础上，家庭应该帮助特殊儿童学会独立自主，培养他们的自理能力。这样可以让特殊儿童更好地适应社会生活和独立生活，同时也可以让他们感受到自己被尊重和被信任。与此同时，家庭应该提供适当的支持和帮助，但不应该过度保护特殊儿童。支持和帮助应该是基于特殊儿童的能力和需求，而不是基于家长的主观想法。这样可以让特殊儿童感受到自己的力量和自信心，同时也可以让他们克服困难和挑战。

家庭也应该鼓励特殊儿童参与社交活动，与其他人建立联系和友谊。这样可以让特殊儿童感受到自己被认可和被接受，同时也可以让他们提高社交能力和人际交往能力。

(二)注重父母教养效能感的提升

父母教养效能感能够显著影响听障儿童自主的信任水平，进而影响父母期望，因而提升父母教养效能感尤为重要。[2] 特殊儿童家庭注重提升父母教养的效能感可以帮助特殊儿童得到更好的支持和帮助。特殊儿童的成长需要家庭提供全面的支持和帮助。家长应该学习和接受新知识，了解特殊儿童的特点和需求，学习有效的教育方式和技巧，以此增加自我效能感。与其他家长交流互动也可以帮助家长更好地了解特殊儿童的需求并得到有效的解决方案或建议，让家长感到自己不孤单。这些措施可以帮助特殊儿童家庭提高父母教养的效能感，促进特殊儿童的发展和成长。

(三)建立积极的亲子关系，加强亲子信任

家庭成员对特殊需要儿童积极的态度会推进家庭支持的行动。家庭教育应该建立积极的沟通方式，以帮助特殊儿童表达自己的情感和需求。家长应该倾听特殊儿童的话语，给予他们理解和支持，帮助他们解决问题和应对挑战。建立家庭规则和纪律可以帮助特殊儿童建立正确的价值观和行为准则。家长应该与孩子一起制定家庭规则和

---

[1]　杨楠：《学前融合教育支持系统的个案研究》，硕士学位论文，浙江师范大学，2012。

[2]　阳泽、陈明英：《听障儿童父母教养效能感与教养期望的关系：对儿童自主信任的中介作用》，载《中国特殊教育》，2017(3)。

纪律，让孩子明确自己的行为和责任，同时也让孩子知道自己的权利和义务。在执行家庭规则和纪律时，家长应该注重公平和公正，给予孩子适当的奖励和惩罚。这样可以帮助特殊儿童养成良好的行为习惯，从而更好地适应社会和生活。

(四)参与特殊儿童的康复训练，重视融合环境建设

融合的环境有利于听障儿童自主的发展，家长作为与儿童相处时间最长的人，他们随时随地为特殊需要儿童创造融合环境对特殊儿童的恢复极为重要。家庭成员要在融合教育方面达成共识，整合家庭资源，合理分工，系统连贯地帮助幼儿在课堂学习、校园生活、课间社交等方面更好地融入班级。

只有家庭提供资源、情感和教育支持，才能够在特殊儿童的教育、康复训练和内容等方面实现无缝对接，才能够更好地帮助特殊儿童实现潜能开发和功能改善，融合教育才能够真正实施到位。[1]

第四节
社区支持

社区与各方合作为融合教育提供支持。社区是由居住在某一地方的人们结成多种社会关系和社会群体，从事多种社会活动所构成的社会区域生活共同体。人们的日常社会活动大都是在具体的社区内进行，社区是整个社会的缩影。[2] 社区成员在生活上、心理上、文化上有一定的相互关联和共同认识。[3] 融合教育作为一个系统性的工程，需要对整个社会进行全面的改造。融合教育的实现不能仅仅依靠学校和家庭的力量，而是需要全社会的努力。社区可以成为学校教育、家庭教育和社区教育之间资源整合的桥梁，其资源整合的能力能够改变学校教育、家庭教育和社区教育相互独立、相互隔离的状态。社区可以与家庭、学校、社会合作，共建融合教育。

一、社区与家庭的合作

社区是特殊儿童从家庭融入社会的必经之路。一方面，社区为家庭提供各种社会

---

① 徐梅：《特殊儿童融合教育支持体系建构之家庭篇》，载《文理导航(中旬)》，2020(9)。
② 雷少波：《社区教育资源的开发及其价值思考——改善学校教育的教育社会学分析》，载《教育理论与实践》，2001(7)。
③ 刘视湘：《社区心理学》，58页，北京，开明出版社，2013。

融合机会，使特殊儿童及其家庭获得归属感；另一方面，社区宣传融合的相关知识，引导大众正确看待个体的差异，增强双方的相互交流、相互理解、相互联系，减少甚至消除主流社会对特殊儿童由于隔离产生的偏见，为特殊儿童融入主流社会扫除障碍。[①]

首先，社区开展各种融合活动促进特殊家庭融合。例如，给予特别坐具或辅助设备以作支持；鼓励与普通儿童一起玩，促进邻里之间及兄弟姐妹之间的相互学习。在社区举办的各种活动中，特殊需要儿童及家庭能够和社区中的个人、家庭、团体接触，以此促进与邻里之间的关系，这些关系的建立能够帮助特殊儿童和家长更好地融合这个小范围的社会系统，为与主流社会相融合提供具体的实现渠道。

其次，社区为特殊群体提供心理咨询和照管服务，组织专业人士为父母提供咨询与培训，帮助父母理解孩子的特殊需要。许多特殊儿童家长认为最可信及最鼓舞人心的是相似家庭带给他们的启示，他们希望了解其他特殊儿童的家庭是如何做的。因此，社区可以开展一些针对特殊儿童家长的小组工作，使他们在与其他面临相似问题的父母的互动中，获得非正式的支持。通过开办家长学校、举办家庭教育讲座、开展家长教育经验交流会、家长与孩子之间进行交流等形式，让家长交流和沟通，有利于消除普通家长对特殊儿童的偏见和歧视。

二、社区与学校的合作

社会化的支持性教育模式需要将封闭的校园环境打开，让特殊儿童更多地接触社会，融合教育能否有效实施不仅仅是技术性的教育方法的问题，主流学校作为一种教育机构，其功能扩展不可能是无边界的，它更依赖于广泛的社会文化的接纳与支持，而这种改变无法只是依靠学校就可以在社会大系统中发挥影响。[②] 基于以上的考虑，融合教育的发展并不仅仅是学校领域的事情，同时也需要社区的支持与改革。[③][④] 融合教育中社区与学校的合作主要表现在协助筛查、社区康复和资源支持上。

(一)协助筛查

依靠社会关系网络筛查特殊儿童。实施融合教育的第一步当然是发现这些特殊儿童，然后对他们进行鉴定并进行合理的安置，并设计相应的特殊教育服务。筛查本应

① Sandra B. Vanegas and Randa Abdelrahim，"Characterizing the Systems of Support for Families of Children with Disabilities: A Review of the Literature," in *Journal of Family Social Work*，2016，vol. 19，pp. 286-327.

② 邓猛：《融合教育理论反思与本土化探索》，176～177 页，北京，北京大学出版社，2014。

③ 杨锦龙：《试探全纳教育支持系统的构建》，载《福建论坛(社科教育版)》，2008(S2)。

④ 申仁洪：《全纳性学习环境的生态化建构》，载《中国特殊教育》，2004(1)。

是专业机构的事情，但是在这一过程之中，有些偏远地区存在地广人稀或是不愿告知等情况，导致一部分特殊儿童无法被发现。在这种情况下，社区就需要承担"发现"适龄特殊儿童的任务。社区依靠广泛的社会关系网络，通过许多非正式的渠道发现特殊儿童的线索，然后再由专业鉴定人员对这些初步筛查的儿童进行全面的检查与诊断。通过这样的方式，社区就可以将那些需要接受融合教育的特殊儿童寻找出来。

(二)社区康复

1. 社区康复服务的内涵和意义

社区康复服务是指"精神障碍患者恢复生活自理能力和社会适应能力，最终回归社会的重要途径，是多学科、多专业融合发展的社会服务"①。传统的专业机构内的康复服务可能不适用于对特殊儿童实施融合教育。在融合教育发展以前，特殊儿童的教育与康复都是在隔离教育环境中进行的，而特殊儿童在普通的教育机构中受教育需要在学校和康复机构之间奔波，难以兼顾。世界卫生组织在1989年出版的手册《在社区中训练残疾人》就是关于如何利用当地的资源在社区举行康复活动的指南。社区康复服务为融合教育提供了强有力的支持，使得特殊儿童不仅减少了在学校与医疗机构之间的奔波，而且避免了学校承担过多超出教育之外的责任。更为重要的是，社区康复还增加了特殊儿童在社区之中出现的频率，为普通民众接触并接纳他们提供了机会。

2. 社区化支持性融合教育模式

近年来，在我国发展出一种在特殊学校内实施的社区化的支持性融合教育模式。这种教育模式转变缺陷补偿式理论为支持性教育理论，转变隔离式课堂教学为面向社会的开放式融合教育方式，以社区为课堂，以生活为教师，以社区内的公民为辅助教育，开展社会化的融合教育。这种在特殊学校的融合教育是以特殊学生"生活质量"为成果导向的特殊教育，借助支持的策略和方法调动各种有效资源来满足特殊儿童的特殊教育需求，促进学生适应社区，融入社区。这种教育模式的核心理念包括以下三个方面。②

第一，建立一个与常人生活质量一致的标准作为教育成效的指标体系和成果目标，从而保障特殊学生能够过上与常人一样的常态生活。第二，课堂教学的社会化，让特殊学生走出校园，走入社区，在社区中获得相应的技能。特殊儿童的社区化教育能够帮助残疾人提高其社会适应能力，具有学校教育、家庭教育不具备的优势。③ 特殊学生

---

① 转引自吴莹、胥璇：《从"去机构化"到"再机构化"：文化契合性如何影响社区精神康复共同体的公共性》，载《公共行政评论》，2021(6)。

② 许家成：《社区化：中国特殊教育改革的突破口——以宁波达敏学校为例》，载《现代特殊教育》，2012(1)。

③ 肖艳：《关于社区教育在特殊教育中作用的思考》，载《中国特殊教育》，2004(9)。

通过在社区中活动，能够掌握更为实用的社会交往技能，充分体验普通学生现代生活内容和方式，使特殊学生在教育中获得尊重，在情感、态度、价值观等方面有新的发展。① 第三，为特殊学生营造无障碍环境，让特殊学生融入普通学校和常态的社区环境。

(三)资源支持

特殊学生在接受了中等教育之后，有一部分学生会继续接受高等教育，而对于大多数的特殊学生而言，参加就业是主要选择。在从学校走向就业这一阶段，对特殊学生提供的一系列指导与帮助就是职业转衔服务(transition service)，即指在生涯发展中，由学校生活过渡到成人生活，由学校阶段衔接到就业阶段或由学校单位向就业单位转介的时期。就业转衔服务应当为特殊需要学生提供从离开学校未就业到就业这一阶段的相关服务，这种服务近年来逐渐引起人们重视。这种服务可以由学校来提供，但同时也需要社区介入。② 社区可以为特殊学生提供职业训练的场所和更具实践意义的指导。社区的就业指导可以通过以下两种途径来实施。一种是利用社区中丰富实践资源使特殊学生得到锻炼的机会，社区教育具有学校没有的实践条件。特殊学生通过社区教育机构的联系，进入工厂或企业实习，应用学校学习内容培养职业态度为将来步入社会打下基础。另一种是工厂、企业、单位通过特殊学生的实习活动，了解他们的实践能力，从根本上消除歧视态度，变被动接受政府安置为主动接纳特殊学生，并营造平等、自强、自立的良好氛围。如宁波达敏学校就联络各方人士组织建立"特殊教育协作理事会"，并选举出理事长、秘书长等，制定章程、工作计划。特殊教育协作理事会拥有上千位理事与上百家理事单位，齐备的设施成为特殊教育的无限资源，真正为特殊教育顺利开展社区化教学提供了物质与人文环境。

三、社区与社会的合作

(一)宣传融合理念

融合教育可能会遭遇社会文化方面的限制。在有的文化之中可能会比较容易接受特殊儿童在普通学校中就读，而在另一些文化之中却会将把特殊儿童排斥在主流教育之外的观点看作理所当然。社会公众对于特殊学生的教育与其他平等权利还不能够完

---

① 王爱民、刘佳芬：《培智学校的教学重构——基于"达敏学校课堂教学在社区"的实践研究》，载《现代特殊教育》，2010(Z1)。

② 刘威：《美国特殊儿童转衔服务及其对我国的启示》，载《襄阳职业技术学院学报》，2013(2)。

全接受。① 在这种情况下，融合教育若要取得发展，社区就需要帮助宣传融合教育的理念，改变群众观念，形成接纳态度，创设融合教育的良好社会环境。

(二)开展终身学习

《残疾人权利公约》第二十四条指出："为了在不受歧视和机会均等的情况下实现这一权利，缔约国应当确保在各级教育实行融合教育制度和终生学习。"②在学校的系统之外，社区可以提供非正式的教育。这些教育虽然不能代替正式的教育，但却是学校教育的重要补充。这种教育形式范围广泛，包括成人教育、继续教育、专业发展、自主学习、各种机构提供的技能训练、自助小组和家长组织的为少数群体提供的学习机会。

第五节
社会支持

学校、家庭的教育仅仅只是特殊需要人群融合教育的一部分，融合教育要求特殊需要人群所在社区提供各种资源上的支持，他们的生存与发展要更多地依赖于社会的教育和支持。

一、政策支持

(一)统一学制

从制度支持来实现融合教育是一项社会公共事业，我们需要建立统一学籍制度，转变二元教育体制，运用统一学籍制度来打破二元教育体制。在学籍制度的建立过程中，需要说明特殊需要儿童是否因为普校、学费等经济因素或自身的残疾无法选择学校，并建立责任问责机制。在学籍制度的建立过程中，它可以对每个特殊儿童的教育状况进行跟踪、反馈、约束及督促相关部门责任到位。通过内部的教育制度的变革，促使统一教育体制的形成，将特殊教育学校转变为资源中心，与普校进行有效结合，来实现融合教育。③

---

① 邓猛、朱志勇：《随班就读与融合教育——中西方特殊教育模式的比较》，载《华中师范大学学报（人文社会科学版）》，2007(4)。

② 刘凤红：《以成人终生学习为导向的课程开发》，载《继续教育与人事》，2003(3)。

③ 邓猛：《融合教育理论反思与本土化探索》，196～197 页，北京，北京大学出版社，2007。

(二)安置模式政策

1. 我国在安置模式上的探索

在我国，融合教育最初从 20 世纪 80 年代推行的"随班就读"开始，主要在义务教育阶段实行，模式单一，普通教育学校还没有意识到如何充分运用特殊教育学校的资源为融合教育提供支持。[①] 在学前阶段，我国对有特殊需要的儿童实施早期干预，探索学前特殊儿童的融合教育模式，目前进入幼教中心入园的特殊需要儿童 80% 以上的症状都得到了明显改善。[②] 2015 年，浙江省借鉴澳大利亚先进经验，首次尝试"卫星班"融合教育模式，将中度残障儿童和部分重度残障儿童与普通儿童融合，拓宽了融合教育的渠道，拉近了普校与特校的距离，但这种教育模式还处于试验阶段，未在全国推广。[③]

2. 对我国不同地区安置模式的建议

对于经济发展程度和教育环境较好的地区，如北京、上海等地，可以在普通学校设立资源教室、聘请资源教师来实现融合教育。对于经济发展程度一般和教育环境一般的地区，则可以充分运用特殊教育学校的资源，建立资源中心来实现融合教育。《中国残疾人事业"十二五"发展纲要》提出"三十万人口的县应该建立一所特殊教育学校"，这是一个很好的实现融合教育的契机。对于边远山区、经济发展落后和教育资源匮乏的地区，可以采用巡回辅导制，以作为融合教育的有效策略。值得注意的是，该策略不能作为政府不承担融合教育责任的借口，它的适用需要专家组的严格评估。

(三)经济政策

由政府和乙方签订合同，对第三方进行特定项目的服务，如果完成了合同所规定的内容，政府则对乙方给付报酬。以政府购买服务为手段，调动学校、社区和社会的各种资源，积极促进融合教育，尤其是对于因经济问题、残疾程度严重、家庭不支持等而引发的无法获得教育的特殊学生，是一条很好的融合教育解决路径。这条路径可以由教育部门或民政部门主导，吸纳大量拥有社会工作专业技能的人员对特殊学生进行上门服务，服务的内容并不局限于教育的范畴，它包括康复、生活等各个方面；它的服务范围较广，从资源整合到帮助服务对象解决实际困难等，具有很强的社会性。

---

① 曹婕琼、昝飞：《美国、日本、中国大陆地区融合教育的比较与思考》，载《中国特殊教育》，2003(4)。

② 严方舟：《中美学前自闭症儿童融合教育政策法规和安置模式的比较及启示》，载《文教资料》，2019(34)。

③ 章金魁：《卫星班：融合教育的新路径、新模式——浙江省构建卫星班模式的融合教育思考》，载《现代特殊教育》，2017(11)。

二、法律支持

受教育权是人最基本的权利之一。与融合教育相关的特殊教育立法因为每个国家的法律制度和传统的不同、特殊教育实践不同，其政治和文化制度的影响表现出不同的特征。但是法律内容的发展还是能够在不同程度上体现出融合教育理念的发展过程，具体表现在以下两个方面：第一，提供特殊教育的服务年限不断增加；第二，特殊儿童受教育权这一方面，立法实现了从形式的平等到实质的平等这一转变。

(一)美国与融合教育相关的法律分析

1975 年福特总统签署的《教育所有残疾儿童法》对特殊学生的生活与教育产生了重要影响。其中最能体现融合教育理念的是"最少受限制环境"原则。它被定义为"尽可能地为特殊儿童，无论是在公立或私立机构或其他看护机构，提供合适的、与普通儿童一起受教育的机会。修订之后，美国于 1990 年形成《残疾人教育法》，即 IDEA 法，其中体现融合理念的另一个原则是零拒绝，即任何特殊儿童都不应该被公立教育排除。[1]
2005 年及 2010 年在英国召开全球最有影响的融合教育大会便以"融合与支持性大会"(Inclusive and Supportive Education Congress)为题来强调支持体系与融合教育的共生关系。美国《教育所有残疾儿童法》及其后来的修订法案要求为特殊儿童制订的"个别化教育计划"中也包含对"相关支持与服务"等的明确要求，近年来更是直接要求为特殊学生制订并实施"个别化支持计划"(Individualized Support Plan，ISP)。各类治疗师与相关设备也进入普通学校共同构成支持与服务体系，这已经成为包括我国在内的各国发展融合教育的基本举措。

(二)英国与融合教育相关的法律分析

1994 年，联合国教科文组织在西班牙萨拉曼卡召开了"世界特殊需要教育大会"并发表了《萨拉曼卡宣言》。宣言强调，每个儿童都有接受教育的机会，每个人都有独特的教育需要，教育应该满足包括特殊儿童和普通儿童在内的所有儿童的特殊需要，每个有特殊教育需要的儿童能够进入普通学校并同普通儿童一样享有平等的受教育权。[2]
自 1978 年《沃诺克报告》提出"特殊教育需要"这一概念取代传统的分类方法以来，大部分国家的特殊教育的理论和实践都采纳了这一观念，将鉴定和评估的重点放在教育需

① ［美］威廉·李·休厄德：《特殊需要儿童教育导论》，肖非等译，17 页，北京，中国轻工业出版社，2007。
② Lise Vislie，"From Integration to Inclusion：Focusing Global Trends and Changes in the Western European Societies," in *European Journal of Special Needs Education*，2003，vol. 18，pp. 17-35.

要这一重点上，而不是残疾的类型。英国自《沃诺克报告》以来倡导的"特殊教育需要"不仅使狭义的残疾人教育走向真正广义的特殊教育，也使特殊教育成为普通学校再也难以回避的一个问题。它使特殊儿童从被歧视、忽略逐步走向平等接受教育、参与学校与社会生活；从隔离与拒绝逐步走向融合与共享社会物质文明成果。

(三)国内与融合教育相关的法律分析

虽然国内立法没有直接提及融合教育的法律，但与融合教育相关的法律隐含在各级各类法律法规之中。《中华人民共和国宪法》(2018年修正)在我国具有最高的法律效力，其中的第三十七条"公民人身自由不受侵犯"为融合教育的实施提供了间接依据。《中华人民共和国教育法》(2021)第三十九条规定"应当根据残疾人身心特性和需要实施教育，并为其提供帮助和便利"。除了一般法，我国有关特殊儿童及其教育的法律法规也体现了融合教育的相关内容，如《中华人民共和国残疾人保障法》(2018年修正)第四十一条规定："各级人民政府和有关部门鼓励、帮助残疾人参加各种文化、体育、娱乐活动。"《中华人民共和国残疾人教育条例》(2017年修订)第三条规定"积极推进融合教育""残疾人教育采取普通教育方式或者特殊教育方式，优先采取普通教育方式"。

通过以上对国内法律框架中有关融合教育内容的梳理，可以发现我国法律法规对融合教育缺少直接明确的界定，表述较为隐含，需要结合实际情况，加以更开放、更灵活和更客观的运用。

【关键概念】

1. 融合教育支持体系　　2. 物质环境　　　　3. 辅助性科技

4. 社区康复　　　　　　5. 职业转衔服务　　6. 安置模式

7. 自我决定　　　　　　8. 资源中心

【问题与思考】

1. 学校如何为特殊儿童建构良好的物质和精神环境，促进他们融合？

2. 学校要如何利用教学资源来保证融合教育的质量？

3. 社区如何与各方合作来支持融合教育？

4. 社会可以通过哪些方面来支持融合教育？

5. 家庭支持作为推动融合教育的重要力量，应该从哪几方面出发推动融合教育的发展？

6. 简述各国与融合教育相关的政策法律。

【深思感悟】

结合本章内容，谈谈如何支持融合教育。

【延伸阅读】

钮文英．拥抱个别化差异的新典范(第 3 版)[M]. 台北：心理出版社股份有限公司，2022.

实践篇

章结构图

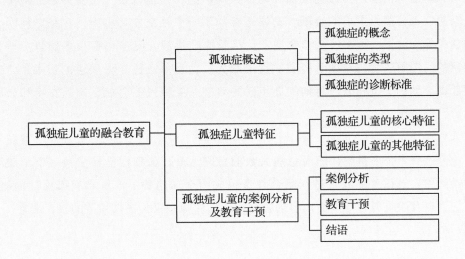

◎ **学习目标**

1. 了解孤独症的基本概念。
2. 明晰孤独症儿童的身心特点。
3. 掌握针对孤独症儿童进行的融合教育措施。

情境导入

　　安迪是一名患有孤独症的 16 岁男孩。他是一名成绩优异的学生，热爱科学技术，尤其是计算机。但是，安迪在社交沟通方面存在困难，很难理解社交线索和非语言手势，这让他难以与同龄人交流。他还对火车特别感兴趣，可以说出不同的火车型号、时刻表和路线等信息。安迪的父母和老师共同努力，为他创造一个支持性的环境，并将复杂的任务分解为更小的步骤。安迪还参加了一个社交技巧小组，在那里他学习如何发起和保持对话、理解情绪和交朋友。尽管面临挑战，安迪仍有很多优势。他是一位出色的问题解决者，对细节有着敏锐的眼光。他也是一位才华横溢的艺术家，十分喜欢绘画。他的父母和老师为他的进步感到自豪，并相信他会在正确的支持和鼓励下实现自己的目标。

　　孤独症谱系障碍(Autism Spectrum Disorder，ASD，以下简称"孤独症")被发现和命名至今已有半个多世纪，随着患病人数的急剧上升，孤独症已经成为一个全球面临的健康问题，对孤独症儿童进行融合教育也成为全球趋势。本章将就孤独症的概念、类型、特点及融合教育等方面内容进行介绍，为教师和家长提供相关的教育策略。

第一节
孤独症概述

一、孤独症的概念

　　孤独症谱系障碍是儿童发育早期出现的一种神经发育性疾病，又称"孤独症"或"自闭症"，主要表现为言语沟通和社会交往困难、重复刻板行为和兴趣狭窄。孤独症已成为当今最普遍和高发的发展性障碍之一。美国疾病控制与预防中心(Centers for Disease

Control and Prevention，CDC)2014 年的资料表明，平均每 68 个儿童中就有一个孤独症儿童，而在男孩中，这一比例则更是高达 1∶42。[①] 在我国，2017 年《中国自闭症教育康复行业发展状况报告Ⅱ》中指出，我国自闭症发生率不低于 1％，即 13 亿人口中至少有 1000 万的自闭症人口，其中 200 万自闭症患者是儿童。目前，孤独症在全球范围内的发病率为 1％～2％，并且发病率呈逐年递增的趋势，日渐成为一个世界性难题。[②]

1943 年孤独症进入大众视野，美国巴尔的摩约翰霍布金斯医院的精神病医生坎那(Kanner)第一次对孤独症下了定义。他归纳了 11 例具有相似背景和行为模式儿童的共同特征：很难与他人发展人际关系；言语获得的迟缓或丧失曾发展良好的语言能力；有重复和刻板行为；缺乏想象；擅长于机械记忆；强迫性地坚持某些惯例或常规；有正常的生理外表。坎那把这种新的疾病称为早期婴幼儿自闭症(Early Infantile Autism)。

孤独症在此之后的很长时间里被错误归因于父母与孩子在情感上的缺乏互动。随着后续科学研究的不断深入，特别是美国精神医学学会出版的《精神疾病诊断与统计手册》(Diagnostic and Statistical Manual，DSM)发布及修订以来，人们对孤独症核心症状的诊断标准不断深化。诊断上的精细化也影响了孤独症的流行程度，使得孤独症由个体疾病逐渐成为世界范围内重要的公共卫生议题。2007 年联合国大会通过决议将每年的 4 月 2 日定为"世界自闭症关注日"(World Autism Awareness Day)，此举大大提高了公众对于孤独症的关注程度，也推动了相关科学研究的进行。

在《中国精神障碍分类及诊断标准》(CCMD-3)中对孤独症的定义为：儿童孤独症(自闭症)是种广泛性发育障碍的亚型，以男孩多见，起病于婴幼儿期，主要表现为不同程度的言语发育障碍、人际交往障碍、兴趣狭窄和行为方式刻板。约有四分之三的患儿伴有明显的精神发育迟滞，部分患儿在一般性智力落后的背景下具有某方面较好的能力。

孤独症的具体成因目前尚不明确，但按照其性质大致可分为生物因素和非生物因素，其中生物因素占绝大部分，遗传、环境因素和大脑发育都可能在其中发挥作用。多数病例在婴幼儿时期表现出发育异常，5 岁之前就已经出现了明显症状，但有些人可能要到晚年才能得到诊断。[③]

---

① 魏予昕、王志丹、刘文净：《我国当前自闭症儿童教育研究的热点领域分析》，载《现代特殊教育》，2019(2)。

② Jorieke Duvekot et al., "Examining Bidirectional Effects Between the Autism Spectrum Disorder (ASD) Core Symptom Domains and Anxiety in Children with ASD," in *Journal of Child Psychology and Psychiatry*, 2018, vol. 59, pp. 277-284.

③ 刘春玲、江琴娣：《特殊教育概论》，235 页，上海，华东师范大学出版社，2016。

自闭症的成因

　　对于自闭症的成因有很多种说法。很长时间以来，人们认为是父母对儿童情感需要的冷漠造成了自闭症。这是源于坎那对自闭症儿童家长的观察。他认为，那些自闭症儿童的家长"往往极为专注于科学、文学或艺术，他们缺乏对人的真正兴趣"。在那时候，自闭症儿童的母亲被称作"冰箱母亲"。

　　到20世纪70年代研究表明，自闭症是脑的机能或生物化学机能在出生前、出生时或出生后受到伤害所致，对自闭症儿童家长的指责是不当的。一些重要的研究表明，自闭症是由脑的发展、神经化学和遗传等因素的异常所引起的。遗传和自闭症之间有着多种联系，但人们仍无法完全理解它们之间的因果关系。应当把自闭症看成由多种生物原因引起的综合征。

　　近年来，人们对孤独症的认识和接受程度有所提高，并努力促进社会对孤独症患者的包容和理解，包括推行孤独症儿童的融合教育、开展孤独症接受和理解的活动、改善孤独症患者教育和就业机会等。孤独症虽无法被完全治愈，但早期干预和适当的治疗可以帮助孤独症患者发展社交和沟通技巧，管理他们的行为并提高他们的生活质量。最重要的是全社会要认识到孤独症患者具有独特的优势和能力，支持和理解孤独症患者，帮助他们过上充实而富有成效的生活。

二、孤独症的类型

　　《精神疾病诊断与统计手册(第五版)》(DSM-Ⅴ)中孤独症谱系障碍(ASD)定义为一种神经发育障碍，通常起病于儿童早期，其核心症状一般表现为社交沟通的困难、发展异常、重复或固执性的行为模式，大致包含如下八种类型。

(一)经典自闭症(孤独症)

　　这是最常见也是最严重的孤独症类型，其特点是严重的沟通和社交缺陷，以及重复行为和兴趣受限。患有典型自闭症的人也可能患有智力障碍和语言发育迟缓，通常在儿童早期就被诊断出来。

(二)阿斯伯格综合征

　　这种类型的孤独症被认为是一种较温和的形式，通常以社交困难和重复行为为特征，但语言或认知发展没有明显延迟。阿斯伯格综合征患者的智力通常处于平均水平或高于平均水平，并且可能对特定主题或科目有浓厚兴趣。[①]

---

① D. American Psychiatric Association and American Psychiatric Association，*Diagnostic and Statistical Manual of Mental Disorders*：*DSM-5*，American Psychiatric Association Washington，DC，2013.

阿斯伯格综合征案例①

G，男，11岁，2004年4月就诊。

G从小不喜欢与小朋友玩，而喜欢看天文地理的书和数学书。其1岁多时便会查字典、拼音，2岁多学写字，已会做100以内加减法。2岁半便看《辞海》，和小朋友玩就给人讲题，小朋友不感兴趣。在和小朋友们玩时时常"捣乱"，和比他年龄小的孩子玩不懂得谦让，又不懂得开玩笑，别人与他开玩笑他生气，所以小朋友更不愿和他玩。上小学时成绩优秀，到四年级还在全班排前8名，自学初中、高中数理化，现在在学大学微积分、变数函数。实际上他5岁开始看初中、高中的数学、几何，7岁从电视上学这些课程，可连续看2～3小时，9岁学物理、化学，还学得很快。他也喜欢电脑，看这方面的书，近来说自己要搞"密码"，整日说些密码的事，说"4个8进制码可以决定一个字符，5个8进制字母代表英文字母，用8个密码可以自由搭配"等。觉得上课空虚、无事可做，上课坐不住，便喜欢捣乱，把六(3)班的门用六(2)班的锁锁上，让人家出不来，看着高兴就不空虚了。

患儿话多，多围绕自己感兴趣的话而不关心、不考虑对方的兴趣。近半月来情绪不稳，并且容易兴奋冲动，在学校骚扰同学，不停地按人家的门铃，有时站在自家凉台上高喊，也是研究密码的事，连续数十分钟，有时还往路边墙上写。近来还出现"强迫"重复动作，总问"门关了吗""煤气关了吗"，摸摸这摸摸那。

自幼即觉其较同龄儿幼稚，不懂社会的一般规矩，体育活动也较差。

诊断印象：阿斯伯格综合征。

(三)未另行说明的广泛性发育障碍(PDD-NOS)

此类别适用于表现出某些孤独症症状但不符合经典自闭症或阿斯伯格综合征标准的人。

(四)雷特综合征

这是一种罕见的遗传病，主要影响女孩，由MECP2基因突变引起。其特点是语言和手部动作等技能的丧失、发育迟缓、癫痫发作和重复性手部动作。

(五)儿童瓦解性障碍(CDD)

这是一种罕见的孤独症形式，通常比典型自闭症发展得晚(一般在3～4岁发育)，其特征是先前获得的技能(如语言和社交互动)显著丧失。

(六)高功能孤独症(HFA)

这是一个术语，用于描述具有平均或高于平均智力和语言技能的孤独症患者。他们可能有一些社交和沟通困难，但他们通常可以学习应对机制来控制他们的症状。

---

① 杨晓玲、蔡逸周：《解密孤独症》，26页，北京，华夏出版社，2007。

(七)病理性需求回避(PDA)

这是孤独症社区中一个相对较新的概念,其特点是极度焦虑和对需求的极度回避,如遵守规则或社会习俗。它没有被正式认可为单独的诊断,但一些孤独症患者可能表现出 PDA 特征。

(八)其他指定和未指定的自闭症谱系障碍

这些类别用于表现出某些孤独症症状但不符合特定类型自闭症的完整标准的个人。

需要注意的是,心理健康专家使用的诊断手册 DSM-V 不再将孤独症分为阿斯伯格综合征或 PDD-NOS 等亚型,而是将所有类型都归入孤独症谱系障碍(ASD)。我们要明确的是,每个患有孤独症的人都是独一无二的,他们的症状可能千差万别。孤独症的诊断是基于行为、认知和发育评估的结合,通常由医疗和心理健康专家团队作出,早期诊断和干预可能是帮助孤独症患者充分发挥潜能和过上正常生活的关键。

三、孤独症的诊断标准

孤独症的诊断需要在家长提供的病史下,由医生通过直接观察孤独症儿童的行为,结合结构化和半结构化的诊断量表和问卷,最后根据专业的诊断标准作出诊断。目前较常使用的孤独症诊断工具主要包括:儿童自闭症行为量表(Autism Behavior Checklist,ABC)、儿童自闭症评定量表(Childhood Autism Rating Scale,CARS)、自闭症诊断观察量表(Autism Diagnostic Observation Schedule,ADOS)、社会交往问卷(Social Communication Questionnaire,SCQ)、自闭症诊断访谈量表修订版(Autism Diagnostic Interview-Revised,ADI-R)等,这里介绍两种国内外比较权威的典型孤独症诊断量表。

(一)DSM-5 孤独症谱系障碍诊断标准

在《美国精神障碍诊断和统计手册》(第五版)里孤独症的诊断标准,可以拆解为 A、B、C、D、E 五个方面。[①]

A、B 分别是社交障碍和刻板行为的表现,C、D、E 是这些表现的特征。需要同时有 A、B 两个方面的阳性症状,并且症状符合 C、D、E 这些特征,才可以诊断为孤独症。下面的参考可以帮我们比较清晰地了解孤独症的诊断。

---

① [美]美国精神医学学会:《精神障碍诊断与统计手册》,张道龙等译,46~47 页,北京,北京大学出版社,2016。

DSM-5 孤独症谱系障碍诊断标准

诊断标准：

A. 在多种场所下，社交交流和社会交往方面存在持续性缺陷，表现为目前或历史上的下列情况（以下为示范性举例，而非全部情况）。

1. 社交情感互动中的缺陷，如从异常的社交接触和不能正常地来回对话到分享兴趣、情绪或情感的减少，到不能启动或对社交互动做出回应。

2. 在社交互动中使用非语言交流行为的缺陷，如从语言和非语言交流的整合困难到异常的眼神接触和身体语言，或在理解和使用手势方面的缺陷到面部表情和非语言交流的完全缺乏。

3. 发展、维持和理解人际关系的缺陷，如从难以调整自己的行为以适应各种社交情境的困难到难以分享想象的游戏或交友的困难，到对同伴缺乏兴趣。

标注目前的严重程度：

严重程度是基于社交交流的损害和受限，重复的行为模式（见表 6-1）

B. 受限制、重复的行为模式、兴趣或活动，表现为目前的或历史上的以下情况（以下为示范性举例，非全部情况）。

1. 刻板或重复的躯体运动、使用物体或语言（如简单的躯体刻板运动、摆放玩具或翻转物体、模仿语言、特殊短语）。

2. 坚持相同性，缺乏弹性地坚持常规或仪式化的语言或非语言的行为模式（如对微小的改变极端痛苦、难以转变、僵化的思维模式、仪式化的问候、需要走相同的路线或每天吃同样的食物）。

3. 高度受限的、固定的兴趣，其强度和专注度方面是异常的（如对不寻常物体的强烈依恋或先占观念、过度的局限或持续的兴趣）。

4. 对感觉输入的过度反应或反应不足，或在对环境的感觉方面不同寻常的兴趣（如对疼痛/温度的感觉麻木，对特定的声音或质地的不良反应，对物体过度地嗅或触摸，对光线或运动的凝视）。

标注目前的严重程度：

严重程度是基于社交交流的损害和受限的重复的行为模式（见表 6-1）

C. 症状必须存在于发育早期（但直到社交需求超过有限的能力时，缺陷可能才会完全表现出来，或可能被后天学会的策略所掩盖）。

D. 这些症状导致社交、职业或目前其他重要功能方面的有临床意义的损害。

E. 这些症状不能用智力障碍（智力发育障碍）或全面发育迟缓来更好地解释。智力障碍和孤独症（自闭症）谱系障碍经常共同出现，作出孤独症（自闭症）谱系障碍和智力障碍的合并诊断时，其社交交流应低于预期的总体发育水平。

注：（1）若个体患有已确定的 DSM-Ⅳ 中的孤独症（自闭症）、阿斯伯格综合征或未在他处注明的全面发育障碍的诊断，应给予孤独症（自闭症）谱系障碍的诊断。个体在社交交流方面存在明显缺陷，但其症状不符合孤独症（自闭症）谱系障碍的诊断标准时，应进行社交（语用）交流障碍的评估。

（2）标注如：a. 有或没有伴随的智力损害；b. 有或没有伴随的语言损害；c. 与已知的躯体或遗传性疾病或环境因素有关（规范使用说明：使用附加规范来确定有关的躯体或遗传性疾病）；d. 与其他神经发育、精神或行为障碍有关（规范使用说明：使用附加规范来确定有关的神经发育、精神或行为障碍）；e. 伴紧张症（其定义参见与其他精神障碍有关的紧张症的诊断标准）。

［编码备注：使用额外的编码 F06.1 与孤独症（自闭症）谱系障碍相关的紧张症表明存在合并的紧张症］

表 6-1 孤独症谱系障碍的严重程度

严重程度	社交交流	狭隘兴趣和重复刻板行为
三级 "需要非常多的支持"	在语言和非语言社交交流技能方面的严重缺陷导致功能上的严重损害，极少启动社交互动，对来自他人的社交示意的反应极少。如个体只能讲几个能够被听懂的字，很少启动社交互动，当他或她与人互动时，会做出不寻常的举动去满足社交需要，并且仅对非常直接的社交举动做出反应	行为缺乏灵活性，应对改变极其困难，或其他局限的/重复行为显著影响了各方面的功能。改变注意力或行动很困难/痛苦
二级 "需要多的支持"	在语言和非语言社交交流技能方面的显著缺陷；即使有支持仍有明显社交损害；启用社交互动有限；对来自他人的社交示意的反应较少或异常。如个体只讲几个简单的句子，其互动局限在非常狭窄的特定兴趣方面，并且有显著的奇怪的非语言交流	行为缺乏灵活性，应对改变困难，或其他局限的/重复行为对观察者来说看起来足够明显，并且影响了不同情况下的功能。改变注意力或行动很困难/痛苦
一级 "需要支持"	在没有支持的情况下，社交交流方面的缺陷造成可观察的损害。启动社交互动存在困难，是对他人的社交示意的非典型的或不成功反应的明显例子。可表现为对社交互动方面兴趣减少。如个体能够讲出完整的句子和参与社交交流，但其与他人的往来对话是失败的，他们试图交友的努力是奇怪的，并且通常是不成功的	缺乏灵活性的行为显著地影响了一个或多个情境下的功能。难以转换不同的活动。组织和计划的困难妨碍了其独立性

典型孤独症诊断不难，但是对于低年龄、轻型和不典型病例，即使专业人员进行诊断也存在困难。因此全面的病史询问、体格检查及认真细致的行为观察显得十分重要。结构化或半结构化孤独症筛查和诊断量表可以帮助医生获得全面的信息。[①]

(二)CCMD-3 典型孤独症谱系障碍标准

我国《精神疾病诊断手册(第三版)》(CCMD-3)的诊断标准可见下面的参考资料。

CCMD-3 典型孤独症谱系障碍标准

(一)症状标准：在下列 1、2、3 项中至少有 7 条，1 项中至少有 2 条，2、3 项中至少各有 1 条。

1. 人际交往存在质的损害，至少 2 条。

(1)对集体游戏缺乏兴趣，孤独，不能对集体的欢乐产生共鸣。

(2)缺乏与他人进行交往的技巧，不能以适合其智龄的方式与同龄人建立伙伴关系，如仅以拉人、推人、搂抱作为与同伴的交往方式。

---

① 五彩鹿自闭症研究院：《中国自闭症教育康复行业发展状况报告》，11 页，北京，华夏出版社，2017。

（3）自娱自乐，与周围环境缺少交往，缺乏相应的观察和应有的情感反应（包括对父母的存在与否亦无相应反应）。

（4）不会恰当地运用眼对眼的注视，以及用面部表情，手势、姿势与他人交流。

（5）不会做扮演性游戏和模仿社会的游戏（如不会玩过家家等）。

（6）当身体不适或不愉快时，不会寻求同情和安慰；对别人的身体不适或不愉快也不会表示关心和安慰。

2. 言语交流存在质的损害，主要为语言运用功能的损害。

（1）口语发育延迟或不会使用语言表达，也不会用手势模仿等与他人沟通。

（2）语言理解能力明显受损，常听不懂指令，不会表达自己的需要和痛苦，很少提问；对别人的话也缺乏反应。

（3）拒绝改变刻板重复的动作或姿势否则会出现明显的烦躁和不安。

（4）过分依恋某些气味物品或玩具的一部分，如特殊的气味、一张纸片、光滑的衣料、汽车玩具的轮子等，并从中得到极大的满足。

（5）强迫性地固着于特殊而无用的常规或仪式性动作或活动。

（二）严重标准：社会交往功能受损。

（三）病程标准：通常起病于 3 岁以内。

（四）排除标准：排除 Asperger 综合征、Heller 综合征、Rett 综合征、特定感受性语言障碍、儿童分裂症。

除了上述各条诊断标准外，其他可供参考的临床现象还有：在孤独症起病前一般没有毫无疑问的正常发育期，即使有，在 3 岁之前也已经出现明显的异常。孤独症患儿还常出现其他一些非特异性问题，例如，害怕、恐怖；睡眠和进食紊乱；发脾气和攻击行为。自伤（如啃咬手指）较为常见，对于那些伴有严重精神发育迟滞的患儿更是如此。孤独症患儿的智商可高可低，但大约四分之三的患儿存在精神发育迟滞。

孤独症特征性缺陷的特殊表现形式随患儿年龄增长而有所改变，但这种缺陷一直延续到成年。只有在 3 岁以前就已经出现发育异常的患儿才可被确诊为孤独症，但在孤独症患者的各个年龄段都可做出诊断。[①]

第二节
孤独症儿童特征

本章重点从核心特征和谱系障碍其他特征去分析孤独症儿童的特点，并通过探讨相关的教育干预策略，以期盼能为孤独症儿童及本教材的阅读者提供支持和参考。

---

① 杨晓玲、蔡逸周：《解密孤独症》，86～88 页，北京，华夏出版社，2007。

一、孤独症儿童的核心特征

孤独症儿童的核心特征主要表现在三个方面：社会交往障碍、语言交往障碍与兴趣和行为异常。需要充分认识到的是，与普通儿童相比，孤独症儿童同样具有个体差异性，其个性、年龄、病情程度、智力和是否有共患病在临床上表现迥异；同一个孤独症儿童随着年龄的增长，如果没有得到科学的干预，临床表现存在瀑布效应（cascade effect），多数孤独症儿童症状逐渐明显或典型。[①]

（一）社会交往障碍

孤独症以社会交往障碍为主要特征，其主要表现为在各种情境下持续存在的社会交流和社会交往缺陷，不能用一般的发育迟缓解释。社会情感互动缺陷，轻者表现为异常的社交接触和不能进行来回对话。中度表现为缺乏分享性兴趣、情绪和情感，社交应答减少。重者完全不能发起社会交往：不能进行社会交往；不能建立伙伴关系；依恋关系的缺乏；感情和社会互动方面的困难。[②]

孤独症儿童神经结构存在异常，导致他们很难成为沟通交流的发起者，甚至无法进行基本的交往互动。[③] 有研究者从神经心理学角度来探讨孤独症患者的核心缺陷，提出了心理理论缺陷假说，并认为其社会交往能力发展异常与心理理论缺损有关。[④] 心理理论（Theory of Mind，ToM）指的是推测自己或他人的信念、愿望、目的、情绪等心理状态，并以此进一步推测、解释他人行为的能力。[⑤] 很多孤独症儿童无法从他人的视角考虑问题，认为其他人都和自己拥有同样的想法和观点，因此无法理解为什么其他人做出不一样的选择和行为，从而造成孤独症儿童社会交往上的障碍。

凯文是一个8岁男孩，患有孤独症。他不停地试图与老师讨论一部电影中的场景，而这部电影老师并没看过。当老师提出一个问题，凯文就会生气，坚持认为老师明明知道答案却还要提问。尽管老师已经十分努力地给凯文解释说她从没看过这个部电影，凯文依旧滔滔不绝。当老师"表现木讷"或问一些"愚蠢的"问题时，凯文也会生气，因

---

① 五彩鹿自闭症研究院：《中国自闭症教育康复行业发展状况报告》，4页，北京，华夏出版社，2017。

② 刘春玲、江琴娣：《特殊教育概论》，235页，上海，华东师范大学出版社，2016。

③ 王志丹、王畅：《机器人辅助治疗在孤独症谱系障碍儿童中的应用研究进展》，载《护理研究》，2021（16）。

④ Patricia Manning-Courtney et al.，"Autism Spectrum Disorders," in *Current Problems in Pediatric and Adolescent Health Care*，2013，vol. 43，pp. 2-11.

⑤ 姚小雪、兰继军、朱海腾：《孤独症谱系障碍儿童心理理论的影响因素研究进展》，载《中国特殊教育》，2014（10）。

为在他的脑海里每个人都知道他所知道的那些信息。①

　　研究表明，有40％～65％的孤独症患者患有述情障碍。患有述情障碍的患者表现出情绪加工缺陷，情绪可借助姿势、动作、韵律等方式表达，其中面部表情是最主要的载体。② 正确识别他人情绪，能够了解其内部的情绪状态，可以促进人际交往的顺利开展。与普通儿童相比，孤独症儿童很少表现出面部情绪与情绪性声音，即使有面部表情也表现出与当下场景相冲突，导致其社交上的困难。③

　　罗杰斯(Rogers)和彭宁顿(Pennington)在梳理7篇文章的基础之上，首次提出将模仿缺陷作为孤独症儿童主要的神经性心理缺陷之一。④ 模仿能力是社会交往的重要基础，在儿童成长早期，模仿缺陷对儿童的社会和情感发展有着极大的影响。但大多数研究表明，孤独症患者存在模仿能力缺陷，孤独症儿童在技能学习和任务理解为主的模仿任务中表现良好，而在社会性质的模仿任务中表现较差。⑤ 因此，孤独症儿童多数社会缺陷的根源在于缺乏参与社会活动的动机，社交动机的缺失可能导致自闭症儿童社会交往模仿能力的缺陷，从而造成孤独症儿童在社会交往上的巨大阻力。⑥

　　作为儿童早期的重要发展里程碑之一，呼名反应是发展社会交流能力的核心技能。呼名反应在社会交流障碍尤其是孤独症儿童中被广泛研究。大量研究显示，与普通儿童相比，孤独症儿童的呼名反应更低，高危孤独症婴儿与低危孤独症婴儿相比亦是如此。⑦ 同时，和呼名反应相比，孤独症儿童呼名反应后的应答性微笑表现更差，其敏感性也更强。⑧ 因此，呼名反应和应答性微笑是孤独症儿童在社会交往障碍上的重要表现，也是孤独症早期的筛查指标之一。

　　以下是孤独症患者社会交往和社会关系障碍的一些具体表现。

　　1. 难以识别情绪，缺乏交流倾向

　　大部分孤独症病人存在面部表情识别障碍，并且对不同表情的识别能力有一定差异。孤独症儿童可以识别开心、害怕等简单表情，但准确率低于普通儿童；对于一些

---

① ［美］阿曼达·布托、［美］布兰达·史密斯·迈尔斯：《如何有效教育自闭症谱系障碍学生》，贺荟中等译，196页，上海，上海人民出版社，2016。

② 王磊、张珍珍、刘春玲：《述情障碍对孤独症谱系障碍个体情绪加工的影响》，载《中国特殊教育》，2022(3)。

③ 同上。

④ Sally J. Rogers and Bruce F. Pennington, "A Theoretical Approach to the Deficits in Infantile Autism," in *Development and Psychopathology*, 1991, vol. 3, pp. 137-162.

⑤ 魏予昕等：《孤独症谱系障碍患者模仿缺陷的临床研究》，载《中国康复医学杂志》，2020(9)。

⑥ 魏予昕等：《自闭症儿童与普通儿童模仿能力的比较研究》，载《中国特殊教育》，2019(10)。

⑦ Meghan Miller et al., "Response to Name in Infants Developing Autism Spectrum Disorder: A Prospective Study," in *The Journal of Pediatrics*, 2017, vol. 183, pp. 141-146.

⑧ 王志丹、邢冰冰、彭子函：《孤独症谱系障碍儿童呼名反应和应答性微笑的影响因素研究》，载《陕西学前师范学院学报》，2021(8)。

负面情绪，孤独症儿童的识别能力较弱，容易造成儿童对他人面部注视的回避心理。患有孤独症的儿童缺乏与人交往、交流的倾向。有的患儿从婴儿时期起就表现这一特征，如从小就和爸爸妈妈不亲近、不喜欢被人抱、不主动找同龄人玩耍、别人找他玩耍时表现出躲避行为、别人呼唤他时不予反应、总喜欢自己单独活动。

2. 对周围的事情不关心

似乎是听而不闻，视而不见。自己愿意怎样做就怎样做，毫无顾忌，旁若无人。周围发生什么事似乎都与他无关，很难引起他的兴趣和注意。孤独症儿童在与人对话时，眼睛不与人对视，通常是眯着眼、斜视或用余光看人，很少正视。对他人的微笑和打招呼很少给予回应，也从不会主动和人打招呼。

3. 难以发起并维持游戏和对话

孤独症儿童难以发起与他人的对话、适当地回答问题并维持对话。当孤独症儿童与其他小朋友相处时，容易忽视对方的互动和对话，最终导致无法建立良好的同伴关系。如其他儿童在和孤独症儿童玩丢沙包时，孤独症患儿不知道如何去接、丢沙包，甚至"不遵守"游戏规则，乱丢。这就会给其他儿童带来不好的游戏体验和交往感受，就不再继续和他玩了。孤独症儿童也可能会发表重复、刻板的言论，或者可能会过度谈论他们自己的兴趣。

4. 对社交活动缺乏兴趣

孤独症患者可能对参加聚会、团体活动或体育赛事等社交活动不感兴趣，他们可能更喜欢单独活动且社交兴趣有限。

5. 缺乏同理心

孤独症儿童可能难以理解和适当地回应他人的情感需求，也难以识别和解释他人的情绪，即便是照顾自己的家人、陪伴自己的同伴。在活动中，看到其他儿童哭泣，他不会去安慰，甚至觉得好笑，因此很难形成正常的情感交流。

6. 重复行为

孤独症患者可能会出现重复行为，如拍手、摇晃或踱步。这些行为可能会干扰社交互动和交流。如在和普通儿童进行拍手游戏时，他只顾自己拍手，不和他人进行互拍，导致普通儿童更换玩伴，拍手游戏也就此终止。

7. 难以适应情境变化和不同情境中的社会规则

孤独症儿童的社会适应能力较弱，初入新环境时，难以迅速适应并融入。对一些社会规则也难以理解并遵守，如不能随便拿别人的东西、在教室内不能乱跑、吃饭要排队等候。

社会互动和社会关系障碍是孤独症的常见表现，早期诊断和干预可以帮助孤独症患者发展社交技能，提高他们与他人互动的能力。

(二)语言交往障碍

语言的理解和运用能力缺陷是孤独症患儿核心症状之一。孤独症患者可能会遇到一系列沟通交流障碍，主要指语言及其他各种形式的交流障碍。如不会用手势、面部表情、肢体语言及将这些肢体语言恰到好处地运用于社交，从而使他们难以表达自己、理解他人和充分参与社会互动。

孤独症儿童语言能力自然发展的次序与普通儿童功能能力发展有明显差异，语言理解和认知表达显著分离，在生命的早期(2岁以内)已经开始出现，在2~4岁达到高峰。[1] 早发现、早诊断、早干预对于改善孤独症儿童的语言能力至关重要，现有的经验表明，未接受早期干预的大龄孤独症儿童其社会和交流问题严重，心理功能障碍程度加重。[2]

孤独症儿童语言交往障碍主要表现如下。

1. 言语障碍十分突出

大多数患儿言语很少，严重的病例几乎终生不语，会说、会用的词汇有限。布莱森(Bryson)等研究者认为至少三分之一的孤独症患者没有任何言语。[3] 鲁特(Rutter)甚至认为半数以上的孤独症儿童完全没有语言。[4] 有的孤独症儿童即便是会说，但是也不愿用语言表达，而是选择用手势代替。有的患儿会说话，但声音很小或自言自语重复一些单调的话。还有的患儿只会模仿别人说过的话，不会用自己的语言来进行交谈，或者答非所问，只说自己想说的、感兴趣的。还有一些孤独症儿童时常发出尖叫的声音。

2. 社交沟通困难

许多孤独症儿童在沟通的社交方面存在困难，如解释非语言暗示、理解社会规范和期望及参与相互对话方面，他们难以与他人建立联系并形成有意义的关系。

3. 延迟或不典型的语言发展

一些孤独症患者可能会经历延迟或不典型的语言发展，这会使他们难以有效地表达自己。他们可能在语法、词汇和句子结构方面有困难，或者难以发起和维持对话。

4. 语言的字面解释

孤独症患者可能会从字面上理解语言，难以理解比喻、讽刺、幽默及其他形式的

———————————

① 周翔等：《300例孤独症儿童语言能力评估结果分析》，载《中国康复理论与实践》，2013(4)。

② 邹小兵：《儿童孤独症诊断与治疗新动向》，载《中国儿童保健杂志》，2012(4)。

③ James M. Bebko，Adrienne Perry and Susan Bryson，"Multiple Method Validation Study of Facilitated Communication：Ⅱ. Individual Differences and Subgroup Results," in *Journal of Autism and Developmental Disorders*，1996，vol. 26，pp. 19-42.

④ Patricia Howlin，Lynn Mawhood and Michael Rutter，"Autism and Developmental Receptive Language Disorder—A Follow-up Comparison in Early Adult Life. Ⅱ：Social，Behavioural，and Psychiatric Outcomes," in *The Journal of Child Psychology and Psychiatry and Allied Disciplines*，2000，vol. 41，pp. 561-578.

非字面语言，这会影响他们参与社交互动的能力。部分孤独症儿童具备语言能力，但是语言缺乏交流互动性质，表现为无意义的发音、难以听懂的语言、重复刻板的语言，或是自言自语，语言内容单调，有些语言内容奇怪难以理解，模仿言语和"鹦鹉式语言"很常见，不能正确运用"你、我、他"等人称代词。[①]

5. 感官问题

许多孤独症患者也可能有影响他们有效沟通能力的感官问题，他们可能对某些感官输入（如声音、触觉或气味）过度敏感或不敏感，这可能使他们难以处理信息和传达他们的需求，如害怕声音和强光。

6. 焦虑和压力

交流可能是孤独症患者焦虑和压力的来源，尤其是在不熟悉或压力极大的社交场合，焦虑和压力会进一步加剧沟通困难，使孤独症患者更难表达自己也更难与他人交往。

总的来说，孤独症患者的沟通障碍可能是复杂多样的，它们会影响沟通的各个方面，包括语言发展、社交沟通、感觉处理和认知处理等。然而，通过适当的支持和干预，许多孤独症患者可以学会克服这些障碍并与他人进行有效沟通。

（三）兴趣和行为异常

1988 年，达斯汀·霍夫曼（Dustin Hoffman）凭借他在电影《雨人》中对一个患有孤独症的成年人的演绎而获得奥斯卡奖。电影中霍夫曼所扮演的雷表现出许多重复性（也叫自我刺激性）的行为及固定行为，这些特征在孤独症人群很常见。[②] 以下是对孤独症儿童在兴趣和行为异常方面的表现。

1. 兴趣有限狭窄

孤独症儿童常常在较长时间里，专注于某种或几种游戏或活动，如着迷于旋转锅盖，单调地摆放积木块，热衷于观看电视广告和天气预报。一些患儿天天要吃同样的饭菜，出门要走相同的路线，排便要求使用一样的便器……如有变动则大哭大闹，表现出明显的焦虑反应，不肯改变其原来形成的习惯和行为方式，难以适应新环境。多数患儿还表现为无目的的活动，单调重复地蹦跳、拍手、挥手、奔跑旋转。也有的甚至出现自伤自残，如反复挖鼻孔、抠嘴、咬唇、吸吮等动作。

2. 缺乏想象性思维

孤独症儿童可能难以进行富有想象力的游戏，并且可能更喜欢进行重复或刻板的

---

① 五彩鹿自闭症研究院：《中国自闭症教育康复行业发展状况报告》，5 页，北京，华夏出版社，2017。
② ［美］阿曼达·布托、［美］布兰达·史密斯·迈尔斯：《如何有效教育自闭症谱系障碍学生》，贺荟中等译，25 页，上海，上海人民出版社，2016。

游戏。如他们可能会反复转动玩具车的轮子，而不是使用汽车进行富有想象力的游戏。

3. 思维僵化

孤独症儿童可能难以适应日常生活的变化或突发事件，他们可能更愿意坚持熟悉的惯例和活动，这可能使他们难以探索新的想法或经验。

4. 喜好特异

在感官方面，孤独症儿童可能对某些感官体验更加敏感。有些孩子可能对某些声音、景象、质地或气味过于敏感，而其他孩子可能会寻求特定的感官体验，如旋转或跳跃。许多孤独症儿童都是视觉学习者，他们可能更喜欢通过图片、视频或其他视觉辅助工具接收信息，也可能对视觉信息有很强的记忆力。在玩玩具方式上，普通儿童在玩小汽车模型时，会让汽车跑起来，而孤独症儿童则喜欢把小汽车倒过来，用手指扒着汽车轮子，注视着它们的转动过程。

二、孤独症儿童的其他特征

截至 2021 年，世界卫生组织（WHO）估计全世界大约每 160 名儿童中就有 1 名患有孤独症。由于诊断标准、数据收集方法和文化因素的差异，世界上孤独症患者的确切人数很难确定，但是可想而知这类群体的数量之庞大。虽然没有两个完全一样的孤独症患者，但是无论其年龄大小、症状的严重程度如何，他们除了以上核心特征外，同时还表现出以下五个方面的特征。

（一）动作障碍

研究显示，除社会交往和沟通障碍、兴趣范围狭窄、行为刻板或异常等核心症状外，动作发展障碍在该群体中的发病风险高达 86.9％，也可作为孤独症的常见症状。[1]动作发展是协调和控制两方面不断提高的过程，该过程贯穿于整个生命周期复杂过程之中，与个体的认知、语言、情绪情感和社会性的发展密切相关。[2] 孤独症儿童的动作协调和控制能力均存在不同程度的受损，主要表现为动作姿势控制障碍和动作协调困难，以至于其不能很好地适应现实环境的需要。[3] 在孤独症婴儿期表现为动作发育里程碑延迟，在儿童和青少年期表现为姿势控制障碍、动作协调困难、步态异常和手部动

---

[1]　Anjana Narayan Bhat，"Is Motor Impairment in Autism Spectrum Disorder Distinct From Developmental Coordination Disorder? A Report from the SPARK Study," in *Physical Therapy*，2020，vol. 100，pp. 633-644.

[2]　原雅青、刘洋、丁佳宁：《布尼氏动作熟练度测试（BOT-2）在智力障碍儿童动作发展评估中的应用及对我国的启示》，载《中国体育科技》，2019(6)。

[3]　王琳、王志丹、王泓婧：《孤独症儿童动作发展障碍的神经机制》，载《心理科学进展》，2021(7)。

作操作障碍。[①]

(二)神经障碍

孤独症作为儿童发育早期出现的一种神经发展性疾病,孤独症儿童在婴幼儿期存在多种脑结构发育异常的可能性。[②] 研究发现,孤独症儿童发育早期会出现皮层表面积加速增大,这导致患儿脑容量的过度增加和头围的异常增长,其脑结构异常发育也极有可能是后期孤独症患者社交功能障碍和注意力不足的原因之一。此外,除皮层表面积的加速增大外,脑脊液的过量增加也在孤独症儿童发育早期出现。脑脊液异常增加和脑白质结构异常,这和孤独症患者的运动障碍、交流障碍及症状严重程度有关,并与孤独症后期的典型症状相关。[③]

(三)生理异常

大部分的孤独症儿童在身体和运动协调方面发育得较好,并且这种比较好的状态可能会持续整个儿童期。虽然孤独症主要是一种影响行为的神经发育障碍,但它也可能具有如下一些与该病症相关的生理特征。

1. 感官敏感性

多数孤独症儿童存在感官敏感性,包括对触觉、声音、味觉、嗅觉和视觉刺激的过度敏感或不敏感。这些敏感性被认为与大脑处理感觉信息的方式不同有关。

2. 睡眠问题

孤独症儿童可能会出现入睡困难、夜间频繁醒来或清晨醒来等睡眠障碍,这些睡眠问题被认为与昼夜节律的变化或感觉敏感性有关。

3. 免疫系统功能障碍

研究表明,孤独症儿童可能存在免疫系统功能差异,如炎症水平增加或某些免疫细胞水平下降,这可能会导致一些孤独症患者出现胃肠道问题、过敏和自身免疫性疾病。目前,孤独症与免疫系统功能障碍之间的联系仍在研究中。

4. 大脑连接异常与大脑结构差异

孤独症儿童与普通儿童在静息状态下大脑前额叶的功能连接特点是有差异的,表现为孤独症儿童比普通儿童的功能连接强度低,并且出现异常功能连接的区域为大脑

---

① 王琳、王志丹、邢冰冰:《孤独症谱系障碍儿童动作发展障碍研究进展》,载《陕西学前师范学院学报》,2021(8)。

② Jason J. Wolff, Suma Jacob and Jed T. Elison, "The Journey to Autism: Insights from Neuroimaging Studies of Infants and Toddlers," in *Development and Psychopathology*, 2018, vol. 30, pp. 479-495.

③ 王琳、王志丹、王畅:《自闭症谱系障碍儿童早期脑结构发育异常及其神经机制》,载《中国特殊教育》,2020(3)。

前额叶的内侧前额叶皮层（medial prefrontal cortex，MPFC）。[1] 有研究采用图论的方法进行研究，结果表明孤独症儿童和普通儿童的全脑功能网络拓扑结构的差异。[2]

5. 更高水平的压力荷尔蒙

与正常发育中的儿童相比，孤独症儿童体内可能含有更高水平的压力荷尔蒙，如皮质醇，这可能与自我调节和感官敏感性方面的困难有关。

6. 更高的癫痫发作率

与正常发育的儿童相比，孤独症儿童癫痫发作的风险更高。20％～25％的孤独症患者在其幼年期和成年期都极易出现癫痫发作的情况，需要借助药物进行适当控制。虽然孤独症和癫痫发作之间的联系尚不完全清楚，但可能与大脑结构或功能的差异有关。

7. 基因突变与基因表达的改变

虽然孤独症不是由单个基因引起的，但一些基因突变与患病风险增加有关，这些突变可能会影响大脑的发育和功能。此外，基因表达的变化及基因打开或关闭的方式，也可能会影响病情的发展。

(四)注意缺陷多动障碍

多动和注意力分散是孤独症儿童在学龄期表现最为明显的症状之一，研究显示70.8％的孤独症儿童有共同病症，其中最为常见的症状为注意缺陷、多动冲动症状，因此孤独症儿童常被误诊为注意缺陷多动障碍，即多动症（Attention Deficit and Hyperactivity Disorder，ADHD）。

一些研究者认为，孤独症患儿的注意缺陷、多动、冲动等症状其实是对孤独症核心症状的误解而非多动症：患儿有社交障碍，他们不回应照养人互动要求、缺乏眼神接触的行为被误认为是注意缺陷问题；频繁出现的刻板行为被认为是多动行为。[3]

孤独症与多动症共病患儿在认知功能、社会功能、适应能力、学业成就等方面的受损更加严重。对于许多孤独症患儿尤其是高功能孤独症患儿来说，注意缺陷、多动、冲动的症状对他们的影响甚至有可能超过孤独症本身的症状，在他们的学校及家庭生活中产生更大的负面影响。[4] 正确做出孤独症与多动症的共病诊断，可以帮助更具体地判断患儿的功能受损情况，帮助他们进行更有效的干预和治疗。

---

[1]　史姗姗等：《静息态下孤独症谱系障碍儿童大脑前额叶的功能连接特征研究》，载《中国康复医学杂志》，2023(5)。

[2]　李玉爽等：《基于图论分析对自闭症谱系障碍儿童脑功能网络异常拓扑学属性的研究》，载《磁共振成像》，2022(3)。

[3]　李晓萌、张劲松：《注意缺陷多动障碍与孤独症谱系障碍共病诊断新进展》，载《中国儿童保健杂志》，2015(3)。

[4]　同上。

(五)执行功能障碍

执行功能是个体在设定目标、制订计划并实施过程中所需的一系列高级认知功能，对孤独症儿童的发展具有重要影响。[1] 孤独症的执行功能发展对其各方面的发展具有重要意义，研究表明，孤独症儿童在抑制自我调控、认知灵活性和元认知这三个大维度上的表现要显著差于普通儿童。[2] 这使得孤独症儿童可能难以启动和完成任务，或者可能难以确定信息的优先级，也可能会影响他们发起和维持沟通、转换话题及遵循指示的能力。因此，执行功能的障碍影响了孤独症儿童的入学准备、游戏及技能发展，并且对他们的社会性发展也造成了明显的影响。

第三节
孤独症儿童的案例分析及教育干预

一、案例分析

> 10岁的小伟(男)患有孤独症，主要表现为语言沟通、社交互动存在困难，难以控制自己的情绪。此外，小伟还存在一些刻板行为，如反复地揉捏地板上的海绵垫，拽着椅背反复摇晃。小伟在某康复中心接受了两年多的训练，各方面达到一定要求后，才来到了现在的小学(一年级)。刚入学时，小伟的表现还不错，虽然学得慢了点，但是有所进步，与同学也几乎没有发生过矛盾。因为患有孤独症，小伟延迟入学了3年，所以看起来比同班同学要高大得多。

(一)针对孤独症儿童攻击性行为的教育措施

> **案例：**
> 一次小伟妈妈忘记了给他带喜欢的饼干，他把脑袋重重地撞向墙壁，并通过骂、打、抓来猛烈抨击他的妈妈。对同伴也是如此，经常因为他想玩某个玩具，就对同伴大打出手，并且说着"我要你去死"之类的具有威胁、恐吓意味的语言。当他爆发攻击性行为时，同学们都非常害怕，家长也害怕他会伤害到自己的孩子。
> 在与小伟妈妈进行了2小时的访谈后得知，小伟家庭条件一般，加之小伟的病情，从出生以后花费就很高，爸爸不得不到外地去工作，以挣取更高的薪资。妈妈为了更好地照顾小伟，辞去了工

---

① 张秋月：《孤独症谱系障碍儿童执行功能干预的个案研究》，硕士学位论文，东南大学，2015。
② 邢冰冰、王志丹：《孤独症谱系障碍儿童与普通儿童执行功能比较研究》，载《陕西学前师范学院学报》，2021(8)。

作当起了全职妈妈。前段时间，奶奶提出了生二胎的建议，小伟的爸爸妈妈在这个问题上出现了分歧，大吵了一架，好长时间没有联系。再后来的联系是因为小伟出现了较强的攻击性行为，爸爸妈妈就这些问题进行了商讨，但是最后几乎都是因为吵架挂掉了电话。

　　小伟说道："我打人，爸爸就会打电话回来，打完电话可能就会回家了，我看电视里人家都是这么做的。"上次小伟之所以因为饼干对妈妈大打出手，也是因为妈妈说那个饼干是爸爸买给他的。再后来，小伟就好像习惯了这种行为，一点点事情就会使他脾气暴躁。

【诊断】

　　通过分析小伟的基本情况发现，小伟除了有交流沟通障碍、刻板行为等孤独症儿童共有的特征之外，还存在着较为严重的攻击性行为。攻击性行为是指伤害他人、恐吓他人或破坏财产的行为。常见的攻击性行为表现有身体攻击、言语攻击、敌对行为、冲动行为等。并非所有的攻击性行为都是暴力的或对身体有害的，但即使是非暴力攻击行为也会造成他人或自己的身体伤害、社会孤立，甚至是法律后果。同时攻击行为也会对自身心理健康产生长期影响，增加患抑郁症、焦虑症和其他心理健康障碍的风险。

　　1. 身体攻击行为

　　小伟对妈妈和同伴大打出手，出现了明显的身体攻击行为。

　　孤独症儿童身体攻击的具体表现多为用手击打别人的头部、用脚从后面踢别人、随意拿起东西砸向别人等方式。他们出现这种情况的原因一般是感受到被冒犯，或者自己想表达的意思没有被他人理解等方面。

　　2. 语言攻击行为

　　小伟说"我要你去死"等带有威胁和恐吓意味的话语，是典型的语言攻击行为表现。

　　患有孤独症的儿童可能会表现出言语攻击性，并会以不同的方式表现出来，如辱骂、取笑他人，用侮辱性的词汇给老师、同学起外号，模仿电影和电视剧中不健康的台词等。孤独症儿童的语言攻击可能是多种因素造成的，包括感官敏感性、沟通和社交互动困难、因缺乏对社交线索的理解而感到沮丧及情绪调节困难。需要注意的是，并非所有患有孤独症的儿童都会表现出语言攻击行为，而那些表现出言语攻击性的儿童可能也会严重程度不同。

　　3. 自我伤害行为

　　小伟把头狠狠地撞向墙壁是自我伤害行为的表现。

　　孤独症儿童的自我伤害行为被定义为故意对自己造成身体伤害，如打、咬、抓、撞头或自割。自我伤害行为可能会产生重大的负面后果，包括身体伤害、社会孤立和日常生活活动受限，对儿童及其家人的生活质量产生重大影响。看护者和教育者必须监控和记录自我伤害实例，并对行为做出一致和适当的反应。一个支持性和结构化的环境可以帮助孤独症儿童减少自我伤害的频率和严重程度，并改善孩子的整体功能和生活质量。

【影响因素】

1. 生理因素

先天性的缺性是导致孤独症儿童出现各种问题的最重要因素，孤独症儿童存在先天性的脑部发育迟缓及免疫系统缺陷，表现为行动迟缓、语言表达能力不足、个人人格发展不完整等，这些不足和缺陷会导致孤独症儿童在表达自己想法和情绪上产生障碍，从而导致情绪失控，进而产生攻击性行为。

2. 认知因素

孤独症儿童多有先天性器质病变，因此在认知方面一般也会有很严重的问题，所以他们的攻击行为可能由多种认知因素引起。如小伟想念爸爸时由于执行功能困难导致的认知偏差和不匹配，错误地建立了"打人—爸爸回家"的联结，执行功能困难也使其难以控制冲动和管理情绪，导致因为妈妈忘记带饼干就对妈妈大打出手；孤独症儿童在心智理论方面存在缺陷，使其难以理解他人的意图或观点；在社交线索的感知方面存在的困难，使得孤独症儿童在社交场合中难以发起并开展良好的社交互动。当小伟想要玩具时就可能感受到威胁或困惑而导致其对同伴的语言攻击行为。

此外一些孤独症儿童还可能会进行感官寻求行为，如打或咬，以此来调节他们的感官环境，因此出现了攻击性行为，虽然这些行为可能会让其感到安心，但对他人可能有害。并且，孤独症儿童可能比同龄人经历更高程度的焦虑和压力，当他们感到不知所措或焦虑时，他们可能会通过身体上的猛烈攻击来应对自己的情绪，如小伟将头撞向墙壁的自我伤害行为。

3. 环境因素

从布朗芬布伦纳的生态系统理论中可知，人并不是独立于环境之外，而是要与生存的微观、中观、宏观环境系统发生互动，并受到各类环境系统的影响。

（1）家庭是孤独症儿童社会化的重要场所。

家庭冲突和父母压力都会加剧患儿的攻击性行为，而教养方式的差异也会对孤独症儿童行为认知的塑造产生不同的影响：专制管教模式下的孤独症儿童会产生抵触情绪，打骂、体罚的行为在潜意识中不断强化儿童攻击性行为；消极"榜样"更会使其模仿习得，小伟的爸爸妈妈在"二胎"问题上的分歧，导致两人频繁的吵架也会加剧小伟的攻击性行为；溺爱的管教模式会使孤独症儿童产生畸形的认知，一旦不顺心就会导致他们产生攻击倾向，小伟的妈妈就是由于溺爱导致了小伟问题行为的加剧。

（2）学校同样是孤独症儿童接触最多、影响最深远的环境子系统。

教师不一致或不适当的管教，会对儿童的攻击性行为产生一定的强化。如果孤独症儿童经常受到老师的批评而得不到正面积极的评价，会使其对老师的评价产生认同，由此会打击他们的自信，产生挫败感，进而通过攻击发泄自己的情绪。学校的照顾主体是年龄相仿的儿童，因此同伴关系的影响不可忽视。在与同伴交往的过程中，具有攻击倾向的孤独症儿童，往往会采取身体攻击、语言攻击等方式给同伴带来伤害，如小伟具有威胁、恐吓意味的语言，就使同伴产生恐惧心理并从内心深处对他产生抵触，进而使同伴关系紧张。

此外，集体教学带给孤独症儿童的各方面的刺激远比家庭要多，过度拥挤和感觉超负荷也会加剧孤独症儿童的焦虑和攻击行为。孤独症儿童通常也需要专门的支持服务，如言语治疗、职业治疗和行为干预。缺乏足够及个性化的支持服务时，儿童可能会感到被误解或被边缘化，会变得沮丧并表现出攻击性。

（3）大众传媒对孤独症儿童攻击行为的潜在影响。

孤独症儿童因在理解沟通方面存在障碍，在现实生活中难以交友和参与社交活动，大众媒体可以成为其社交互动的替代品，但孤独症儿童可能难以理解暴力媒体内容的上下文和含义，难以区分幻想和现实，小伟说"我打人，爸爸就会打电话回来，打完电话可能就会回家了，我看电视里人家都是这么做的"，就是误解和模仿大众传媒导致其具有攻击倾向的行为。

【策略】

在了解相关情况之后，教师为小伟制订了一个为期 1 年的融合教育计划（见图 6-1），分为行为问题处理、个别教育计划、同伴互助、家庭配合四个部分，家庭、学校、同伴三方形成合力，共同推进融合教育的开展。

图 6-1　融合教育计划

1. 行为问题处理

（1）确定触发因素，采取针对性措施。

由于小伟的攻击性行为主要是建立了"打人—爸爸回家"的错误联结，因此教师明确地告知他，爸爸不会因为他打人回来，而是表现得好才会回来。根据强化理论，如果某行为得到了正面的奖励和反馈，就会重复出现。爸爸回家陪小伟待了几天，明确告诉他什么是好的表现，应该怎么去做。

但是，不能每次小伟一进步，爸爸就放下工作赶回家，教师要有意识地把"爸爸回家"的奖励转化成精神奖励。如大家一起给小伟竖个大拇指，说："小伟真棒，今天的课文读得很流畅。"由于孤独症儿童的语言沟通存在一定障碍，笼统的夸赞容易使他建立起错误的行为联结，因此教师要注意夸赞的具体性和准确性，明确告诉他哪里做得好、做得棒。

（2）教授沟通技巧。

当孤独症儿童无法表达他们的需求或挫折时，他们可能会变得好斗。如小伟在后面的日子里，他就习惯了攻击性行为，越来越控制不住自己的情绪。教师告诉小伟，如果你下次再想发脾气，就做打叉的手势，或者指贴在墙上的打叉手势的图片。小伟照做以后，教师会把他抱在怀里，轻拍着他的后背，播放舒缓的音乐或哼唱柔和的乐曲，帮助小伟安静下来。之后老师会询问小伟原因，解决症结所在，并告诉他下次该怎样表达或操作。3周过后，教师把打叉图片换成拥抱姿势的图片，并告诉小伟，如果还是没控制住自己，就主动过来抱抱老师。

（3）制定有条理的惯例。

孤独症儿童通常会从有条理的惯例中受益，因为这有助于他们感到更安全、更有控制力。教师在班级内建立一贯的日常作息，安排有规律的进餐、活动和就寝时间，并且要求小伟妈妈一定按时来接他放学，帮助建立安全感。同时，教师也尝试教给小伟"学会等待"，如果他能安静地等妈妈来接，成人就要及时具体地给予强化。

（4）听指令教学。

教师可以通过指令训练，帮助孤独症儿童形成听指令行动的习惯，提高他们的执行力。教师联系了小伟康复中心的老师，帮助小伟建立了一套简单且熟悉的指令，每当常规活动开始时，教师都会要求全班同学和小伟一起先听指令再进行活动，使得全班的秩序和执行力都得到了提升。

（5）提供感官支持。

许多孤独症儿童对某些刺激很敏感，如较大的噪声或明亮的灯光。教师确定可能导致攻击性行为的任何感官触发因素，并提供适当的感官支持，如当小伟出现自我伤害行为时，教师会将小伟带到安静的房间中，让小伟的感官得到休息，等到小伟平静后再进入教室进行集体活动。

2．个别教育计划（见表 6-2）

表 6-2　个别教育计划表

个别教育能力	个别教育内容			
语言交流能力	使用视觉辅助工具。孤独症儿童通常对视觉辅助工具反应良好，如图片时间表、视觉提示和社交故事，这些工具能帮助小伟更好地理解语言并传达他的想法和感受	使用语音转文本软件和虚拟通信平台等应用程序。适当软件的使用可以帮助小伟发展语言技能	鼓励社交互动。社交互动是语言交流的重要组成部分。教师通过安排小组活动和点对点交流来鼓励小伟的社会互动	提供积极强化。对小伟的良好表现提供积极的反馈和奖励，激励他继续发展他的语言技能
注意力训练	创造一个结构化的环境。孤独症儿童通常在常规和时间表一致的结构化环境中茁壮成长，创建视觉时间表或日历可以帮助孩子保持专注并了解对他们的期望	将任务分解成更小的步骤。孤独症儿童可能难以同时处理多项任务或处理过多信息，将任务分解成更小的步骤可以帮助小伟一次专注于一件事，并在他完成每一步时体会成就感	适时进行感官休息。孤独症儿童可能会被感官输入淹没，导致注意力分散和难以集中注意力。此时成人可以提供儿童感官休息，如让小伟去户外散步或玩感官玩具，帮助他调节自身的感官输入并返回手头的任务	结合兴趣。孤独症儿童通常有特定的兴趣或激情。将这些兴趣融入学习或其他活动中可以帮助他们保持专注
运动技能锻炼	帮助小伟制订运动规划。运动规划是指以协调的方式规划和执行动作的能力，运动训练可以通过提供练习和完善运动的机会来帮助儿童发展运动规划技能	采用感觉统合疗法。成人可帮助小伟调节他的多通道感觉输入并提高运动技能	设计适应性体育教育项目。成人需要满足小伟的独特需求，使他更容易获得和享受体育活动	定期进行体育锻炼。父母和教师应努力提升小伟的肌肉力量和耐力，改善情绪，减轻压力和焦虑

3．同伴互助

（1）开展"走进孤独症儿童世界"的主题活动。

让班级普通儿童认识孤独症这一特殊群体，激发同理心，并学习如何去帮助他们。比看到孤独症儿童特殊性更重要的是，教师要让孩子们关注到孤独症儿童与他们之间的共性。孤独症儿童也和他们一样，有着自己的身体、自己的思想，也想在草坪上肆意奔跑，也能在阳光下畅意地大笑。他们不是"异类"，而是朝夕相处的朋友。

（2）创设包容的环境。

通过创造一个欢迎孤独症儿童并促进归属感的包容性环境，以确保活动对有不同需求的儿童开放，并鼓励儿童相互尊重和支持。教师通过开展"搭建我的学校"的集体活动及开放多种功能的活动室，让小伟发挥自己力气大的特长和其他儿童一起工作，在这个活动中所有儿童都是平等和自由的，可以自发地通过互助完成建构木屋等工作，增进同伴之间的感情的同时也提高了小伟的自信心。

（3）教师让班里两个学习、性格方面发展都比较好的孩子坐在小伟的左右两侧。

上课时，他们帮助小伟积极参与课堂讨论、回答问题。在其他活动中，他们会主动牵着小伟的手，告诉他需要干什么，应该怎么做。这使得小伟在班级中事事有回应，性格也变得开朗起来。

4. 家庭配合

家庭是孤独症儿童融合教育的重要组成部分，家校合作对于确保孤独症儿童的融合教育取得成功至关重要。

（1）沟通与协作。

教师与小伟的家长进行密切沟通，帮助家长采用精神奖励，强化小伟的积极行为，消退攻击性行为，打破小伟原有的错误联结。此外，在这一年的教育过程中，小伟的妈妈一直参与其中，认真听取相关建议并执行。

（2）灵活性和适应性。

为满足小伟的多样化需求，教师与家庭通过协商，对原有的教学计划进行了修改，并且这些活动也会在家庭中延伸。教师会帮助小伟的父母有意识地运用日常生活中的资源，对小伟加以教导，以期更好地促进小伟各方面的发展。

（3）家长参与课堂。

计划刚开始的3周，教师要求小伟妈妈进行陪读。除了给予小伟更多的安全感之外，家长参与课堂还有利于家校之间的交流与合作。

5. 融合计划结果

通过执行为期1年的融合教育计划，小伟的攻击性行为几乎不再出现了，除非某些事情致使他情绪极度暴躁。在家庭、学校、同伴的共同努力下，小伟在语言交流、人际交往方面也有了长足的进步，能够主动发起并维持对话。在课程学习方面，小伟也有了很大提升，能够朗读课本上的所有课文，数学运算方面虽然做题速度还是比较慢，但是正确率比较高。

（二）针对提高孤独症儿童学业成绩的教育措施

案例：

小伟在班级中的学业成绩一直排在末尾，通常难以在课堂中完成老师布置的任务，对于老师上课所讲的抽象思维概念理解能力弱，反而对数学题中公交车行驶的路线极其感兴趣，但他不理解公交车的行驶距离和乘客的居住地间的关系。在课堂中，小伟经常会被墙角的小昆虫吸引兴趣，教室中偶然出现的声音常常会使其忘记听讲，而沉迷其中。

【诊断】

1．不明白事物的相关性

孤独症儿童一般都不明白生活经验背后的意义。由于他们的世界是由许多独立的小节组成，他们未必能将这些小节连接成有意义的概念，以致不能明白小节之间的相互关系，如小伟不能理解乘车距离与目的地的关系。经过适当训练后，部分学生能够依次序处理信息。不过，由于他们不容易明白较复杂的关系，因此认知上往往会出现困难。

2．过分执着事物的枝节

孤独症儿童往往过分执着事物的枝节，而忽略了重要的部分。有些孤独症儿童的视觉辨别能力较强，但他们会将注意力错放在一些不重要的细节，而忽略课堂的正常学习，如小伟会注意到墙角上有一只小昆虫在爬来爬去，而忽略了教师正在讲授的课题。此外，大部分孤独症儿童的听觉较敏锐，他们可能会注意到微弱的环境噪声，而忽略教师所说的内容。

3．专注力较差

孤独症儿童的专注力一般较差。这可能因为他们专注的事物与一般学生有别，如小伟对教师的说话听而不闻，对四周环境不加理会，但对教室中出现的某些声音却异常敏感。这些异常的反应都阻碍了他们的正常学习。

4．较难掌握抽象的概念

孤独症儿童在处理语言符号及意思的统合可能有困难。他们一般能够明白具体的概念，对于抽象的概念则较难明白，如小伟明白公交车行驶的路线却不理解距离的概念。孤独症儿童一般比较留意影像而忽略语言，在处理信息时通常会着眼于片面的资料，而未能全面了解事件。

5．较难在同一时间处理多项数据

孤独症儿童对于要在同一时间分析多项数据会有困难，亦较难有次序地完成工作，因此小伟很难在课堂上完成教师规定的多项练习，导致对于知识不能很好地掌握。孤独症儿童通常也只能在特定的情况下做出某一种反应，亦较难在不同的情况下灵活运用已掌握的概念。

【策略】

1．稳定而有规律的学习环境

在有规律的学习环境里，孤独症儿童能够慢慢掌握课堂一般的规律及要求。教师通过细化课程模式，帮助小伟进一步了解一节课的各个环节。如在语文课中，教师讲新授课、复习课、讲评课等具体的安排告知小伟，并且不轻易地改变上课的流程，确保课堂的稳定和规律。因为孤独症儿童不容易适应转变，在做出转变前，教师在事前告诉小伟需要做出什么转变、为什么要有转变及如何去处理转变，帮助小伟及时适应。

2. 引导学生全面审视问题

因为孤独症儿童所了解的世界是由许多独立的小节组成，他们往往不能掌握事情的因果关系，也不能解释事件为什么会发生。故此，教师在帮助小伟了解问题时，尽可能引导其全面地审视问题。刚开始时，教师会使用不同的标记帮助小伟将每一句话都分解开，然后一字一句地连成段，帮助小伟将需要的条件或同类的条件用相同颜色标注出来，再对应到"六个 W"的表格中去(见图 6-2)。等到小伟可以独立标注后，教师只是进行检查，在教师和小伟的坚持下，小伟已经可以全面地理解问题了。

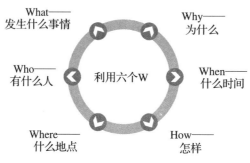

图 6-2　六个 W 示意图

3. 善用多感官学习活动及学生感兴趣的学习活动

由于孤独症儿童感兴趣的题材可能与一般学生不同，把学习信息融入学生感兴趣的学习活动，可以提高他们的学习兴趣及学习成效。教师通过小伟感兴趣的交通工具的图像及相关的音乐和旋律将其带入各科学习的主题中，利用这些交通工具作为事例，请小伟作计算。教师还善用小伟的固执行为，设计与行为相关联的活动，如通过摇晃含有水彩的瓶子进行的美术活动等，提升他的学习动机。

4. 循序渐进的学习目标

教学计划的设计应该是孤独症儿童可以掌握的个别活动，让他们可以从一个小阶段循序渐进到下一个阶段，逐步完成全项目标。孤独症儿童未必能掌握学习的重点，因此教师宜为学生提供完成学习的程序。教师为小伟设计了一套循序渐进的预习流程，从字词的注音开始，到背诵古诗结束。在教师的帮助下，小伟可以按照程序化的模式，阶段化地完成学习任务，在掌握知识的同时也锻炼了小伟的逻辑思维能力。

5. 提供具体的例子协助讲解

孤独症儿童对掌握抽象的概念比较困难，如果他们不明白，可能会口头重复一些内容。因此，不要因为学生口头重复这些内容而假设他们已能掌握概念，应尽可能提供具体的例子去帮助孤独症儿童理解。如乘坐公交车的距离的概念小伟难以掌握，教师通过汽车玩具模拟给小伟看，同时在体育课上为小伟展示不同位置学生跑步距离的不同，帮助其用具象思维理解抽象的概念。

6. 给予单一指示，提供实时协助

因为孤独症儿童未必能在同一时间处理多项信息，教师应该每次给予孤独症儿童一个信息，等他完成后，才给他另一个指示。教师在课堂上按照小伟的学习情况布置课堂练习，并及时地关注小伟的学习情况，避免为小伟布置太多练习而导致他难以处理而苦恼。当小伟在学习上遇到问题，教师立即为他提供协助，刚开始时小伟可能会因为面对失败而痛苦或尖叫，但是教师在语言鼓励和安慰时，及时提供了协助，防止了问题恶化。

7. 利用视觉策略

孤独症儿童有独特的思考模式，这些模式既带来了一些烦恼，也是他们学习的强项，视觉策略就是一套运用孤独症儿童的视觉讯息去协助他们的策略(见表6-3)。

利用孤独症儿童视觉感知的强项去弥补他们在听觉感知上的不足，可以提高孤独症儿童的理解、表达能力，加强行为和情绪的管理，从而提高他们的学习兴趣，令他们更好地投入课堂中。

表 6-3 视觉策略

视觉策略内容
1. 空间及环境的安排 空间及环境的安排是按不同任务的需要，利用桌椅把一个教学环境划分出不同的范围，并且摆放适当的材料及标签，以帮助儿童分辨环境和学习应有的活动范围，在不同环境中做适当的事。此外，儿童亦可学习按不同标志的指示去收拾自己的物品，以及跟从事物的位置和摆放次序来独立完成任务
2. 日程表 日程表类似时间表，利用视觉图像，如实物、照片或图片辅以文字，展示一天内或某些时段内要做或不应该做的事情，令儿童可以不断重温日程里的信息。通过日程表，儿童能预知一天里活动的先后次序及活动的变更，以帮助他们适应日常学习生活。教师可按幼儿的能力，选择合适的视觉图像
3. 月历 教师在空白的月历上贴上适当的图画和文字，让孤独症儿童预知未来将会发生的特别事情或活动的转变，从而减少活动改变而带来的负面情绪或行为反应
4. 程序图 程序图将幼儿要完成的复杂任务或流程，分为几个相连的步骤，并以图像辅以文字的形式逐一展示出来。透过程序图，孤独症儿童能更容易理解程序中互相关联的步骤，从而更主动及独立完成学习任务。另外，儿童亦能透过分工合作参与合作性活动，提高表达能力、社会交往能力
5. 活动规则图像 活动规则图像透过文字和图画，帮助孤独症儿童明白课堂中要遵守的规则及指令，以明确的字眼及图像去阐明抽象的规则及指令，以帮助儿童于课堂中集中专注力，改善课堂秩序。教师可根据儿童的能力及个别需要，为儿童选取不同形式及用法的活动规则图像

续表

6. 沟通册 图片交换手册是其中一种沟通册，它要求孤独症儿童主动运用图片来交换所需，着重培养幼儿的沟通动机，以训练儿童主导双向的沟通。教师会以幼儿的喜好或需要安排刺激及奖赏物，并按照儿童的能力安排不同的训练阶段
7. 社交故事 社交故事是以故事形式，描述不同社交场合的背景，在这些场合应有的社交礼仪和行为表现，以及其他人对恰当社交礼仪的反应。透过运用相关的照片、图画及浅易的文字，社交故事可解释抽象难明的社交概念及礼仪。编写社交故事前，必须了解及针对儿童行为背后的原因及动机，才可对症下药
内容转载自：复康联会及社联的《学前特殊需要儿童创新服务会议》文集

【概念聚焦】　　　　　　　　　　**社交故事**

"社交故事"是由古卡露(Carol Gray)发展出来的一套教导孤独症儿童认识社交情境的方法。她针对孤独症儿童的社交及沟通障碍，利用他们较强于视觉图像及对文字特别感兴趣的学习模式，以小故事的形式，透过文字、图画来描述不同的社交情境，提供客观的社交数据及具有社交意义的提示，好让孤独症儿童明白在某些社交情境中别人所期望的或可接纳的行为表现，引导他们学习适当的社交回应。

"社交故事"的特点和写作指引：

"社交故事"的应用范围很广阔，如可以描述某一特定的社交情境，教学程序及常规，指导孩子某项活动的步骤及技巧等。每个"社交故事"都有明确的主题，故事内容带出与主题相关的内容(如何时、何地、何解、何人、怎样做)，以及具有社交意义的提示(如孩子忽略了、误解了或做得好的事情)。故事以第一人称"我"来撰写，内容要顺应孩子的理解能力而编写，可按孩子的需要和兴趣，使用文字、图画、视频等，用字必须正面和精简，主要由四类句子组成，不同类别的句子有一定的比例建议。

"社交故事"的四种基本句子：

1. 描述句：陈述在某情况下可见的事实，不包含个人意见或假设。

例句：星期日我不用上学。

2. 透视句：多数用于描述他人的内心状况(包括知识、感觉、信仰、意见、动机或身体状况)。

例句：我的妹妹喜欢弹钢琴。

3. 指示句：建议在某情况下的一个反应，或者指出一些不同反应的选择，不经意地引导孤独症儿童的行为，但必须考虑文字传译的重要性，多数用"我尝试"或"我可以试试"。

例句：当上课铃声响时，我会尝试跟着同学排队。

4. 肯定句：多紧接于描述句、透视句或指示句之后，为了增强某些句子的意义，表达一种共有的意见或价值。

例句：玩滑梯时每次只让一个小孩子滑下去，这样才能确保孩子的安全。(强调规则)

在社交故事内句子类别的比例：

0~1 句的指示句

2~5 句的描述句、透视句、肯定句

以下是社交故事的例子：

排队

> 很多时候我们都会排队，
> 有时排队入课室，
> 有时排队轮流玩游戏。
> 排队可以让我知何时轮到我，
> 排队令活动可以进行得更快和有秩序，
> 我尝试安静跟着前面的小朋友排队，
> 姑娘会赞我守秩序。
> 内容转载自：复康联会及社联的《学前特殊需要儿童创新服务会议》文集

每位孤独症儿童在能力及需要方面都各有差异，因此教师在安排视觉策略工具时，需要按照个别孤独症儿童的特征，并随着孤独症儿童的年龄及能力的改变做出修改。教师还可将视觉策略延展至孤独症儿童的家中，让孤独症儿童于生活中有一套统一的沟通方法。

(三)针对孤独症儿童沟通问题的教育措施

> **案例：**
>
> 小伟在教室里经常都好像忽视四周的环境，活在自己的世界中。对于外界的一切都有自己独特的理解。小伟智力正常，但是有时候他连跟从日常生活指令都有困难，如妈妈对他说："你做完作业，如果不下雨你就可以去公园玩；不然就看一会图画书。"但是，小伟的反应却是一脸茫然。
>
> 教师请小伟在上楼梯时不要争先恐后，他于是坚持一定要排在全班31人中的第16位，每次也要数过同学的数目才排队，不能先也不能后。
>
> 妈妈说："邻居妹妹真是标致！"小伟回应说："妹妹不可能是标致的。"
>
> 爸爸问小伟："我们下午坐公交车去公园好不好？"小伟对公交车是有强烈的喜爱，一听到"公交"两字，立即回应："坐13路公交！"

【诊断】

1. 走神、心不在焉

小伟在教室里经常都好像忽视四周的环境，活在自己的世界中。

(1)由于孤独症儿童的世界是由许多独立的小节组成，他们所感受的世界可能是很迷惘的。因此，他们或会将自己关在自己的世界，忽视四周的环境。小伟即使坐在教室里，他也不会去主动探究教室里的环境和事物，而是沉浸在自己的世界中。

(2)孤独症儿童不容易掌握事情的因果关系，不能准确解释事件为什么会发生，也不能有效预计什么东西将会出现。因此，他们未必能够将专注力投放在其他人认为对他们重要的事情上。

(3)他们容易被一些琐碎的事情分散注意力，孤独症的症状之一就是注意力缺陷，常常使人误解他们是多动症儿童。

2．不能跟从指示

妈妈对他说："你做完作业，如果不下雨你就可以去公园玩；不然就看一会图画书。"但是，小伟的反应却是一脸茫然。

(1)孤独症儿童的思维模式是直线式的，通常当环境改变时，他们难于变通。因此，他们不容易应付一些带条件性的指示，小伟妈妈说出的"如果""不然"对于小伟来说难以理解。他们对于处理复杂的句子，如小伟妈妈说的："如果……你就可以……"有困难，导致他们一脸茫然。

(2)他们很难同时处理数个指令，因此，当教师或家长请孤独症儿童帮忙做事情时，可能会出现"丢三落四"的现象。

(3)孤独症儿童在仔细计划及控制自己的一连串行为方面有困难，如由于儿童处理信息的能力较弱，很多时候不能将短暂的记忆转为长期的记忆，以致很快便忘记教师的指令。

3．一知半解

他于是坚持一定要排在全班 31 人中的第 16 位，每次也要数过同学的数目才排队，不能先也不能后。

(1)孤独症儿童对周围事物的理解，由许多独立的小节组成，未必能构成一个有系统的概念模式，明白小节之间相互的关系。如他们也许会理解"融洽共处"为同学的脸上有笑容，但可能当有同学被其他同学捉弄时，有些同学面露得意，他仍以为大家相处愉快。

(2)孤独症儿童不容易明白事件背后的寓意及事情的关系，他们比较容易明白具体的概念，对抽象的概念较难掌握。如教师所说的"不要争先恐后"，在小伟看来就是一定要按照顺序，不能理解其背后的真正内涵。

(3)孤独症儿童对真实及假设的故事会有混淆，他们可能会认为故事中的人物或地点一定存在，并执意要去寻找。

4．答非所问

妈妈说："邻居妹妹真是标致！"小伟回应说："妹妹不可能是标致的。"

爸爸问小伟："我们下午坐公交车去公园好不好?"小伟对公交车是有强烈的喜爱，一听到"公交"两字，立即回应："坐 13 路公交!"

(1)孤独症儿童对掌握同义词或是同一个词但在不同的情境有不同的意义比较困难，如礼拜日/星期日/周日等同义词。

(2)大部分孤独症儿童的听觉较敏感，他们可能会受微弱的声音影响而分心，忽略了别人说话的一部分内容，造成他们在沟通交流时出现"驴头不对马嘴"的现象。

(3)他们会将专注力放在一些特别感兴趣的部分，而忽略了事件的主题。如在看图作文中，有四幅图画，关于一个学生参加学校旅行。孤独症儿童可能只留意到第一幅图中的交通工具，从而将所有的篇幅都用于形容这种交通工具的特征。

【策略】

1. 走神、心不在焉

(1)简明直接的指示和教导。教师需要清楚并直接地对孤独症儿童解释事情出现的先后次序。孤独症儿童在沟通上有一定程度上的障碍，语言理解力比较弱，难以掌握指示和要求，因而需要教师给予简明直接的指示和教导。如在日常交流中教师尽量避免使用艰深复杂的语句或比喻来作指示，并且教师会经常评估小伟对教师的说话的理解程度，当发现小伟出现不理解或心不在焉的情况后，立即简明直接地给予回应。

(2)在需要时进行点名，引导孤独症儿童专心课堂学习。教师需要给予孤独症儿童更多的关注，当发现他们走神时，要及时提示，帮助引导他们集中注意力。在课堂中，教师会通过口头提示帮助小伟留心学习的重点内容，防止其因为走神而学业成绩下降。

(3)控制可能在课室出现的骚扰。课室应远离会有高噪声的地方，如操场；课室应避免有太多的刺激物，如食物的气味、周围活动的人、可触摸的东西；课室的布置应尽量简单，不宜挂有一些会转动或在视觉上有深度的物品。

(4)安排多感官的学习活动，使孤独症儿童更注意学习的内容。很多孤独症儿童的视觉辨识能力比较强，对具体看到的图像资料比较容易掌握，因此，教师可以多引入视觉元素帮助他们学习，这些元素可以提醒学生所需要遵循的程序和规则，如教师在小伟的桌面上放置一张个人时间表和课堂上的规矩清单以帮助其更好地控制自己的行为。

(5)透过儿童感兴趣的活动进行学习，或以此作为奖励。孤独症儿童的兴趣比较偏狭，有自我中心的倾向，因此在学习过程中表现得被动，而周遭环境的声音、事物和个人的意念也容易使他们分心，以致他们很难投入课堂活动。

因此，教师需要留意孤独症儿童的兴趣，"投其所好"地设计学习活动，或不时奖赏他们，以提升他们的学习动机，或可以利用画图作为奖赏的方式。因为小伟非常喜爱公交车，教师就通过公交车所到的地区去讲解中国的地理情况等。

(6)推动孤独症儿童学习怎样去学习。如教师尽可能在上课前后，为他们提供加强学习辅导，并作课前预习，使他们不会因为跟不上全班的进度而放弃学习。在预习和辅导的过程中，教师需要教给他们学习的方法，并通过循序渐进的方式，引导孤独症儿童学会自主学习。

2. 不能跟从指示

(1)请孤独症儿童重复指令，并解释他要做什么，以确保他完全明白工作的要求。待孤独症儿童完成一项指示，才给予另一项指示，以防止孤独症儿童处理信息能力弱而导致每项指令都不能很好地完成。

(2)教师应对指令做出详细的解释，教师在发现小伟不能理解原有的指令后，对小伟进行了解释："我们轮流排第一。哪一组排在第一位，由老师决定。有时是第一组排在最前面，有时是第二组，有时是第三组，由老师根据学生的表现来决定。"通过教师不断地耐心解释，小伟在多次的理解下，可以明白指令下的真正含义。

(3)善用提示，帮助孤独症儿童更好地理解指示，以下五种"提示"有助儿童了解工作的程序及转变(见图 6-3)。

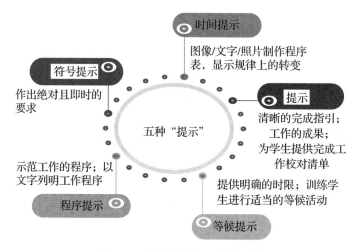

图 6-3　教师使用的五种"提示"

3.一知半解

(1)在讲解上提供清晰的点题，也可以通过图片进行辅助解释，如果孤独症儿童看似没有接收教师的指令，教师需要完整地重复说话，不要改变任何用字，因为孤独症儿童可能会误会为新的指令。

(2)如果孤独症儿童像鹦鹉重复教师或同学的说话，他可能是不明白说话的内容，或者情绪有些紧张，教师可以尝试简化说话的结构与内容。面对小伟不能对教师或同学的话给予回应的情况，教师尝试教导小伟一系列重要而简单的词汇，如"不知道""不明白""不清楚"等，并且安排语言能力发展较好的同学经常与小伟进行沟通交流，帮助他快速了解这些日常词汇的含义，以此避免因沟通上的障碍而发生冲突。当小伟的语言和理解能力发展较好时，教师开始教给他有寓意的成语，帮助小伟逐渐适应同龄人的交谈。

(3)引导孤独症儿童分析事件背后的原因及动机，如句式的提示，好像"我想这个故事里的猴子将会遇到……""从这件事，我看到我需要留意……"并且教师要直接讲述那些学生不易了解的内容，如在教学活动中，教师讲"当妈妈有证据证明是弟弟从她的钱袋偷了五十元后，她泪如雨下"。教师在讲授这段内容时，小伟知道妈妈是哭了，这时教师给予他提示，妈妈一定是很不高兴和伤心，否则小伟只会意识到妈妈在流泪，而不会感受到她的悲伤情绪。

（4）教导孤独症儿童什么是假装，什么是真实，什么是虚构。教师需要根据孤独症儿童的实际发展水平在教学活动中有意识地教导孤独症儿童分辨假装和现实，以防止孤独症儿童将真实和虚构混淆，造成不可预料的后果。

4. 答非所问

（1）孤独症儿童掌握语言符号比较困难，因此教师应尽量将"为什么"这一类的问题写成有提示的回应，或者扩张句子，如用"今天的天气是……"来代替"今天的天气是怎样"。

（2）针对孤独症儿童特殊的语言接受能力，教师需要做到以下八点：①控制常用句子的字数；②在长句的适当位置停顿，以便可以分成短小的句；③用完整及符合语法的句子；④用抑扬顿挫的声调变化来加强需要强调的词汇；⑤符合孤独症儿童对语文的理解，采用合适的句法及词汇，如小伟通常只留意语言表面及狭窄的意思，教师说"收作业"，小伟可能会理解为将作业收进书包里；⑥用实例协助解释词汇；⑦重复一些重要的词汇；⑧教师需要明白孤独症儿童可以说出词汇，未必等同他明白这些用字，需要在沟通交流中判断他能理解的层次。

（3）孤独症儿童较难掌握幽默或讽刺的话，如目光如豆、摇尾乞怜等。但是教师可以尝试教导那些能力较高的孤独症儿童理解这些话的意思，让孤独症儿童拥有不断发展的机会。

（4）孤独症儿童可能未必能明白成人说话的意思，因此必须向他们清楚交代事件的各个层面。他们在处理语言信息上容易有障碍，可能需要较长的时间去理解别人的信息，因此教师需要给他们足够的时间，鼓励他们主动回答，而不要急于替他们回答问题或不断重复口头指令。教师还可以通过提问，确定孤独症儿童是否已掌握问题的重点，再进行下一步的追问，以使他们能够理解教师的意思。

（四）针对孤独症儿童社交问题的教育措施

案例：

　　小伟一年级入学时，每到课间休息的时候，必定围绕操场跑，任何人在他的跑道上，他就用手去推开他们。有的同学想要和小伟交谈，但是他的话题总是围绕交通路线，因为他对校园周边的路线了如指掌，这使得同学们感到厌烦，不想与他交谈了。而到放学的时候，小伟都赶着回家看电视节目，如果有同学拉着他谈话，他便显得很不耐烦。

　　等到小伟熟悉了校园生活后，每逢见到其他人，不论男女，熟悉的或是陌生人，小伟会热情地拥抱他们，给一些同伴和家长造成了困扰。

【诊断】

1. 不理会别人

小伟一年级入学时，每到课间休息的时候，必定围绕操场跑，任何人在他的跑道上，他就用手去推开他们。

(1)孤独症儿童在感受自我时会有困难，一般人能够意识到自己在做什么，也明白其他人怎样看他们的行为，但他们却需要经过特别的训练，才能有这样的联系。因此，孤独症儿童可能会表现出某些其他人不理解的刻板行为，并且不允许他人的干预。

(2)孤独症儿童的思维方式通常是单向的，不容易感受其他人的看法。当小伟沉浸在自己的世界中，围绕操场跑步时，他并不会在乎操场上同学的眼光，而只会关注到他们是否做了打扰他的具体事件。

(3)他们通常只着眼于所看见的景象，而他们看到的景象便是他们的世界观，因此不容易因为感受到别人的看法而约束自己的行为。

2. 一成不变的话题

有的同学想要和小伟交谈，但是他的话题总是围绕交通路线，因为他对校园周边的路线了如指掌，这使得同学们感到厌烦，不想与他交谈了。

(1)孤独症儿童难以解读别人的表情，因此不知道别人已经厌倦了不断重复的话题。小伟可能是希望与别人谈话，但因强烈的爱好和狭窄的生活体验而缺乏其他话题，导致同学们对他的话题不感兴趣。

(2)孤独症儿童出现这样的偏好与固执，大有可能是出于紧张和焦虑不安。孤独症儿童的语言能力发展不如普通儿童好，当他们出现紧张或焦虑情绪时，不知道该怎么表达也不会采用恰当的方式缓解自己的情绪，因此他们可能出现重复话题的偏好与固执。

3. 不能跟从社交常规

而到放学的时候，小伟都赶着回家看电视节目，如果有同学拉着他谈话，他便显得很不耐烦。

(1)不要假设孤独症儿童像一般学生，一理通，百理明。因为他们大多是强记，未必贯彻了解事情的意义，也未必能将旧有的知识融会贯通。

(2)孤独症儿童未必能用既有的经验去处理或解释四周的新事物，因此他们需要更多的时间来建立新的行为模式。

(3)教师在教导过程中，如果只是单一处理孤独症儿童的表面行为，而不能更正他内在的缺失，孤独症儿童的社交行为就得不到更好的改善。

4. 不恰当的社会行为

每逢见到其他人，不论男女，熟悉的或是陌生人，小伟均会热情地拥抱他们。

(1)孤独症儿童不能通过观察，意识到在不同情况下应该怎样与人相处，如小伟不知道与人保持什么距离才是恰当的社交行为。

(2)他们对事物或人际关系的观察可能很片面，只是一知半解，故可能会将一些学到的行为不恰当地用于其他的情境，如小伟的姨妈最近怀孕，姨妈准许小伟摸摸她的肚皮，他因而对其他人的肚皮也很有兴趣，不时伸手摸别人的肚子，吓人一跳。

（3）孤独症儿童可能不容易分辨哪些是动画中的虚构内容和行为，哪些是一般为人所接受的行为。并且随着成长，他们所面对的挑战更多，因而可能会变得无所适从。

【策略】

1. 不理会别人

（1）孤独症儿童需要学习自我提示，如利用照片、视频、镜子来帮助孤独症儿童看看自己在活动中的行为表现。小伟很喜欢拍照片，也习惯教师经常为他拍摄视频，每周结束时，教师就会将视频播放给小伟看，和小伟一起分析自己是否有不恰当的社交行为；在观看视频时，教师会表扬小伟积极的行为，并且贴在他的课桌前随时给予强化和提示。

（2）提示孤独症儿童时反问自己为什么这样做及想想自己过去的经验，以协助孤独症儿童建立个人的经验。教师自己的工作学习中会常备一个本子来记录小伟不恰当的行为表现，并且通过咨询他人、收集资料等方式总结通用且合适的社交行为，有时还会在班会课上，通过移情等方法让全班同学讨论当面对这些社交问题时应该怎么做。当小伟再次出现同样的社交情境时，引导他做出恰当的回应。

（3）通过图片故事，帮助孤独症儿童明白他们的行为对其他人所造成的影响。孤独症儿童的思维是单向具体的，只有让他们通过视听觉等真正感受到行为后果，才能引起他们的重视。此外，教师还可以提供一些活动，让他们领悟别人的感受。教师在课余时间会组织情景剧的表演活动，教师会给小伟安排相应的角色，帮助他站在对方的视角亲身感受，为了防止小伟对情节和行为的不理解而造成反效果，教师还会在表演中和结束时，告诉小伟这样的行为是不恰当的、让他人受伤难过的。

2. 一成不变的话题

（1）与孤独症儿童约定什么时候可以谈论自己喜欢的话题。教师和小伟约定只有在别人提问时，才能和别人谈论自己家附近的公交站点，这样也避免了小伟"口无遮拦"，泄露自己的隐私。

（2）教导孤独症儿童运用一些令人容易接受的方式去谈论喜好的话题。教师发现小伟对于时间特别感兴趣，导致每当有教师上课，他就站起来大喊："你什么时候下课？"这使得教师十分尴尬，全班同学也都跟着起哄。教师了解小伟提问的原因后，便引导小伟以另一种方式进行表达："请问您这节课要上多长时间？"

（3）如果孤独症儿童希望用重复话题来减轻压力，教师可以尝试摒除导致压力的因素，并教授他放松自我的方法。教师留心观察小伟谈论重复话题时的情景和情绪，发现每当小伟的妈妈没有按时接他放学时，他就会因为焦虑而不停地谈论离家最近的公交站。此时，教师便会主动与小伟交流，引导他通过简单缓慢的动作缓解情绪，并及时联系小伟的妈妈接他回家。

(4)如有需要，教师可以用说话、手势甚至眼神去提示孤独症儿童停止谈论自己喜欢的话题。教师可以时常教导孤独症儿童可以与人谈论的其他话题，需要循序渐进地训练他们的社交技巧，扩展他们的生活圈子，协助他们与他人接触，从而建立正常的人际关系。

3. 不能跟从社交常规

(1)通过及时的回馈，加强孤独症儿童正面而恰当的行为。孤独症儿童需要教师为他解读每个情境对他的意义，并教导他如何处理。小伟在体育课主动扶起了摔倒的同学，教师及时地给予表扬和奖励，同时教师还引导小伟询问摔倒同学的情况，并告诉小伟主动关心同学会增加他们的友谊，让小伟多了一个好朋友。

(2)用浅白的语句帮助孤独症儿童明白事情的规律、因果的关系。教师在设计学习材料时，考虑小伟可以利用旧有的知识或技巧去处理现在的问题，如小伟对于时间和时刻表掌握得很好，教师就在含有时间线的课文中增加了时钟道具，帮助小伟更直观地学习和阅读。

(3)提醒孤独症儿童在不同的工作、事情及情境所扮演的角色，以便让他建立个人的记忆系统。同时，教师可以利用一些"社交故事"，以故事的形式讲解不同社交场合应有的社交行为和态度，帮助他们明白一些社交常规。

(4)在教室展示教室的规则。教师不能只在社交一方面改善孤独症儿童的常规，在教室中也应该展示教室规则并附上其原因，当出现一些转变时，也应该清楚地展示在教室规则栏中，帮助孤独症儿童学会跟从常规，例如，晴天在操场活动；雨天在教室休息；等等。

4. 不恰当的社会行为

(1)教师可以直接教导孤独症儿童恰当的社交行为，例如，排队时与人应有的距离；可以与什么人拥抱；可以触摸什么人；等等。

(2)教导其他学生认识孤独症儿童的行为和情绪模式，以及与他们相处的方式。融合教育不仅在于让孤独症儿童融入普通儿童中，而且要引导其他学生接纳、尊重和关爱这些特殊儿童。当其他同学和教师"告状"时，教师会耐心和他们沟通，教导他们如何和小伟相处，并且班级经常会开展合作互助等小组活动，增加小伟和其他同学交流的机会。

(3)有些孤独症儿童会在面对陌生人时感到有点不自在，不要强行要求他及时与陌生人对答自如，应给予他一些时间适应。如果孤独症儿童因为四周人多而感到局促不安，应容许他独处一下。

【概念聚焦】　　　　　　　　　　**ILAUGH 社交思考模式**

　　ILAUGH 社交思考模式包括了六个重要的元素，这些元素不单显现日常沟通的过程中，亦能用作理解学习上的社交信息，如阅读理解及写作。ILAUGH 社交思考模式正是本课程的基础概念。

I = initiation of language(启动语言)

启动语言是指人运用其语言技巧去寻求协助、提问数据或与其他人展开话题。一个学生能流畅地讲述他的喜好或兴趣，但并不代表他能向别人表示他需要协助。

L = listening with eyes and brain(运用眼睛及脑袋聆听)

大部分有社交认知障碍的人士都出现有聆听理解的困难。其实聆听不单只是接受声音的讯息，它亦需要将我们所看到的事情统合在一起，才能领悟出讯息中的深层意思；又或是当我们未能清楚聆听说话内容时，透过我们所看到的而作出合理的推测。

A = abstract and inferential language / communication(推敲别人说话的意思)

有效的理解是需要我们认知到大部分的语言都不单只有字面上的意思。我们需要弹性地作出合理的推测，或者分析那些话是在哪一个场合出现，才能够全面诠释讯息中真正表达的意思。抽象及推论的意思都是微妙地隐藏在语言性或非语言性的沟通当中。从幼儿到中学阶段，不论社交或学习上的讯息都演变得越来越抽象，而我们也不断地提高对讯息的分析能力。诠释语言一方面需要我们作合理的估计，另一方面也取决我们能否对某人的认识，了解他的想法和意思。

U = understanding perspective (了解别人的想法和立场)

想法透视是指我们对自己或别人的感受、想法、信念、经验、动机及意图的了解能力，我们一般都是从成长的过程中直接获得此技巧。大部分 4～6 岁的儿童对想法透视已有巩固的基础，而随着成长，我们对想法透视的知识及技巧亦趋成熟。一个人能否参与社交或学习小组，或是分析一些需要理解别人想法的数据，如阅读理解、历史、社会科学等，是否具备透视别人想法的能力是一个非常关键的因素。这也是诊断一个人是否有社交障碍的重要元素。

G = gestalt processing / getting the big picture(概念处理)

信息是通过概念传递出来，而并非出于事实。在对话中，参与者需要凭直觉判断讨论内容的背后概念。当阅读时，读者需要依据篇章的整体意思，而并非只靠其中的某几个事实去理解内容。概念处理是了解社交及学术信息的另一重要元素。此外，对于处理概念出现问题的人，也同时会衍生出组织策略的困难。

H = humor and human relatedness (幽默感与人际关系)

大部分有社交认知障碍的人，其实都有一份良好的幽默感，但他们经常因为未能掌握与人成功交往的微妙技巧而变得焦虑。作为教育工作者或家长，在与他们相处时都应给予同情及运用幽默感，以减轻他们所经历到的焦虑。同时，他们很多时候都未能恰当地运用幽默，所以我们更需要直接地教授这个题目。

沟通的四个阶段

除了 ILAUGH 社交思考模式以外，我们也可分析社交沟通的行为，当中包含了四个清晰的部分。其实，在我们日常生活中，面对面的沟通是非常具有组织性的。我们要知道沟通不单只是语言，同时也涉及"考虑他人的观点"和"透过身体的距离和眼神交流让对方知道你的存在"，然后才"运用语言向对方详述有意思的事情"。

这个进程可以简单地概括为沟通的四个阶段。

1. 想想对方及他的想法和感受

思考一下沟通对象的想法、感受、动机、立场、信念、知识、经验和性格。

2. 留意自己及对方的位置和姿态

调整自己的位置和姿态以表示你想与对方沟通。

3. 运用你的眼睛去思考对方及观察对方在想什么

观察对方的身体语言及表情，推断他们的想法和动机，并思考有意义的话题。良好的目光注视能让对方知道你正在投入彼此的沟通关系中。

4. 运用语言去联系对方

谈及对方有兴趣的话题，并按对方的回应调整你的说话，当中亦可以加入你的想法，将你的经验与对方的经验联系。

想法解读的四个阶段

"想法解读的四个阶段"或"融入小组的四个阶段"能帮助我们更深入了解在不同的社交场合中如何思考他人的想法，它将抽象的概念分析成更具体的概念。

第一阶段：我想想你，你想想我。

当两个人身处于同一个环境时，他们便开始对对方有一点想法。

第二阶段：我想想为什么你走近我，你想想为什么我走近你。

当想法开始产生，他们便会思量对方的动机。例如，为何他开始向我走近？他想怎样呢？

第三阶段：我想想你究竟在想起我的什么。

第四阶段：我调整我的行为令你对我有好印象。

（五）针对孤独症儿童行为异常的教育措施

案例：

太阳较大的时候，又或天气闷热时，小伟的情绪很不稳定，口中经常大声骂着："死太阳……我要把太阳射下来。"而当下雨的时候，他便会边讲边自行走向操场，当老师坚持叫他回来上课时，他又叫骂着："坏老师！臭老师！"有时甚至作势用手打老师！

遇上学校有特别活动，又或下雨后，操场地面仍然湿滑。体育课活动需要做出改动时，如由篮球课改为室内课时，小伟便会大吵大闹发脾气，并且不停追问老师："今天什么时候打篮球？"当老师回答："操场地面湿滑，不适合上篮球课！"小伟竟然大声叫着："不可以！这就是篮球课！"有时边喊边躺在地上抗议！

有时小伟在没有批准，也没有任何表示的情况下，便自行坐在一旁，状若沉思。当老师叫他上课时，便潇洒地回答："好累呀！不想做运动！"老师进一步坚持时，他便索性大字形躺在地上。

【诊断】

面对孤独症儿童，教师有两大烦恼：一是孤独症儿童的学习差异；二是孤独症儿童的行为及情绪问题。孤独症儿童的行为问题主要有以下六个特征。

1. 对外界的反应异常

孤独症儿童对外界的反应异常。他们可能对声音、光线和触觉反应过分冷淡或敏感。这些行为都妨碍了他们留意周围的事物，影响其正常学习。小伟对于光和热十分敏感，如果太阳太晒，他就会表现出异于常人的烦闷。

2. 较为被动

孤独症儿童一般都较被动及容易分心。在学校里，他们往往需要别人详细的指示和协助才晓得表达自己的要求或做出适当的回应。

3. 容易对事物产生恐惧

部分孤独症儿童会对一些普通的事物产生恐惧，如听到某些声音便会大叫，看到某种东西便会十分惧怕。然而对真正有危险的事物的警觉性却不高。

4. 未能遵守规则

孤独症儿童在很多时候都未能如一般学生那样透过观察来掌握玩游戏的技巧。他们在游戏时往往不懂得遵守游戏规则，所以较少参与集体游戏。

5. 不恰当的行为

孤独症儿童往往需要不断的提示，才能掌握在不同情境的恰当行为。如自闭症学生有时会鲁莽地公开指正别人的错处。案例中的小伟在得到不满意的回答时，就不分场合地躺在地上大声抗议。

6. 自我伤害或破坏的行为

一般孤独症儿童都不会主动伤害或破坏事物。但他们有沟通和人际关系的障碍，再加上一些固执的行为，因而可能当他们坚持要做某些事情而遭到别人的阻止时，或被要求做一些他们不能处理的事情时，他们便会做出一些破坏或自我伤害的行为。

【策略】

1. 处理不安情绪

孤独症儿童除了在适应课程上有困难外，也会因为课堂内外活动在安排上的调动或环境上的改变而感到不安和紧张，产生适应上的问题。以下是处理孤独症儿童情绪不安的常用方法。

(1)预先向孤独症儿童说明将会出现的改变，如有需要，重复这项预告数次，每次相隔数分钟。如果课堂调动是提早知道的，最好的做法是提前一两天便告诉孤独症儿童，在孤独症儿童的时间表上记录有关的更改，并在当天早上再次提醒孤独症儿童，让他记住课堂将会调动。若转变较大，部分预告可在孤独症儿童家中进行，以便家长与老师配合，让孤独症儿童有充分的心理准备。每当出现阴雨天气前，教师都会提前告知班级里的同学，安排专门的"小小气象员"将一周的天气都提示在黑板上。教师请小伟当"小帮手"，把雨天的户外课加上小房子的标志，表示这节课在室内上，以帮助小伟提前适应课堂调动。同时，教师还会组织角色扮演活动，与小伟预先练习面对改变后的情况。

(2)年纪较大的孤独症儿童，可利用他们的喜好作为奖励，借以引导他们尝试新的事物。教师尽量以正面鼓励代替批评，假如孤独症儿童不断重复老师批评其他学生的说话，情况会变得更糟。无论如何，老师在教导学生时，亦应该尽量以正面的鼓励说话代替直接批评。即使孤独症儿童模仿老师讲出一些鼓励性说话，课堂的气氛也会变得轻松。

(3)在处理孤独症儿童的各种行为问题的时候，教师需要保持谅解的态度，但是这却不代表纵容或置之不理，因为他们跟一般学生一样懂得测试教师的底线。教师可以考虑利用适当的奖惩来改变他们的行为。

另外，要有效处理他们的行为问题，教师之间要采用一致的处理手法。孤独症儿童很多时候会表现得比较固执，教师要辨别哪些是可以容忍的行为，哪些是必须改变的行为，以免弄巧反拙。教师容许小伟选择固定的座位、课间的时候做出一些古怪但无伤害性的动作，但是却不能够让他们随意捣乱教室秩序或擅自离开教室。当小伟做出这些不被允许的行为，教师会将他带出教室处理，以便教师有足够的时间和空间向他解释清楚课堂的要求，并给予适当的教导和适合的惩罚。

（4）让孤独症儿童先观察其他同学进行有关活动，并从旁加以描述和解释。在孤独症儿童极度不安时，可把他们带离现场。教师尝试让他们回答一些简短的问题，以及给予他们一些个人空间，以舒缓他们不安的情绪。告诉他们冷静点，慢慢来，深呼吸。

（5）教师要避免追问孤独症儿童为什么感到不安，因为可能连他们自己也不知道原因。避免重复地要求孤独症儿童停止在不安时做出的行为，如"不可以打人"或"不可以大叫"。尝试教导孤独症儿童做出一些较正面的行为，如"请你坐下"和"请把手放在桌上"等。

2. 了解行为问题

孤独症儿童的行为问题其实是与他们先天的发展障碍息息相关的。这些障碍导致他们的行为表现往往与别人不同，令人费解。如果他人能够明白他们的行为是一些隐藏的障碍导致的，便能够体谅他们的窘境。

孤独症儿童有一套与众不同的"文化"，他们很难理解其他人的日常沟通方法。他们好像有自己的语言，需要别人来诠释。表 6-4 中所展示的是孤独症儿童的典型障碍和可能出现的行为表现。

表 6-4　孤独症儿童行为表现

面对的障碍	行为表现	给人的印象
难以理解别人行为	未能明白老师面部表情及非语言的指示，只顾进行自己的活动	不合作、冷淡
难以理解社交规范	缺少眼神接触、与人谈话时站得太近、不停地提问、难于结交朋友	不礼貌、令人尴尬、不受欢迎
难以明白自己的感受	紧张、烦躁	容易发脾气、情绪不稳定
想象力较匮乏	不明白别人的观点或事情的后果	可能有不可理喻的行为举止、生气、不合作
难以理解语言，特别是不明白比喻、笑话及幽默	只理解字面意思，如听到"你可不可以打开门窗"，他们会以为是问题，而不是一项请求或指示	不合作、愚蠢
行为偏执	拒绝接受改变、重视某些动作或常问同样问题、遵守规则，常告发别人不遵守规则	偏执、令人烦躁

面对的障碍	行为表现	给人的印象
知觉上的异常	容易受外界刺激影响、对某些声音或情况有过度的反应，甚至产生恐惧	容易分心、大惊小怪
行动笨拙	上体育课或其他活动可能手脚笨拙	滑稽、可笑、容易被人取笑

教师必须明白及体谅孤独症儿童的障碍，才能较容易应对他们的行为问题。孤独症儿童的行为问题，其实是上述核心障碍的表征。解决了一个表征行为问题后，另一个表征行为又可能会出现。教师宜灵活运用各种方法尝试减少孤独症儿童面对的障碍，但无须因为行为问题不断出现而感到气馁。

3. 处理行为问题

(1)集思广益。与其他教师、学生辅导主任、校长、家长、心理学家或其他专业人士商谈有关问题，往往会令教师有所启发，也可以帮助教师订立一个更好的计划。小伟所在的学校每个月都会请专业的特殊教育教师来对教师进行指导，解答他们在融合教育中遇到的各种困难，并且会定期召开沙龙和学术讲座，一起学习和分享最新的融合教育资讯。

(2)发掘专长。教师的注意力往往会放在孤独症儿童的问题行为上，因而忽略了他们的专长、能力和其他方面的才干，随之而来的，便是一连串的焦虑、埋怨和担忧，甚至对问题的了解也有偏差，令介入工作更难顺利进行。因此，教师应在问题行为开始妨碍教学时，尝试发掘孤独症儿童的专长、兴趣、喜好和能力。小伟的班主任老师就是通过一段时间的了解和观察，发现小伟记忆力强和拼字能力较佳，因此他在课堂中经常对其加以鼓励，并安排小伟多进行有关活动，使得小伟能有更多正面的行为。

(3)鉴定问题。教育工作者通过对行为的描述能够较为清晰地鉴定孤独症儿童发展问题。问题行为的描述越具体和仔细，便越能准确地反映问题所在。教师会记录小伟一天中发生的最典型的问题行为，对其行为发生的时间、地点和情景等进行详细和具体的分析，以准确发现问题出现的原因，并且会在与其他教师的交流会中进行反馈，一起鉴定小伟的问题。

(4)培育替代行为。处理孤独症儿童的问题行为可采用替代行为策略。替代行为是以正面的手法鼓励孤独症儿童做出其他行为，借以代替有问题的行为，这种做法在较直接地阻止问题行为上更为有效。教师会优先考虑孤独症儿童的专长、兴趣、能力和喜好，尝试以他们喜好的事物作为奖励，引导他们以适当的替代行为来表达自己。

(5)有意义的奖励。拣选出对孤独症儿童最具影响力的事物，作为奖励。如要奖励奏效，教师必须让孤独症儿童明白其中的意义，并让其知道所得的奖励是可靠和可预计的。

教师告诉小伟："我们的行为表现可以令别人觉得'印象很好'或'觉得怪怪的'，然而当我们时常令别人'觉得怪怪的'，他们就不喜欢与我们交往，与我们一起也感到不舒服、不安全。"

教师向小伟示范行为如何令别人产生不同的感觉（"觉得怪怪的"或"印象很好"）。用一套有两种颜色的对象（如黑色及红色的小珠），可选择任何颜色，但一经选定便要持续用这些颜色。教师给小伟的面前放了一个透明杯子，自己也有一个。

那些小珠是代表教师对小伟的行为的感觉，一粒红色小珠代表教师对某一个行为感到"印象很好"，当小伟的行为合乎期望，令人对他产生好感，便在他的杯子里放进一粒红色小珠。而黑色小珠则代表某个行为令教师"觉得怪怪的"，当小伟的行为令人有负面的感觉时，便给他一粒黑色小珠，向他指出及描述这些行为会令别人"觉得怪怪的"。

接着教师利用社交情景图与小伟讨论什么行为能获取红色小珠及黑色小珠。教师在操作中避免了先给小伟黑色小珠，即使是顽劣的学生，也会有值得获取红色小珠的行为，但有时教师常常忘记去奖励他们做到一些符合我们期望的行为。

因此，教师要多留意一些红色小珠的行为，以及选择性地留意黑色小珠的行为。

当小伟改善不恰当的行为时，他会要求教师拿走黑色小珠，但教师并没有这样做，而是向小伟解释，即使拿走黑色小珠，甚至把杯子打破，也不可以抹去我们的记忆，杯子中的小珠代表教师可能对小伟的想法，这些想法会形成他的记忆。然而，只要小伟赚取多些小珠，便能掩盖黑色小珠，甚至使人看不见杯子中有黑色小珠。在教师的记忆中，"印象很好"可以盖过了"觉得怪怪的"，通过教师不断地加强这些重要的概念，小伟"印象很好"的行为远远多于负面行为了。

（6）循序渐进。孤独症儿童的固执，往往令他们难以适应转变。因此，要改变他们的行为，最好的方法是循序渐进。如小伟每逢做早操的时间都会尖叫，教师可以先尝试找出小伟尖叫的原因，比如做早操的人数众多而给小伟带来压迫感。教师一开始每到做早操的时间都会陪伴小伟在操场外的花园里散步。过了一段日子之后，教师逐渐拉近小伟与操场入口的距离，直到小伟能在操场边缘跟着大家一起做早操。

【概念聚焦】 ABC 矫正法（Antecedent-Behaviour-Consequence Modification）

这种矫正法以三个重点处理学生的行为问题：

1. 前因（Antecedent）

出现这种行为前的情况，尤其是导致行为出现的事件，如某人做了某些事情，以致孤独症儿童出现问题行为。

2. 行为（Behaviours）

受关注的问题行为。

3. 后果（Consequences）

在问题行为出现后随即发生的事情，如教师、同学或他人的反应，以及孤独症儿童因而得到的对待等。

矫正法的原则：

透过鉴定问题行为，改变有关的前因或后果，切断问题行为的连锁性，而培养恰当的行为。

步骤：

1. 清楚描述问题行为

如"发脾气"只是一个粗略的描述，更具体的描述应是：在语文课上当教师提问其他学生时，孤独症儿童大声不停叫嚷了两分钟。

2. 深入观察、详细记录

如出现这种行为的日期、时间、地点、次数、场合、当时孤独症儿童的情绪状况及其他人的反应。

3. 分析有关"前因""行为"和"后果"的记录，提出假设

推算出在什么情况下问题行为的次数出现较多或较少，孤独症儿童是否借问题行为而直接得到好处，或者间接逃避一些事情。同时，分析者也要站在孤独症儿童的立场想一想，是否因为他们未能适应转变的环境才做出这种行为。

4. 制定明确的行为目标

如让孤独症儿童在生气时鼓起两腮，而不是大声叫嚷。

5. 从行为的前因方面着手

(1) 消除诱因。如孤独症儿童每次听到教室外的车声便会跑到窗前往外边看。教师可以尝试改变"孤独症儿童听到车声"这一个前因，可以把孤独症儿童安排到离开马路较远的教室，或把孤独症儿童安排到距离窗口较远的座位，又或者把靠近孤独症儿童的窗门关上。

(2) 给予清晰指示，辅以示范。若孤独症儿童的问题行为是由于他们不明白课堂的要求，教师可给予他们清晰的指示，还可示范恰当的行为。教师也可在问题行为出现的初期给予孤独症儿童及时的帮助，从而减低问题行为恶化的机会。

(3) 形式变化。如果问题行为是由于孤独症儿童对个别的学习形式有所偏执，在现实情况容许下，教师可尝试采用不同的教学形式。

(4) 提前预告。若学生对新的环境或工作反应较大而导致问题行为出现，教师可尝试预先告诉孤独症儿童有关的转变，或与孤独症儿童进行模拟练习。

6. 从行为的后果方面着手

(1) 不予理会。这种方法较适用于引人注意的行为。教师不予理会后，孤独症儿童初时可能会变本加厉，教师应尽可能保持冷静，坚决不让孤独症儿童以不恰当的手法得到别人的关注。这种方法并不适用于严重或形势危急的情况，如涉及自伤的行为。

(2) 表示接纳。让孤独症儿童知道教师或家长是明白和接纳他/她的情绪和感受，纵使其表达方式并不恰当。

(3) 示意停止。当问题行为出现时，教师可尝试直接让孤独症儿童停止。教师也可预先与孤独症儿童约定一套手势或暗号，作为教师向他们示意需要停止该问题行为的信号。

(4) 鼓励其他恰当的行为。较积极的做法是把握机会赞赏恰当的行为，尤其是那些与问题行为不兼容的行为。如当孤独症儿童两唇闭合，鼓起两腮时便不能大声叫嚷。

(5) 重新组合。尝试重新组合学生，把比较接纳孤独症儿童的同学安排在小组内，鼓励同伴互助行为。

无论从前因或后果着手处理孤独症儿童的问题，如果教师能够找出问题行为的成因，或强化行为的后果，然后对症下药，就能收效。

(六)针对孤独症儿童偏执问题的教育措施

案例：

小伟最近喜爱重复问同一个问题："学校几点关门?"令人觉得他很奇怪。不仅如此，小伟上课时还经常开合摆在桌上的文具盒，并发出干扰他人的声音，而当要下课时，遇有教师不按时下课，他便会大声提醒教师："时间到了，你应该走啦!"

这样的情况不仅发生在学校里和家里，小伟每天上学，必定要坐某个型号的公交车。有时妈妈为了赶时间，希望转乘地铁，他便会大吵大闹。

【诊断】

1. 重复的提问

小伟最近喜爱重复问同一个问题："学校几点关门?"令人觉得他很奇怪。

(1)有些孤独症儿童喜爱重复问同一个问题,例子中的小伟经常问学校几点关门,他爱听到同一个答案:"七点钟。"

(2)他们或许想继续与人进行谈话,却因欠缺灵活性及适当的言语技巧,便重复着同一个问题。也有些孤独症儿童为了减轻压力而重复问问题。

2. 重复的动作

小伟上课时还经常开合摆在桌上的文具盒,并发出干扰他人的声音。

(1)孤独症儿童的刻板式活动,包括无意义及重复地翻动物件,无聊地扭动身体某部分,以及一些异常的重复性习惯,往往是为了寻求感官刺激。孤独症儿童对于各种感知刺激,大多有别于一般人。

(2)孤独症儿童的刻板式活动,通常是出于无聊、沉闷或紧张。他们大多因为有过多自由时间,无事可做,所分配的工作或活动过于困难或容易,令学生逃避。

(3)孤独症儿童也容易受一些环境因素的影响,如嘈杂声音会使孤独症儿童精神紧张。

3. 墨守成规

遇有教师不按时下课,他便会大声提醒教师:"时间到啦,你应该走啦!"

(1)例子中的小伟在以往的学校时,教师可能都是准时上课下课,刚踏进小学的他却未能接受教师弹性的下课时间,因而反应强烈。

(2)不变的规律往往为孤独症儿童带来安全感。

(3)孤独症儿童学会某项规则之后,往往会比其他学生更严格地遵守,甚至是一成不变地依从。遇上别人未有遵从,他们便会担任"小警察"的角色,指出别人的不是。其实这是孤独症儿童未能学会弹性处理生活事件所致。

4. 固执

小伟每天上学,必定要坐某个型号的公交车。有时妈妈为了赶时间,希望转乘地铁,他便会大吵大闹。

(1)由于孤独症儿童在理解人和事之间的关系方面有困难,他们常以一成不变的方法去理解四周的事物。任何转变都会令他们感到不安,因此他们常常抗拒周围事物的转变。

(2)他们对一些东西或对象有强烈的喜爱。如小伟就非常喜爱交通工具。

(3)他们可能因为对转变无法了解,故坚持旧的方法做事,才有安全感。

(4)他们在某方面的观察力很强,如有极佳的视觉分辨能力,因此十分着眼于细节,不容有任何转变。

【策略】

1. 重复的提问

(1)给予孤独症儿童时间问他要问的问题，以缓解他问问题的迫切心情。

(2)做出安排让孤独症儿童可以自己寻找答案。如小伟经常问到关于当日的上课安排，教室就可以将时间表放在当眼的地方，让他可以自己找答案。

(3)教师逐渐改变自己的答案。当小伟问"我可不可以抄黑板"时，教师先用语言回答"可以"，然后点头，并竖起大拇指。教师渐渐可不用言语答复，而只需用手势回应。

(4)逐渐向孤独症儿童表示只会在指定时间或地点才回复。当在课堂中小伟重复提问时，教师会给予回应说："我现在不能回答你的问题，但我可以在课间时回答你。"倘若他不遵守，教师可以不理会他的提问。不过，教师本身要谨记在指定的时间及地点，必须回答他的提问。

2. 重复的动作

(1)在问题行为出现后，教师需立即提出停止的信号，在有需要时以行动来制止，然后给予孤独症儿童合适的活动。案例中，当小伟出现问题行为时，教师会立即拥抱小伟，通过拥抱的信号，告诉小伟应该立即停止，并安抚小伟的情绪询问其原因，引导他做应该做的事情。

(2)做出适当的环境调整，安排孤独症儿童远离引发特殊问题行为的刺激物，避免该行为发生。

(3)准备一些与刻板式活动不兼容的活动来转移孤独症儿童的注意力，当孤独症儿童达到预期的行为时，马上加以赞赏。如当小伟在课上开合文具盒时，教师就会通过"开火车"等提问方式转移小伟的注意力，当小伟开始积极听讲后，立即给予其表扬。

(4)教师还可以将刻板式活动转为奖赏。如果孤独症儿童完成一些指派的活动，可给予时间让他进行刻板式活动。

3. 墨守成规

(1)当教师教导孤独症儿童遵守规则时，教师可尝试指出在哪些情况下可以有例外。孤独症儿童在认知方面比较难掌握事物的相关性，偏向着重事物的某些部分或细节，未能够掌握重要部分和整体概念，也不善于联系事情，归纳成有意义的概念或因果关系。因此，教师可以将抽象的概念尽量具体化，在指出哪些情况是例外时，附上相应的图片，帮助小伟理解。

(2)当孤独症儿童学会某项规则之后，教师可以逐渐地调整规则。以小伟为例，教师可在适当时候向小伟解释，下课铃声是提醒教师课堂该结束，至于教师是否马上停下来，则由教师酌情决定。

(3)如果孤独症儿童时常担任"小警察"的角色，指出别人的不是，教师可以向孤独症儿童解释这样的做法会令别人反感。教师可以引导孤独症儿童用别的方法来表达自己的意见。如小伟的老师和他约定，当他想要指出他人的错误时，就给他送上一颗黑色的星星，当小伟发现同学做得对的时候，就送上黄色的星星。

4. 固执

(1)为避免孤独症儿童过于固执，可在日常的安排中加入一些细微的转变，使孤独症儿童习惯把转变视为生活的一部分。在训练孤独症儿童如何面对转变时，可先安排细微的转变，使他们容易接受，再从这些细小的转变逐渐过渡为大的转变。教师要根据孤独症儿童的认知、语言能力和兴趣，提供有限度和具吸引力的选择，令他们容易接受转变。同时，教师要训练孤独症儿童接受改变，并始终如一地进行贯彻。

(2)教师不要期望能在同一时间处理孤独症儿童的所有问题，而应确定优先处理的行为及学习范围。当小伟因为不想上户外课而出现攻击性行为和其他同学扭打在一起时，教师要先处理攻击性行为，然后再对小伟不想上课的情绪进行引导。

(3)如果孤独症儿童所执着的事对他影响不大(如一定要先洗脸才漱口)，或甚至是择善固执(如放学后一定要做完作业才游戏)，则不用要求孤独症儿童必须做出改变，这种固执可视为他们值得嘉许之处。

(4)教导孤独症儿童认识学校生活每个环节的意义及预告下一个环节。若预计有改变，可在改变前做出适当的准备，如利用简单的言语或卡片作预告。

(七)针对孤独症儿童情绪问题的教育措施

> **案例:**
> 　小伟十分害怕动物，远远见到猫或狗便会尖叫。有时小伟不明白为什么在排队吃饭时等候不同人数的桌子时，别人比自己轮到得快，因此大发脾气。
> 　甚至在教师上课时，小伟也会大喊大叫，这使得教师即使忙碌也得放下工作来处理他的情绪。从此小伟便学会以大吵大闹来表达他的需要。

【诊断】

1. 恐惧

小伟十分害怕动物，远远见到猫或狗便会尖叫。

孤独症儿童接受和理解他们的感官世界的方式和一般人不同。有时他们对无伤害性的事物会产生莫名的恐惧，这些恐惧可能是基于某一次不愉快的经验，而学生却固执地牢记那些事物带来的恐慌。

2. 情绪起伏

有时小伟不明白为什么在排队吃饭等候不同人数的桌子时，别人比自己轮到得快，因此大发脾气。

(1)孤独症儿童不善于掌握因果关系，故往往为了无法明白转变的原因而发脾气。

(2)孤独症儿童未必能够准确地了解自己的情绪及诱发情绪的事件，他们也未必能够像一般人实时了解其他人的感受。

（3）孤独症儿童往往没有怎样处理自己情绪的概念。

3. 哭闹、发脾气

甚至在教师上课时，小伟也会大喊大叫，这使得教师即使忙碌也得放下工作来处理他的情绪。从此小伟便学会以大吵大闹，来表达他的需要。

这些行为可能出于以下原因。

（1）表达情绪及需要的方式。孤独症儿童往往难以明白和表达自己的感受，也难以解读别人的行为，因此容易累积紧张及不满的情绪。他们可能会用哭闹、发脾气等方式来表达自己的感受和需要，以舒缓内心的紧张及挫败。

（2）逃避工作。面对能力以外的任务，孤独症儿童有时会用哭闹、发脾气等方式来表达拒绝的态度。

（3）引人注意。教师可能忙于处理别的事情，孤独症儿童安静时得不到教师的注意，大发脾气时教师才给予注意。这样孤独症儿童便学会以哭闹和发脾气来引起教师的注意。

（4）对某种环境因素反应过敏。一些声音或环境因素，如机器的声音或嘈吵的教师，都可能令孤独症儿童不安，产生过度的反应。

（5）对环境改变感到不安。孤独症儿童常会固执坚持一些生活常规，因此稍微改变环境，如换座位，就会令他们难以接受，因而产生抗拒，甚至哭闹。

【策略】

1. 恐惧

（1）教师可以先问孤独症儿童害怕的是宠物的哪一方面，如是害怕茸茸的狗毛，抑或是它的吠声。如孤独症儿童未能指出惊恐的来源，教师可以透过观察尝试进一步了解。教师也可与家长联络，尝试找出孤独症儿童恐惧的原因。

（2）制订一些合理的目标。教师在训练小伟的初期，害怕狗的小伟能够在远处见到狗又不会产生恐慌便已足够。教师通过循序渐进的方式帮助小伟消除这些恐惧，同时也逐渐增加小伟接触那些事物的时间。

（3）进行以上步骤时，也可考虑做出以下各项配合：①用柔和、平静的声线安慰孤独症儿童；②给予一些轻松愉快的体验，如让孤独症儿童听轻音乐；③让孤独症儿童接触一些会令他有少许恐惧的事物，如狗的照片、吠声的录音带；④按孤独症儿童的能力安排简单的活动以分散注意力，如哼歌、随着音乐的节拍摇摆、一面跳一面从数一到十等；⑤慢慢增加接触的时间，直至恐惧消除为止；⑥不要忘记每次有少许进步，便给予口头赞赏；⑦让孤独症儿童接触一些会令他有较多恐惧的事物，如一只真的狗，但却在一个远离的位置；⑧重复以上的步骤，直到恐惧减退为止。

2．情绪起伏

（1）把转变预先告诉孤独症儿童，并用清楚而简单的语言向他解释因果关系。

（2）教导孤独症儿童观察别人的语气、面部表情、姿势和动作等，从而了解别人的情绪。

（3）教导孤独症儿童认识自己的感受。如教师会为小伟拍摄视频和照片，当小伟心情好时就将他的笑容拍下来给小伟看，并告诉他："你现在很开心！"

（4）用提示鼓励孤独症儿童尝试控制自己的情绪，如教师会在作业本的上方，写上"如果我有一些问题不知道怎样回答，不用担心，也不用发脾气，每一个学生都会遇到这些困难，可以向老师请教"。以此提示小伟学会控制自己的情绪，并且可以及时地寻找教师的帮助。

3．哭闹、发脾气

可以按照孤独症儿童发脾气的原因来帮助他们。

（1）教导孤独症儿童如何处理负面情绪，包括学习分辨自己是否发怒及学习用言语表达自己的情绪，如："我好生气呀！"学习舒缓自己紧张的情绪；学习用正面的角度，重新回忆令自己发脾气的情境。

（2）训练孤独症儿童用合宜的方法，表达自己不安的情绪。如教师可以教导孤独症儿童鼓起两腮表示不满，而不是躺在地上大叫。教师也可亲自示范一些合宜的方式。当孤独症儿童开始情绪不安时，教师可以用手势提示，培养孤独症儿童学习适当的方式表达情绪。

（3）指导孤独症儿童学会自我管理的方法。

此外，教师可根据孤独症儿童不同阶段的行为而采用不同的处理方法。

第一，初期。

教师可从孤独症儿童的面部表情和姿态，识别他们不安、不满的情绪或所受的困扰。此时教师不需要立刻停止孤独症儿童的活动，可在活动进行中，穿插对孤独症儿童的口头赞赏，如告知他哪一方面做得好。教师在小伟稍微平静下来时，便给予赞赏；如果他未能平静下来，则不用理会。这时教师也不用停止小伟的活动，以免他借着扰乱他人来逃避某些任务。

第二，进阶期。

孤独症儿童在这个阶段可能会加剧打扰他人的行为，如大声回答或开始哭闹，教师可以调整孤独症儿童所处的环境和面对的活动。孤独症儿童可能很想逃避面前的任务，而以扰乱他人的行为令教师屈服。在这种情况下，教师的态度要坚定，不得让孤独症儿童借助扰乱他人而逃避自己要完成的任务。

孤独症儿童也有可能因为面对的任务太困难，令他产生困扰和焦虑。教师可以按他的能力给予合适的工作。通常一些简单的工作容易令孤独症儿童情绪稳定下来。

教师也可以给予孤独症儿童一些选择，让他感到有自主权。当他情绪稍微稳定时，教师可以给予赞赏，待他安静下来，也可尝试让他继续刚才的工作。

第三，激烈期。

教师要避免与孤独症儿童争辩，也要避免叱喝或说些威吓的话，如"你再这样我就要见你家长"。因为这样只会令双方争执不下。教师可以用简短清晰的语句叫孤独症儿童停下来。

如果上述方法用了几次仍没成效，便要改变应对方式。如当孤独症儿童没有伤害性的行为，教师可以不加理会，泰然处之。若他仍没有停止，教师可能需要将孤独症儿童带离课室，让其冷静下来。孤独症儿童发脾气过后，教师须以平和的语气向他解释或讨论整件事，并教导孤独症儿童应有的行为。

二、教育干预

面对班中的孤独症儿童，教师可能会感到恐惧，束手无策，甚至抗拒，误以为自己没有能力教导他们，或者以为他们根本不能够适应融合教育的生活。

正如上文所述，孤独症儿童的智力可以是正常的。一般来说，虽然他们在社交和沟通能力方面出现障碍，但是他们也可能有其特长之处，如部分学生记忆力特别强、数学能力特别好，而且成绩不一定比其他同学逊色。此外，他们的行为也会在一定程度上被矫正。因此，教师必须抱着开放的态度去接纳孤独症儿童，这样才能够协助他们健康地成长。

除此之外，教师需要了解孤独症儿童的特征，掌握相应的教学原则、策略和一般行为问题的处理手法，并根据孤独症儿童的个别差异进行灵活变通。上文已经详细论述了部分情境下的教学原则和方法，教师除了运用照顾孤独症儿童个别差异的一般策略之外，也可以考虑以下的建议(见表 6-5)。

表 6-5　孤独症儿童的融合教育[①]

项目	你可能看到的	你可能会去做的	换一种方式	同伴融合过程中的方法
行为	孤独症儿童对不感兴趣的班级活动会不停地晃动	忽视这种行为，或者劝他停止	从融合教育的角度思考，提议一个基于他的能力和兴趣的更佳的活动	帮助同伴理解这个行为，鼓励和支持他们接纳他

---

　　① ［美］路得·特恩布尔等：《今日学校中的特殊教育(上册)(第 3 版)》，方俊明等译，518 页，上海，华东师范大学出版社，2004。

续表

项目	你可能看到的	你可能会去做的	换一种方式	同伴融合过程中的方法
社会性相互作用	孤独症儿童攻击那些想要和他共同学习的同伴，也可能重复他们的话语	将他与其他同伴隔离，并惩戒他的行为	从融合教育的角度思考，为他建立一种交流方式	让能理解他的交流方式的同伴与他组成小组
学习成绩	孤独症儿童学习速度很慢，学习一些简单概念需要很多额外的帮助	对他的期望低一些，或者需求少一点结构化	用视觉图像和音乐让他理解抽象概念	为同伴运用视觉图像和音乐进行辅导提供机会
课堂态度	孤独症儿童不能集中注意力，如果在比较吵闹和混乱的活动场合里，他会变得对立	让他离开教室，独自学习	用社会性故事帮他预测活动，预想态度及应对复杂情境	教导同伴写一些包括所有学生的社会化故事。组成各种小组，让他对不同的故事版本进行复习和实践

三、结语

融合教育为孤独症儿童提供了与普通儿童进行社交的机会，一方面有助于他们发展社交技能，对他们的个人和社会发展至关重要；另一方面还能够促进同龄孩子接受并理解彼此之间的差异，学会以更加包容的态度对待那些特殊的孩子。当孤独症儿童被纳入普通班级时，他们的同龄人会学会接受和欣赏他们本来的样子，而不是关注他们的差异。研究表明，接受融合教育的孤独症儿童往往比接受隔离教育的孤独症儿童有更好的学业成绩，包容性课堂为个性化教学和社会支持提供更多机会，从而提高了学业成绩。融合教育还反映了特殊儿童和普通儿童互动和共同工作的现实世界，接受包容性教育的孤独症儿童能够更好地适应周围的世界，并在成年后过上充实而富有成效的生活。

虽然融合教育为孤独症儿童带来了许多机会与益处，但同时也伴随着很多挑战。孤独症儿童融合教育面临的最大挑战之一是缺乏资源，如训练有素的人员、材料和资金。学校可能没有必要的资源来提供孤独症儿童所需的专业支持和服务，许多教师可能缺乏必要的培训和专业知识，无法在包容性课堂上有效地支持孤独症儿童的发展，这可能导致对孤独症儿童缺乏理解和支持不足。一些教师、学生和家长可能对孤独症儿童抱有片面的刻板印象或信念，这会造成消极的学校氛围并阻碍社会接受。这些挑战需要我们在今后的融合道路中进行逐一破除，其中必然需要社会各方的支持与参与。

【关键概念】

1. 孤独症
2. DSM-5 孤独症谱系障碍诊断标准
3. CCMD-3 典型孤独症谱系障碍标准
4. 孤独症儿童的核心特征
5. 自我伤害行为
6. 社交故事
7. ABC 矫正法
8. ILAUGH 社交思考模式

【问题与思考】

1. 孤独症儿童的发展特点有哪些？
2. 如何对孤独症儿童进行诊断？
3. 孤独症儿童攻击性行为的成因有哪些？
4. 如何应对孤独症儿童的情绪问题？
5. 孤独症儿童的社交问题有哪些？

【深思感悟】

尝试为某个包含孤独症儿童的融合班级设计一节集体教学活动。

【延伸阅读】

1. 王国光. 孤独症儿童的早期融合教育[M]. 北京：中国妇女出版社，2012.
2. 杨晓玲，蔡逸周. 解密孤独症[M]. 北京：华夏出版社，2007.

第七章

听觉障碍儿童的
融合教育

章结构图

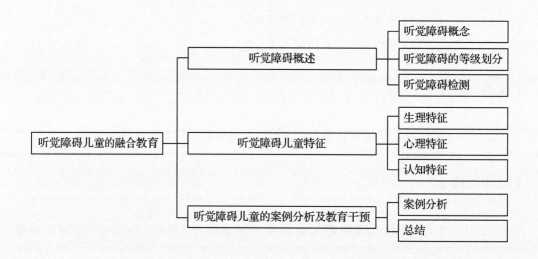

◎ **学习目标**

1. 了解听觉障碍的基本概念。
2. 明晰听觉障碍儿童的身心发展特点。
3. 掌握针对听觉障碍儿童进行的融合教育策略。

[情境导入]

一天，爸爸早早接上我。我们要去见一个人，她的称呼我老是说不上来。"听觉—矫正—专家"，好像是这样。说起来真不顺口。她给我戴上耳机，让我每听到一个声音，就在桌上放一块积木。她给我们看了一样东西，叫作"听—力—图"。这个词也不太好念。"听—力—图"上，我的测试结果就像一条雪道的形状。我想象着在上面滑雪。"听觉—矫正—专家"问我："熊会滑雪吗？"一个星期后，我又去做了几次检查……除了听觉治疗，我还在学习读唇语！"听觉—矫正—专家"给我戴上一对塑料耳朵，它们叫"助听器"。一开始我很难受，听什么都像机器人在说话。"听觉—矫正—专家"问我："听得见我吗？"哇……原来生活这么响亮？！

——雷蒙德·安特罗伯斯(Raymond Antrobus)

《熊会滑雪吗？》(*Can Bears Ski?*)

这是英国著名诗人雷蒙德·安特罗伯斯根据自身童年经历创作的一本少儿图书，讲述了听觉障碍儿童在爸爸的帮助下跨越障碍、重拾自信的温暖治愈故事。爸爸用一句"爱的谜语"，给了孩子跨越障碍的"超能力"。那么在我们现实生活中听觉障碍儿童该如何定义呢？对听觉障碍儿童进行筛查与测量的方法有哪些？与健听儿童相比，听觉障碍儿童的身心发展有何特点？如何开展听觉障碍儿童的融合教育？本章将就这些问题进行详细的阐述。

第一节
听觉障碍概述

一、听觉障碍概念

1990 年美国颁布《残疾人教育法》中将听觉障碍定义为：听觉损伤足够严重，对儿童的教育成就产生不良影响。[1] 1987 年我国进行第一次全国残疾人抽样调查，将听觉障碍定义为听觉系统某一部位发生病变或损伤而导致的听觉功能减退，从而造成言语交往困难，也被称为听力残疾。2006 年第二次全国残疾人抽样调查时指出，听力残疾是指人由于各种原因导致的双耳不同程度的永久性听力障碍，听不到或者听不清周围环境音及言语声，从而导致影响正常生活和社会参与。[2] 由此，我们可以看出听觉障碍在不同国家和不同时期会有着他们特定的划分标准和定义。

笔者认为听觉障碍（Auditory Disorders，AD），也被称为听力损失或耳聋，是指听不到部分声音或完全无法听到声音。它可以发生在任何年龄阶段，并且可能由多种因素引起，如遗传、衰老、暴露于嘈杂的噪声和医疗感染。听力障碍有不同类型，包括传导性听力损失、感音神经性听力损失和混合性听力损失。听力障碍会对一个人的生活产生重大影响，包括沟通困难、社会孤立和生活质量下降。[3] 听力障碍的治疗选择包括助听器、人工耳蜗和其他助听设备，以及言语治疗和其他形式的沟通支持。

根据世界卫生组织（WHO）的近年数据，世界上有超过 5% 的人口，即 4.66 亿人患有残疾性听力损失。到 2030 年，这一数字预计将增加到 6.3 亿，到 2050 年将增加到 9 亿。[4]

听力障碍可以是暂时的或永久的，并且可以影响一只或两只耳朵，它也可以是渐进的，这意味着它会随着时间的推移变得更糟。有听力障碍的儿童可能会出现言语和语言发育迟缓，以及学业和社交困难。听力障碍也会影响心理健康，研究表明听力障碍儿童的心理健康问题是健康儿童的 3.7 倍，听力障碍者的抑郁、焦虑和社交孤立率也更高。解决听力障碍问题对儿童的身心健康发展具有重要作用。

听力障碍也可能是遗传因素的结果，某些形式的听力损失是遗传的。[5] 在某些情况下，基因检测可以帮助确定听力障碍的原因。因此，早期发现和干预对于听觉障碍儿童的发展和成功至关重要。我们可以通过采取预防措施来预防听力损伤，如在嘈杂的环境中佩戴耳塞和避免暴露在嘈杂的噪声中。

---

[1] 朴永馨：《特殊教育学》，145 页，福州，福建教育出版社，2019。

[2] 孙喜斌：《第二次全国残疾人抽样调查听力残疾标准的制定》，载《中国听力语言康复科学》，2007(1)。

[3] Nava R. Silton et al. ，"Employing Disability Simulations and Virtual Reality Technology to Foster Cognitive and Affective Empathy Towards Individuals With Disabilities," *Research Anthology on Physical and Intellectual Disabilities in an Inclusive Society*，IGI Global，2022，pp. 754-770.

[4] World Health Organization，*Addressing the Rising Prevalence of Hearing Loss*，Geneva：World Health Organization，2018.

[5] Chao-Hui Yang，Thomas Schrepfer and Jochen Schacht，"Age-related Hearing Impairment and the Triad of Acquired Hearing Loss," in *Frontiers in Cellular Neuroscience*，2015，vol. 9.

二、听觉障碍的等级划分

听觉障碍采用等级划分来表明患者的障碍严重程度，分贝(dB)是听力损失单位，不同国家的划分标准并不完全一致。1976年世界卫生大会(World Health Assembly)首次提出，要针对所有损伤和残疾者建立一个独立的分类系统，作为对疾病和相关健康问题的完善的国际统计分类补充。因此，世界卫生组织(WHO)于1980年制定了国际损伤、残疾和残障分类。该系统的主要特点之一是使用轻度、中度、重度等限定词来区分观察或测量到的任何超出健康状况正常运作范围的偏差的不同程度。值得注意的是，该分类没有使用"致残"一词，因为它承认所有有功能障碍的人都需要适当的干预。1991年，世界卫生组织召集了一个预防耳聋和听力损伤的非正式工作组，关键目标之一是尝试标准化定义听力损失严重程度的方式，这对于在世界范围内收集有关听觉障碍和耳聋患病率的证据至关重要。早期世界卫生组织对于听觉障碍的等级划分标准如表7-1所示。

表7-1　听觉障碍的等级划分标准[①]

听力损失程度(dB)	程度
0～25	正常
26～40	轻度
41～55	中度
56～70	中重度
71～90	重度
91～110	极重度
＞110	全聋

2006年我国出台了《中国残疾人实用评定标准》，划分了六类残疾标准。该标准将听力残疾定义为"是指由于各种原因导致双耳不同程度的听力丧失，听不到或听不清周围环境声及言语声(经治疗1年以上不愈者)"。类别包括听力完全丧失及有残留听力但辨音不清、不能进行听说交往两类。其等级划分如表7-2所示。

2013年全球疾病负担听力损失专家组(Global Burden of Disease Expert Group on Hearing Loss，GBD)根据有关此类听力障碍对所有年龄组的功能、教育、心理或社会影响的广泛文献，引入了单侧听力障碍的单独类别。该类别还反映了国际功能、残疾和健康分类针对与定位和侧化相关的听力问题的具体规定，特别是在困难的听力情况下，专家组还提出了双侧听力障碍的六个类别(见表7-3)，以15dB的步长进行连续区

[①] 《中国残疾人联合会》，https://www.cdpf.org.cn/zwgk/zccx/index.htm，2023-05-16。

分，选择 15dB 可以反映纯音测听阈值的最小偏移，这通常被认为具有临床和功能意义，尤其是在职业噪声监测中。专家组建议世界卫生组织考虑采用这一修订后的分类，以确保 WHO 未来对听力损伤的估计与 GBD 研究中定期发布的估计和其他流行病学数据保持一致。这样做还将确保在国际功能、残疾和健康分类框架内，特别是在可持续发展目标的兼顾残疾问题的全球议程下，与其他有听力障碍的人相比，无论严重程度如何，功能性听力障碍者都不会处于不利地位。[①]

表 7-2 听觉障碍等级划分[②]

级别	平均听力损失（dBspL）	言语识别率
一级	＞90（好耳）	＜15%
二级	71～90（好耳）	15%～30%
三级	61～70（好耳）	31%～60%
四级	51～60（好耳）	61%～70%

注意：上述标准适用于 3 岁以上儿童或成人听力丧失经治疗一年以上不愈者。

表 7-3 全球疾病负担听力损失专家组推荐的听力损失等级

类别	纯音测听 a，b	安静环境下的听觉体验	嘈杂环境下的听觉体验
听力正常	−10.0dB 至 4.9dB 听力水平	极好的听力	听力好
	5.0dB 至 19.9dB 听力水平	听力好	很少难以跟进/参与对话
轻度听力损失	20.0dB 至 34.9dB 听力水平	听清、所说内容没有问题	可能很难跟进/参与对话
中度听力损失	35.0dB 至 49.9dB 听力水平	可能难以听到正常的声音	听力和参与对话有困难
中重度听力损失	50.0dB 至 64.9dB 听力水平	能听到大声说话	听力和参与对话有很大困难
严重的听力损失	65.0dB 至 79.9dB 听力水平	可以直接在耳边听到响亮的讲话	听力和参与对话有很大困难
重度听力损失	80.0dB 至 94.9dB 听力水平	有很大的听力困难	听不到任何讲话
完全听力损失	95.0dB 听力水平或更高	严重失聪，听不到说话或较大的声音	听不到任何讲话或声音
单方面	较好耳朵＜20.0dB 听力水平，较差耳朵＞35.0dB 听力水平或更高	没有问题，除非声音靠近听力较差的耳朵	可能很难跟进/参与对话

注意：上述标准的听力损失程度是指语言频率（500Hz、1000Hz、2000Hz、4000Hz）听力损失的平均值。

---

① Bolajoko O Olusanya，Adrian C Davis and Howard J Hoffman，"Hearing Loss Grades and the International Classification of Functioning，Disability and Health，" in *Bulletin of the World Health Organization*，2019，vol. 97，pp. 725-728.

② 《中国残疾人实用评定标准》，http://www.gov.cn/ztzl/gacjr/content_459939.htm，2023-05-16。

三、听觉障碍检测

听觉障碍可能由多种因素引起，包括遗传、衰老、暴露于嘈杂的噪声和某些药物，现已成为影响全球数百万人的常见病症，并且患病人数逐年增加。听力障碍检测能够帮助我们进行早期的干预和治疗，减少因未经治疗而导致的一系列负面后果，如社交孤立、抑郁和认知能力下降。医学专家建议，儿童应该在出生时进行听力测试，然后在整个童年时期定期进行。成年人在 50 岁之前至少每 10 年进行一次听力测试，之后每 3 年进行一次。以下是五种常见的听觉障碍检测方法。

(一)听力测试

听力测试是最常见的听觉障碍检测方法，是一种医学评估，由专业听力学家或听力保健专家进行，他们使用专门的设备通过耳机或扬声器播放不同频率和音量的声音，要求个人在听到声音时做出反应，这有助于听力学家确定他们的听力能力。听力测试的结果可以提供有关个人听力健康的宝贵信息，包括他们是否有听力损失、听力损失的类型、严重程度及潜在原因，帮助听力学家制定治疗计划。听力学家建议对出现听力损失症状的个人进行听力测试，如难以理解对话、耳鸣或耳胀感。听力测试还常用于筛查可能有听力损失风险的个人，如老年人或在嘈杂环境中工作的个人。

(二)语音识别测试

语音识别测试也被称为语音感知测试，是一种医学评估，用于评估个人理解和解释口语的能力。该测试由语言病理学家进行，他们使用专门设备以不同音量和背景噪声水平播放录制的语音或单词，要求个人重复他们听到的声音或单词，并根据他们的准确性和区分相似声音或单词的能力来评估他们的反应。语音识别测试包括句子识别测试、音素识别测试和听觉闭合测试等类型，是识别和治疗听力和语言障碍的重要工具，可以帮助个人提高沟通能力和生活质量。

(三)鼓室压力测试

鼓室压力测试也被称为鼓室压力计，用于测量鼓膜响应气压变化的运动。该测试由听力学家进行，他们使用专门的设备在测量鼓膜运动的同时在耳道内产生气压变化，可以检测个体是否存在导致听力损失及其他症状的阻塞或积液症状，帮助识别咽鼓管功能障碍或鼓膜穿孔等情况。该测试包括静态声阻抗、鼓室压力计和声反射测试等类型。

(四)耳声发射(OAE)测试

耳声发射测试用于测量内耳响应声音刺激而产生的声音。听力学家使用专门的设备在个人耳朵中播放一系列声音或咔嗒声,并记录由此产生的发射。它可以帮助识别内耳毛细胞是否有损伤,诊断感音神经性听力损失,还常被用于筛查新生儿的听力问题。[①] OAE 测试有多种类型,包括瞬态诱发 OAE(TEOAE)、失真产物 OAE(DPOAE)和自发 OAE(SOAE)。TEOAE 和 DPOAE 是最常用的 OAE 测试类型,涉及向耳播放特定声音或咔嗒声并测量产生的发射。它是无创且无痛的,是一种安全有效的内耳功能评估方法。

(五)听觉脑干反应(ABR)

听觉脑干反应也被称为听觉脑干诱发电位(BAEP),是一种客观听力测试,可评估听觉神经和脑干对声音刺激的反应活动,一般通过在头皮上放置电极记录听觉神经和脑干响应声音的电活动来执行。[②] ABR 测试可以用于诊断无法提供有关其听力的可靠反馈的新生儿、婴儿和幼儿的听力损失;评估成人的听觉功能,特别是在怀疑有听力损失但传统听力测试没有定论的情况下;还可以帮助确定听觉系统受损的位置和程度,如听神经瘤(一种脑肿瘤)或多发性硬化症(一种影响中枢神经系统的疾病)。ABR 测试结果通常显示为一系列波形,代表听觉神经和脑干在不同处理阶段的活动。这些波形可以提供有关神经对声音反应的时间和强度的信息,帮助诊断特定类型的听力损失。ABR 测试经常与其他听力测试相结合,如耳声发射(OAE)测试和纯音测听,以提供更全面的听觉功能评估。

除了这些传统方法之外,还有新兴技术在检测听力障碍方面显示出前景。如研究人员正在开发智能手机应用程序,通过手机的麦克风和扬声器评估一个人的听力水平。[③] 还有研究者正在探索使用虚拟现实技术来测试和培训听觉障碍人士。[④] 总体而言,听觉障碍检测是确保人们获得维持生活质量所需的治疗和支持的重要一步,随着技术的不断进步,我们期待看到新的创新方法来检测和管理听力障碍。

---

① Katarzyna E. Wroblewska-Seniuk et al. , "Universal Newborn Hearing Screening: Methods and Results, Obstacles, and Benefits," in *Pediatric Research* , 2017, vol. 81, pp. 415-422.

② *Neonatal Neurology: Handbook of Clinical Neurology Series* , Elsevier, 2019.

③ Elliot Abemayor and Lelde B. Gilman, "Operative Techniques in Otolaryngology—Head and Neck Surgery," in *JAMA* , 1992, vol. 267, pp. 159-160.

④ Stefania Serafin, Ali Adjorlu and Lone Marianne Percy-Smith, "A Review of Virtual Reality for Individuals with Hearing Impairments," in *Multimodal Technologies and Interaction* , 2023, vol. 7, p. 36.

第二节
听觉障碍儿童特征

听觉障碍儿童与普通儿童有着许多共同点，如对教育的需要，对认知、语言和社会情感技能发展的需要，对来自看护者和教育者的情感支持、鼓励和指导的需要，以及对独立、自主和自决的渴望。与此同时，他们又面临着独特的挑战和机遇。听觉障碍的儿童可能需要特殊设备或装置，如助听器或人工耳蜗，来帮助他们进行交流和学习。他们可能难以理解言语，尤其是在嘈杂或复杂的环境中，这会影响他们的语言发展和学业进步。然而，听觉障碍儿童也可能具有独特的优势和能力，如更强的视觉空间技能和对非语言交流的高度敏感度。[①]　总之，听觉障碍儿童与普通儿童之间既有共性也有特殊性，需要承认和解决这些问题，以支持他们的发展和福祉。

一、生理特征

听觉障碍儿童的生理特征可能因听力损失的类型、程度和发作时间而异，以下是听觉障碍儿童的一些主要生理特征。

(一)听觉灵敏度降低

听觉障碍儿童的听觉灵敏度降低，这意味着与听力正常的儿童相比，他们检测柔和声音的能力下降，可能难以听到低于特定音量阈值的声音。同样的，听到高频声音的能力也会下降。s、f 和 th 等辅音对于语音感知很重要，听觉障碍的儿童可能难以听到这些声音，进而影响他们理解语言的能力。背景噪声也加大听觉障碍儿童理解言语的难度，这在教室或其他有多个声源的环境中尤其具有挑战性。听觉障碍儿童的声音定位能力下降，使他们难以识别声音的来源或在群组环境中跟进对话。一个人可以舒适地听到的声级范围称为"动态范围"，与普通儿童相比，听觉障碍儿童的动态范围可能会减小，这可能使他们难以区分音量接近的声音。

(二)语言发育障碍

听力障碍的儿童发音困难，接触声音和语言的机会大大减少，与健听的同龄儿童

---

① 赵英等：《视觉语言对听觉障碍人群阅读能力的影响及作用机制》，载《心理科学进展》，2020(6)。

相比，在语音、语速、语用、语义及语法等方面存在较大挑战，还可能会出现说话延迟的问题。

1. 语音方面

听觉障碍儿童的语音发展特点主要体现在口部运动能力、构音能力及语调三个方面。首先，良好的口部运动能力是清晰语音产生的基础和前提。与健听儿童相比，听觉障碍儿童的口部运动发展相对落后。听觉障碍儿童普遍存在口咽腔共鸣障碍，如舌位过于靠后。他们的口腔轮替运动也显著弱于同龄普通儿童，构音器官运动的灵活性和协调性欠佳。即便是植入了人工耳蜗，听觉障碍儿童也需要经过5～6年的听力重建后，他们构音器官的运动能力才能接近健听儿童水平。其次，构音能力是儿童产生有意义语音的能力。我国研究者发现，汉语体系下的听觉障碍儿童的韵母习得先于声母习得。1～2岁与2～3岁的听觉障碍儿童平均掌握的韵母为0.63个和4.79个，而对应的声母只有0.35个和1.87个。[①] 尽管听觉障碍儿童在韵母习得方面有积极表现，但是，他们的韵母清晰度明显差于健听儿童，从易到难依次为单韵母、复韵母和鼻韵母。[②] 还有研究者探究了听觉障碍儿童的声母获得规律，指出听觉障碍儿童较容易掌握声母 b、p、m、d、t、l，较难掌握 z、c、zh、ch、j、q。[③] 最后，语调(intonation)指的是说话的腔调，就是一句话里快慢轻重的配置和变化。听觉障碍儿童的语调能力与健听儿童存在较大差距，即使4个声调都已获得的听觉障碍儿童也难以灵活地进行语音变调。听觉障碍儿童疑问句整句升调幅度远低于健听儿童，在命令语调上，命令句前分句降调幅度也低于健听儿童。相较于疑问句，听觉障碍儿童对陈述句语调掌握较好，在训练疑问语调时，可以依据其边界调音高曲线的起点、终点和走势特征进行针对性训练。[④]

2. 语速方面

语速，顾名思义也就是我们说话的速度。听觉障碍儿童和普通儿童的语速均随年龄增长而明显提升，但总体而言，听觉障碍儿童的语速能力是低于普通儿童的，主要表现为言语速率较低、音节时长和停顿时长较长。听觉障碍儿童存在语音工作记忆低下的问题，这会导致他们在语言表达时对短时存储的语言信息提取速度较慢。[⑤] 再者，听觉障碍儿童的语速与构音运动的灵活性密切相关。但是，我们在前文中已提到，听觉障碍儿童构音器官运动的灵活性和协调性欠佳。因此，听觉障碍儿童的语速也相对缓慢。

---

① 易海燕等：《1～3岁听障儿童构音特征研究》，载《中国听力语言康复科学杂志》，2017(4)。

② 夏静宇、管燕平、薛永强：《4.5～5.5岁聋儿与正常儿童语音清晰度的比较》，载《中国康复理论与实践》，2012(8)。

③ 张磊等：《学龄前聋儿声母发音难度研究》，载《听力学及言语疾病杂志》，2012(2)。

④ 易玲、张磊、周静：《学龄前听障儿童与健听儿童不同语句的语调声学特点比较》，载《听力学及言语疾病杂志》，2016(3)。

⑤ 惠芬芬等：《7～11岁听障儿童的语速特征研究》，载《中国特殊教育》，2022(8)。

3. 语用方面

语用是指运用语言进行交流互动的能力。雪莉等人将回应招呼、提出要求、描述事件、听指令、复述、处理任务、维持话题、角色扮演、动作序列等作为评估儿童语用能力的内容。[①] 我国研究者对听觉障碍儿童语用能力特征的研究主要集中在故事复述、主题对话、叙事能力的探讨方面。听觉障碍儿童语言功能的发展具有不均衡性和年龄差异。不均衡性体现在工具功能、娱乐功能较强，协调功能、表现功能居中，表述功能较弱。年龄差异整体表现为年龄越大，语言功能越强；年龄较小，语言功能增长幅度越大。研究者对听觉障碍儿童的主题对话能力进行研究发现，听觉障碍儿童在命名、描述功能、表达理由、处理任务能力方面的发展情况与健听儿童类似，类属能力发展好于健听儿童，描述特征、异同、动作序列能力发展落后于健听儿童。[②]

4. 语义及语法方面

人类语义和语法的发展主要体现在词汇、词组、句子及语段的理解程度和表达水平上，掌握词汇和句子是儿童使用语言交流的前提。首先，在词汇方面，因为接触口语机会的减少，听觉障碍儿童的词汇量要少于健听的同龄人。听觉障碍儿童对词汇的理解、掌握程度与词汇类型密切相关。比如听觉障碍儿童对名词和动词的理解显著高于其他类型词汇。在形容词方面，相关研究指出，听觉障碍儿童对性质评价的形容词理解较好，对品性行为形容词和机体感觉形容词理解较弱。[③] 听觉障碍儿童在说话时还可能会省略个别词，因为他们可能不了解这些词在句子中的重要性。其次，句子是语言运用的基本单位。听觉障碍儿童的句子含词量及句法水平低于健听儿童，虽然在句型及修饰句的使用比例上与健听儿童相似，但整体句子结构的完整性和复杂性弱于后者，表现为多使用与情境相关的不完整句，复句使用量少，关联词使用有误，句子修饰语种类简单且重复，句法易出错且自我修正的表现较少。[④]

(三)生理问题的风险增加

与听力正常的儿童相比，听觉障碍儿童会容易出现一些生理问题，如部分听觉障碍儿童会出现耳鸣，这让他们感到不适和分心，尤其是在安静的环境中。当听力障碍与内耳问题有关时，可能导致平衡和协调问题，影响他们参加体育活动和运动的能力。此外，听觉障碍儿童耳朵感染的风险也会增加，从而进一步加剧他们的听力损失并延

① Kenneth G. Shipley and Julie G. McAfee, *Assessment in Speech-Language Pathology*: *A Resource Manual*, *Sixth Edition*, Plural Publishing, 2019.

② 周谢玲:《学前听障儿童主题对话能力测试材料编制及特征分析》，硕士学位论文，华东师范大学，2015。

③ 白银婷、唐文婷:《3～5 岁听障儿童与健听儿童形容词理解能力的比较研究》，载《中国特殊教育》，2012(4)。

④ 梁峻波等:《听障儿童语言发育特征研究进展》，载《中国听力语言康复科学杂志》，2021(6)。

迟语言发育。耳部感染也会让儿童感到疼痛和不适，从而导致睡眠障碍和易怒。

总之，听觉障碍儿童的生理特点是复杂多变的。了解这些特征可以帮助家长、教师和医疗保健专业人员提供适当的支持和干预，帮助听力损失儿童充分发挥潜力。通过早期干预、适当的技术和支持性环境，许多听力损失儿童也可以茁壮成长并融入正常的学习、交往与生活。

二、心理特征

听力障碍会影响儿童的各种心理特征，这取决于听力损失的严重程度和性质，以及年龄、性格和应对策略等个体因素，以下是听觉障碍儿童的一些常见心理特征。

(一)社会认知发展欠佳

听觉障碍儿童存在语言发育迟缓的问题，这种延迟会对他们的社会认知发展产生重大影响，主要体现在心理理论和模仿两方面。

1. 心理理论方面

心理理论(theory of mind)是指个体基于自己或他人的信念、目的、意图等心理状态，进而理解和解释人类行为及社会情境的认知能力，是儿童社会认知的重要方面。[1] 在听觉障碍儿童心理理论的研究中，对错误信念的认知是研究者常采用的基本范式。错误信念是指当他人的心理与现实不一致时，所表现出的基本社会认知能力。彼得森等人首次测查了听觉障碍儿童对错误信念的理解能力，发现其错误信念的发展滞后于健听儿童，从而导致听觉障碍儿童在理解他人信念、目的等方面存在偏差，他们更多地以自我为中心，认知发展相对不成熟。[2] 随着我国特殊教育的发展，研究者越来越关注听觉障碍儿童错误信念理解的发展。陈友庆指出，儿童错误信念理解的发展是其谎言理解的基础，而听觉障碍儿童由于错误信念理解的年龄比普通儿童晚，所以他们对谎言理解的年龄也要迟一些。[3] 再就是，不论是在家庭、学校还是社会环境中，听觉障碍儿童和父母、同伴之间缺乏高质量的互动，也会导致他们获得心理理论的时间晚于健听儿童。

---

① Margalit Ziv, Tova Most and Shirit Cohen, "Understanding of Emotions and False Beliefs Among Hearing Children versus Deaf Children," in *The Journal of Deaf Studies and Deaf Education*, 2013, vol. 18, pp. 161-174.

② Candida C. Peterson and Michael Siegal, "Changing Focus on the Representational Mind: Deaf, Autistic and Normal Children's Concepts of False Photos, False Drawings and False Beliefs," in *British Journal of Developmental Psychology*, 1998, vol. 16, pp. 301-320.

③ 陈友庆：《聋童与正常儿童对假装表征、模仿性假装和欺骗性假装的认识》，载《心理与行为研究》，2018(1)。

2. 模仿方面

模仿是指个体自觉或不自觉地重复他人的行为的过程，是社会学习的重要形式之一。尤其在儿童方面，模仿是儿童社会认知发展的主要途径之一，与他们的动作、语言、技能、行为习惯及品质等方面的形成密切相关。新生儿可以通过观察来模仿他人的动作，1 岁左右的婴儿可以通过选择仅仅模仿与达成目标有关的动作，而忽视那些与完成目标无关的动作，而随着年龄的增长，幼儿的选择性模仿在学前期仿佛出现了倒退，出现了过度模仿。① 大量的研究表明，儿童不仅会模仿因果相关的动作，还会忠实地模仿与演示无关的动作，这种现象被称为"过度模仿"(overimitation)。② 如 3 岁的孩子用棍子猛敲盒子顶部，即使他很清楚这个行为与开门和获得奖励无关。相比之下，黑猩猩跳过不相关的动作，直接打开门取出物体，表现得更有效率。③ 相关研究已经证实听觉障碍儿童能够进行过度模仿，但他们对无关行为模仿的忠实程度总体上低于健听儿童；在没有听觉信息的情况下，听觉障碍的儿童可能更依赖视觉线索来模仿动作和行为。④ 这会导致他们更加关注肢体语言、面部表情和其他非语言暗示。

(二)情绪能力差

教育家海伦·凯勒曾说过："盲隔绝了人与物，聋隔绝了人与人。"虽然人工耳蜗及助听器等设备可以在一定程度上帮助听觉障碍儿童接收与处理听觉信息，但由于生理年龄和医学手段的限制，先天聋的个体必定会经历一段时间的听力损失。⑤ 同时，由于助听设备对听力言语康复效果差异较大等因素，听觉障碍儿童并不能完全像健听儿童一样，充分地与外界交流和互动。一方面，由于人际交往、社会互动的匮乏，听力障碍的儿童更容易陷入悲伤、冲动、易怒等情绪之中，并且很难意识到他人情绪的细微变化，情绪理解能力较差。遇到不利情境时，他们可能更多地产生负面情绪，并且由于不能对相应情绪的诱发因素进行适当分析而出现恶性循环。另一方面，语言的滞后使得听觉障碍儿童的思维和认知发展受限，难以对社会刺激做出合适的反应，不能很好地理解社会互动的过程，一旦自身需求没有得到满足，就容易产生情绪问题。

---

① 王一伊、苏彦捷：《进化还是倒退：儿童过度模仿的文化共性与差异》，载《心理发展与教育》，2020(5)。

② Victoria Horner and Andrew Whiten，"Causal Knowledge and Imitation/Emulation Switching in Chimpanzees (Pan troglodytes) and Children (Homo sapiens)，" in *Animal Cognition*，2005，vol. 8，pp. 164-181.

③ Zheng Ming，H. a. N. Zengxia and Wang Zhidan，"Efficiency or Fidelity First：A Discussion of Preschool Children's Imitative Learning Mechanism，" in *Advances in Psychological Science*，2016，vol. 24，p. 716.

④ 王志丹等：《听障儿童与健听儿童过度模仿的比较研究(英文)》，载《中国临床心理学杂志》，2019(6)。

⑤ 伍新春、赵英：《听障儿童情绪发展的特点及促进》，载《中国听力语言康复科学杂志》，2018(3)。

(三)非凡的适应力

尽管在日常生活中面临着沟通障碍和社会排斥等重大挑战,但许多听觉障碍儿童表现出了非凡的适应力和韧性。[1] 听觉障碍儿童表现出适应力的方式之一是通过他们适应环境的能力,他们学会使用视觉线索和其他形式的非语言交流来与他人互动,并且他们变得善于解读肢体语言和面部表情。他们还学会创造性地寻找表达需求和愿望的方式,通常使用手势、书写、助听器或人工耳蜗等技术。听觉障碍儿童表现出韧性的方式是通过他们克服障碍和实现目标的能力。许多听觉障碍儿童在学业上表现出色,并继续在各个领域追求成功的职业生涯,他们通常有很高的积极性和成功的决心,因此他们会产生强烈的自力更生和独立意识。[2] 总之,听觉障碍儿童非凡的适应力证明了他们的力量、适应能力和决心,他们克服挑战并在一个往往没有考虑到他们的需求的世界中茁壮成长的能力确实非凡和鼓舞人心。

(四)心理问题

1. 社会化问题

无论在表达自己还是理解他人时,听觉障碍儿童都存在一定程度的沟通困难,使他们在进行同伴交往和参加集体活动时面临巨大挑战,同时又会导致他们产生排斥感和孤独感,更加难以进行良好的社会交往,最终形成一种恶性循环。

2. 低自尊

由于在沟通和社交方面存在种种挑战,听觉障碍儿童可能会对自己的听力损失感到难为情或尴尬,尤其是当他们被同龄人取笑或欺负时,这会导致低自尊和消极的自我形象。其次,听觉障碍儿童可能会因为残疾而面临来自他人的负面刻板印象和歧视,这也会损害他们的自尊心。

3. 焦虑和抑郁

听觉障碍儿童的自尊水平较低,虽然在一定程度上感到被同伴接纳,但还是会经常体验到孤独感与焦虑感,尤其是当他们被孤立、被误解或因沟通障碍导致难以完成学业任务而产生挫败感时,他们还可能担心由于听力损失而错失经验或机会。[3] 此外,家庭动态也可以在孩子的心理健康中发挥作用,如果孩子的家人不支持或不理解他们

---

[1]　Adva Eichengreen et al. , "Resilience from childhood to young adulthood: retrospective perspectives of deaf and hard of hearing people who studied in regular schools," in *Psychology & Health*, 2022, vol. 37, pp. 331-349.

[2]　Tahir Hafiz, Tanzila Nabeel and Hifsa Batool, "A Comparative Study of Social Adjustment Among Special Needs Children," in *Research Journal of Education*, 2019, vol. Ⅲ, pp. 21-31.

[3]　Annerose Keilmann, Annette Limberger and Wolf J. Mann, "Psychological and Physical Well-being in Hearing-impaired Children," in *International Journal of Pediatric Otorhinolaryngology*, 2007, vol. 71, pp. 1747-1752.

的听力损失，这可能会导致额外的压力、抑郁和焦虑。

总的来说，我们要做的是为听觉障碍儿童提供帮助其克服挑战和建立自信心所需的支持和资源。通过关注他们的优势和能力，而不是他们的缺陷，我们可以帮助他们建立积极的自我形象并充分发挥潜力。

三、认知特征

听力障碍也会影响儿童的认知发展，因为他们可能难以处理信息和学习新概念，最终导致他们遭遇学术挑战，尤其是在严重依赖听觉输入的学科中，如语言艺术和社会研究。

(一)感知觉方面

感知活动是一种调动感官并有助于发展或增强儿童感知和解释其环境的能力的活动，旨在刺激视觉、听觉、触觉、味觉和嗅觉等感官，鼓励孩子探索并与周围环境互动。知觉是指个体选择、组织和解释感官信息以理解其环境的过程，它涉及生理和认知过程，并受到一系列因素的影响，包括个体差异、文化背景和先前经验。

听觉障碍儿童由于缺乏听觉和语言的输入，相关感知效果通常弱于普通儿童，但是在视觉、触觉等方面却有着非凡表现。首先，在视觉方面，听觉障碍儿童严重依赖视觉线索来解释和理解周围环境，其观察能力得到了极大的锻炼和发展，变得十分敏锐。[1] 涉及视觉刺激的感官活动，如鲜艳的颜色、对比鲜明的图案和视觉辅助，可以帮助这些孩子学习和探索。其次，触觉是所有儿童的重要感官输入，尤其对于那些可能无法获得听觉输入的听觉障碍儿童而言可能更为重要，有听力障碍的儿童能够感觉到振动，并且可能对涉及振动感觉的活动反应良好。[2] 比如，听觉障碍儿童可能无法听到传统形式的音乐和声音，但他们仍然可以享受打鼓等音乐活动中振动的感官感受，并从中受益。再如，感受发音时声带、鼻翼的振动及气流的发生与流向。还有一些涉及触摸的活动，如手指绘画、橡皮泥和玩沙子，可以帮助这些孩子探索他们的环境并了解不同的纹理和材料。再次，听觉障碍会影响儿童的多通道感知输入，使他们的知觉完整性大大降低，所以许多听觉障碍儿童在空间意识、感觉统合方面存在困难。最后，对于失聪的孩子来说，手语是一种重要的感官活动，可以帮助他们与他人交流和联系，学习和练习手语可以帮助这些孩子发展重要的语言和沟通技巧。

---

[1]　Charlotte Codina et al. , "Deaf and Hearing Children: A Comparison of Peripheral Vision Development," in *Developmental Science*, 2011, vol. 14, pp. 725-737.

[2]　Byron Remache-Vinueza et al. , "Audio-Tactile Rendering: A Review on Technology and Methods to Convey Musical Information through the Sense of Touch," in *Sensors*, 2021, vol. 21, p. 6575.

感官活动还可以成为支持听觉障碍儿童在一系列领域发展的有效方式，通过提供视觉、触觉和听觉刺激的机会，改善并发展他们沟通、社交和感官处理的方式与能力。需要明确的是，感知不是一个被动的过程，而是一个主动和动态的过程，个人根据他们的感官输入、期望和先前的经验积极地构建他们对世界的感知，这意味着不同的人可能会以不同的方式感知相同的感官信息，这取决于他们的个体差异和经历。

（二）注意方面

与听力正常的同龄人相比，听觉障碍儿童的思维发展通常会出现延迟或差异，以下是一些通常与听觉障碍儿童相关的思维发展特征。

首先，听觉障碍儿童的注意也是由无意注意逐步发展到有意注意的，但是无意注意常常占据主导地位。听觉信息的丢失，在很大程度上影响了听觉障碍儿童有意注意的发展，使得在他们有意注意的发展要晚于同龄健听儿童。

其次，听觉障碍儿童的注意广度相对有限。引起他们注意的刺激源主要来自视觉对象，听觉对象给予的注意刺激相对较少。还有许多听觉障碍儿童依靠视觉思维来弥补听觉输入的不足，他们可能擅长用图片思考，并且可能对视觉信息有很好的记忆力。[1] 因为对视觉输入的严重依赖，他们可能比健听同龄人更容易想象复杂的空间关系并解决空间问题，也可能更擅长空间推理。

最后，听觉障碍儿童的注意转移具有较强的目的性、主动性和强制性，他们难以随任务的变化及时转移注意力。同时，注意的分配也比较困难，常利用注意转移代替注意分配。[2]

（三）记忆力方面

记忆是大脑编码、存储和检索信息的能力，是一个复杂的认知过程，在我们的日常生活中起着至关重要的作用，使我们能够记住过去的事件，学习新的技能和知识，并驾驭我们的环境。记忆可以分为感觉记忆、短期记忆和长期记忆。

听力障碍会对儿童的记忆力产生重大影响，因为听觉信息对于记忆力的发展和维持至关重要。听觉障碍的儿童可能无法获得大量的听觉输入，这会影响他们在记忆中编码、存储和检索听觉信息的能力，如言语记忆困难。但是，他们会更多地依赖视觉信息来编码并从中检索信息，因此，他们可能比听力正常发展的同龄人拥有更好的视

---

① Matthew W. G. Dye and Peter C. Hauser, "Sustained Attention, Selective Attention and Cognitive Control in Deaf and Hearing Children," in *Hearing Research*, 2014, vol. 309, pp. 94-102.

② 雷江华、刘慧丽：《学前融合教育（第2版）》，25页，北京，北京大学出版社，2022。

觉记忆能力。听觉障碍儿童的工作记忆能力通常较差。[①] 这是因为听力损失会破坏听觉处理技能的发展，进而影响工作记忆的发展。此外，听觉障碍的儿童可能不得不投入更多的认知资源来理解语音和其他声音，留下更少的资源用于工作记忆任务。[②] 同样的，听觉障碍儿童在长期记忆方面也存在较大困难。

总的来说，听觉障碍儿童由于听觉输入有限，可能会在记忆方面遇到一些挑战，但他们可以通过使用视觉辅助工具和听力技术来弥补这一点，早期干预和支持有助于提高这些儿童的记忆力和整体认知能力。

(四)思维方面

思维是使用认知能力产生想法、理解信息、解决问题和做出决定的过程，它涉及知觉、记忆、注意、推理、想象和创造力等多种心理活动，包括批判性思维、分析性思维、创造性思维和反思性思维等多种类型，受到情绪、信仰、文化、经验等多种因素影响。思维是一个复杂的多方面概念，在我们的日常生活中起着至关重要的作用，培养强大的思维能力和策略可以帮助我们做出更好的决定，更有效地解决问题，并产生创新的想法。

我们生活的世界鲜有为听觉障碍儿童考虑或单独设计的地方，加之沟通等方面存在障碍，使得听觉障碍儿童在思维上表现出独有的特征。我们人类的语言与思维发展是相辅相成的，听觉障碍儿童由于受到有声语言的局限，所以在抽象思维的发展方面也存在较大阻碍，他们的抽象概括能力较差，逻辑思维不发达，难以理解隐喻、成语等抽象概念，思维表现出具体化、形象化的特点。[③] 自己经常不被他人理解，并遭受自身发展障碍带来的自卑感和挫败感，导致听觉障碍儿童会对他人产生强烈的同理心，能够设身处地为他人着想，想象体验他们的情绪和观点会是什么样子，这使得他们能够更有效、更富有同情心地做出回应，帮助他们更好地建立有意义联系、促进形成积极关系。听觉障碍儿童的分析能力非常强大，他们总是关注细节，通过视觉线索和上下文来充分理解信息，由此发展出了高超的解决问题的能力。再者，他们在为有听力的人设计的世界中航行，可能需要更有创意地寻找解决方案和开发替代沟通的方法，并且迸发出强大的自我倡导技能，学会为自己说话并坚持自己的需求和偏好。[④]

---

① Dr Abdulaziz Abdullah Alothman, "Language and Literacy of Deaf Children," in *Psychology and Education*, 2021.

② 潘雨晨、李欣雨、肖永涛：《3～5岁听障儿童的执行功能特征及影响因素》，载《中国特殊教育》，2022(12)。

③ 李梦娜、陈穗清、张庆华：《5—6岁听觉障碍儿童隐喻理解能力的研究》，载《中国特殊教育》，2020(7)。

④ Dorcas Sola Daramola et al., "Creativity Level of Hearing Impaired and Hearing Students of Federal College of Education," in *International Journal of Instruction*, 2019, vol. 12, pp. 1489-1500.

(五)想象力方面

想象力是在头脑中形成直接物理环境中不存在的心理图像或概念的能力,它涉及使用想象力来创造场景或想法,这些场景或想法不是基于现实,而是基于创造力和抽象思维。它是人类认知的一个重要方面,在生活的各个领域都发挥着重要作用,包括创造力、解决问题和决策制定。它允许个人超越目前已知或经验的范围进行思考,使他们能够想象和探索新的可能性和观点,是我们创造性思考、扩展对世界的知识和理解及展望更美好未来能力的核心。听觉障碍儿童的想象力与健听儿童的想象力有许多共同的基本特征,但也可能由于听力障碍而具有一些独特的特点。

听觉障碍儿童可以像健听儿童一样具有创造力,只不过,他们可能更多地依赖其视觉想象力而不是听觉想象力,因为他们可能无法获得听觉输入,从而使得他们更善于在脑海中创造生动的心理图像和描绘场景,甚至可能由于不同的经历和视角而具有更多的独特想法和思考。听觉障碍儿童可能更喜欢多感官体验,如触觉、视觉和嗅觉,这种多感官通道的感知输入,利于他们体验并创造更生动、更身临其境的心理形象。[①]听力损失儿童可能对阅读也有更为浓厚的兴趣,并且可能对文字有很强的视觉记忆,使他们能够从书面描述中创造出心理图像。他们还可以将书籍作为激发自己想象力和创造力的灵感来源。[②]

总体而言,尽管听觉障碍儿童的听觉输入途径有限,但他们依然可以拥有丰富而充满活力的想象力。他们可以使用视觉图像、创造力、多感官体验、阅读、游戏、自我表达和技术来发展他们的想象力并表达他们对世界的独特看法。

总的来说,听觉障碍儿童可能会因为他们的经历导致某些方面的发展弱于普通儿童,但也正是因为他们独有的这些经历,使得他们能够发展出独特的优势和技能,丰富他们和周围人的生活。

---

① Anna Andreeva, Pietro Celo and Nicole Vian, "6 Play in Children with Hearing Impairments," *Play Development in Children with Disabilties*, De Gruyter Open, 2016, pp. 94-101.

② Abdul Rahim Razalli et al., "Using Text with Pictures in Primary School to Improve Reading Comprehension for Hearing Impaired Students," in *Journal of ICSAR*, 2018, vol. 2, pp. 19-27.

第三节
听觉障碍儿童的案例分析及教育干预

一、案例分析

> **案例一：**
>
> 安安刚出生时，被诊断为双耳听力损伤，右耳听力损失为 80～85dB，左耳听力损失为 70～75dB。他智力正常，性格内向，4 岁时，他在某机构接受了为期 1 年的听力康复训练后，进入一所普通公办幼儿园就读。环境的改变使得安安难以适应，他开始封锁自己，拒绝与人交流，也不愿佩戴助听器，极少参与集体活动。
>
> 安安的家庭经济状况良好，父亲经商，自他出生后，母亲一直全职在家照顾他，父母文化水平较高，没有因为安安的听力问题就对他特别对待，家庭氛围良好。

【诊断】

相较于大部分听觉障碍儿童，安安有较好的家庭经济条件和父母的耐心陪伴，情况还是比较乐观的。经过在康复机构的 1 年训练，安安已经能够在手语的辅助下明白他人的意思并进行简单的日常交流。他的封闭自我行为是从进入幼儿园开始，面对与康复机构截然不同的环境和学校体制，安安的心理压力骤增。教师缺少相关的随班就读经验，同班幼儿也是第一次和安安这样的听觉障碍儿童在同一个班级中学习，所以导致了一些不太理想的教育效果。

(一)针对改善听觉障碍儿童沟通及社交能力的教育措施

【策略】

融合教育教师在明晰相关情况之后，针对安安在幼儿园内的各种行为表现，为安安制订了有针对性的融合教育计划，家长、教师、同伴之间形成合力，共同构建良好的融合教育环境，促进残健共赢。

1. 增进沟通能力

(1)建立自信

对许多听觉障碍儿童来说，要改善语言能力，并非易事，最重要的是让他们感到被接纳，让他们知道即使自己表达的信息不清晰，甚至很难理解，老师仍愿意耐心聆听，同学们也愿意了解他们的心声，借此增强他们表达自己的信心。当他们愿意多讲多听，表达能力自然便会提高。

教师让两位各方面发展比较好的儿童在活动时主动牵起安安的手，带着他进行活动。在进行绘本阅读活动时，教师将安安搂在怀里给予他更多的安全感，也适当地在活动中给予安安表现的机会，引导小朋友们对安安的进步竖起大拇指进行夸赞。教师组织了丢手绢等互动游戏，小朋友们越来越把安安当成小弟弟，事事都想到他，处处关心着他，同伴关系趋于融洽，安安的笑容也逐渐多了起来，并且乐意佩戴助听器和同伴们进行沟通交流。

（2）正确示范

当听觉障碍儿童表达的信息不清晰时，如将"星期三"说成"丁期担"，教师可自然地向他示范正确读音，让他多听几遍，如："对，你星期三去旅行，我星期三也会与你们一起去旅行……那么星期三见吧！"听觉障碍儿童错用词汇时，教师也可即时示范及教导正确的词汇。

（3）鼓励尝试

可鼓励听觉障碍儿童跟随教师的口形练习一两遍，尝试改善某些词语的发音，但切忌采取机械式操练，或在平日沟通时过分地纠正听觉障碍儿童的错处，因为这样只会令他越来越退缩，不敢表达自己。

教师开展"声音知多少"活动，通过分不同的子主题来进行，如"动物声音知多少""交通工具声音知多少""乐器声音知多少"等，通过播放不同声音的音频，诱发模仿。安安虽然能听见，但是要开口发音还是存在一定困难，教师先让安安听，把手放在老师、同伴的声带位置感受发音时的震动，慢慢地进行模仿。

教师开展"这是谁的小板凳"活动："小板凳，小板凳，这是谁的小板凳？""这是明明的小板凳。""小多肉，小多肉，这是谁的小多肉？""这是一一的小多肉。"

此活动的目的是在拟声游戏的基础上，引导听觉障碍儿童进一步发音与创编，两两一组，还可以加强同伴之间的交流，增进友谊。活动可以延伸到家庭、户外，任何所见的物体，都可以进行创编，使得言语意识培养融入安安学习、生活的方方面面。

（4）补充和扩展

上课或交谈时，教师可运用扩展句子这种技巧，帮助听觉障碍儿童发展语言，如上课时教师可问学生中秋节有什么节目，听觉障碍儿童可能说："公园灯笼。"教师便可回答："对！在公园玩灯笼，你在公园玩什么灯笼？"教师可运用这方式逐步带领听觉障碍儿童将句子扩展，丰富他们的语言。

（5）留意反应

教师应避免经常使用"你听到吗"或"你明白吗"等问题来查看听觉障碍儿童接收信息的情况。"听到"或"明白"这些答复未必能够反映真实情况。教师可留意听觉障碍儿童的反应，包括面部表情、手势等非言语表达方式掌握他们说话的真正意思。

在教学活动中教师通过初级指令性语言教学，即教师说什么，安安就做什么，并且要重复教师说的话，由此建立起听觉—语言—动作的联系，同时锻炼听觉障碍儿童对所接收到的信息的反应。比如，教师说"坐"，安安就要在小板凳上坐好，并且嘴上说着"坐"；教师说"跑"，安安就要跑起来，嘴里说着"跑"。除此之外，教师还可以说某个物体，如"圆柱积木"，安安就要指着或把目标物体（也可以是图片）拿过来，因为此活动的语言较为复杂，不对安安做过于严格的要求，他可以尝试说"圆柱积木"，也可以说"积木"，也可以不说只做出相应动作。但是，如果只进行动作，必须练习到熟练。

另外，教师也要留意自己的反应，若不明白听觉障碍儿童说话时，可找一些熟悉他们的同学帮忙，或者以书写方法辅助沟通，尽量避免说："喂！你说什么？"或者出现眉头紧皱等反应，影响听觉障碍儿童表达自己的信心。

（6）学习活动

角色扮演、小组讨论和活动都可帮助听觉障碍儿童发展语言，从中模仿其他同学的说话方式及发音。不过，教师需特别留意听觉障碍儿童在小组活动中有没有困难，并在有需要时，尽快提供帮助。

2. 加强社交的信心

（1）鼓励参与课堂及课外活动

教师应鼓励听觉障碍儿童多参与课堂及课外活动，除了可以增加他们沟通交流的机会及在自然环境中丰富语言经验之外，也可以帮助他们拓宽社交圈子、发掘他们的潜能。

教师带领小朋友们去参观小学，体验小学的一日生活，并且在回到幼儿园后谈谈他们的感受。教师为安安安排时间和同伴一起探索小学校园里的教学设施，认识校园里的哥哥姐姐们，安安在操场上遇到了一位同样患有听觉障碍的儿童，两人成了好朋友。教师还通过在幼儿园进行小学生活模拟，帮助安安提前感受小学的学习氛围与学校体制，为幼儿园学生的幼小衔接的良好过渡做好心理准备。

教师在听觉障碍儿童参与活动的过程中，要了解他们社交上的困难，并且及时地教导他们待人处事的应对技巧和态度。

（2）沟通及社交技巧训练

听觉障碍儿童很难自然地掌握一些常用的社交技巧。教师可引导他们掌握相应的社交行为及在不同处境的一般用语（如在超市购买物品）。

教师通过家园合作，指导安安的父母教会安安认识亲戚、邻里，并要求他见人喊人。真实的人际交往是任何教学情境都不可替代的，其中蕴含的情感支持更是尤为重要，通过教师和家长的引导帮助安安掌握必要的社交技巧。同时，邻里的夸赞也会增加安安的信心，帮助他更好地发展。

虽然听觉障碍儿童的发音并非完全准确，但可以提醒他们说话时要态度友善、眼神专注、说话速度及音量恰当，别人便会比较容易明白他们所说的话，并且乐于与他们相处。教师也可教授他们一些如图 7-1 所示的社交技巧。

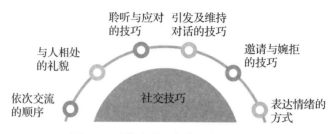

图 7-1　听觉障碍儿童学习的社交技巧

(二)针对听觉障碍儿童有效使用助听器的教育措施

助听器可协助听觉障碍儿童有效聆听和接受语音信息。可是，部分听觉障碍儿童会因为各种原因而不愿意在学校使用助听器，从而影响了他们与人沟通、学业和心理社交的发展。图 7-2 中列出的是听觉障碍儿童不愿意戴助听器的一些常见的原因。

图 7-2　听觉障碍儿童不愿意佩戴助听器的原因

在教学环境中，教师可以使用多元化的支持策略，增强听觉障碍儿童使用助听器的效果，从而提升他们的学习和沟通效果。表 7-4 列出了一些常用的支持策略。

安安不愿戴助听器，是因为觉得自己特殊，所以教师从这点入手。教师开展主题班会，让班级同学了解安安的听觉障碍与认识助听器，并辅导适当互动的方式(见表 7-4)，例如，在互动时，应注意安全避免头部碰撞；在说话时，安安背对着或未看见说话者时，比较会听不清楚声音而遗漏信息，应与安安面对面说话为宜；安排班上情绪稳定性较高的同学协助安安参与各种学习活动，进而发展良好的人际互动关系。几天下来孩子们不再盯着安安的耳朵看，甚至还有小朋友夸赞他的助听器很酷。当安安乐意佩戴助听器后，每天进班前教师都会进行检查，并做适当调试。

表 7-4 听觉障碍儿童使用助听器的支持策略

范畴	策略	案例
环境调试	降低噪声	1. 要求同学保持安静 2. 鼓励同学们轻声讨论 3. 安排在宁静的环境中教学
	加强语音信息	1. 安排听觉障碍儿童的座位靠近声源 2. 在同一时间内只安排一人说话 3. 鼓励所有同学面向听觉障碍儿童说话 4. 使用辅听装置(如扩音器和无线调频系统)
有效沟通	避免听觉疲劳	1. 在语句间加入适当的停顿 2. 强调重点 3. 提供足够的时间让听觉障碍儿童进行思考
	给予清晰的信息	1. 运用精简的语句 2. 提供清晰的指示
	提供视觉信息	1. 尽量展现口型、面部表情、身体语言以加强沟通 2. 说话时避免站在背光位置、四处走动、派发教材或板书等 3. 利用视觉策略协助听觉障碍儿童理解课堂内容,如板书、多媒体、视觉材料、附有字幕的影片等 4. 运用多感官及情境教学 5. 在黑板书写重点及宣布内容等
	运用沟通策略	1. 在吸引听觉障碍儿童注意后才开始说话 2. 按需要重复或重整语句 3. 向听觉障碍儿童示意转换课题或话题 4. 安排热心的同学当小老师,坐在听觉障碍儿童的邻近,按需要提示课堂进度或讲授的课文等
有效辅导	建立正面态度	1. 通过个别或小组辅导,让听觉障碍儿童了解自己的听力困难及使用助听器的需要 2. 辅导听觉障碍儿童接纳自己的听觉障碍和培养正面态度,主动使用和管理助听器

案例二:

小天今年 10 岁,目前就读于公立小学,是个双耳极重度感音性听力障碍的小男孩,于 1 岁多时右耳被植入人工电子耳,左耳配戴助听器,父母在小天很小的时候便安排早疗课程,让小天接受听能语言的复建训练,并积极勤做听语训练工作,持续至现在未曾间断。因此小天的语言发展与同龄人一样。

小天的家庭为三代同堂,从小,爷爷、奶奶、爸爸和妈妈因为补偿心理,所以教养态度多为讨好方式,就连哥哥也是要忍让于他。因此,小天养成了自我性强的心态。①

① 《喜安人文 听觉障碍 | 小学阶段辅导案例(一)》,https://www.sohu.com/a/www.sohu.com/a/15120-6045_763055,2023-05-16。

【诊断】

听觉障碍学生在较大空间或声音较嘈杂环境中，会因为听不清楚而产生不安情绪，这进而影响听觉障碍儿童在学习环境上的适应及行为表现，导致他们在集体课程的学习和人际互动方面出现困难。

(三)针对提升听觉障碍儿童学业成绩的教育措施

【策略】

声音是学生学习的一个重要媒介。当面对听觉障碍儿童时，融合教育教师需要掌握恰当的教学方法帮助学生学习，提高他们的学业水平。以下便介绍一些提升听觉障碍儿童学习能力的教学策略。

1. 善用视觉教学策略

由于听觉障碍影响学生的抽象思维，如果单靠语言传递信息，他们在理解及记忆方面都会较为困难。因此，多感官教学方式可促进听觉障碍儿童的认知发展。运用视觉教学的策略对普通学生也有好处，可使学生较容易掌握视觉方面的直观信息。

在教学活动中，对于教师较冗长的说话内容小天会有遗漏或理解不清楚的情况发生。面对这种情况教师采取了多种视觉直观教学手段，如清晰的唇读、运用书写协助沟通等，小天对于教师的教学内容不仅理解得更好，而且对上课充满了期待，学习成绩也越来越好。

除提供清晰的唇读、运用书写协助沟通之外，多使用一些视觉组织架构(visual organizational frameworks)的教学内容，也可以有效帮助听觉障碍学生理解教学重点及组织思维。以下将简单介绍其中三种类型的图表。

(1)思维导图。

思维导图是一种结构化思考的高效工具，它可以帮助我们理清思绪，重塑更加有序的知识体系。通过思维导图，学生能够更容易地取得灵感，同时加强对新事物的记忆。

学生可在教师指引下，将思维导图应用于笔记、写作、组织计划、自由讨论和分析资料等学习过程的各个环节中。图 7-3 指出了在制作思维导图时需要注意的要点。

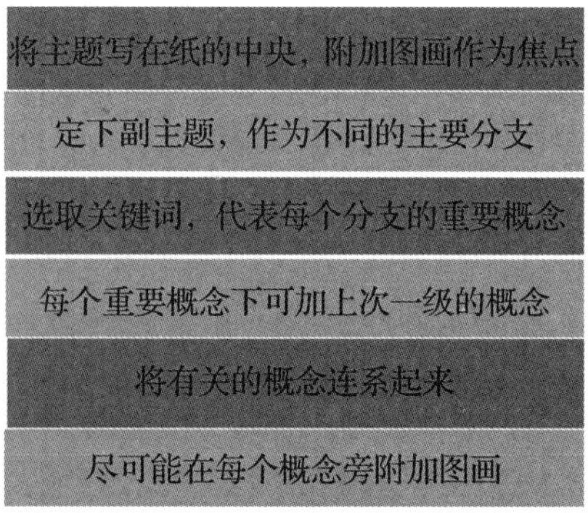

将主题写在纸的中央，附加图画作为焦点

定下副主题，作为不同的主要分支

选取关键词，代表每个分支的重要概念

每个重要概念下可加上次一级的概念

将有关的概念连系起来

尽可能在每个概念旁附加图画

图 7-3　制作思维导图的注意要点

(2)鱼骨图。

鱼骨图是由日本管理大师石川馨先生所发明出来的一种发现问题"根本原因"的方法，也被称为因果分析图或石川图。鱼骨图特点是简洁实用、深入直观。通过鱼骨图可以帮助学生推断问题的原因或归纳有关的结果，也可以帮助学生预先估计一些有可能在某些情境下发生的问题及其原因。主要用于学生分析文学和故事情节、社会问题、历史事件及地理或科学现象等内容。

鱼骨图主要有三种类型：①整理问题型鱼骨图（各要素与特性值间不存在因果关系，而是结构构成关系）；②原因型鱼骨图（鱼头在右，特性值通常以"为什么"来写）；③对策型鱼骨图（鱼头在左，特性值通常以"如何解决"来写）。

鱼骨图的使用方法为：展示鱼骨图；在鱼头写上"结果"；学生推断出"结果"的成因，在鱼身的主干骨写上不同的"主因"，再在每个"主因"下写上相关的"次因"；初步拟定"主因"和"次因"后，调整它们的次序。图7-4为鱼骨图示例。

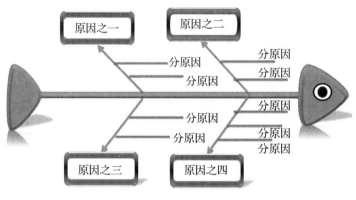

图 7-4 鱼骨图示例

（3）层次图。

层次图是一种树状结构图，其目的是让学生按事件的先后或事件的轻重，把一系列的活动或任务按顺序排列，帮助学生组织思维，确定解决问题的顺序。层次图的使用方法：一是让学生排列事物的先后次序，可根据事件发生的年份或时间排列；二是把处理事件的步骤排成一个合理的次序。图7-5的马斯洛需要层次图是层次图的示例。

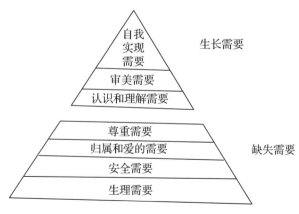

图 7-5 马斯洛需要层次图

2. 教授思维训练的学习技巧

思维训练是帮助听觉障碍儿童发展认知能力的重要手段，教师可以通过在课堂活动或交流讨论引导他们学习观察、分类、排序、推理等技巧提高学习能力，减轻学习困难。

小天好胜心强而不愿意服输，对于新事物的学习会产生挫折感或不愿意接受的态度，需要花时间来说服和鼓励，小天才能比较愿意接受新事物。小天容易受到同学的动作和嘈杂声音的干扰而分心，所掌握的学习方法和深度思考时间比较有限，这导致小天的学习和记忆方面存在一定的困难，教师通过利用一个装满日用品的盘子玩"什么不见了"游戏，要求小天指出课室有什么改变，询问小天"今早乘坐公交车上学途中，看到些什么"等活动，帮助小天训练观察能力，提高小天的专注力，促进了小天学业能力的提升。

除了进行观察能力的思维训练外，教师还可以开展推理游戏如推理故事的结局，比较游戏如比较两幅图画的不同之处，以及想象活动如展望未来绘画活动等，帮助听觉障碍儿童训练认知发展能力。

3. 调整评价的方式

听觉障碍儿童学习一些与听觉有关的科目（如默书、音乐、英语等科目）时会存在一些困难。教师可以根据学生的听觉障碍情况，调节上课的内容；在学生评价方面，也可以按需要给予特别安排。

在轻度及中度听觉障碍的儿童考试时，教师安排他们与其他同学一起参与考试，但为他们安排接近教师或声音来源的座位。而对于严重及深度听觉受损的儿童，教师则是考虑给予更多调整，甚至直接让其免考。在小天考试的过程中，教师将需要注意的考试事项写在了黑板上，确保小天可以清楚所有的考试安排。

在考试之前，教师与小天和小天的家长进行商讨，给小天安排了靠近教师的考试座位。在考试当天提示小天检查助听器，并使用无线调频系统及其他辅听系统帮助减少小天在沟通中的障碍，在老师的帮助和小天的努力下，小天的成绩取得了很大的进步。

进行终结性评价时，教师可以根据听觉障碍儿童的听力程度给予特别的安排，并鼓励他们尽量参与。有需要时，教师可调整评分或给予特别安排或免考。灵活采用不同的评价方法，让听觉障碍儿童尽量参与，展示真正的能力才是教学评价最重要的目的。

4. 针对语言类学习困难的指导要点

由于听觉障碍限制了听觉障碍儿童接受语音讯息的经验，从而影响他们的语言发展，尤其在语言理解和表达能力方面；而语言基础不稳定阻碍了他们聆听、说话、写作能力的发展，影响他们的学习效果，下面是一些较常出现的学习困难：①语文理解能力较弱，令他们难以应付各科的试题；②较难掌握虚词、助词或抽象词语的连用；③抽象思考和分析能力较弱；④作文的内容较短和缺乏逻辑，也容易出现用词不当、错用语言相近的字词、词序颠倒、多字和漏字等情况；⑤在学习语文或偏重听说的学科(如语文、英语)时需要较长时间或较多的专注力以理解或推敲语言信息；⑥在学习语言时较难掌握正确的语音(包括音和调)，以至于发音不准或容易混淆语音相近的词语，也容易出现概念模糊和词不达意的情况。

(1)认识语文结构。

首先是字和词的认识。字和词是理解句子、段落或整篇文章的关键和基础。因此，无论学习哪一种语言，要提升听觉障碍儿童的阅读理解能力，必须帮助他们掌握字或词的读音，了解字词的结构及意义。

教师可以通过解释汉字的特征，建立有系统的识字教学方法，引导听觉障碍儿童对字词进行深一层的观察及思考，有效掌握字词的形、音、义，达到能够理解字词之间关系的能力，在加强记忆力的同时，使听觉障碍儿童更容易学习新的字词，避免混淆相似的汉字。

为了提高小天的英语学习能力，教师增强小天对音标的认识，以有效提升小天的英文阅读能力。虽然小天患有听觉障碍，有时难以分辨不同的音标，但是通过教师系统地讲授学习英语的技巧，如认识英语一些基本的构词法(前缀和后缀)如何改变词汇的意义，通过深入浅出的方法引导小天发现和归纳这些原则，以有效减少他英语学习的障碍。

其次是认识句子及篇章结构。造句练习时教师需要留意听觉障碍儿童能否书写正确的句子，并运用生活实例来讲授不同的句型。学习篇章结构时要认识不同文章体裁的篇章结构，有助于提高听觉障碍儿童的阅读理解及写作能力，如阅读或书写记叙文及说明文时，可考虑表 7-5 的结构及元素。

表 7-5　篇章结构的要素

文体	记叙文	说明文
结构要素	背景资料，如时间、人物、故事情景等	因果关系式结构
	引发事件，导致人物一连串行动的事件	比较式结构
	人物对引发事件的反应	陈列式结构
	为达目标而做出的连串行动	问题解决式结构
	目标的成败	时序式结构
	主要人物对目标成败的反应	—

如果能够帮助听觉障碍儿童明白每种文体结构所包含的不同元素，他们便可运用这些策略抽取文章的重要信息，在写作时便可以更有系统地组织想表达的内容。教师

可以同时教导听觉障碍儿童运用思维导图等视觉组织架构，帮助他们在写作前有系统地组织文章结构。

（2）反复练习。

"多读、多写、多改、多记"始终是学习语文最简单而有效的方法，教师可鼓励学生多阅读课外读物及报刊，多写日记、计划或读后感等，并给予学生鼓励和回应，让他们累积正面的语文经验，逐步建立信心。表7-6是一些有效的辅助活动，教师可邀请家长、同级或高年级的同学与听觉障碍学生一起进行。

表 7-6　有效的辅助活动

辅助活动	具体内容
一、每日词汇学习	学习方法主要是每日重温词汇，让听觉障碍学生更能掌握字词的形、音、义。这方法着重增强学生对中、英文词汇的记忆，可有效增加学生的词汇数量，对阅读及写作都有帮助 1. 选择词汇：教师或家长可按学生的个别需要，每周选择约 10 个词语进行学习计划 2. 进行时间：每天与学生进行 15 分钟的"读""默""写"或"解释"词语的练习，令学生轻轻松松地学习 3. 进行方式： 每周第一天： (1)从课文或图书挑选约十个词语，作为学习目标 (2)把词语抄写在记录表"词语"一栏上 (3)评估：要求学生把词语读、默、写或解释一次 (4)记录：把学生表现记录在记录表上：做得到"√"，做不到"○" (注：不要使用"×"，避免打击学生的信心) (5)施教：教导学生掌握未能准确读、写、默或解释的词语 第二至第五天：重复第一天(3)到(5)三个步骤 4. 如达到成功标准(如连续三天正确地读、写、默所学词语)，可在第二天停止学习，教师或家长协议如何奖励学生，但最重要的是每天给予鼓励 5. 如果没有达到成功标准，则必须继续练习，把练习重点放在学生未能掌握的技巧上，如学生已经能读出但不能默写的词语，便可以训练他多默写词语 6. 与学生一起比较学习前后的表现，使他看到自己的进度，从而增强学习动机 7. 学生在一周内仍不能掌握的词语，可以重新设为下周的学习目标
二、朗读	朗读是学习语文的好方法，有助于学生掌握更多词汇及佳句。朗读练习可以提高听觉障碍学生的阅读理解及表达能力。进行朗读时，教师可亲自示范，然后鼓励学生模仿。教师可安排个别或小组朗读，指导学生朗读的技巧，并在适当时候改善他们的读音

辅助活动	具体内容
三、伴读活动	伴读活动可逐步提高学生的阅读能力和兴趣。学生如果能持续进行伴读活动，阅读时会越来越流畅。此外，伴读活动也能增进伴读者与阅读者的关系，建立更良好的亲子、朋辈或师生关系 1. 伴读前的准备 (1)教师可指导学生选择适合自己兴趣及程度(可掌握约八成的内容)的读物，当中最好能包括不同类型的读物，如有插图的书本、报章、杂志、单张等 (2)安排伴读者与学生在宁静舒适的地方一起阅读 (3)每天持续进行伴读 5～10 分钟 2."暂停、提示和赞赏"的伴读步骤 (1)同步阅读：伴读者可按学生的能力调节阅读的速度。如有需要，可用手指指引阅读的位置 (2)独自阅读：当学生有信心自己阅读时，伴读者可暂停同步阅读，直到学生阅读出现困难，才再次一起同步阅读 (3)若学生在 5 秒内仍未能读出字句，伴读者可给予提示，鼓励学生试读。若试读两次后仍未能正确读出字句，伴读者才把正确的读法告知学生 (4)学生经过尝试后正确地读出字句，伴读者应加以赞赏。伴读过程中宜多加鼓励，并避免给予负面评语 3. 跟进活动 (1)阅读后，教师或家长可与学生讨论读物的内容，并鼓励学生写下简单的记录 (2)引导学生留意文章的佳句，并学习不同的句型 (3)引用不同的问题、图画和剪报，引导学生画出文章的重点

(四)针对为听觉障碍儿童提供良好学习环境的教育措施

【策略】

良好的学习环境对听觉障碍儿童是非常重要的。良好环境包括器材运用、座位安排、老师的授课形式和校园气氛等，下面将会详细介绍。

1. 提供良好的接受环境

(1)运用助听仪器。

教师应尽量建立理想的倾听环境，鼓励听觉障碍儿童经常佩戴助听器和辅助倾听系统，提醒他们携带后备电池，以确保经常有最佳的扩音效果，运用剩余听力，帮助提高学习成效。

如有需要，教师应尽量配合及鼓励听觉障碍儿童上课时使用无线调频系统(FM System)或其他辅助倾听系统，以减轻师生距离、噪声及课室内回音对听觉障碍儿童言语接受方面的影响，加强他们在课堂上的倾听和沟通能力。

学校需要评估教室的学习环境音噪比与改善声源环境来帮助小天获取声音与信息，班级教师使用 FM 调频系统，佩戴发射器上课，并且放慢说话速度，才能有效地提升小天上课的专注力，能获取完整性的信息有利于学习与能力发展。并且教师调整了小天的座位，安排坐在中间排的第二、第三位置，帮助小天清楚地看到教师说话时的脸部表情，教学上多提供视觉提示的图书、文字或图片为主。

（2）安排适当的座位。

课室座位安排对听觉障碍儿童的学习有很大影响，教师要考虑的主要因素是哪些座位可同时加强促进听觉障碍儿童的听讲及唇读效果。图 7-6 是一个教室的座位图，其中有几个位置可供一位双耳严重听觉障碍的儿童（只有右耳佩戴助听器）选择，你认为哪个座位最合适呢？

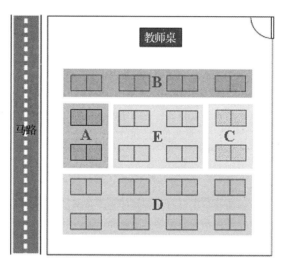

图 7-6　教室座位示意图

座位范围 A：座位较侧面，唇读较困难；马路旁的汽车噪声；影响倾听；距离较远，助听器接收不理想。

座位范围 B：座位太靠前，需要抬起头望教师，影响唇语。

座位范围 C：座位较侧面，并且教师可能背光，唇读较困难；教师面向着没有戴助听器的耳朵讲授，影响接收。

座位范围 D：距离太远，助听器接收不理想；唇读不清楚；前面座位的同学阻碍学生视野。

座位范围 E：距离较适中；比较远离噪声；面向老师，有助于唇读。

总之，教师应让听觉障碍儿童靠近他/她坐，最好坐在教室的第二、第三个座位，与教师距离在 2 米内，而且尽量避免接近噪声的来源，如马路或操场旁边的位置。

2. 改变教授方式

(1)减少沟通的障碍。

教师授课时，应尽量避免背向光线，因为面部产生阴影时，会阻碍听觉障碍儿童唇读。教师说话时应减少走动，让听觉障碍儿童清楚看到口形、面部表情或手势，以助他们了解说话内容。教师说话要清楚自然，无须刻意拖慢或过分夸张口形。与听觉障碍儿童说话，不用刻意提高声线，因为声音太响亮，经助听器扩大后反而会失真。教师需要经常与听觉障碍儿童保持视线接触，如有需要，可以轻拍他们的肩膀或胳膊，挥动手部或使用其他手势，吸引他们注意。

进行户外活动或其他体育活动时，教师应事先清楚说明活动的规则，避免小天与同伴产生争执的情况，也可以增进小天的人际关系。如做体操时，老师必须站在小天能清楚听见声音及看见示范动作的位置，小天才不会有因动作步骤不熟或听不清楚而动作有些跟不上的情形，减少与小天的沟通障碍，增加小天参与活动或游戏的积极性。

(2)留意讲授的技巧。

教师授课时，如果发现听觉障碍儿童不能够理解他们所说的话，可先将说话内容重新组织，不要不断重复原来的句子。部分严重及深度听觉障碍儿童可能需要动作的提示，或通过书写方式协助沟通。

教师讲授时尽量运用片语或完整句子，避免不必要的停顿，否则会破坏意思的完整性。转换话题时，可给予适当的提示，协助听觉障碍儿童明白学习内容。教师要尽量利用实物、教具及图表辅助教学，也可将重点写在黑板上，减少听觉障碍儿童理解方面的困难。但是为了避免妨碍唇读，教师切勿同时讲解和书写。

(3)给予其他协助。

教师宜与家长紧密联络，在许可的情况下，把课程进度告知家长，方便他们协助子女进行课前预习及课后复习。有需要时，可安排乐于助人和富责任感的同学照顾听觉障碍儿童(如抄写手册、借用笔记)。

教师还可以为他们安排课后辅导，或邀请高年级同学协助进行辅导教学活动。当听觉障碍儿童可能因发音不准或不擅于提问而不敢参与课堂讨论时，教师要能提供适当鼓励，这有助于提高他们的学习效果。

因小天的精力旺盛较好动，容易受到同学和环境声音的干扰，影响其专心度，教师会先提醒他的坐姿，脚要放好并眼睛看老师，并且调离其身边较好动的同学，安排情绪稳定的同学坐在旁边，将两旁干扰因素降低，这样比较能提高小天的专心度。

3. 营造融合的校园气氛

(1)全校参与。

要在校内建立融合的校园气氛并非少部分专责教师的责任，并且对象也不单是有特殊教育需要的学生。融合教育需要全体学校人员一同参与，教师可透过学校生活每个环节，将互相欣赏、互相尊重与接纳的观念表达出来。

此外，教师可以利用集体课程或课外活动，教导学生与特殊儿童相处的应有态度，协助听觉障碍儿童融入普通学生群体。

（2）认识听觉障碍。

经听觉障碍儿童及家长同意，教师可以向班内其他同学解释听觉障碍儿童的困难及所需的帮助，来让同学互相了解、认识每个人的差异。

学校可在校内不同层面推行教育性的校本活动，帮助教师及一般同学认识听觉障碍的成因，了解听觉障碍儿童的需要，并掌握有效的沟通方法。教师可参考以下的活动内容，以小组或班级的形式推行"认识听觉障碍"校本活动。"认识听觉障碍"校本活动的对象是小学生，内容可包括：耳朵的构造；听觉受损的成因；助听器的功用；如何与听觉受损同学沟通；接纳各人的差异及互相帮助；社交技巧。

经验显示，学生在活动中表现积极，并且非常投入。大部分学生表示，他们从活动中学会接纳他人，并乐意帮助班内有听觉障碍的同学。教师也留意到，听觉障碍儿童的学校生活比以前愉快，与同学的关系也有明显的改进。推行活动时，教师可按听觉障碍儿童的年龄和需要选取合适的活动、作出修订或增减。此外，校方宜在活动前先取得听觉障碍儿童及家长的同意。

（五）为听觉障碍学生的家长进行辅导

【策略】

如果听觉障碍儿童的听觉受损，家长也会面临着巨大的压力。教师除了要体谅家长之外，寻求家长的支持也很重要。得到家长的支持，共同帮助听觉障碍儿童克服困难，努力学习，不断进步。

不少严重听觉障碍儿童在幼儿阶段已鉴定有听力障碍。从那时起，他们便开始频繁接受学前听觉及语言训练。因此，这些听觉障碍儿童的家长非常清楚子女的需要及沟通能力。教师如果能够多与家长联络，有助处理听觉障碍儿童的特殊需要。以下是教师与家长合作或进行指导时需要注意的六个方面。

1. 通力合作

教师应该以开放及接纳的态度与听觉障碍儿童的家长建立良好的合作关系。

2. 坦诚沟通

教师与家长必须坦诚沟通，避免产生误会。

3. 真诚谅解

由于听觉障碍影响学生学习，部分家长对子女表现得比较紧张，唯恐出现问题。事实上，许多家长知道子女有听觉问题时，都要经历一段艰难的挣扎过程才能接受，教师若能设身处地考虑家长的感受，多给予鼓励和支持，他们的焦虑会逐渐减少，并与教师建立伙伴关系。

4. 了解家长的矛盾心情

家长向教师或学校积极提出建议，主要希望为子女争取合适的学习环境，但又担心会为学校增添麻烦。教师应耐心倾听，给予认同和接纳，以缓解家长矛盾的情绪。

5. 辅导的伙伴

教师与家长沟通，可更深入了解听觉障碍儿童在家中的表现和行为模式。这些数据有助教师和家长共同制订指导计划，互相配合，以应对听觉障碍儿童的融合教育需要。

6. 寻求专业支持

教师与家长沟通的过程中，可能会发现一些较为复杂的问题，如家长情绪困扰、与孩子的关系或婚姻问题，甚至经济有困难等。遇到上述情况，教师可联络校内的辅导主任/教师或学校社工，为他们提供指导。如有需要，则转介给其他专业人员跟进，以便给予适当的协助。

教师与家长之间有一致的教养态度及正向鼓励策略，有效改善小天在学习上所遇到的问题。例如，家长及爷爷奶奶对小天及兄长应该公平一致；与班级教师共同建立奖励计划并执行，当好的行为产生时，家长应立即给予小天口头赞许和拥抱的奖励等。

二、总结

融合教育是为所有学生提供平等教育机会的过程，无论他们的差异或残疾。融合教育促进了多样性意识、宽容和接受，营造了一个更具包容性和支持性的学习环境，也确保听觉障碍儿童能够获得与健听同龄人相同质量的教育，通过专门的教学方法和辅助技术，听觉障碍儿童可以更有效地学习并取得更好的学习效果。之前，听觉障碍儿童经常因沟通困难而感到社交孤立，融合教育的出现为他们提供了与健听同龄人互动的机会，从而促进了社会化、自尊和归属感，也培养了自信、独立性、解决问题的能力和责任感，这是他们需要掌握的必不可少的生活技能。

多年来，为听觉障碍儿童提供包容性教育的旅程虽充满挑战，但是由于敬业的教育工作者、政策制定者和倡导者的努力，越来越多的听觉障碍儿童获得了他们在主流课堂上茁壮成长所需的支持，从提供辅助器具到对教师进行手语和其他交流策略培训，融合教育已成为许多人的现实。但是，我们也必须看到仍需努力的一面。尽管融合课堂上的听觉障碍儿童人数在增加，但他们的学习质量仍待考究，教育支持仍待加强。部分学校的融合教育工作浮于表面，没有深刻理解融合教育理念，没有将包容性作为核心价值，缺乏必要的资源或培训来容纳有听力障碍的儿童。此外，我们必须继续挑战对听觉障碍儿童的成就施加限制的社会规范，亟待打破对听觉障碍儿童的刻板印象和污名化，在适当的支持下，这些孩子完全可以在学业、社交和情感方面表现良好，与健听同龄人无异，甚至更为出色。

总之，听觉障碍儿童的融合教育已经取得了长足进步，我们必须以今天为新起点，以明天为新方向，继续致力于为所有儿童提供平等的受教育机会，无论他们的能力如何。通过持续的奉献和倡导，我们可以确保每个听觉障碍儿童都有机会充分发挥他们的潜力。

【关键概念】

1. 听觉障碍　　　2. 耳声发射测试　　　3. 听力损失程度
4. 听觉脑干反应　5. 听觉灵敏度　　　　6. 语用
7. 过度模仿

【问题与思考】

1. 听觉障碍儿童的特点有哪些？
2. 如何判定儿童是否患有听觉障碍？
3. 听觉障碍的等级划分是什么？
4. 听觉障碍的检测方法有哪些？
5. 听觉障碍儿童的主要生理特征有哪些？
6. 听觉障碍儿童的认知特点体现在哪些方面？
7. 听觉障碍儿童融合教育的计划目标可以从哪些方面考虑？
8. 何为听觉障碍儿童培养语言意识中的家庭延伸的作用？

【深思感悟】

尝试为某个包含听觉障碍儿童的融合班级设计一节集体活动。

【延伸阅读】

1. 贺荟中. 听觉障碍儿童的发展与教育［M］. 北京：北京大学出版社，2018.
2. 陈晓娟. 听觉障碍［M］. 台北：华腾文化股份有限公司，2018.

第八章

言语障碍儿童的
融合教育

章结构图

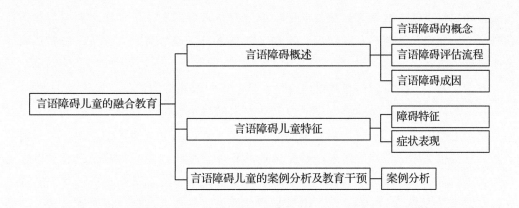

🎯 **学习目标**

1. 了解有关言语障碍的概念。
2. 了解言语障碍的产生原因。
3. 辨析不同言语障碍的障碍特征和症状表现。
4. 掌握并运用与言语障碍相关的融合教育策略。

[情境导入]

如果一个家庭中有言语障碍儿童，那么对于这个儿童的教育将会是这个家庭的大难题，会有很多麻烦与困难。当这个家庭对儿童的基本情况没有给予充分关注或缺乏对言语障碍的正确认知，言语障碍儿童的症状就会难以改善，会给言语障碍儿童的心理发展和感情交往造成有害影响。同时，面对言语障碍的孩子，家长也会感到迷茫与痛苦，不知道如何改善孩子的状况，不知道如何进行正确教育。下面是一位言语障碍儿童母亲的自述。

我的女儿3岁多了，但是她很少说话，只会说些很简短的语句，如爸爸、妈妈等。并且她的发音不清晰，说的话也不清楚，在家里的时候，由于我的陪伴时间最长，在她提出一些要求后，只有我可以听懂她在说什么，其他人听不懂她的话语，但有时我也需要反应很久才明白她的意思。看见亲戚家和邻居家跟她同岁的孩子已经可以很流畅地说话，可以很好地与他人交流，我感到很苦恼，不知道我该怎么办才好。有次去亲戚家，一个亲戚试图跟她说话，但是她只是偶尔才回一两句话，说的话也是几个单词的拼凑，句子结构也不对。看到她的这种情况，亲戚问我，她是不是言语发展比较迟缓，可以带她去检查一下是否为言语障碍。听到亲戚的一番话，我的心里更加难受，很担心如果我的女儿真的是言语障碍，我该怎样做才能治疗她的障碍……

其实在我们身边也有这样的儿童，他们的听觉器官虽没有损伤，但难以理解他人的语言；他们活泼聪明却总是词汇贫乏，导致别人也无法理解他们想要表达的意思；他们认真努力，却总是把一个简单的字左右两边写颠倒。本章节将详细阐述言语障碍儿童的有关内容，用各个独立的话题分别呈现，旨在使读者清晰地了解言语障碍儿童的相关知识，从而更好地走进言语障碍儿童的世界，倾听他们的声音，以帮助言语障碍儿童增强自信心、发挥更大潜能，更好地融入正常的生活中。

第一节
言语障碍概述

一、言语障碍的概念

言语是有声语言（口语）形成的机械过程，为使口语表达声音清晰响亮，需要有与言语产生有关的神经和肌肉参与活动。当这些神经或者肌肉发生病变时，就会出现说话费力或发音不清的现象，即产生言语障碍。代表性的言语障碍为构音障碍（dysarthria）和口吃（stutter）[1]。本章所述的儿童言语障碍（言语残疾）也可称说话障碍（speech disorder）、言语缺陷（speech defect），主要指个体在语言的形式（音韵、构词、语法）、内容（语意）、使用（语用）的理解与表达方面，与环境或是年龄应有的期望水准相比有显著缺陷。[2] 该缺陷主要表现为个体口语的产生和运用均会出现异常，即声音的发出、语音的形成和语流节律等发生异常。

（一）构音障碍

构音障碍是言语障碍中一种常见的临床表现。构音障碍是一种由于神经病变，与言语有关的肌肉麻痹、收缩力减弱或运动不协调所致的言语障碍。[3] 一般认为构音障碍产生的原因有以下两种：一是在胎儿出生时，由于难产等原因导致胎儿缺氧或脑损伤，使得大脑中负责语言的部分发育不良，结果造成儿童言语障碍；二是2岁以内儿童患中枢神经系统疾病，如脑炎、高热惊厥和病毒感染等造成脑梗死或脑外伤损伤了大脑的语言中枢，使儿童失去原有的语言能力。构音障碍可分为运动性构音障碍、器质性构音障碍和功能性构音障碍。

运动性构音障碍是由于神经肌肉发生病变引起构音器官的运动障碍，常见病因有脑血管病、脑外伤、脑瘫、多发性硬化等。患有这种运动性构音障碍的个体会有说话困难、不会说话、发音和发声不清晰等状况，运动性构音障碍具体又可分为以下六种：①痉挛型构音障碍，又名中枢性运动障碍，主要表现为说话很费力，会把音拖得很长，

---

① 黄昭鸣、杜晓新：《言语障碍的评估与矫治》，1页，上海，华东师范大学出版社，2006。
② 锜宝香：《儿童语言障碍》，21页，北京，首都师范大学出版社，2016。
③ 张明：《探索言语障碍儿童的世界》，58～59页，北京，科学出版社，2017。

话语不连贯，音量和音调发生急剧变化，鼻音过重；②迟缓型构音障碍，也称为周围性构音障碍，主要表现为停顿不适宜，气息音和辅音有错误，鼻音较弱；③失调型构音障碍，主要表现为元音、辅音歪曲较轻，主要韵律经常产生失常，声音的发音困难、音量大、重音和语调有异常、发音中断比较明显；④运动过强型构音障碍，是构音器官的不随意运动破坏了有目的运动而造成元音辅音歪曲，主要表现为不适宜的停顿，鼻音过重，发音强弱急剧起伏；⑤运动过弱型构音障碍，由于运动范围和速度受限，发音的音量和音调单一，重音会减少，有呼吸音或失声现象；⑥混合型构音障碍，其表现为上述各种症状的混合（多种或单一不定），其好发人群广泛。

器质性构音障碍是指构音器官形态结构异常所致的构音障碍，其代表为腭裂及舌或颌面部术后，有鼻音过重、发音不清、不能说话等状况。该障碍还表现为口语的发生和发展比较迟缓，或者一直无主动性语言，只能比较被动地用一些简单词语回答问题，同时多伴有智力方面的缺陷。虽然这种障碍可以通过手术来修补相应缺损，但部分患者仍会遗留有构音障碍，但可通过言语训练改善或治愈。

功能性构音障碍指在不存在任何运动障碍、听力障碍和形态异常等情况下，错误、混淆的构音呈固定状态，但找不到病因，即构音器官无发育异常和运动异常。这可能与言语的听觉接受、辨别、认知因素、获得构音动作技能的运动因素、语言发育的某些因素有关，多见于学龄前儿童，大多可通过构音训练完全治愈。

(二)口吃

口吃是指语言的流畅性障碍，表现为个体在说话的过程中语塞、拖长音、重复并伴有面部及其他行为变化等。口吃的确切原因目前还不十分清楚，部分儿童是在言语发育过程中不慎学习了口吃，或与遗传及心理障碍等因素有关。部分儿童可随着成长而自愈，没有自愈的口吃常常伴随其至成年或终生，通过训练大多数可以得到改善。

(三)发声障碍(嗓音障碍)

发声(phonation)是指由喉头(声门部)发出声波，通过喉头以上的共鸣腔产生声音，这里所指的"声"是嗓音。多数情况下，发声障碍是呼吸及喉头调节存在器质性、功能性或神经性异常引起的。常见于声带和喉的炎症、新生物及神经的功能失调，发声异常作为喉头疾病的表现之一，在临床上具有重要意义。[①]

(四)听力障碍

从言语康复的观点出发，获得言语之前与获得言语之后的听觉障碍的鉴别很重要。

---

① 黄昭鸣、杜晓新：《言语障碍的评估与矫治》，11页，上海，华东师范大学出版社，2006。

儿童一般在 7 岁左右言语即发育完成，这时可以称之获得言语，获得言语之后的听觉障碍的处理只是听力补偿问题；获得言语之前特别是婴幼儿时期的中度以上听力障碍所导致的言语障碍，如不经过听觉言语康复治疗，获得言语会很困难。

(五)失语症

失语症(aphasia)是言语获得后的障碍，是大脑损伤所引起的言语功能受损或丧失，常常表现为听、说、读、写、计算等方面的障碍。成人和儿童均可发生。

(六)语言发育迟缓

儿童语言发育迟缓(delayed language development)是指儿童在生长发育过程中其言语发育落后于实际年龄的状态。到了小学高年级，这些儿童大部分会出现叙事和阅读有关的学习困难。[①] 这类儿童通过言语训练虽然不能达到普通儿童的言语发育水平，但是可以尽量发挥和促进被限制的言语能力，不仅言语障碍会有很大程度的改善，还能促进患儿的社会适应能力。

二、言语障碍评估流程

(一)转介

根据家长、教师或其他有关人员的观察，将疑似言语障碍的儿童送往专门的诊断机构，请求进一步的鉴定和诊断。

(二)筛选

筛选由专科医师或言语治疗师进行。筛选是用各种方法对个案的言语与语言状况做出初步判断的一种快速、经济的方法。对可能具有不同言语障碍的儿童做进一步的诊断检查。筛选时并不涉及言语障碍的详细情况和病因。

(三)评估

评估是康复治疗的基础，目的是了解患者目前的功能状态，以便制订合适的康复计划。[②] 评估分为临床评估和专业团队评估。临床评估即言语治疗师对筛选出的疑似对

---

① Vera V. Hawa and George Spanoudis,"Toddlers with delayed expressive language：An overview of the characteristics，risk factors and language outcomes，"in *Research in Developmental Disabilities*，2014，vol. 35，pp. 400-407.

② 陈卓铭：《特殊儿童的语言康复》，121 页，北京，人民卫生出版社，2015。

象进行进一步的诊断性测验。这种评估一般包括神经检查、听力检查、言语及语言评估、智力测验等。通过上面的综合评定，确定该儿童是否言语障碍；如果是，确定障碍的性质和程度如何，以及言语障碍的原因是什么。

专业团队评估即专业团队对筛选出的疑似对象进行进一步的诊断性测验。专业团队由医生、心理学工作者、言语治疗师、特殊教育教师等有关人员组成。诊断出言语障碍儿童后，特殊教育工作者或言语治疗师要根据查到的症状或问题，按实际需要寻求耳鼻喉科医生、矫形外科医生或心理学者的支援，对儿童的病史、发育史、测查结果、语言样本和行为观察记录进行综合评定，最后提出处理儿童语言问题的最佳方案。

评估言语、语言障碍儿童往往需要言语治疗师对儿童的言语与语言进行全面的检查评估，以便确定：①儿童的言语与语言发展状况如何；②儿童是否存在言语障碍，是什么性质的障碍，能否矫治；③其言语障碍的原因是什么，如何克服。相关评估工具如表 8-1 所示。

表 8-1　言语、语言障碍儿童检查评估表[①]

评估内容/项目		评估方法/工具
生理方面		(1)医学检查：包括听力检查(脑干诱发电位、耳声发射、声阻抗、内耳 CT、纯音测听等检查方法)、口腔检查(对下颌、唇、舌、硬腭、软腭、牙齿等口腔构音器官结构/基本运动功能的检查)、脑部检查(包括核磁共振、同位素扫描、脑 CT、脑电图、头颅磁共振等检查项目) (2)史料收集：儿童母亲的妊娠史、儿童的出生史、生长发育史、疾病史、诊疗史、父母的亲缘关系及家族史等
心理方面	言语与语言评估	包括语言理解、语言表达、构音、嗓音、语言流畅性等方面的评估，评估工具主要有： (1)皮博迪图片词汇测验(PPVT) (2)伊利诺伊心理语言能力测验(ITPA) (3)语言发展测验 (4)智能不足儿童语言能力评估表 (5)语言障碍儿童诊断测验 (6)学前儿童语言障碍评估表 (7)语言障碍评估表 (8)儿童语言发育迟缓检查表 (9)小学儿童书写语言诊断测验(WLADTC)
	智力评估	(1)画人测验 (2)儿童智力筛查测验 (3)学前儿童 50 项智能筛查测验 (4)瑞文标准推理测验

---

① 刘玉娟：《0—3 岁儿童语言和言语障碍的早期诊断与干预》，载《中国特殊教育》，2018(9)。

续表

评估内容/项目		评估方法/工具
心理方面	智力评估	(5)托尼非语文智力测验(TONI-2) (6)韦氏幼儿智力量表(WPPSI-Ⅳ) (7)中国比内智力测验(BS) (8)韦氏儿童智力测验(WISC-Ⅳ) (9)希内学习能力测验
	社会适应 能力评估	(1)学龄前儿童行为发展量表 (2)文兰社会适应行为量表 (3)婴儿—初中生社会生活能力量表 (4)儿童社会适应行为评定量表
教育方面	成就评估	(1)学科能力评估：皮博迪个人成就测验、韦克斯勒个人成就测验、语文能力测验、数学能力测验等 (2)教师访谈或问卷调查：采用访谈或问卷的形式对教师进行调查，了解儿童在学校的学习成绩及相关情况 (3)行为观察：对儿童在学校/幼儿园的学习行为表现进行观察并加以记录
社会适应方面		(1)社会调查：对居住社区/小区的保安、保洁、物管、邻居等人士进行访谈，收集资料 (2)家长访谈与问卷调查：了解家庭的基本情况，如家长的职业、家长的文化程度、家庭经济状况、家庭是否和睦、家长对儿童的教养态度、教养方式、对儿童的教育投入了多少时间和精力、父母是否有言语与语言障碍等；儿童接受教育与干预的情况；围绕社会交往、社会性沟通了解儿童能力现状及儿童的正强化物与负强化物等；了解家长能配合学校的程度，如家长能教哪些东西，一天能教多长时间等；给家长提出一些建议，如是否安排专业检查、专业训练或支持协助等 (3)行为观察：在不同生活情境中对儿童进行有目的的观察，记录其行为表现

(四)决策

由家长、学校领导、教师、言语治疗师、心理专家和其他相关人员参加的决策会议，确认评估的科学性和公正性，解释并分析说明评估的结果，指出儿童的特殊需要，做出教育安置决定，并根据评估所提供的资料制订出具体的教育教学及训练方案。

三、言语障碍成因

言语障碍目前被认为是一种发展障碍，在人成长的社会生活中，大多数儿童会在特定的成长阶段表现出特定的、典型的行为模式，这种行为模式可以作为判断儿童发展水平的标准。在 2 岁之前的儿童中言语障碍发生率高达 17％，而患有言语障碍的儿童，他们的发展与其他儿童相比存在差异。无论是儿童还是成人，能够引起我们兴趣的事情，并不一定是我们必须要做的，或是应该做的，大多数情况是在无意识状态下完成的。人脑在瞬间处理着大量的信息，在这个过程中如果有一点的偏差，就会表现在学习效果或与人交流上。对于言语障碍的儿童来说，这种偏差并不是一时的，而是经常性发生的。如有些儿童在注意力集中的情况下可以不受外界的干扰，而另一些儿童看上去是在认真听讲，可脑中想的却是别的事情。还有一些明知道上课时不能做其他事情，但注意力还是移向了别处或很容易被其他事情吸引而停止现在所做的事情。究竟是什么原因导致儿童言语发生障碍，目前还缺乏系统而深入的研究。就现有研究成果看，导致儿童言语障碍的原因非常复杂，既有生理因素、心理因素，又有智力因素、遗传因素和环境因素。另外，还有一些目前我们尚无法证实和不完全了解的其他因素。

(一)遗传因素

关于遗传对言语障碍产生的影响是近些年被提出的。专家研究显示，在语言障碍的高发人群中，遗传有着显著的特征。语言障碍有明显的家族聚集性，一级亲属常患有某类语言或与语言有关的障碍。相关研究认为尽管一些基本的认知缺陷，如执行功能的损害，可能导致儿童表现出言语障碍，但分子证据表明，它们在很大程度上可能是由与语言直接相关的基因的异常表达造成的。[①]

(二)生理因素——器质因素

生理因素指患儿的言语障碍有明显的生理疾病。在言语障碍的发病人群中，部分是因生理缺陷所致。如听觉器官受损导致的全面言语障碍，视觉器官损伤导致的视觉性失读症，发音器官受损导致的全面言语障碍，发音器官发育不完全或构造异常导致的构音障碍，发音器官受损导致的发音障碍，嗓音病变导致的音质反常、鼻音过重，大脑损伤导致的失语、失写，中枢神经系统损伤导致的运动性失语等。这些都是因生理或神经系统损伤而造成的言语障碍。对于这类障碍，医学治疗往往能起到积极的作用。但实际上，利用现有的医学诊断并不能找出或明确地解释所有言语障碍发生的原因，因而还需作相关因素的考察。

(三)智力因素

智力和语言能力的高相关性已为众多研究者所认可。有研究认为，语言与智力之

---

① Antonio Benítez-Burraco, M. Salud Jiménez-Romero and Maite Fernández-Urquiza, "Delving into the Genetic Causes of Language Impairment in a Case of Partial Deletion of NRXN1," in *Molecular Syndromology*, 2023, vol. 13, pp. 496-510.

间存在着密切的联系，语言在个体特别是在儿童智力发展中有重要作用。[①] 智力与儿童语言发展呈正相关，言语障碍儿童智能发育落后现象突出。[②] 智力水平高的儿童，其听辨力、观察力、理解力、记忆力、模仿力都较智力低的儿童要强。因智力高的儿童善于提问与思考，并能准确把握语言情景的意义，所以说话的时间早、口齿清晰、语句流畅、内容丰富。而智力低的儿童因其认知能力低下，又不善于听辨、观察、记忆，再加之长期以来语言刺激的严重不足，说话练习机会少，明显表现出词语贫乏，无法把握句子间的逻辑关系，因而导致其理解与表达产生困难，造成言语障碍。

(四)心理因素

交流是为了表达和理解的需要，因而从本质上说交流是心理释放和接受的过程。在这个过程中，健康心理的有效支持是保障顺畅交流的基础。如果一个人有健康的心理，就比较容易与他人沟通；而如果一个人出现了心理方面的障碍，就必然影响交际的进行。如患有抗拒症、孤独症、口吃等疾病的儿童，绝大部分都会因心理的障碍引起交流中的情绪困扰，或因自卑而过度紧张，结果导致更严重的交流障碍。言语障碍儿童与同龄人相比有更多的负面互动和更少的正面互动，他们发展出行为问题的风险大大增加，心理问题的发生率也会随之增加。[③] 并且，如果言语障碍儿童与同龄人的沟通交流不畅，他们有可能变得社交孤立或孤僻。[④] 这已成为该类儿童言语发展迟缓或无法形成正常言语技能的一个重要原因，而情绪常常受到压抑的儿童又极容易产生口吃。

(五)环境因素

语言环境的优劣也直接影响儿童的语言获得与发展。儿童的语言环境主要由家庭生活环境和学校教育环境两个部分构成。家庭是儿童早期学习语言的场所，家庭所有成员的语言范式、语言刺激都直接影响儿童语言的获得与发展。父母的语言输入和互动策略影响儿童的语言发展，哈特(Hart)和里斯利(Risley)的研究发现父母语言输入影响不同社会经济背景儿童语言的发展，而家庭日常对话的质量和数量尤为重要。[⑤] 如果在同一家庭内部使用的语言系统过于复杂，或者在儿童语言发展期内频繁更换儿童学

---

① 郑元林：《研究大脑的语言功能 促进儿童的智力发展——一门新兴的边缘交叉学科，神经语言学》，载《现代特殊教育》，2002(4)。

② 任军爽等：《言语语言障碍儿童智能发育状况及影响因素分析》，载《中国妇幼保健》，2023(3)。

③ Hugh W. Catts et al.，"A Longitudinal Investigation of Reading Outcomes in Children With Language Impairments，" in *Journal of Speech*，*Language*，*and Hearing Research*，2002，vol. 45，pp. 1142-1157.

④ Bonnie Brinton et al.，"The Ability of Children With Specific Language Impairment to Access and Participate in an Ongoing Interaction，" in *Journal of Speech*，*Language*，*and Hearing Research*，1997，vol. 40，pp. 1011-1025.

⑤ Connie Kasari et al.，"Language outcome in autism：Randomized comparison of joint attention and play interventions，" in *Journal of Consulting and Clinical Psychology*，2008，vol. 76，pp. 125-137.

语环境，那么极有可能使儿童无法适应变换的语言环境而影响语言的正常形成，最终导致儿童语言障碍的发生。相反，家庭中缺乏足够语言刺激，也会影响孩子的语言学习，导致儿童的语言发展迟缓。因此，对儿童来说，良好而丰富的语言环境能促进其语言的健康发展，而不良的语言环境则很可能导致儿童的语言发展产生障碍。

对所有的言语障碍者观察分析发现，仍有相当一部分人无法从我们所列举的几个因素中作出合理的解释。即对于一些个体来说，上述因素并不能解释其言语障碍的原因。因此，对于言语障碍的分析不能从单一因素的分析入手，必须结合多个因素进行。如特殊的说话方式和本身的器质条件可能共同导致儿童发生嗓音障碍，儿童的性格特点、观察力、记忆力又是导致其理解障碍的共同因素，而儿童接触的语言种类和其个体特点都是共同导致孩子言语障碍的因素等。因而，在分析儿童的言语障碍成因时，应进行多方面的资料收集和因素考查。

第二节
言语障碍儿童特征

儿童从小就接触着大量的言语刺激。他们在生活中听成人说话，学成人讲话，并且通过成人的指导，将自己的意愿表达，学会把身边的事物与概念联系起来。但是在成长过程中不是每个儿童都能顺利地度过这一阶段，因为在每个阶段都有很多易发的问题，有些儿童甚至会出现言语障碍，言语障碍是学龄前儿童最普遍的发育问题。[①] 言语障碍儿童在与人沟通交流方面会存在许多困难，如不能正确地组织语言进行表达、不能够听懂对方所说的内容，还有就是在交谈的过程中，不能配合对方的表情、肢体语言或是语音、语调以至于不能准确地理解对方所要表达的含义。这种孩子在理解和模仿上出现了障碍。

有些儿童总是无法集中注意力听别人讲话，即使他们很想听懂对方要表达的意思，但是对方的话语就像是一个一个跳动的音符从耳边飞过，怎么也进不到耳朵里去。还有一些存在表达障碍的儿童，他们很难流利地说出一个句子，在表达的过程中经常使用"这个"或"那个"等代词，而且在词与词的连接上也会经常出现停顿，不能准确发出字的读音（构音问题）。他们能够理解话语的意思，但是却不能把词语很好地组织起来表达自己的意思。

另一些儿童头脑中的词语存储就像是一个杂乱无章的大衣柜，无论要从中提取什

---

① 梁丹丹：《语言障碍儿童的教育问题》，载《中国社会科学报》，2022-05-27。

么词都要花很多时间，把词语进行有效的排列也要花很多时间。因此，他们的反应就会比别人慢很多，给人一种愚笨的印象。

对于言语障碍儿童来说，在与人交流上存在问题有时并不一定是因为他们不能很好地使用词语或是不能听懂对方的话，而是他们不会用言语表达内心的想法，交流的过程本身也会出现各种各样的问题。对于以上这些情况，在平时生活中家长要留心观察儿童的语言表达，及时采取应对措施，同时也要多与儿童交流，了解其语言发展的现状。

一、障碍特征

根据言语障碍的概念，言语障碍主要表现在发音、声音和语言的流畅性方面。[①] 下面将从五个方面分析言语障碍儿童的障碍特征。

(一)构音障碍

1. 替代

替代指在言语过程中用其他的音去替代原来的音。如将"兔子跑了"说成"肚子饱了"，即用不送气的 d，替代了送气音 t，用不送气音 b，替代了送气音 p。

2. 歪曲

歪曲指用语音系统中用不存在的音去替代原来的音。

3. 省略

省略指在言语过程中漏掉一个或几个音段，导致音节不完整。较常见的是把作韵头的元音丢失，有的是把作声母的辅音丢失，有的把韵尾漏掉。如将"轮船"发成 lénchuán。

4. 添加

添加与省略相反，指说话者在言语过程中增添了原音节中没有的音段。如将"馋"发成 chuán。

除此之外，有些儿童会表现出更复杂的构音问题，即复合型构音障碍，如既有替代，也有省略或添加，或双重替代，即声母与韵母同时替代。或者，他们也常常会表现出声调上的错误，其中第三声获得最难。

(二)嗓音障碍

1. 音调异常

音调异常即声音的高低异常，主要由发音体的震动频率异常造成。其障碍主要表

---

① 顾定倩：《特殊教育导论》，163 页，大连，辽宁师范大学出版社，2001。

现为：声音过高过低、音高平直(声音没有起伏变化)、音高特变、假声和双音(发声时同时发出两个声音，少见)。

2. 音质异常

音质异常即声音的个性、特色异常。其障碍主要表现为：共鸣异常，鼻音过重或过轻，儿童腭裂、黏膜下腭裂、神经功能障碍影响声门关闭造成鼻音过重，而严重上呼吸道感染或鼻炎可造成鼻音过轻，儿童腺样增殖体肥大可出现慢性的无鼻音的发声。音质异常可出现气息声、沙哑声和嘶哑声，最常见的是声音嘶哑。[①]

3. 响度异常

响度异常即声音强弱大小的异常，主要取决于说话者用力的大小。其障碍主要体现为：喉全切失音，是由于喉部被全部切除而完全丧失用声带发声的能力；癔病性失音，是心理因素造成的情绪紧张而导致突然发不出声音；声音过弱或过强。

(三)语流障碍

1. 异常的言语行为

异常的言语行为包括音素或音节的拖长、重复，说话发生中断，发音用力过强及只有发音动作而发不出声音。

2. 有意识掩饰自己的口吃

有意识掩饰自己的口吃初期表现为不费力的音节重复或语音拖长；然后是充满紧张，为说出话而过分用力导致出现各种附加动作；最后出现整体语流的阻塞，甚至回避说话。

3. 存在情绪困扰

存在情绪上的困扰，主要表现为紧张情绪。

(四)语言发展迟滞

1. 表达性语言障碍

无生理上的障碍，并有正常的语言理解力，但学习说话困难，因而无法有效表达。

2. 接受性语言障碍

接受信息能力受损，因而无法理解他人所表达的意思。

3. 混合性语言障碍

接受和表达均出现障碍，因而在理解和表达上具有双重困难。如能听到声音，但不能理解其意义，不能运用语音来表达个人意愿。

---

① 张福娟、杨福义：《特殊儿童早期干预》，237 页，上海，华东师范大学出版社，2011。

(五)失语症

1. 儿童运动性失语症

儿童运动性失语症的基本问题是发音技能的丧失，表现为儿童虽然言语器官正常，并且可自由运动，但不会使用。

2. 儿童感觉性失语症

儿童感觉性失语症主要有以下四种表现：①狭义感觉性失语症，表现为儿童虽能听到和倾听声音组合，但言语理解极差，复述性和自发性口语常有错语症状，常伴有多语症现象，较为少见；②言语声音失知症，表现为儿童的语音听觉严重受损，独立地丰富和恢复言语的能力极差，爱使用表情手势语；③声音定向障碍，表现为对声音刺激不注意，听到和倾听声音组合的能力基本丧失，不理解言语；④混合性失语症，表现为言语声音失知和声音定向障碍的混合。

二、症状表现

(一)说不出

难以产生和运用按其发展阶段所应有的语言，在发音方面存在着较大困难，并且有错误的发音，包括遗漏词首或词尾等，难以被家庭成员之外的人理解，这种情况会给儿童的学习、社交乃至家庭和整个社会都造成长期的负面影响；口腔动作较弱，控制口腔运动的能力有限，个体在吞咽时出现错误的舌头动作；语言流畅性方面存在障碍，说话时言语不流畅，患者常伴有叹气、面部表情和身体姿势费力的表现；语言不流利，不能正确地控制语言停顿时间；等等。[1][2]

除此之外，当个体表达上有障碍时，其在言语理解上也会有困难。在运用语法规则时常常出现错误，如搞混主谓宾的顺序，表达句子时遗漏基本语句成分，找词困难的问题频繁出现，并且不能轻松地复述内容或叙述事件，会搞混其所表述事情的发生顺序或内容复述混乱。在阐述自己的经历或经验上也有困难，难以让人正确理解，在交流过程中也会跑题。由于没有适当把握语义，难以发起有意义的谈话，难以准确理解他人的非语言性暗示，难以运用恰当的非语言性行为。由于有限的口语表达能力和错误的语言表达，个体会产生沮丧感从而表现出消极的、外显的行为。

---

① Courtenay Frazier Norbury et al.，"The Impact of Nonverbal Ability on Prevalence and Clinical Presentation of Language Disorder：Evidence from a Population Study," in *Journal of Child Psychology and Psychiatry*，2016，vol. 57，pp. 1247-1257.

② 陈卓铭：《特殊儿童的语言康复》，99～101 页，北京，人民卫生出版社，2015。

(二)听不懂

在理解上有困难的儿童,在学校生活中也很难理解老师的各种指示。在课堂上会遗漏重要的听觉信息,不能很好地遵从老师的口头指令,难以完成课堂笔记,并且分享故事的机会有限;听觉和接受性语言发展存在障碍,难以专心于听觉信息,难以理解简单的词、句和较复杂的词、句;在和别人谈话过程中也不能完全集中注意力,难以抓住他人话语的重点;难以理解具有复杂逻辑关系的句子,如假设关系的句子和因果关系的句子。根据言语和语言病理专家的诊断,个体在语言加工上存在缺陷,会给个体的学习生活和日常生活带来较大困难。

(三)看不懂

言语障碍儿童言语理解水平低,在阅读文章时也会存在困难,布罗吉(Broggi)等人的研究表明,被评定为言语障碍的儿童在二年级的阅读水平明显较差。[①] 具体表现为阅读理解能力低,阅读速度慢,在阅读过程中出现遗漏、添加、重复的现象,阅读不流畅,在阅读课文时难以集中注意力,容易忘记自己读到哪里,有时会跳行阅读,缺乏自我监控能力,个体在阅读领域中的学习成绩明显低于其学习潜力,导致学业困难;在对"语言是由一个个小的语音(音标)组成的"这一知识的理解存在困难,需要特别实施教学才能够理解语音(音标)的概念;认得的词汇量有限,在相似的文字上容易出现辨别错误,对于在日常生活中所需的基本文字认识得较少,将课文的文字及其含义分离开来的基本学习能力有限,难以根据上下文推测生词的含义。

(四)不会写

由于言语障碍儿童发音不准确,他们缺乏对单词的再现能力,从而影响其在学习生活中的听写能力和自然书写能力;视觉-动作整合技能匮乏,影响书写能力,拼写能力差;不能正确判断多音字的读音,中国汉字有许多是多音字,一般儿童可以分辨正确,但发音障碍的儿童却难以对多音字做出正确判断;拼写的时候不按规则书写,经常犯错,总是搞混拼写的顺序,不能正确写出汉字的拼音;不能正确地书写汉字,有的儿童即使拼音写对了,但不能正确地写汉字,一旦汉字的笔画数够了,或是结构很复杂就会写错,而且难以很好地掌握字体的空间结构,不是上下写颠倒,就是左右写颠倒;不能建立读音和文字的联系,在这一方面有障碍的儿童即使能够理解文字的意思,也会读错文字的音;对于书面语言的各种机械规则不能充分注意或难以理解,

---

①   Michelle B. Broggi and Ronald Sabatelli, "Parental Perceptions of the Parent-Therapist Relationship: Effects on Outcomes of Early Intervention," in *Physical & Occupational Therapy In Pediatrics*, 2010, vol. 30, pp. 234-247.

如标点符号的使用规则、大写的规则等，在书面交流领域，对于表达、句法和一般语言应用上存在困难，个体的书面语与口头语存在明显差别；与口语相比，书面语的词汇量不丰富，难以将自己的想法用有顺序的、符合逻辑的方式组织成书面语，在书面语方面的学习成绩低，个体在书面语方面的障碍影响了个体对于其他领域的学习。

第三节
言语障碍儿童的案例分析及教育干预

案例分析

> **案例一：**
> 　　形形被诊断为语言发展障碍，现阶段有简单无意识的发音，语音清晰度等欠缺。近期语言学习目标主要为模仿说大部分的单音及叠音，能主动使用部分单音及叠音提要求，改善其发音的清晰度、音量、音调等。形形和妈妈在游戏教室玩，教室里面增加了几样新玩具，其中有一个小手鼓，可以挂在脖子上用手拍。形形拿起手鼓给妈妈，并示意妈妈将手鼓挂起来（她拿起手鼓的带子往妈妈头上戴），妈妈挂起鼓用手拍了拍，她没有太大的反应，妈妈又一边敲一边唱起了扭秧歌的曲调跳起了十字步，看到妈妈这个样子，形形开心地跳了起来。妈妈尝试着不拍鼓直接跳舞，形形就很着急地拉着妈妈的手示意让妈妈拍鼓。妈妈又开始一边唱一边跳一边拍鼓，正当形形看得很开心的时候，妈妈突然停止拍鼓并放慢了唱跳的节奏（引起孩子的注意），形形走上前拉着妈妈的手，妈妈示范说"打鼓"，形形看了看妈妈，几秒钟后她很小声地说"da gu"（音调偏高），妈妈马上打起了手鼓。形形继续开心地欣赏妈妈一边唱一边跳一边打鼓的样子，妈妈又突然停下来，形形迅速走过去，妈妈提示道："打鼓？"形形及时地说："打鼓（音量尚可）。"于是妈妈又一边打鼓一边唱跳起来。重复练习了几次之后，妈妈只需要做出"d"的口型，形形就可以有及时的语言反应说："打鼓。"最后，形形终于可以主动地要求妈妈："打鼓。"但是形形的妈妈很担心形形在学校的交流与学习问题，于是她向形形的班主任求助。

问题一：如何处理言语障碍儿童发音问题

针对形形的言语障碍具体状况，班主任和任课教师可以采取以下策略。

1. 确定学习目标

形形现阶段有简单无意识的发音、语音清晰度等欠缺的表现，因此近期学习目标应主要为模仿说大部分的单音及叠音，能主动使用部分单音及叠音提要求，改善其发音的清晰度、音量、音调等。

2. 设定训练课题

按特定的目标而选择训练材料并且按规定顺序进行实施的具体过程称为训练课题。[①] 在对彤彤的言语障碍进行正确的评价和分析基础上，教师要针对其言语症状的各个方面，设定能如何使之改善的训练课题，可以对彤彤实施"声母音位习得训练"。"声母音位习得训练"是根据儿童言语发展过程中 21 个声母音位习得的先后顺序而编排设计的一套构音治疗游戏板，适用于有构音障碍的儿童或成人。该项训练是通过游戏的方式，让构音障碍患者按照 21 个声母的音位习得顺序来训练每个声母的构音音位，最终能够准确、清晰地发出每个声母，目的是进一步巩固和精确构音器官的构音运动，提高下颌、舌、唇和软腭等器官的灵活性、协调性和稳定性，为声韵母组合训练打好基础。[②]

(1)训练材料。

5 张彩色游戏板，内含 5 个生动有趣的开放式游戏；骰子和棋子。

(2)训练内容。

训练内容如表 8-2 所示。

表 8-2　游戏训练内容

阶段	训练内容	游戏名称
第一阶段	/b/音位习得	老鼠之家
	/d/音位习得	
	/m/音位习得	
	/h/音位习得	
第二阶段	/p/音位习得	太空历险
	/t/音位习得	
	/k/音位习得	
	/g/音位习得	
	/n/音位习得	
第三阶段	/j/音位习得	迷宫
	/q/音位习得	
	/x/音位习得	
	/f/音位习得	

---

① 陈卓铭：《语言治疗学(第 3 版)》，22 页，北京，人民卫生出版社，2019。

② 黄昭鸣、杜晓新：《言语障碍的评估与矫治》，183 页，上海，华东师范大学出版社，2006。

续表

阶段	训练内容	游戏名称
第四阶段	/l/音位习得	赛马会
	/z/音位习得	
	/r/音位习得	
	/s/音位习得	
第五阶段	/zh/音位习得	蜘蛛网
	/sh/音位习得	
	/ch/音位习得	
	/c/音位习得	

（3）训练方法。

①每个游戏需要 2～4 个参与者。参与者可以是小孩，也可以是成人。

②根据参与者言语发展水平的需要选择相应阶段的游戏板。

③每个参与者都需要一个棋子，所有参与者也需一个骰子。

④游戏开始时，每个参与者轮流掷骰子。谁掷的点数大，谁先移动棋子，棋子移动的格子数由骰子上的点数决定。参与者的棋子都从"开始"处向前走。棋子所走的路线由各张游戏规则决定。

⑤如果棋子所在的格子上是声母，则需要参与者大声读出声母的发音，让其他参与者评价发音是否正确，不正确可帮其矫正；如果是其他，则按照格子上的指导语移动棋子。

⑥如果没有特别说明，每个格子可同时容纳多个棋子。

⑦每个参与者都应按照以上规则轮流进行。直到最后一个参与者到达终点，游戏才算结束。最先到达终点的参与者是获胜者。

老鼠之家游戏（见图 8-1）规则与说明：

1. 由 2～4 个参与者参加此游戏，每人需 1 个棋子。棋子移动的路线是从第 1 格到第 36 格。

2. 游戏开始时，每个参与者轮流掷骰子，点数最大的参与者先根据骰子上的点数移动棋子，其余参与者再依次移动棋子。参与者的棋子都从"开始"处向前走。

3. 如棋子所到的格子是声母，则大声念出来，其他参与者评判他念得是否正确，若不正确，则帮他矫正。

4. 如果棋子所到的格子是其他内容，则按上面的指导语移动棋子；如果失去一次或两次机会，就意味着比其他参与者少一次或两次掷骰子的机会。

5. 最后一个参与者到达终点，游戏才算结束。最先到达终点的参与者是获胜者。

图 8-1　老鼠之家游戏①

太空历险游戏(见图 8-2)规则与说明：

1. 由 2~4 个参与者参加此游戏，每人需 1 个棋子。棋子移动的路线是沿着行星的轨道到达冥王星。

2. 游戏开始时，每个参与者轮流掷骰子。点数最大的参与者先根据骰子上的点数移动棋子，其余参与者再依次移动棋子。参与者的棋子都从"开始"处向前走。

3. 如果棋子所到的格子是声母，则大声念出来，其他参与者评判他念的是否正确，若不正确，则帮他矫正。

4. 如果棋子所到的格子是数字，则按数字说明进行。

5. 最后一个参与者到达终点，游戏才算结束。最先到达终点的参与者是获胜者。

6. 附数字说明："1"代表机器出现故障，请返回起点；"2"代表你可走一条捷径；"3"代表流星可直接带你去火星；"4"代表你被黑洞吸入，需要掷"四点"才能继续前行；"5"代表你访问了地球上的朋友，失去了一次机会；"6"代表燃料推进器带你直接去木星；"7"代表人造卫星的故障修理好后，直接带你去天王星；"8"代表越过海王星，直接到达冥王星；"9"代表燃料短缺，需返回到星星上补充。

① 黄昭鸣、杜晓新：《言语障碍的评估与矫治》，185 页，上海，华东师范大学出版社，2006。

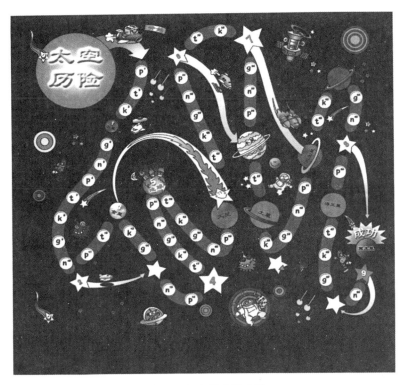

图 8-2　太空历险游戏①

迷宫游戏(见图 8-3)规则与说明:

1. 由 2～4 个参与者参加此游戏,每人需 1 个棋子。棋子移动的路线从第 1 格到第 100 格。

2. 游戏开始时,每个参与者轮流掷骰子,点数最大的参与者先根据骰子上的点数移动棋子,其余参与者再依次移动棋子。参与者的棋子都从"开始"处向前走。

3. 如果棋子所到的格子是声母,则大声念出来,其他参与者评判他念得是否正确,若不正确,则帮其矫正。

4. 如果棋子所到的格子正好是梯子的底部,则可以顺着梯子爬上去。

5. 如果棋子所到的格子正好是蛇的尾巴,则必须走到蛇的头上。

6. 如果棋子所到的格子已被占领,请返回到原格子,并失去一次机会。

7. 最后一个参与者到达 100 格(记住,必须是恰好达到 100 格)。游戏才算结束。最先到达的参与者是获胜者。

① 黄昭鸣、杜晓新:《言语障碍的评估与矫治》,186 页,上海,华东师范大学出版社,2006。

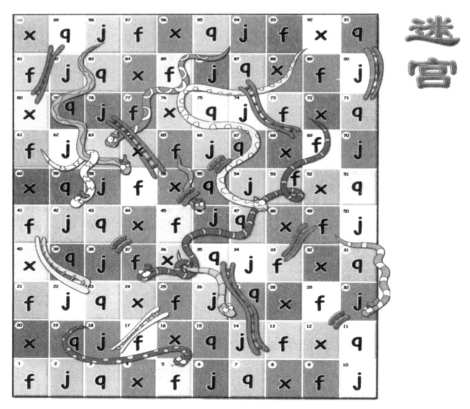

图 8-3　迷宫游戏①

赛马会游戏(见图 8-4)规则与说明:

1. 由 2～4 个参与者参加此游戏,每人需 1 个棋子。棋子移动的路线从第 1 格到第41 格。

2. 游戏开始时,每个参与者轮流掷骰子,点数最大的参与者先根据骰子上的点数移动棋子,其余参与者再依次移动棋子。参与者的棋子都从"开始"处向前走。

3. 如果棋子所到的格子是声母,则大声念出来,其他参与者评判他念得是否正确,若不正确,则帮其矫正。

4. 如果棋子所到的格子是其他图示,则按照图示说明进行。

5. 哪个参与者先把中间的蚊子捉住,谁就是最后的赢家。

---

① 黄昭鸣、杜晓新:《言语障碍的评估与矫治》,187 页,上海,华东师范大学出版社,2006。

图 8-4　赛马会游戏①

蜘蛛网游戏(见图 8-5)规则与说明:

1. 由 2～4 个参与者参加此游戏,每人需 1 个棋子。棋子移动的路线从第 1 格到第 46 格。

2. 游戏开始时,每个参与者轮流掷骰子,点数最大的参与者先根据骰子上的点数移动棋子,其余参与者再依次移动棋子。参与者的棋子都从"开始"处向前走。

3. 如果棋子所到的格子是声母,则大声念出来,其他参与者评判他念得是否正确,若不正确,则帮其矫正。

4. 如果棋子所到的格子是其他图示,则按照图示说明进行。

5. 最后一个参与者到达 41 格(超过 41 格也可以),游戏才算结束。最先到达的参与者是获胜者。

---

①　黄昭鸣、杜晓新:《言语障碍的评估与矫治》,188 页,上海,华东师范大学出版社,2006。

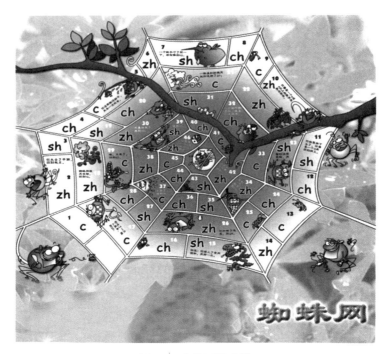

图 8-5　蜘蛛网游戏①

在上述训练基础上，彤彤的班主任可采用表 8-3 词表对彤彤进行下一步训练。

表 8-3　词表②

编号	词	拼音	提问	提示
例 1	桌	zhuō	这是什么？	老师指向桌子问："这是什么？"
例 2	象	xiàng	这是什么？	什么动物的鼻子是长长的？
1	包	bāo	这是什么？	小朋友背什么上学？
2	抛	pāo	他做什么？	他把球怎么样？
3	猫	māo	这是什么？	什么"喵喵"叫？
4	飞	fēi	它做什么？	蝴蝶做什么？
5	刀	dāo	这是什么？	拿什么切东西？
6	套	tào	这是什么？	天冷了，手戴什么？
7	闹	nào	这是什么钟？	什么钟叫你起床？
8	鹿	lù	这是什么？	什么动物的脖子长长的？
9	高	gāo	哥哥的个子比妹妹怎么样？	妹妹个子矮，哥哥比妹妹_____。
10	铐	kào	这是什么？	他的手被警察怎么了？
11	河	hé	这是什么？	这是一条小_____。
12	鸡	jī	这是什么？	什么动物会喔喔叫？
13	七	qī	这是几？	图上有几个苹果？

---

① 黄昭鸣、杜晓新：《言语障碍的评估与矫治》，189 页，上海，华东师范大学出版社，2006。

② 同上书，189 页。

续表

编号	词	拼音	提问	提示
14	吸	xī	这是什么？	小朋友用什么喝牛奶？
15	猪	zhū	这是什么？	什么动物的耳朵很大？
16	出	chū	她在做什么？	她不是进去，是_____去。
17	书	shū	这是什么？	小朋友看什么？
18	肉	ròu	这是什么？	老虎爱吃什么？
19	紫	zǐ	这是什么颜色？	球是什么颜色的？
20	粗	cū	这根黄瓜怎么样？	那根黄瓜细，这根怎么样？
21	四	sì	这是几？	图上有几个苹果？
22	杯	bēi	这是什么？	用什么喝水？
23	泡	pào	这是什么？	小朋友吹什么？
24	倒	dào	做什么？	怎样让开水进杯子？
25	菇	gū	这是什么？	这是蘑_____。
26	哭	kū	小朋友怎么了？	找不到妈妈，他会怎么样？
27	壳	ké	这是什么？	这是贝_____。
28	纸	zhǐ	这是什么？	老师在哪里写字？
29	室	shì	这是什么？	老师在哪里上课？
30	字	zì	他在做什么？	老师拿笔做什么？
31	刺	cì	花上有什么？	_____扎到手上会流血。
32	蓝	lán	这是什么颜色？	天空是什么颜色的？
33	狼	láng	这是什么？	什么动物长得像狗？
34	心	xīn	这是什么？	指着自己的心问："这里有什么？"
35	星	xīng	这是什么？	夜晚天上什么会一闪一闪的？
36	船	chuán	这是什么？	可以乘什么过海？
37	床	chuáng	这是什么？	你晚上睡在什么上面？
38	拔	bá	做什么？	怎样让萝卜出来？
39	鹅	é	这是什么？	这不是鸭，这是_____。
40	一	yī	这是几？	图上有几只苹果？
41	家	jiā	这是哪里？	你放学后回哪里？
42	浇	jiāo	做什么？	阿姨拿水壶做什么？
43	乌	wū	这是什么云？	快下雨了，天上飘什么云？
44	雨	yǔ	天上在下什么？	小朋友身上穿的是什么衣服？
45	椅	yǐ	这是什么？	老师指旁边的椅子问："这是什么？"
46	鼻	bí	这是什么？	老师指自己的鼻子问："这是什么？"
47	蛙	wā	这是什么？	它是青_____。
48	娃	wá	这是什么？	你喜欢抱什么？
49	瓦	wǎ	这是什么？	屋顶上有什么？
50	袜	wà	这是什么？	指着小朋友的袜子问："这是什么？"

注：训练材料包含 50 个单音节词，每个词都有配套的图片。训练中要求儿童每个音发三遍，整个音节的发音时间及音节之间的间隔都约为 1 秒。为了诱导儿童自发语音，主试可以用提问、提示或模仿的形式，要求儿童说出该图片所表达的词。

3. 强化与反馈

在训练过程中，若彤彤反应正确，教师要告知彤彤是正确的并给予鼓励（正强化），反之也要让其知道答错并一起表示遗憾（负强化）。这种向患者（患儿）传递反应正误的过程称为反馈。[①] 正确使用反馈在训练过程中非常重要，特别是对刚刚开始训练的言语障碍儿童，他们往往可以配合训练，达到巩固训练的效果。在强化和反馈的应用过程中，教师要给予彤彤奖励，但要考虑彤彤的年龄和兴趣合理应用，才能取得良好效果。

案例二：

小玲在上小学时，由于说话不流畅、断断续续、发音奇怪，不能跟同学很好地交流，与同学没有共同话题，在班级中没有一个好朋友，总是孤零零的一个人。小玲感觉很苦恼，会在家里跟爸爸说自己没朋友，会问爸爸为什么其他同学都有朋友，就她没有朋友，她也想交到好朋友。由于小玲跟邻居家孩子小月是同班同学，于是小玲爸爸就找到邻居的孩子小月，让小月跟小玲做朋友，跟小玲一起玩，多照顾小玲。小玲经常问小月是怎样交到好朋友的。有一次，小玲对小月说，她要学习讲笑话讲给同学听，用讲笑话的方式交朋友。于是，小玲会突然走到其他同学面前，说她要讲笑话，由于小玲的话语不流畅、表情僵硬，她的同学们都会觉得很奇怪和尴尬，然后会跑走。小玲感觉很伤心很失望，就没有再用这种方式交朋友了。小玲的生日快到了，但是由于她没有朋友，所以她就让小月把她的朋友喊来参加她的生日聚会。在生日聚会上，小月的朋友们都在聊天，但是小玲几乎没有说话，她不知道该怎样与别人聊天，看见她们愉快地聊天，小玲觉得很失落。结束生日聚会后回家的路上，小玲也是一个人走在最后面，无法加入同学们的谈话。小月说，在班级里的时候，当小玲看到其他同学在聊天，她会试图加入她们的谈话，但是她会突然说一些与正在聊天的同学的聊天内容毫不相关的话语，她不能很好地接话，她说的话语及她的嗓音都会让同学觉得奇怪、听不懂，有些同学也会嘲笑小玲，说她是"公鸭嗓"，她也不能察觉别人的情绪，久而久之，没人愿意跟她说话。小玲的老师说，在课堂上，小玲回答问题总是支支吾吾，当老师鼓励她大声回答问题时，她会大声地哭出来，老师只好无奈地让她坐下。由于小玲经常出现这种情况，老师们也慢慢地不找她回答问题了。在体育课的自由活动时间，其他同学都有伙伴一起玩耍，小玲只能一个人孤单地坐在草坪上。面对小玲人际上的交往困难与课堂上回答问题的表现，小玲的爸爸也很苦恼，不知道该怎样办才好。小玲上高中后，情况也没有改善，由于小玲跟小月依旧在一个班级，小玲的爸爸还像以前一样请求小月跟小玲做朋友。

案例三：

小蕊是一名初中生，在距离她家较近的一家私立中学上学。小蕊来到这所中学上课并不容易，因为小蕊有言语障碍和书写障碍，这家中学的校长认为小蕊不能考上好的高中，不能提高升学率，在小蕊父母的再三恳求下，校长只好无奈地同意接收她。校长告诉小蕊的父母，学校里没有特殊教育老师，所以如果小蕊在普通班级里上课，学习上有困难，她也爱莫能助。小蕊和小甜是邻居，所以经常一起上学、放学，但是由于小蕊说话简短，难以说出长句，发音异常，也很少说话，并且有书写障碍，写的字又大又乱，很潦草，很少人可以看懂，所以其他同学也不怎么跟她一起玩，她只有小甜一个朋友。很多老师第一次上课的时候并没有注意到小蕊是言语障碍儿童，当老师把布置的作业收上后，看到小蕊写的字会直接在班级里批评小蕊写的字太敷衍，说她态度不端正，说写成这样的字为什么还上交。小蕊听到后，很伤心，很气愤，有一次小蕊在听到老师的批评后直接把自己的作业撕了。后来，老师们了解到了小蕊的特殊情况，就没有再批评她了。但是，鉴于小蕊的情况，没有老师找小蕊站起来回答问题，也没有老师让小蕊上台发言或写板书。每次批改作业与试卷

---

① 陈卓铭：《语言治疗学（第 3 版）》，22 页，北京，人民卫生出版社，2019。

的时候，就是老师们苦恼的时候，老师很难弄懂小蕊写的是什么字，很难评分，觉得很为难。在初三的时候，小甜由于家庭原因转学了，去外地上学了，从此以后，小蕊只能一个人孤单地上学和放学，在学校的时候，小蕊也总是一个人在座位上，不与他人交流，没有朋友。

问题二：如何处理言语障碍儿童在校学习问题

1. 设定训练课题

针对小玲、小蕊的言语障碍问题，教师可以参考表 8-4 对其进行训练。

表 8-4 不同语言模式和严重程度的训练课题①

语言模式	程度	训练课题
听理解	重度	单词与画、文字匹配，是或非反应
	中度	听短文做是或非反应，正误判断，口头命令
	轻度	在中度基础上，选用的句子和文章更长，内容更复杂（新闻理解等）
读解	重度	画和文字匹配（日常用品、简单动作）
	中度	情景画、动作、句子、文章配合，执行简单书写命令，读短文回答问题
	轻度	执行较长文字指令，读长篇文章（故事等）提问
口语	重度	复述（音节、单词、系列语、问候语），称呼（日常用语、动词命名、读单音节词）
	中度	复述（短文），读短文，称呼，动作描述（动词的表现，情景画、漫画说明）
	轻度	事物描述，日常生活话题的交谈
书写	重度	姓名，听写（日常生活物品单词）
	中度	听写（单词、短文），书写说明
	轻度	听写（长文章），描述性书写，日记
其他	—	计算练习、钱的计算、书写、绘画、写信、查字典，写作，利用趣味活动等，均应按程度进行

注：训练材料可以从教材或其他学习材料中选取。教师在训练时，可以按照表中的重度、中度和轻度中的训练课题对言语障碍儿童进行循序渐进的三阶段训练。

2. 制订训练程序

明确了训练课题后，还要制订训练程序，即把训练课题分解成数个小步骤。训练程序可以按照表 8-5 中的重度、中度和轻度的训练课题进行制订，然后教师需要对小玲和小蕊进行循序渐进的三阶段训练。

---

① 陈胜利：《言语治疗学》，50 页，北京，华夏出版社，2004。

表 8-5　训练课题难度

项目	内容	难易度	
		易	难
课题	长度	短（单词）	长（句子）
	意义	具体（具体名词）	抽象（抽象名词）
	使用频率	高频词（常用词）	低频词（非常用词）
	造句	简单（单句）	复杂（复句）
刺激	患者兴趣	浓	淡
	提示速度	慢	快
	时间	长	短
	提示次数	多	少
	间隔	短	长
输入途径	醒目性	醒目（彩色图片）	不醒目（线条幅）
	声音强度	强	弱
选择答案	种类	视觉	听觉
	数量	数目	单一
	数量	少	多
	内容	不同（不同范畴）	相近（同一范畴）

问题三：如何处理言语障碍儿童言语不流畅、表达能力差等问题

教师可以通过下述方法测验与训练小玲和小蕊的言语表达能力。

1. 所需材料

看图说话等级测试图卡和情景描述图片。

2. 具体操作

训练材料包括看图说话（见图 8-6 和图 8-7）和情景
描述图片（见图 8-8 和图 8-9）。教师要和小玲、小蕊面
对面坐着，然后教师从题库中抽取一张图片向小玲、
小蕊出示，要求小玲、小蕊说出图片的内容和意思，
要求小玲、小蕊说出每张图片的内容和意思。训练
时，先出示看图说话系列图片，再出示情景描述系列
图片，并且每系列的图片都要按照顺序出示。

图 8-6　看图说话（吃饭）①

① 陈卓铭：《语言治疗学（第 3 版）》，40 页，北京，人民卫生出版社，2019。

图 8-7 看图说话(搭积木的故事)①

图 8-8 情景描述(妈妈洗苹果)②

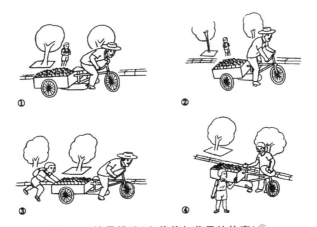

图 8-9 情景描述(老爷爷与苹果的故事)③

---

① 陈卓铭:《语言治疗学(第 3 版)》,40 页,北京,人民卫生出版社,2019。

② 同上。

③ 同上书,41 页。

问题四：有些言语障碍儿童同时也会有书写问题怎么办

书写功能与语言功能密切相关，大脑损伤的言语障碍儿童会出现书写能力受损或丧失。[①] 案例二中的小蕊即伴有书写障碍，教师可以对此采取下述三种策略。

1. 抄写

首先教师要给小蕊准备较大格子的作业本，然后要求小蕊抄写部首、字词、语句，设计抄写的字形有独体字和合体字，合体字的结构又分上下、左右、内外三种。

抄写字词，具体字词为"柑橘、思想、团圆、远近、江河、花草、围困、疾病、日月"。抄写语句"中华人民共和国成立了"。

2. 听写

要求听写部首、字词和语句，根据字音的不同，分为声母、同韵母、同声调三种。

3. 看图书写

要求在图画所表示的字义刺激下产生书写，分部首、字词、语句、篇章。如提供图片 10 张（见图 8-10 至图 8-13），各图片下有相应的提示，只需要理解图上意思，根据图的含义完成任务。

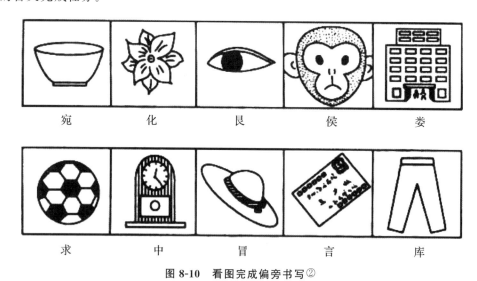

宛　　化　　艮　　侯　　娄

求　　中　　冒　　言　　库

图 8-10　看图完成偏旁书写[②]

---

①　陈卓铭：《语言治疗学（第 3 版）》，41 页，北京，人民卫生出版社，2019。

②　同上书，107 页。

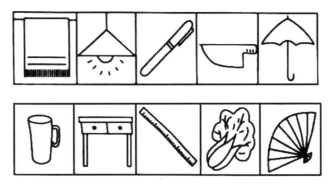

图 8-11 看图写字词①

图 8-12 看图书写语句②

图 8-13 看图书写篇章故事③

① 陈卓铭：《语言治疗学（第 3 版）》，107 页，北京，人民卫生出版社，2019。
② 同上书，108 页。
③ 同上。

问题五：言语障碍儿童在课堂上不敢大声回答问题怎么办

教师可以采用下述课堂教学方法培养小玲、小蕊的自信心，使她们获得充足的安全感，从而敢于回答问题。

1. 自然进入法

自然的课堂气氛是改善儿童言语障碍的前提，因为自然的课堂气氛会让儿童感到放松和舒适。如缺少这个前提，其他的方法就无从谈起。小玲和小蕊的班级老师应保持课堂气氛从始至终轻松愉快和自然平和，让小玲、小蕊看到的是教师和蔼的笑脸，听到的是教师的温柔细语。无论在何种情况下，教师都不应大声斥责、否定她们，要让她们始终拥有轻松愉快的心境。并且教师要给予小玲、小蕊更多耐心与包容，多鼓励她们，使她们在班级里获得安全感和自信心。

2. 结伴交谈法

由于课堂时间有限，仅依靠个别发言并不能满足全部儿童的言语发展要求。通常情况是能力越强的儿童获得的锻炼机会越多，能力弱的儿童获得的机会较少，这种情况会致使儿童的发展更加不平衡。由于儿童具有很喜欢与同龄伙伴交往的特点，结伴交谈法就是抓住这一特点，儿童之间说话很自由，没有顾虑，不担心说错，没有拘束，思维活跃，因此儿童会很喜欢这种方法。在轻松活跃的课堂气氛下，每个儿童都会获得同等锻炼机会，儿童的能力会在原有水平上得到提高。教师提问后，让儿童先思考答案，随后跟邻座的伙伴互相讨论问题，然后再举手回答。同时，教师需要把小玲和小蕊安排在善良有耐心的儿童旁边，让这些儿童与小玲、小蕊一起讨论问题，这样可以减少小玲和小蕊的顾虑，从而自由地发言谈论。教师也要经常鼓励其他同学与小玲和小蕊多交流、多关爱包容小玲和小蕊、走进小玲和小蕊的世界，不让小玲和小蕊感到孤单失落。

3. "告诉你"法

交流的需要是言语行为产生的动力，要激发儿童在说话方面的积极性和主动性，教师要想办法为儿童创设交流需要。"告诉你"法即教师把待讲内容告诉一个或几个儿童，然后让他们把内容传播给那些不知道内容的同伴，这个方法在儿童中轮换进行，使儿童都可以获得锻炼。这个方法在很多儿童看来是在做游戏，很有趣，能够更好地投入。如在复述一个故事时，教师先讲给小玲、小蕊听，将接下来的传播任务明确告诉她们，她们会听得很认真很仔细，记得特别清楚，听完后会迫不及待地想告诉同伴。在向同伴复述的过程中，小玲和小蕊可能会倾其所有，尽情发挥，听的儿童也会十分感兴趣，教师则在旁边巡回指导。最后，教师在全班面前把故事讲一遍，进一步加深儿童对故事的印象。

4."七嘴八舌"法

言语作为思维的外壳是多方位、多角度的，不应有固定模式。所以，教师在言语教学方面要注意突出这个特性，尤其强调言语教学的实用价值，在使儿童掌握言语这一交流桥梁上下功夫。同时，教师要让儿童学会使用多样词语、多个句式来表达想说的内容。"七嘴八舌"法即教师通过设定情境或设置问题让案例中的小玲和小蕊发表观点并参与讨论，并且情境和问题最好是小玲、小蕊在实际生活中经历过的或看到过的，让她们在讨论的过程中各抒己见，而不设标准答案或统一答案，无论小玲和小蕊的观点是否幼稚可笑、言语是否流畅，都鼓励她们说出自己的观点。这样，她们才能消除顾虑，思维才能充分展开，并努力组织言语把自己的想法表达出来，使自身的言语能力获得充分的锻炼和提高。

5. 自言自语法

自言自语法即教师向儿童提问后，先给予儿童充分的思考时间，让儿童想一想，然后自言自语地说，几分钟后，再请儿童发言。案例中的小玲对于发言比较胆怯，会害怕地哭出来，重要原因之一就是小玲对注意的分配差，在举手时不能思考教师提出的问题，所以会出现回答问题总是支支吾吾的现象。当老师鼓励她大声回答问题时，她会有大声地哭出来这种现象，导致小玲难以获得充分肯定，自信心受挫，时间一久，小玲会更加抗拒回答问题。教师在提问后，要给小玲更多的思考时间，让小玲慢慢地思考和组织语言，然后教师可以走到小玲身边小声地询问她的答案，并让小玲先自言自语地说出自己的答案，几分钟后，再请小玲发言。此时小玲的准备就比较充分，举手回答问题的正确率也会提高。这种方法会提高学习的成功率，从而增强小玲的自信心，满足小玲的心理和生活需要。

6. 自我暗示法

有些因性格内向或缺乏自信心而怕羞的儿童，其心理障碍是需要一段时间去克服的，可能某一节课有进步，但下一节课还会出现反复，此时如果用自我暗示法，仅需一会儿时间儿童就会获得帮助。自我暗示法即教师在提问前，先用自信坚定的语气大声带领学生说一些自我鼓励的话语，如"我很勇敢""我不害羞""我敢大声发言""我不怕回答错误""我敢踊跃举手""我的胆子很大"等，小玲和小蕊说完这些就会变得有勇气，增强自信心，克服怕羞与胆怯，获得进步。教师也需要把这些话语打印成卡片，贴在她们的桌角，可以起到随时提醒的作用。

7."说错话"法

有些儿童自尊心强，害怕说错话，可采用这种方法排除儿童紧张的心理，让儿童意识到，即使他们说错话，老师也并不会很在意，让儿童发现说错话也没有他们想象中那样可怕。教师要让小玲明白，即使她回答错误，也是没关系的，勇敢发言就是很棒的。在小玲发言后，不论答案对错，教师可以让其他同学鼓掌，以表示对小玲发言的欢迎与鼓励。

无论什么方法，都必须从儿童的实际出发，其目的是促进儿童言语发育，使儿童言语达到同龄人的正常发展水平。从儿童的学习规律出发，循序渐进，根据儿童的接受情况随时进行调整，并且也要做好儿童的心理疏导工作。

【关键概念】

1. 言语障碍　　　　2. 构音障碍　　　　3. 运动性构音障碍

4. 器质性构音障碍　5. 功能性构音障碍　6. 口吃

7. 发声障碍（嗓音障碍）8. 失语症　　　　9. 儿童语言发育迟缓

【问题与思考】

1. 言语障碍的评估流程是什么？

2. 造成儿童言语障碍的原因有哪些？

3. 言语障碍的障碍特征有哪些？

4. 言语障碍儿童在生活中有哪些具体的症状表现？

5. 怎样有效改善言语障碍儿童发音问题？

6. 言语障碍儿童言语不流畅、表达能力差怎么办？

7. 言语障碍儿童上课不敢回答问题，老师可以采取哪些课堂教学方法改善这种状况？

【深思感悟】

如果你所在班级有言语障碍儿童，你会采取什么样的措施帮助他？谈谈你对言语障碍儿童融合教育的看法。

【延伸阅读】

1. 黄昭鸣，杜晓新．言语障碍的评估与矫治［M］．上海：华东师范大学出版社，2006．

2. 陈卓铭．语言治疗学学习指导和习题集［M］．北京：人民卫生出版社，2008．

3. 锜宝香．儿童语言障碍［M］．北京：首都师范大学出版社，2016．

4. 张明．探索言语障碍儿童的世界［M］．北京：科学出版社，2017．

第九章

注意缺陷多动障碍
儿童的融合教育

章结构图

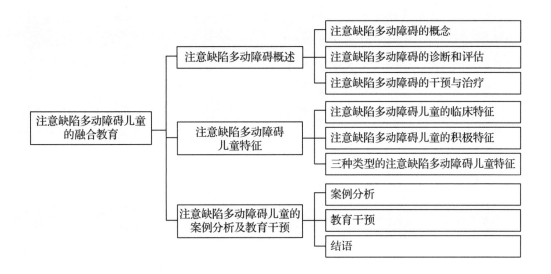

学习目标

1. 了解注意缺陷多动障碍的定义、患病率及发病原因。
2. 掌握注意缺陷多动障碍诊断和评估方法，能够运用治疗与干预方法。
3. 辨析不同年龄阶段注意缺陷多动障碍的特征，了解其积极特征。
4. 辨析三种不同类型的注意缺陷多动障碍特征。
5. 掌握并学会运用注意缺陷多动障碍融合教育策略。

情境导入

"D"的故事

作者：B. 西伊

从前，但不是很久很久以前，一个漂亮的孩子来到世上。她的到来没有什么特别，也就像其他的新生儿一样。她的父母很爱她，给她起了一个名字，来表达他们对漂亮、完美的女儿的感受。像所有漂亮完美的新生儿，这个孩子还不能说出自己的名字，从婴儿到学步的小孩，还是很难说出名字。但没问题——别的孩子也一样。实际上，他们会创造性地把名字分解。她的父母认为需要有一个名字来方便她的朋友叫她，就叫她名字的第一个字母，所以，两岁半时，这个漂亮完美的孩子因为方便别人而改了名字，虽然她出生时曾有一个很巧妙适合的名字。

她的新名字是简单的"D"。

D 长大了，很快到了上学的年龄。

她的父母紧紧拥抱她，告诉她他们爱她，然后把她放在汽车上。到了学校，老师问她的名字是什么。小女孩以为她的老师和她的小朋友一样，不一定能清楚地叫她的名字，于是就回答："我的名字是 D。"她微笑着，想着她的父母告诉她的 D 的特殊含义。

老师没有问她为什么微笑，D 代表什么，也没问女孩比较喜欢别人怎么叫她。老师只是鹦鹉学舌一样重复一遍这个简单的字母——D，根本没有去思考这一不同寻常的名字后面的故事。几天以后，老师把 D 和其他一年级的孩子做了比较，和去年的一年级的孩子做了比较，和自己 20 多年来教过的一年级孩子做了比较，老师觉得 D 很不一样。她不把颜色描在应该描的线内。她的行为不是应该表现的行为。尽管她似乎很聪明，实际上她十分聪明，但她几乎不会给出预期的，即"正确"的答案。

她的老师便认为 D 一定表示"差别"（Different），而没有想到女孩的父母为他们漂亮完美的女儿起名时满含的爱。老师开始按他自己为女孩的名字选的意义——差别——来对待她。

到了一年级结束的时候，D 怀疑自己似乎又被"改名"了，尽管她无法表达她的想法，也不可能选老师为她定的这个名字。事实上，到这个时候，她的父母甚至包括小女孩自己，都已经忘了最初的 D 的含义了。到了二年级，老师又问她的名字，小女孩没有微笑也没有再想起什么，只是直接回答这一问题，她简单地说："我的名字是 D。"

"啊哈……"老师想，"她就是，就是'差别'"。于是，她也有差别地对待这个女孩。几个星期后，这个新老师有了她自己对这个首字母的解释：傻瓜（dummy）。当然打电话给家长或和学校的心理学家开会时，老师仍叫女孩 D，但她对待 D 的方式已经和这个新的没有说出的名字——傻瓜相一致了。

时间一年又一年地过去了，换了一个又一个的老师，每一个都按自己的想法给孩子改名——差别（different）、傻瓜（dummy）、思想不集中（distracted）、冷漠（distant）……

最后，有一个老师看着孩子的眼睛，他看到了那个字母更深的含义，他并不知道原来的意义是什么，他只看到了现在的意义：毁灭（destroyed）。家长被叫来了。心理学家被召集来了。填表、签名实施。但什么也没改变。

更多的会议……更多的计划……更多的失败……

更加一无是处。

所有的教育专家都一致同意。所有的心理学家一致同意。社会服务部门也同意。这个孩子显然是情绪虐待的牺牲品。专家说："差劲的家长。"就像批评一只小狗弄脏了地板一样。（尽管为了他们的面子，他们没有把这伤人的话大声说出来，就像他们也从未大声用伤人的名字来称呼 D）"差劲的家长"，他们很安静地这么称呼着，但却是震耳欲聋地响亮。

最后他们开始大声地"探究"虐待的内容了。"女孩连个正式的名字都没有，难怪她的自尊这么低。"

然后，他们似乎还没有决定，但头脑里浮现的却是实际上他们认为 D 应该代表的——差别（different）、傻瓜（dummy）、思想不集中（distracted）、冷漠（distant）、损害（damaged）、失望（disappointment）、忧郁（depressed）、失败（defeated）……毁灭（destroyed）——他们问家长 D 的名字到底是什么。

D 的父母望着地板，他们静静地对视着。然后他们一起想起了他们漂亮完美的小女孩出生的时候——他们爱着的小女孩，他们为她命名的小女孩，他们显然没有教育好的小女孩。

她的爸爸擦去眼角的一滴泪水，说："她的名字是可爱（delightful）。"

案例中的女孩表现为注意缺陷多动障碍，在我国也被称为多动症。多动症是特殊儿童的常见症，对此类儿童的关注日益引起社会各界的重视，但是社会大众对于多动症的认识仍然存在片面性。因此，本章将分别从多动症儿童的概述、特点及案例分析与融合教育等三大方面来详细介绍此类儿童的特征与教育措施。融合教育教师在教育过程中如何对多动症儿童进行评估与干预？如何针对不同情境的多动症儿童进行融合教育及如何帮助多动症儿童适应融合教育等问题，都将通过本章的详细论述予以解答。

第一节
注意缺陷多动障碍概述

一、注意缺陷多动障碍的概念

(一)定义

注意缺陷多动障碍(Attention Deficit Hyperactivity Disorder，ADHD)又称脑功能轻微失调综合征，一般称为"多动症"(以下将"注意缺陷多动障碍"简称为"多动症")，是一种常见的儿童神经发育性精神障碍。[①] 主要表现为与年龄不相符的行为表现，以注意力分散、活动过多、冲动任性为主要特征，并常常伴随有认知障碍和学习困难，但是患儿的智力水平基本正常或接近正常。多动症不仅仅是一种儿童期的认知和行为障碍，甚至约65%会持续至成年期[②]，造成学习、人际关系、情绪表达、社会竞争及职业功能方面的困难。

让我看看菲利普，是否能成为一名小绅士。让我看看，他这一次，是否能够安静地就餐；于是，爸爸命令菲尔安静坐好，妈妈的样子也很严肃。可是那不安分的菲尔啊，他没办法安安静静地坐着；他扭来扭去，咯咯地笑着，前后摇摆着，翘起他的椅子，就像在玩摇摆木马一样；于是，我郑重地说："菲利普！我生气了!"

——海因里希·霍夫曼《不安分的菲利普的故事》

1846年，德国学者海因里希·霍夫曼(Heinrich Hoffmann)首先对出现注意力涣散、情绪不稳定、活动过多及学业成绩不良的儿童进行了表述，并指出这些异常行为是一种病态表现。此后，这一现象逐渐引起重视。许多精神病学家、儿科专家、心理

---

① D. American Psychiatric Association and American Psychiatric Association，*Diagnostic and Statistical Manual of Mental Disorders*；DSM-5，American Psychiatric Association Washington，DC，2013.

② Margaret H. Sibley，John T. Mitchell and Stephen P. Becker，"Method of Adult Diagnosis Influences Estimated Persistence of Childhood ADHD：A Systematic Review of Longitudinal Studies，" in *The Lancet. Psychiatry*，2016，vol. 3，pp. 1157-1165.

学家及教育家从不同的角度，对这类儿童行为问题进行了更深入的研究。1947年，斯特劳斯(Strauss)等认为多动症是由脑损伤引起的，故将该症命名为"脑损伤综合征"。格赛尔(Gesell)和阿姆特鲁德(Amtrude)在1949年对此提出了新的看法，认为这种症状是"脑轻微损伤"的结果。在之后的近20年间，不少学者在对具有这一病症的患儿实施神经系统检查时发现，约有半数出现轻微动作不协调，以及平衡动作、共济运动和轮替动作等障碍，但没有发现瘫痪等脑损伤引起的其他症状，故认为多动症不是脑轻微损伤的结果，而是由脑功能轻微失调所引起的。于是，1962年各国儿童神经科学工作者聚会牛津大学，决定在本病病因尚未搞清之前，暂时定名为"轻微脑功能失调"(Minimal Brain Dysfunction，MBD)。1980年，美国公布的《精神障碍诊断和统计手册》(DSM-Ⅱ)中，将此病症命名为"注意缺失障碍"(Attentional Deficit Disorder，ADD)。

以美国《精神障碍诊断和统计手册》(DSM-Ⅳ)为诊断标准，多动症可分为注意缺陷为主型(ADHD-PI)、多动/冲动为主型(ADHD-HI)和混合型(ADHD-C)。[1]

(二)注意缺陷多动障碍的患病率

多动症一般在7岁以前就表现出来，典型年龄是3岁左右，8～10岁为发病的高峰期，在儿童的多种异常行为中，该症患病率较高。国外报道儿童多动症患病率为3%～18%[2]，我国ADHD儿童的总患病率为6.26%[3]，这个数据正在逐年增加。其中70%的患儿症状会持续到青春期，30%～50%成年后也不会消失。[4]

多动症儿童的出现会因性别不同而有所差异，多动症在男孩中的出现率要高于女孩，研究报道我国多动症男女患病率分别为6.5%和2.7%，男女比约为2.4∶1。专家推测，之所以被鉴定为多动症的男孩多于女孩，原因在于男孩更多地表现出对立违抗和行为障碍，易伴随品行问题而引起更多的关注，为显而易见的多动－冲动类型的多动症，而女孩更容易表现为情绪问题如焦虑抑郁，以及认知损害如阅读障碍等注意涣散类型的多动症，这可能导致大量患有多动症的女孩未被识别，对心理情绪问题的重视关注可进一步提高儿童确诊率。[5]

---

① D. American Psychiatric Association and American Psychiatric Association，*Diagnostic and Statistical Manual of Mental Disorders*：DSM-5.
② 赵日双：《儿童注意缺陷多动障碍致病因素及治疗研究进展》，载《中国儿童保健杂志》，2013(6)。
③ 童连、史慧静、臧嘉捷：《中国儿童ADHD流行状况Meta分析》，载《中国公共卫生》，2013(9)。
④ 曹阳：《注意缺陷多动障碍患儿执行功能与静息态脑功能影像特征的研究》，博士学位论文，上海交通大学，2020。
⑤ [美]丹尼尔·P.哈拉汉、[美]詹姆士·M.考夫曼、[美]佩吉·C.普伦：《特殊教育导论(第11版)》，肖非译，202页，北京，中国人民大学出版社，2010。

(三)注意缺陷多动障碍发病原因及并发症

1. 注意缺陷多动障碍的发病原因

迄今为止,多动症的发病原因目前仍不明确。研究者运用各种研究方法和实证性手段,目前发现其发病是遗传因素与环境因素综合作用的结果,涉及多种风险因素。其中遗传因素决定儿童发病的风险性,而环境决定儿童发病的可能性,多动症是多种生物因素—心理因素—社会因素共同所致的一种综合征。①

> **【概念聚焦】** 　　　　　**具有争议的多动症病因理论**②
>
> 　　近几年来,关于是何种原因导致了多动行为或多动症出现了许多迷思。其中大多数说法即便有一些科学依据也不是很有力。糖就是一个很好的例子。家长和教师常常抱怨当幼儿从软饮料、蛋糕和糖果中摄取了糖分后,他们会变得更加多动。但是,精细的研究已经证明事实并非如此。"糖导致了多动"这一错误的观念可能源于人们观察到在提供甜食的情境中儿童表现出多动,而这些情境本身是相对富有刺激性的、无组织的,如聚会,更有可能引发多动行为。
>
> 　　另外一个例子是电视机和电脑游戏。公众大多认为看太多电视节目或玩太多电脑游戏会使儿童患上多动症。一项研究确实发现学龄前阶段看电视更多的儿童,更容易在 7 岁时被评价为不专心和注意涣散。但是,并没有证据证明看电视导致了多动症或高比率的注意涣散。可能是注意问题本身导致儿童想要更多地看电视。或者可能是家长发现,让孩子坐在电视机前,至少能在短时间内抑制他们的多动行为。或者可能是那些让孩子更多地看电视的家长们以其他方式导致了他们的孩子出现注意涣散的行为。也许这些家长大多很少对孩子进行监督、管理。
>
> 　　一部分研究人员认为是其他环境因素,如人造食用色素和添加剂等,导致了多动症。这一理论的最早倡导者是儿科过敏症专科医生本杰明(Benjamin),他针对避免摄入添加剂提出了一套严格的饮食方案。尽管实证研究已经证明这一饮食方案并不适用于所有多动症儿童,但是一项新近研究提出的一些引发争议的资料表明,当幼儿按照规定进食含有食用色素和添加剂的食物时,家长对幼儿在注意涣散和多动方面的评分要高于幼儿进食不含有色素和添加剂的时候。该研究的一项突出优点是家长并不知道他们的孩子何时食用的是有色素和添加剂的食物,何时食用的是不含色素和添加剂的食物。但是,需要强调的一点是,由临床研究人员所进行的关于注意涣散和多动的更为客观的评估说明了无论儿童是否食用了含有色素和添加剂的食物,其行为并没有什么不同。
>
> 　　需要强调的另外一点是,这项研究仍然未能证明饮食与多动症诊断之间的因果联系。进一步的研究明确地就是否有一部分多动症儿童能够从控制特定食物添加剂和色素的饮食中获益这一问题得出结论。同时,对所有多动症儿童机械地施行饮食控制的做法并没有证据支持。

(1)生理异常

目前,关于儿童多动症神经解剖因素的研究主要探讨大脑额叶、颞叶皮层、扣带回、纹状体、小脑及与其相关的基底节结构等部位在多动症发生过程的生理改变,并提出了多动症儿童大脑额叶、纹状体、前扣带认知区功能异常等假说。③ 因此,多动症

---

① 赵日双:《儿童注意缺陷多动障碍致病因素及治疗研究进展》,载《中国儿童保健杂志》,2013(6)。

② [美]丹尼尔·P. 哈拉汉、[美]詹姆士·M. 考夫曼、[美]佩吉·C. 普伦:《特殊教育导论(第 11 版)》,肖非译,206 页,北京,中国人民大学出版社,2010。

③ 梁友芳:《儿童注意缺陷多动障碍病因研究进展》,载《广西医科大学学报》,2017(5)。

患儿行为异常可能与上述大脑功能区域发生功能异常及高级认知神经回路功能障碍有关。

萨麦特金（Zametkin）等早在20世纪90年代就用脑成像技术对多动症患儿与对照组普通儿童的脑功能进行研究，发现多动症患儿在完成所交代的持续注意任务时，特定脑区域及全脑的生化水平及大脑的兴奋性较普通儿童偏低。① 通过使用神经成像技术，很多研究小组都发现多动症个体大脑的以下五个区域出现了异常：前额叶、额叶、基底神经节（尤其是尾状核和苍白球）、小脑和胼胝体（见图9-1）。

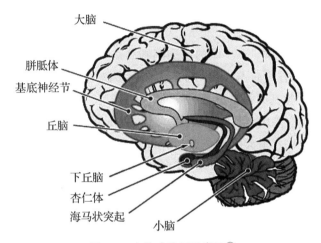

大脑
胼胝体
基底神经节
丘脑
下丘脑
杏仁体
海马状突起
小脑

图9-1 大脑功能区示意图②

明确地说，就是研究人员发现多动症儿童和成人大脑的上述区域要小于非残疾个体。尽管并非总是如此，但确有许多研究指出异常是发生在大脑右侧，尤其是右侧基底神经节。③ ①前额叶、额叶。位于脑前部的额叶（frontal lobes），尤其是额叶最前端的前额叶（prefrontallobes）负责执行功能。②基底神经节。基底神经节（basal ganglia）位于间脑，由五个皮质下核团组成：尾状核、壳核、苍白球、黑质和丘脑底核，埋藏于在大脑深处。基底节作为重要的信息环路，其作用是接收来自大脑皮层的信息并将加工后的信息通过丘脑投射回大脑皮层。④ 多动症个体的尾状核（caudate）和苍白球（globus pallidus）存在异常，相应的大脑皮层网络连接也被破坏，进而影响认知功能。③小脑。小脑（cerebellum）是人脑中最重要的区域之一，与大脑运动皮层保持着大量的

———————————

① 张荣、聂绍发：《儿童注意缺陷多动障碍的流行病学特征及病因研究进展》，载《海南医学院学报》，2015(1)。

② 《大脑边缘系统的介绍》，https://zhidao.baidu.com/question/1449629212946953900.html，2023-06-15。

③ ［美］丹尼尔·P.哈拉汉、［美］詹姆士·M.考夫曼、［美］佩吉·C.普伦：《特殊教育导论（第11版）》，肖非译，208页，北京，中国人民大学出版社，2010。

④ 张家欢、方兴、徐秋凤：《基底神经节与血管性认知功能障碍的相关性研究进展》，载《广西医学》，2022(13)。

神经连接，其体积仅为大脑总体积的 10％，却包含了脑部超过 50％的神经元，控制着运动协调、精细运动和运动学习等运动功能，也调控认知和动机过程等非运动过程。[①] 小脑的体积变小持续发生在多动症患者的整个发育过程，多动症症状的严重程度随着小脑体积变小的程度而增加[②]，因此小脑结构异常是多动症患儿中最一致的发现之一。④胼胝体。胼胝体（corpus callosum）由数百万连接左右大脑半球的神经纤维组成。它负责大脑两个半球间的沟通，对于一系列认知功能都很重要。

（2）遗传因素

临床研究表明，ADHD 患儿多数有家族病史，并且男性成员多有酗酒、反社会人格等倾向，女性成员则多发癔症。另外，双生子家庭的 ADHD 发病率较高，单卵双生子同病率在 55％左右，双卵双生子的同病率则高达 33％，二者皆高于正常的双生子。但 ADHD 具体的遗传方式尚不明确，可能为基因多阈值遗传。[③] 随着分子遗传学（molecular genetics）中人类基因图谱绘制取得进展，分子水平（DNA、RNA 和蛋白质）的研究在不断改变着人类对基因的认识。关于多动症的分子水平基因研究尚处于初级阶段，但是我们还是可以说，在绝大多数个案中并没有某一个单独的基因导致了多动症。多个基因都与多动症有关，特别是那些与调节多巴胺有关的基因。[④]

（3）神经生理因素

有研究证明，多动症患儿存在神经生物学的发育缺陷，脑电图与普通儿童相比，主要改变为非特异性 δ 波和 θ 波等慢波以相对和绝对功率升高，同时伴随 α 波和 β 波活动减少，θ/β 值增高。[⑤] 尽管多动症儿童的神经生理学改变缺乏特异性，脑电图虽不能作为独立诊断注意缺陷多动障碍的客观依据，其仍可作为辅助诊断用于该病的诊断。[⑥]

（4）环境因素

环境因素影响包括社会心理因素、产前和围产期危险因素、营养因素等。社会心理因素中家庭环境因素主要包括父母情况（职业、文化程度等）、父母关系、婚姻状况、家庭经济状况及父母教育方式等，虽然所起的作用相对次要，但对该症的发展和结局影响不容忽视。不良的社会和家庭环境等不利因素可诱发或加重多动症症状出现。在不恰当的家庭教育方式如行为、语言暴力直接影响下，儿童自信心、自尊心受挫，精

① Silvia Clausi et al. , "Cerebellum and Emotion in Social Behavior," in *Advances in Experimental Medicine and Biology*，2022，vol. 1378，pp. 235-254.

② F. X. Lee Castellanos and J. M. Walter, "Developmental Trajectories of Brain Volume Abnormalities in Children and Adolescents With Attention-Deficit/Hyperactivity Disorder," in *JAMA：The Journal of the American Medical Association.*，2002，vol. 288，pp. 1740-1748.

③ 于谦、梁伟仪：《儿童注意缺陷多动障碍病因、诊断及治疗的研究进展》，载《临床医药文献电子杂志》，2020(24)。

④ 吴增强：《多动症儿童心理辅导》，21～22 页，上海，上海教育出版社，2006。

⑤ 陈新：《各型注意缺陷多动障碍患者脑电图的改变》，载《临床神经病学杂志》，2013(1)。

⑥ 梁友芳：《儿童注意缺陷多动障碍病因研究进展》，载《广西医科大学学报》，2017(5)。

神常处于高度警觉状态，易诱发异常的行为方式。[①]

二、注意缺陷多动障碍的诊断和评估

(一)Conners 评估问卷的诊断标准

Conners 评估问卷是康纳(Conners)于 1969 年研制的用于测量 3～17 岁儿童行为问题、注意缺陷障碍的精神行为问卷，是目前筛查多动症应用最广泛的问卷之一。[②]

1978 年，戈伊特尔(Goytle)等根据《精神障碍诊断和统计手册(第四版)》(DSM-Ⅳ)中的多动症诊断标准对 Conners 评估问卷进行修订，包括家长版和教师版。Conners 教师版问卷是由教师评价儿童在教室中行为的问卷，包括品行问题、多动、不注意—被动、多动指数 4 个维度，共 28 个条目[③]，各条目采用 4 级评分法，从"完全不正确/从不正确"到"非常正确/非常频繁"依次计 0～3 分，≥1.5 分表示有多动症的可能。[④]

项目分类如表 9-1 所示。

表 9-1　项目分类

因子	行为	项目
Ⅰ	品行行为	4 5 6 10 11 12 23 27
Ⅱ	多动	1 2 3 8 14 15 16
Ⅲ	不注意—被动	7 9 18 20 21 22 26 28
多动指数		1 5 7 8 10 11 14 16 21 26

具体的诊断项目如表 9-2 所示。

表 9-2　Conners 氏教师用量表

【诊断标准】
1. 扭动不停
2. 在不应出声的场合制造噪声

---

① 梁友芳：《儿童注意缺陷多动障碍病因研究进展》，载《广西医科大学学报》，2017(5)。

② Yanhong Huang et al.，"Involvement of Family Environmental, Behavioral, and Social Functional Factors in Children with Attention-deficit/Hyperactivity Disorder," in *Psychology Research and Behavior Management*，2018，vol. 11，pp. 447-457.

③ 范娟、杜亚松：《Conners 教师评定量表的中国城市常模和信度研究》，载《上海精神医学》，2004(2)。

④ S. S. F. Gau et al.，"Psychometric Properties of the Chinese Version of the Conners' Parent and Teacher Rating Scales-Revised：Short Form," in *Journal of Attention Disorders*.，2006，vol. 9，pp. 648-659.

续表

3. 提出要求必须立即得到满足
4. 动作粗鲁（唐突无礼）
5. 暴怒及不能预料的行为
6. 对批评过分敏感
7. 容易分心或注意力不集中成为问题
8. 妨害其他儿童
9. 白日梦
10. 噘嘴和生气
11. 情绪变化迅速和激烈
12. 好争吵
13. 能顺从权威
14. 坐立不定，经常"忙碌"
15. 易兴奋，易冲动
16. 过分要求教师的注意
17. 好像不为集体所接受
18. 好像容易被其他小孩领导
19. 缺少公平合理竞赛的意识
20. 好像缺乏领导能力
21. 做事有始无终
22. 稚气和不成熟
23. 抵赖错误或归罪他人
24. 不能与其他儿童相处
25. 与同学不合作
26. 在努力中容易泄气
27. 不与教师合作
28. 学习困难
【诊断标准】Conners 氏教师用量表（简化版）
1. 活动过多，一刻不停
2. 兴奋激动，容易冲动
3. 惹恼其他儿童
4. 做事不能有始有终
5. 坐立不安
6. 注意不易集中，容易分心
7. 必须立即满足其要求，否则容易灰心丧气
8. 容易哭泣、喊叫
9. 情绪变化迅速剧烈
10. 勃然大怒，或出现意料不到的行为

（二）《美国精神疾病诊断与统计手册（第四版）》的诊断标准

《美国精神疾病诊断与统计手册（第四版）》将多动症分为两维度三亚型，命名为注意缺陷多动障碍。在 9 条注意力缺乏症状中，如果符合 6 条以上，即可诊断"以注意缺乏为主的类型（Predominatly Inattentive Type，PI）"；在 9 条多动－冲动症状中，如果符合 6 条以上，即可诊断为"以多动－冲动为主的类型（Predominatly Hyperactive-Impulsive Type，HI）"；如果两型都符合，则诊断为"两者兼有的混合类型（Combined Type，CT）"。[①]

具体的诊断标准如表 9-3 所示。

表 9-3 《美国精神疾病诊断与统计手册（第四版）》的诊断标准

【诊断标准】
1. 注意力缺乏或多动－冲动性 （1）注意力缺乏 至少符合下列注意力缺乏症状中的 6 条，至少持续 6 个月，严重程度不适合其发展水平 ①在课堂作业、工作或其他活动中，常不能对细节给予集中注意或犯些粗心的错误 ②常对任务或游戏活动难以给予长久的注意 ③似乎常不听正在对他/她说的话 ④常不跟随指示，且无法完成学校作业，承担家务或工作中应负的责任（不是抵触情绪或不能理解指示造成的） ⑤常难以组织任务和活动 ⑥常避免或非常不喜欢需要长久心理毅力的任务（如学校内作业或家庭作业） ⑦常丢失些对任务或活动必需的东西（如学校作业本、铅笔、书本工具或玩具） ⑧常容易被外部新异刺激分散注意力 ⑨在日常活动中常表现出健忘 （2）多动－冲动性 至少符合下列多动－冲动性症状中的 6 条，至少持续 6 个月，严重程度不适合其发展水平 **多动性** ①常手脚不停地动或在座位上辗转不停 ②在课堂中或要求其坐下的环境中随意离开座位 ③常在不允许这么做的环境中过多地奔跑或攀爬（在青少年或成人中，可能只限于主观上感到无法停止） ④常难以安静地玩或享受休闲活动 ⑤常说话过多 ⑥常表现出似乎受"马达驱动"，无法保持安静 **冲动性** ⑦常在问题还没有说完时就说出答案 ⑧常难以排队等候 ⑨常打断或打扰别人
2. 开始时间不晚于 7 岁
3. 症状必须在两个或更多的情境中出现（如学校、家中）

---

① 张福娟、杨福义：《特殊儿童早期干预》，190～192 页，上海，华东师范大学出版社，2011。

续表

4. 这种障碍在临床上引起显著的痛苦或造成在社交上、学业上或职业方面的损害
5. 不只出现于弥散性发育障碍、精神分裂症或其他心理疾病中，也不只是由情绪障碍、焦虑障碍、分离障碍或人格障碍引起的
基于类型的编码 注意缺陷/多动障碍，混合型，在过去的六个月中同时达到标准1①和1② 注意缺陷/多动障碍，注意涣散型：在过去的六个月中达到标准1①，但未达到标准1② 注意缺陷/多动障碍，多动－冲动型：在过去的六个月中达到标准1②，但未达到标准1①
编码备注：对于那些当前有症状但不满足全部标准的个体(尤其是青少年和成人)，应作"部分好转"的说明

(三)《中国精神障碍分类与诊断标准(第三版)》的诊断标准

  《中国精神障碍分类与诊断标准(第三版)》本着向《国际疾病分类手册(第十版)》靠拢，又要保留中国特色的原则，既汲取《国际疾病分类手册(第十版)》及《美国精神疾病诊断与统计手册(第四版)》的优点，又体现了中国的文化传统。由李雪荣教授主持修订的儿童精神障碍部分标准在全国 12 省市 17 所医院的临床中得到了测试，结果发现国际通用的诊断标准并不完全适用于我国，如中国儿童中多动－冲动为主型发生比例较低，多动－冲动症状很难为《美国精神疾病诊断与统计手册(第四版)》诊断要求的 6 项以上。[①] 据此我国针对多动症的诊断标准进行相应的调整，具体标准如表 9-4 所示。

表 9-4 《中国精神障碍分类与诊断标准(第三版)》诊断标准

【症状标准】
1. 注意障碍，至少有下列 4 项： (1)学习时容易分心，听见任何外界声音都要去探望 (2)上课很不专心听讲，常东张西望或发呆 (3)做作业拖拉，边做边玩，作业又脏又乱，常少做或做错 (4)不注意细节，在做作业或其他活动中常常出现粗心大意的错误 (5)丢失或特别不爱惜东西(如常把衣服书本等弄得很脏很乱) (6)难以始终遵守指令去完成家庭作业或家务劳动等 (7)做事难以持久，常常一件事没做完，又去干别的事 (8)与他说话时，常常心不在焉，似听非听 (9)在日常活动中常常丢三落四 2. 多动，至少有下列 4 项： (1)需要静坐的场合难以静坐或在座位上扭来扭去 (2)上课时常小动作，或玩东西或与同学讲悄悄话

---

  ① 李雪荣、苏林雁、罗学荣：《中国精神疾病分类与诊断标准第三版(CCMD-3)儿童青少年部分的修订与现场测试》，载《中国心理卫生杂志》，2002(4)。

续表

（3）话多，好插嘴，别人问话未完就抢着回答 （4）十分喧闹，不能安静地玩耍 （5）难以遵守集体活动的秩序和纪律，如游戏时抢着上场，不能等待 （6）干扰他人的活动 （7）好与小朋友打斗，易与同学发生纠纷，不受同伴欢迎 （8）容易兴奋和冲动，有一些过火的行为 （9）在不适当的场合奔跑或登高爬梯，好冒险，易出事故
【严重标准】对社会功能（如学业成绩、人际关系等）产生不良影响
【病程标准】起病于 7 岁前（多在 3 岁），符合症状标准和严重标准至少已 6 个月
【排除标准】排除精神发育迟滞、广泛发育障碍、情绪障碍

上面介绍的三种评估工具在使用时都需要结合医生、家长和学校的综合评估才能对多动症儿童进行确诊。三种评估工具都侧重于针对儿童的问题行为进行诊断，与其他两种评估工具不同的是 Conners 评估问卷更适用于家长和教师对儿童在家庭或教师中的行为进行评价，有助于家长和学校获得诊断儿童多动症的相关信息。《美国精神疾病诊断与统计手册（第四版）》将多动症划分为两维度三亚型，《中国精神障碍分类与诊断标准（第三版）》在其基础上对诊断标准进行适当调整，更适用于我国儿童多动症多发类型，并且更具操作性和适用性。

三、注意缺陷多动障碍的干预与治疗

多动症儿童的干预与治疗可以从以下六个方面进行。

（一）行为治疗

行为治疗是由治疗者设计治疗计划来改变多动症儿童存在的注意力难集中、多动及情绪不稳定等问题。行为治疗强调矫治目前的异常行为，建立正常行为。这需要利用个人的日常生活，发挥儿童在治疗中的积极作用，而不只是把儿童作为被动的接受者。行为治疗同时也需要家庭、学校共同配合完成治疗计划。针对不同的多动症儿童，需要选择和运用不同的措施。[①]

1. 阳性强化法

通过奖赏、鼓励等方式使某种行为得以持续。在应用阳性强化法前要确定希望儿童改变什么行为（确定靶行为）及确定这种行为的直接后果是什么；设计新的行为结果取代原来的行为结果；当儿童出现适宜的行为时，立即给予阳性强化，如奖赏、鼓励

---

① 雷江华：《学前特殊儿童教育》，165 页，武汉，华中师范大学出版社，2008。

等。奖赏物包括初级奖赏、活动奖赏和社会奖赏。鼓励的目的是促使儿童自愿地、主动地去学习重复某些良好行为。鼓励的种类一般以精神或语言刺激为主，随时可以进行。如治疗前由家长确定希望患儿改变的行为是认真阅读课文 10 分钟，当患儿认真坚持阅读课文并且无误时，应立即给予表扬，从而巩固良好的行为习惯。

2. 惩罚法

惩罚法即为了减少或消除儿童的某些不良行为而采取处罚措施。一般可采用暂时隔离法，使他明白什么是不良行为，从而消除不良行为，但处罚不宜采取恐吓、打骂等粗暴方式，以免造成儿童的逆反心理。如当儿童发生攻击性行为时，干预者可拿走一定数量儿童喜欢的玩具，让其明白攻击性行为的不对之处。

3. 消退法

消退法是一种减少或消除儿童不良行为发生的方法。治疗者在治疗前首先要了解何种因素对不良行为起了强化作用，找到强化因素后，对其进行消退，具体来讲，可以采取暂时隔离法，顾名思义，暂时地冷淡患儿，对他的要求不予理睬，漠视他的存在。例如，儿童发脾气的行为可能会因父母的过分关注而强化，并反复发生。若父母采取不理睬的态度来对待，则发脾气行为可能逐渐消退。

4. 矫枉过正法

通过对某些不良行为进行处罚，以减少不良行为的发生。矫枉过正法虽然采取处罚手段矫治儿童不良的行为，但不能使儿童产生肉体上的痛苦，因此较易取得儿童的合作。矫枉过正法可用于治疗多动症儿童的刻板运动、冲动行为、攻击和破坏行为等。如一名多动症孩子用粉笔在家中墙上乱涂，母亲要求他先把墙上的污迹擦掉，然后把桌椅排好，抹干净，把粉笔收藏好。这样做，不仅使他认识错误，纠正错误，还能帮助他养成良好的行为习惯。此法与阳性强化合用，则会收效良好。

(二)游戏治疗

游戏治疗更适合于学龄前及小学阶段的儿童，通过简单易操作、无创、安全的非药物治疗方法，达到较好的治疗效果。以下介绍三种操作性强的游戏治疗法。

1."外化"游戏法

把孩子的症状或问题起一个名字或编一个形象。如把症状拟人为一个大魔王，把患儿和父母组成一个小分队进行作战。问患儿大魔王邀请他会用什么样的方式？问他会接受大魔王的邀请，还是偶尔拒绝，如果拒绝要如何拒绝？如果大魔王要过来侵犯他的队伍，要通过什么样的方式去应对？是不是需要呼叫队友？这种"外化"游戏直接把患儿的症状变成一个看得见摸得着的东西，既具有趣味性，也增加了患儿的参与感。

2."按钮"法

该法暗示患儿多动的症状是有按钮可以控制的，在得到孩子许可之后，就在孩子身上拍肩膀和前胸等寻找这个按钮，当拍到患儿某处时(如右肩)，患儿多动症状出现，则将右肩命名为启动按钮。接着继续找让症状停止的按钮，当拍到左肩时患儿的动作停止，则将左肩命名为停止按钮。

3. 扑克法

取出三张扑克牌(可逐渐增加到十张)，让患儿记住其中一张，然后倒扣在桌面上，快速移动扑克牌的位置，随后让其说出之前记住的牌的位置，由易到难，以免患儿产生挫败感。[1]

(三)药物治疗

1937 年，著名医学家布拉德利(Bradley)开始对 ADHD 儿童实行苯丙胺药物治疗法，这种药物可对抗 ADHD 儿童体内的兴奋因子，使其安静。随着医疗技术水平的不断发展，越来越多治疗 ADHD 的药物涌现出来。[2] 目前，药物治疗仍是 ADHD 治疗的主要方法，对于重度 ADHD 的干预效果尤为显著。

哌甲酯控释片(osmotic release oral system methylphenidate，OROS-MPH)和托莫西汀(atom oxetine，ATX)是目前治疗多动症最常用药物，在改善多动症症状的同时也对其核心损害执行功能有改善，但疗效存在很大个体差异。[3]

哌甲酯通过促进多巴胺释放、减少多巴胺再摄取及抑制单胺氧化酶活性而起作用，可显著减少多动行为，增加注意力集中能力，有效改善多动症的核心症状，为治疗多动症的首选药物。[4]

托莫西汀是一种选择性去甲肾上腺素再摄取抑制剂，是美国食品和药品监督管理局批准的第一种用于治疗儿童和成人多动症的非兴奋剂药物。[5] 多项多中心、双盲随机临床试验证实托莫西汀的疗效较好，并且具有较好的耐受性和安全性。[6]

但是药物治疗在多动症儿童中的个体差异性较大，存在一定的副作用，并且药物并不能够改善多动症儿童在学校或社会环境中出现的成绩不佳、社会关系不稳定等一系列问题。

---

[1]　刘忆媚：《浅谈 ADHD 患儿的识别及非药物治疗》，载《临床医药文献电子杂志》，2019(85)。

[2]　Slimane Allali et al.，"Anemia in Children：Prevalence，Causes，Diagnostic Work-up，and Long-term Consequences," in *Expert Review of Hematology*，2017，vol. 10，pp. 1023-1028.

[3]　苏怡等：《临床和认知特征指标预测注意缺陷多动障碍药物疗效》，载《中国心理卫生杂志》，2022(3)。

[4]　罗景慧、杨迎暴：《注意力缺陷多动障碍的药物治疗研究进展》，载《中国现代应用药学》，2009(11)。

[5]　Di Fu et al.，"The Mechanism，Clinical Efficacy，Safety，and Dosage Regimen of Atomoxetine for ADHD Therapy in Children：A Narrative Review," in *Frontiers in Psychiatry*，2022，vol. 12.

[6]　符迪等：《托莫西汀在注意力缺陷多动障碍患儿中的精准药学研究：CYP2D6 基因检测和治疗药物监测》，载《中国当代儿科杂志》，2023(1)。

(四)心理治疗

目前，对多动症的治疗主要是药物治疗，但仅靠药物是远远不够的，因为这种病症原本就存在着生理及心理的多重病因，所以在使用药物疗法时还需要结合一系列的心理治疗，主要包括以下三种疗法。

1. 自我控制训练

通过一些简单、固定的自我命令让患儿学会自我行为控制。如出一道简单的题目让患儿解答，要求患儿命令自己在回答之前完成以下四个动作：停——停止其他活动，保持安静；看——看清题目；听——听清要求；答——开口回答。这一方法还可以用来控制患儿的一些冲动性行为。由于在训练中，动作命令是来自患儿内心，所以一旦动作定型，患儿的自制力就能大大提高。在进行自我控制训练中，训练者要注意训练顺序，任务内容应由简到繁，任务完成时间应由短到长，自我命令也应由少到多。

2. 放松训练

用这一方法来治疗儿童的多动行为是近年来的一种新尝试，效果颇佳。由于多动症患儿的身体各部位总是长时间处于紧张状态，如果能让他们的肌肉放松下来，多动现象就会有所好转。放松训练可采用一般的放松法，或在有关医生指导下使用生物反馈法。训练时间要集中，可以一连几天，从早上一直训练到晚上，其间除了患儿吃饭、休息外，其余时间都按计划进行训练。在施行放松训练时，每小时放松 15 分钟，患儿一达到放松要求就给予物质奖励。其余 45 分钟可安排患儿感兴趣的游戏，但一到放松时间就必须结束游戏。

3. 支持疗法

这种疗法单独使用效果并不明显，主要是与其他治疗相结合，用来帮助患儿从受挫折以后的情绪抑郁中解脱和脱离由学习困难而导致的自尊心不足的困境。在实施过程中，父母和教师要对患儿进行鼓励，帮助他们树立信心，一旦病情有所好转，就给予奖励。[1]

除了主要采用行为治疗、游戏疗法、药物治疗、心理治疗以外，还需要针对多动症儿童的特点采用环境控制、释放精力、饮食辅助治疗等方法予以辅助治疗。

(五)饮食辅助疗法

锌、铁等微量元素及多种维生素能在一定程度上改善儿童的注意水平。成人应鼓励儿童多吃含锌的食物如鸡蛋、动物肝脏、豆类、花生等，含铁的食物如禽血、瘦肉等，富含维生素的食物如新鲜的蔬菜、水果等，这有助于改善儿童的多动行为。但是，

---

[1] 雷江华：《学前特殊儿童教育》，247 页，武汉，华中师范大学出版社，2008。

一些富含水杨酸盐类的水果或蔬菜不能过多食用，如番茄、苹果、橘子和杏子等。当然这些只是辅助的手段，对纠正儿童多动行为来说，关键还在于综合干预。[①]

(六)综合干预法

单一的药物疗法存在一定的局限性，无法解决不同程度或不同障碍类型多动症儿童的情绪与行为问题，不能从根本上改善儿童的学业技能和帮助儿童更好地应对实际问题，而药物的副作用更是让一些多动症儿童家长或教师望而却步。[②] 因此，对于多动症儿童的综合干预逐渐成为实践研究的一个热点问题。

综合干预采用行为辅导、家庭干预、药物治疗三种方法的综合。其中，行为辅导是通过个别辅导和团体辅导，提高多动症儿童自我控制、自我调节和解决问题技能；家庭干预主要是为了保证干预的连续性，除了在学校里采取干预措施外，也对家长进行培训，让家长在家里也能对儿童进行一定的干预，把家庭干预纳入综合干预的重要组成部分；药物治疗主要针对重度障碍儿童。

第二节
注意缺陷多动障碍儿童特征

一、注意缺陷多动障碍儿童的临床特征

多动症儿童在不同的年龄阶段表现出的行为特征有所不同。在婴幼儿期多动症儿童就表现出如下行为特征：①哭闹，尖叫，安静不下来，睡眠不好；②不让人搂抱，抵制爱抚，不依恋母亲，经常敲打自己的头，摇晃小床，发脾气；③笨拙，冲动，经常出事；④反复无常地出现干扰别人的行为；⑤富有攻击性，喜好惹是生非；⑥缺乏专注力，也可能表现出退缩行为；⑦手眼协调能力差；⑧不合作，对抗，不服从；⑨发脾气时自我虐待，如揪头发、抓皮肤、撞头等；⑩痛阈较高。[③]

好动(有多动问题的多动症)

吃饭的时候，菲利普总是很好动，影响别人，自己也吃不好饭，某天，这个顽皮

---

① 张福娟、杨福义：《特殊儿童早期干预》，201 页，上海，华东师范大学出版社，2011。
② 吴增强：《多动症儿童心理辅导》，43～44 页，上海，上海教育出版社，2006。
③ 周兢：《学前特殊儿童教育》，132 页，北京，高等教育出版社，2016。

不安分的孩子玩着椅子，结果摔倒了，菲利普尖叫着抓住桌布，盘子、刀子、叉子全掉在他身上，菲利普摔得很惨，而且还被烫伤，桌布和杂物盖着他，让他根本起不了身，这就是吃饭不规矩的下场。

——海因里希·霍夫曼《不安分的菲利普的故事》

走路(没有多动问题的多动症)

约翰尼走路不爱看路，去学校的时候，他看着天空的云彩，结果一只狗跑过来，跟约翰尼猛撞在一起，两个家伙都摔在泥里，狼狈啊！还有一次，约翰尼边走边看太阳，结果到了河边，扑通，约翰尼喝饱了河水，终于来了两个人，用钩子把他钩上来，丢脸啊！小鱼来了，一条，二条，三条，它们都取笑可怜的约翰尼："傻瓜蛋！你的作业被水冲走了！"

——海因里希·霍夫曼《永远看着天空走路的约翰尼的故事》

在学前期与学龄初期，多动症儿童的主要行为表现在以下六个方面。

(一)注意障碍

多动症儿童注意力难以集中，干什么事情总是半途而废，即使是做游戏也不例外。环境中的任何视听刺激都可分散他们的注意。多动症儿童进小学后在课堂上症状表现更为明显，坐在教室里总是东张西望，心不在焉，集中注意听讲的时间很短，他们无论是看连环画或看电视，都只能安坐片刻，便要站起来走动。[①]

(二)活动过度

多动症儿童往往从小活动量就大，有的甚至在胎儿期就特别好动。随着出生后身体机能的发展，他们更显得不安分，学会走就不喜欢再坐，学会爬楼梯后就上下爬个不停。进入幼儿园后，多动症儿童也不能按正常要求的时间坐在小凳上。到了学校，大部分孩子因受制约而增加了对自己活动的限制，多动症儿童过度活动则更为明显。上课时他们小动作不断，甚至全站起来在教室里擅自走动，一放学便像利箭一般冲出学校。多动症儿童走路蹦蹦跳跳，到了家里翻箱倒柜，忙个不停，即使晚上睡觉也经常不停翻动身子，磨牙，说梦话。多动症儿童中约有一半会出现动作不协调，不能做系纽扣、系鞋带等精细动作，不会用剪刀。

(三)感知觉障碍

感知觉障碍表现为视觉运动障碍、空间位置知觉障碍、左右辨别不清、经常反穿鞋子、听觉综合困难及视听转换困难等。

---

① 雷江华：《学前特殊儿童教育》，162 页，武汉，华中师范大学出版社，2008。

(四)情绪和行为障碍

多动症儿童情绪不稳，极易冲动，对自己欲望的克制力很薄弱，一兴奋就手舞足蹈，忘乎所以，稍受挫折就发脾气、哭闹。他们在学校会经常主动与同学争吵或打架，行为冲动而不顾及后果。如不顾危险从高处跳下；想喝水时不顾杯子里的水是凉是烫，抓起就喝。这些冲动有时会导致一些灾难性的行为结果。

(五)社会适应不良

多动症儿童常表现为个性倔强，不愿受别人制约或排斥小伙伴，所以很难与其他同龄儿童相处，不得不常找比自己年龄小的儿童游戏。

(六)学习困难

虽然多动症儿童的智力大多正常或接近正常，但学习成绩却普遍很差。由于他们上课、做作业都不能集中注意力，情绪容易波动，这就严重影响了学习效果。感知觉方面的一些障碍也会导致一些学习困难；如视—听转换障碍会使多动症儿童阅读困难，而空间位置知觉障碍和左右辨别不清会使多动症儿童在学习算式和一些算术符号时发生困难。写字、画画、手工等学习活动也会受到这些感知障碍的严重影响，留级生中多动症儿童占了相当的比例。

在学龄期(7～13岁)主要表现为：多动行为影响课堂纪律，经常引起老师和家长的关注。小学低年级的多动行为主要以小动作为主，如做鬼脸、不能自我控制地扭动身体等；有时还会出现大范围的活动，如站在桌面上或离开座位，在教室里随意走动、敲打桌椅、吹口哨等；到小学高年级和中学阶段，这种大范围的多动症状会逐渐减少，以小范围的注意缺陷症状与多动症状并存为主，并且导致学习成绩下降、学习困难。[①]

儿童注意缺陷多动障碍不仅存在于儿童期，50%以上的患儿成年后仍存在明显的症状，如多动症症状控制欠佳，会持续对患儿及其家庭产生不利影响，阻碍患儿的学业、社会和情感功能和正常的行为发展，造成学习成绩差、职业地位低、滥用药物危险性增加和犯罪等不良后果。[②]

有资料显示，大多数多动症儿童成年后文化水平低于普通儿童。约有16.6%的多动症儿童到成年期工作极度不负责，与人很难相处，缺乏自信等，约有11.1%有冲动、自大、自卑等情绪障碍。社会交往问题、说谎、逃学、过失行为或青少年犯罪的发生

---

① 张福娟、杨福义：《特殊儿童早期干预》，188页，上海，华东师范大学出版社，2011。

② 翟倩、丰雷、张国富：《儿童注意缺陷多动障碍预后及其影响因素研究进展》，载《中国全科医学》，2019(14)。

率也比普通儿童高。①

二、注意缺陷多动障碍儿童的积极特征

虽然对多动症积极方面的研究很少，但有三项研究探讨了多动症相关的积极方面。迈赫迪（Mahdi）和他的同事进行的定性研究发现患有多动症的人在高水平的能量和驱动力、创造力、高度专注、宜人性、同理心和帮助他人的意愿方面表现出积极特征。② 塞奇威克（Sedgwick）等人对六名患有多动症的成功成年男性进行了深入采访，将多动症的积极方面与六个核心主题联系起来，即活力、勇气、能量、人性、韧性和超越性。③ 霍尔特（Holthe）和朗维克（Langvik）采访了五名患有多动症的成功女性，发现创造力、决心、对新事物容易感兴趣和兴奋的能力、冒险精神和愿意冒险是这些成功女性表现的多动症相关的积极方面。④

此外，多动症患者具有超聚焦能力，即在感兴趣的任务上能够连续工作数小时。与某一即将来临的最后限期相关的危机带来的新奇感、兴趣或学习的觉悟，会使得他锁定一个任务，完全忘记周围发生的一切。

最后，多动症儿童有很丰富的想象力和很强的直觉。他们对事物有一种"感觉"，借此他们可以直指事情的中心，而别人必须依照一些方法通过推理达到。多动症儿童无法解释他们是怎样想出解决办法的，也无法解释他们的故事灵感是哪儿来的，也不能解释为什么会突然创造出一幅图画或是怎么知道获得某个答案的捷径。他们所能告诉你的只是他就是知道，因为他能感觉得到。他们可以谈一笔百万元的生意而第二天又停止了交易。他们会刚因为脱口而出的话受到训斥，然后又因为脱口而出的才华横溢的观点而受到赞扬。他们是一群通过触摸和感觉来学习、认知和做事的孩子。

三、三种类型的注意缺陷多动障碍儿童特征

多动症儿童与其他同龄人的显著区别在于他们集中注意的能力和控制冲动的能力不同。但也并非所有多动症儿童都是多动性的（表现过度、长时间的精力和活动）。实

---

① 张福娟、杨福义：《特殊儿童早期干预》，189页，上海，华东师范大学出版社，2011。

② Soheil Mahdi et al. , "An International Qualitative Study of Ability and Disability in ADHD Using the WHO-ICF Framework," in *European Child & Adolescent Psychiatry*, 2017, vol. 26, pp. 1219-1231.

③ Jane Ann Sedgwick, Andrew Merwood and Philip Asherson, "The Positive Aspects of Attention Deficit Hyperactivity Disorder: A Qualitative Investigation of Successful Adults with ADHD," in *ADHD Attention Deficit and Hyperactivity Disorders*, 2019, vol. 11, pp. 241-253.

④ Mira Elise Glaser Holthe and Eva Langvik, "The Strives, Struggles, and Successes of Women Diagnosed With ADHD as Adults," in *SAGE Open*, 2017, vol. 7, p. 215.

际上，有些人属于弱活动性（hypoactive），即他们的运动和反应都比较慢。美国精神病学会界定了多动症的三种子类型：以注意缺乏为主型、以多动冲动为主型和两者兼有型。每种类型都有自己的一系列特征。因此，字母缩写 AD/HD 代表了所有的三种子类型：注意缺乏症（ADHD-I）、多动症（ADHD-HI）和注意缺乏多动症（ADHD-C）。[①]

（一）以注意缺乏为主的类型

多动症的第一种类型是以注意缺乏为主型，这类儿童在课堂上难以集中注意力、健忘和分神，也就是注意缺乏障碍。

哈洛韦尔（Hallowell）和雷蒂（Retie）这样形容这类学生：他们经常做白日梦。小孩子，特别是女孩，常常坐在教室的后面一边用手指卷着自己的头发，一边望着窗外发呆。成年人则常常在谈着话或读书读到一半就开始想别的东西了。他们通常非常有想象力，在交谈时在脑海里想着建筑通往天堂的云梯、边写作业边在脑子里编写剧本，或者不停地点头赞许而实际上根本没听对方在说什么。他们常常会分神发呆，而没有一般的多动症的多动行为。

这类儿童通常表现为没有生气、冷漠或活动性较弱。他们倾向于把注意力集中在内部世界，而不是外部世界。他们的思维可能十分活跃，不停地思考，而且常十分具有创造性，但他们的身体却似乎懒洋洋的。巴克利（Barkley）总结了注意缺乏型儿童的一些特征，如图 9-2 所示。

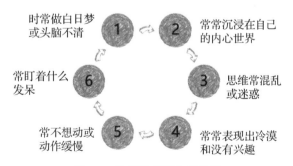

图 9-2　注意缺乏型儿童特征

注意缺乏型的学生似乎表现出"回忆或提取词汇或概念"的困难。这些症状可能出现得比较晚（8～12 岁），而且他们的预后效果要优于其他两种类型，一个原因可能是他们对治疗比较配合。

由于注意缺乏型的孩子通常没有患有多动冲动型的孩子有破坏性，故容易被老师忽略。如果缺乏专门的诊断和有效的干预，这些孩子很容易长时期地在学业、社交和

[①]　［美］路得·特恩布尔等：《今日学校中的特殊教育（上册）（第 3 版）》，方俊明等译，265 页，上海，华东师范大学出版社，2004。

情绪上出现问题。

(二)以多动－冲动为主的类型

多动症儿童的第二种类型是多动－冲动型，这类学生时常表现出坐不安稳，话过多，而且很难安静地活动，与注意缺乏型儿童有很大区别（见表9-5）。这类孩子较难养育，比起患注意缺乏障碍的儿童和其他普通儿童，他们通常更容易有尿床、睡眠问题，更执拗，也更易发脾气。同时，他们还容易出事故，常易受重伤或意外受伤。学生大多数会出现注意缺乏的问题。没有出现注意缺乏问题的孩子通常比两者兼有的孩子的严重程度要小。

相比较而言，患有多动症的人群中只表现出多动－冲动型障碍的患者很少。大部分会伴有注意缺乏的特征。多动－冲动型的患者工作可以十分卖力，很少需要休息。尽管他们在特定的工作中可以完成很多任务，但周围的人会时常觉得他们很烦，因为他们毫无顾忌和冲动的言行经常会打扰别人的交谈。

表 9-5　注意缺乏型和多动－冲动型的区别

特点	多动－冲动型	注意缺乏型
决策	冲动	迟钝
遵守规定	违背、反叛	遵守规定、温和、顺从
表达	专横、使人不愉快	不够自信、过于礼貌、顺从
注意选择	炫耀、自我中心、走极端	谦虚、害羞、离群
同伴关系	对新朋友有吸引力但保持不久	保持久但无吸引力
最普遍的诊断特征	对抗性行为、品行障碍	忧郁症、能量向内

(三)两者兼有的类型

第三种类型为两者兼有型，指注意缺乏和多动－冲动兼有，常指注意缺陷多动障碍。相比较其他两种类型，两者兼有型患儿情绪不稳定，敏感多疑，缺乏自尊、自信等个性特征明显，其神经系统发育可能更落后于其他两型儿童[1]。这类型患儿较其他两型有反应控制力和持续性注意力、视听觉整合功能的更为严重的损害，他们存在更广泛的脑功能损伤。[2]

巴克利认为多动症中的第一类注意缺陷类与其他两类具有显著差别。他的研究表

---

[1]　杨少萍、王芳、胡荣华：《注意缺陷多动障碍儿童个性的分析》，载《中国儿童保健杂志》，2001(6)。

[2]　段桂琴、姚梅玲、靳彦琴：《注意缺陷多动障碍患儿的个性及各亚型临床特点分析》，200 页，第七届全国心理卫生学术大会论文汇编，北京，2014。

明注意缺陷类的儿童的主要问题在于集中注意或选择注意，而其他两类的主要问题却是薄弱的目标坚持性和控制障碍（表现出注意力分散）。① 这种差别表现就是，如果你的班级里有一个注意缺乏型的儿童，当你要求他在座位上完成任务时，他会很难将注意力集中在任务的重点上，也很难完成任务。而如果你的学生是两者兼有型的多动症，他同样很难完成任务，但他不能完成任务的原因是周围的所有事物都很容易吸引他的注意力。

不论何种类型的注意缺陷多动障碍，其症状必须开始于 7 岁之前，并且至少持续了 6 个月时间。这两项标准是准确的诊断所必需的，因为要排除忧郁症或处于压力情况下造成注意缺陷多动障碍的表现症状。

第三节
注意缺陷多动障碍儿童的案例分析及教育干预

一、案例分析

（一）案例一：针对多动症儿童不专心上课的教育措施

> **案例：**
> 1. 背景
> 　　小智（化名）是一个精力充沛、天资聪明的六年级小学生。他的父母说：小智从小学习能力就比同龄的其他孩子强很多，如四个月学会爬行、半岁学会说单字，在幼儿园阶段，很多老师还没有讲解的内容他早已学会，已经掌握正负数的概念。因此，父母对他的期望很高，认为他会有出色的表现。但是事与愿违，小智的成绩远不及同学，而且在行为表现上很不成熟。父母常常收到学校的投诉，说他上课时喜欢与老师争辩、怂恿同学捣蛋、做事情虎头蛇尾、作业经常不完成……成长路上的跌跌碰碰使得小智身心伤痕累累，他开始失去学习兴趣，终日沉迷电脑世界，一天比一天厌倦上学……
> 　　2. 意外冲突
> 　　这一天，小智早早地来到了教室里，但是他没有老老实实地坐着，而是走到讲台上翻找着粉笔，将粉笔藏在了自己的课桌里。当第一节语文课开始后，小智的注意力就开始被其他事物分散，他摸到了早上藏起来的粉笔，在书桌和墙壁上乱涂乱画。语文老师用眼神提示小智将注意力转移回课堂上，小智专注了一会，又开始摆弄课桌上的文具盒并发出了很大的噪声……

---

① ［美］路得·特恩布尔等：《今日学校中的特殊教育（上册）（第 3 版）》，方俊明等译，262 页，上海，华东师范大学出版社，2014。

【诊断】

患有多动症的小智在学校生活中往往面对重重的困难。在学习上，他容易受到外界干扰而分心，在课堂中不能安坐，做事欠条理，常有疏忽的表现。在社交方面，小智处事较为冲动，控制情感的能力较为逊色，容易被视为挑衅或故意捣乱，因而受到老师的责备和同辈的排挤。具体表现为以下三个方面。

1. 注意力失调

(1)注意力比同龄朋辈短暂，因此容易犯不小心的错误；

(2)容易忽略细节；

(3)难以耐心地聆听，有时甚至会打断别人的说话；

(4)难以按照指引或步骤完成日常工作；

(5)做事欠条理，策划能力弱；

(6)很容易受外界干扰而分心；

(7)常有疏忽的表现，经常遗失日常所需用的物品(如功课、文具)；

(8)常遗忘日常生活中已安排的活动(如忘记约会的时间)。

2. 多动

(1)在课室或需要安坐的场合，经常擅自离座；

(2)常用手把弄周围的物件，难以安静下来；

(3)难以安静并有耐心参与社交活动，常常因为过分主导对话而与别人产生摩擦。

3. 自制能力弱

(1)多言多语；

(2)问题还未问完便抢着回答；

(3)难以在游戏或群体中轮候或排队；

(4)常中途打断或骚扰别人的说话和活动。

【策略】

针对小智难以长时间专注于课堂上，当要完成较冗长的活动时，容易脱离所发生的事，或被其他事物分散注意力的情况，班主任老师和语文老师进行了探讨，对小智采取以下的教学策略。

1. 清理桌面及抽屉

为了帮助小智专心，班主任老师采取的一个重要策略是将会分散学生注意力的物品移除。

在下一节课上课前，班主任提醒学生将与课堂无关的东西都收起来。刚开始的时候，小智会不执行班主任老师的命令，或者故意将物品藏起来让老师看不见。为了帮助小智养成良好的习惯，刚开始的时候，老师可能会要求小智将所有的物品都上交，或者先在课间将小智带到教室外面，帮助他将所有用品收起来，等到需要时才发给小智。等到小智已经习惯不在书桌和抽屉里寻找可以玩耍的物品后，教师提出同伴相互监督将无关的用品收起来，尽量减少令小智分心的物件出现在他的眼前。多次之后，小智在听到教师的提醒后，已经能主动将与上课无关的物品收起来，这大大提高了他上课的专注度，学业成绩也有了明显的提高。

2. 运用视觉提示

为了使学生专心听讲，教师采取点名的策略，请个别的学生集中注意力。这样的做法不仅阻碍了课堂的正常进行，还会造成学生的尴尬和自卑。为了避免这种情况的出现，班主任老师决定通过视觉提示的方法简单地提醒小智要留心上课。

刚开始的时候，小智还是会出现多动行为，老师选择在讲台前对他进行视觉提示，但是小智并没有接收到，而一旦老师停止授课，六年级的学生们会追随教师的目光转头看向小智，这时的小智会出现尴尬羞涩的表情，并且有时候不知道发生了什么事情。当教师意识到这个问题后，及时地与小智进行了沟通，和小智做了约定：如果在上课时，小智老老实实地坐在座位上听讲的话，就给予小智奖励。小智提出疑问："老师，你怎么知道我坐得好不好？"这时老师就与小智达成了约定，如果小智坐得好，老师会用眼神给予肯定，如果再乱动的话，老师则会用语言给予警告。这样小智会在课堂中有意识地追踪教师的眼神，出现多动行为时，老师也能及时给予视觉提示，而又不会引起其他同学注意。在老师的耐心提示下，小智已经能够控制住自己的行为。

3. 将课堂环节拆细，中途给予适当休息的时间，并加以鼓励

由于这个班级中只有小智一个多动症儿童，所以各科的老师总是会被小智的调皮捣蛋吸引，在上课时不自觉地将目光转向小智，经常指出他上课不专心，这只会令小智感到气馁。有部分教师在多次提醒小智后发现并不能让他安静地听讲后，就开始放任小智不管，任由小智变得更加好动。

班主任老师了解到这个情况后，与各科老师商量将课堂环节细分，中途给予小智和其他同学休息的时间，让小智可以及时放松，以便更好地集中注意力。如数学老师在上课的第 15 分钟时，小智开始不自觉地在书上乱涂乱画，此时数学老师将这部分内容讲解完后，让学生自由地接水喝水，并给学生讲了数学家的故事。小智对讲故事的环节特别感兴趣，每当数学老师开始讲时，他总能安安静静地听讲，数学老师意识到这一点之后，经常给学生们讲故事，并且在讲故事的过程中以正面语言鼓励学生向数学家们学习，并在讲完故事以后及时地对认真听讲的小智及其他同学给予表演，强化他们专心听课的行为。

在练字课中，小智难以安静地进行，总是会问老师："写完这一个字就不写了，好不好？"以前语文老师为了锻炼小智的耐心，会告诉他写完这一页我们就不写了。小智虽然仍坐在座位上练字，但是注意力早就不在练字纸上了，直到一节课结束，他一页纸都没能写完。语文老师决定采取新的教学策略，在小智提出已经累了不想写的时候，

给予他充分的休息，避免小智长时间做相同的工作，使得小智在练字和学习的过程中更加专注。

(二)案例二：针对多动症儿童服药及不注重个人卫生的教育措施

案例：

1. 背景

小明(化名)是一个7岁的男孩子，从小到大都非常地"调皮"，亲戚朋友都觉得他"太活泼"了，表现出的行为时常让父母觉得很尴尬。小明在学习上没有太大的问题，只是在活动中常常离开座位，不听老师的指示，会骚扰其他的小朋友，插嘴打闹，经常会提出很多新主意。

但是到了小学一年级以后，老师总是会向家长"告状"，小明出现了纪律问题，不带作业，课外活动中情绪失控，学业成绩落后于其他同学等，这让家长和老师感到十分头疼……

2. 意外冲突

医生已经为小明开处方多动症药物近1个月了，他已经能够在上课时专心听讲。

老师说："早上小明上课时的表现都是很好的，可是到了下午2点多的时候就开始发脾气，情绪失控比以前没有看过医生时更差……"

此外，即使小明的家长送他来学校时整理得很干净，但是到了教室里，小明总是不注重收拾自己的课桌，把周围学生的地面、桌椅都搞得乱糟糟的，导致没有学生想和小明坐在一起了……

【诊断】

小明出现的这种情况多数会发生在服用短、中效药物的学生身上。针对多动症治疗的药物有好几款，以现在最常用的中枢神经刺激药物来说，短、中效药物的药效比长效药物短，中效药物只可以维持4～8小时，并且其药效释放并不是稳定的，而长效药物可以维持12小时，是可以稳定地慢慢释放。当短、中效药物的药效即将释放完毕时，学生的情绪就有可能出现不稳定的情况。因此，当学生服用短效的药物时，有可能每日需要服药两到三次，而学生会出现情绪反复的情况。

【策略】

1. 服药问题

面对像小明这样的多动症学生，老师要面对的其中一个主要问题就是服药。由是否服药，到服哪一种、何时服等，如果老师能了解多一点点，那么对帮助学生有很大的作用。

(1)是否服药？

不少的研究表明，治疗多动症的最有效方法就是将药物治疗和行为治疗相结合，药物本身的治疗效果十分显著。药物治疗的效果并不是100％的，学生适合药物的种类及剂量都是因人而异的。因此，小明的班主任老师为帮助家长了解小明的情况，对他在课内外的表现都进行了详细的记录，耐心地与家长进行沟通交流，为小明的家长和医生提供了有效的信息。同时，小明的班主任老师帮助其家长联系到了同样患有多动症的学生家长，为家长提供更多有关药物资讯，在家长有需要的时候给予帮助。当然，最后小明是否服用药物，是由家长向医生进行咨询问诊后决定的。

（2）何时服药？

针对服药的安排，如早上的分量是在家中还是学校中服用，班主任老师与家长进行了积极的沟通。班主任老师了解到小明所服用的是短效的药物，药效释放时长约为4个小时，需要在午饭后再次进行服药。

（3）自律服药还是由老师监督？

如果只是靠小明自律服药，可能会出现经常忘记或刻意不吃药的情况发生。小明的班主任老师多次观察后，与家长进行了沟通，决定让家长直接将药物交给老师，由老师安排小明服药。在老师的监督下学生进行服药，既可以降低药物在学生手中的不安全性，还可以避免学生忘记服药。在老师和家长的努力下，小明的专注度得到了明显提升。

（4）哪里服药？

对于服药的地点，班主任老师没有选择容易被学生关注的走廊、办公室等地方，而是选择了较少学生出入的医疗室和校务处等，尊重小明的隐私。但是，班主任老师发现依旧存在一个问题，每当老师前往教室提醒小明服药时，总是有些学生因为好奇凑过来，或者追问小明"老师找你做什么"，这让小明渐渐害怕班主任老师的出现。对此，班主任老师为小明设立了奖励计划，鼓励小明在每个中午主动找到老师服药，这样既可以避免小明隐私的泄露，对其心理造成影响，又可以训练小明的自律。

2. 卫生意识

有部分患有多动症的儿童，会比较不注意自己的外表及欠缺卫生意识，很容易被同学嫌弃，这种情况可能会慢慢发展成集体欺凌。老师可以使用什么策略处理学生不注重卫生的问题呢？

（1）教导学生明白别人不接受邋遢的原因。

多动症儿童由于缺乏一些社交技巧及共情能力，有时并不明白别人为什么不接受他们的仪表，或不理解干净外表的重要性。所以班主任老师特意找到小明，向他了解原因，让他愿意做出改变。

（2）营造良好卫生环境。

多动症儿童一时之间或未能自己收拾座位、书包等，老师可以帮助学生营造一个正确卫生环境，让他们能逐渐提高卫生意识并减少其生病的机会。

（3）教导其他同学要接纳他人及互相提醒保持卫生。

除了处理学生的卫生意识问题，老师也需要留意多动症儿童与同学的相处。班主任老师以合适的方法教育了全班同学，如透过说故事的形式，教导其他同学学会接纳他人，包容短处，并学会互相帮助。老师同时教导小明的同学们在平日互相提醒要保持干净整洁，取得了很好的效果。

（三）案例三：针对多动症儿童与教师发生冲突及经常离座的教育措施

> **案例：**
>
> 1. 背景
>
> 小安（化名）是一个患有多动症的孩子，在幼儿园的时候，因为容易和人发生冲突而频频转学。小学二年级的小安看过医生之后，开始接受药物治疗，但是效果并不显著。
>
> 刚升上初中时，小安的情绪与行为表现与其他同学没有太大的差别，只是上课时会坐立不安，在座位上动来动去。然而，两个月后，小安开始在早自习和午休时间随意离座走动，老师若出言制止，往往造成小安与老师的冲突。
>
> 2. 意外冲突
>
> 这一天早自习，班上同学都安静待在座位上，小安才进教室没多久，就未经允许离座走到隔壁排的同学身旁，拍拍同学的肩膀。眼看着班级的秩序就要因此受到影响，老师出言制止了小安。老师："小安，不要和隔壁的同学讲话。"小安直接回嘴说："我没有讲话啊！"
>
> 老师再次纠正小安说："你刚才明明拍了隔壁同学的肩膀，就是想要和人家讲话的样子。"小安更大声地回呛老师说："我就是没有讲话啊！"双方这样一来一往，反而真的干扰到其他同学的早自习，甚至有人因此中断正在进行的活动，看着老师和小安争吵。

【诊断】

多动症是一种常见的学习障碍，尽管小安的智力正常，却往往给老师和同学留下坐立不定、动作不停、难以自控的负面印象，长远而言会对他的学习和日常生活造成影响。小安除了表现出多动、在课室或需要安坐的场合经常擅自离座外，还表现出经常打断别人的话、爱插嘴，造成人际冲突问题。出现这类问题的常见原因有：①错误理解及解读情境讯息；②难以站在他人观点思考事情；③不太会根据场合及对象说适当的话，甚至仿佛在攻击他人。

【策略】

1. 师生冲突问题

老师为了避免班级的秩序受到影响而出言制止小安，造成师生之间争吵的事件，班主任老师对此进行了反思，并采取了以下策略重新建立起良好的师生关系。

（1）避免争端，重新指令。

老师为了避免争端与干扰的扩大，决定先停止和小安的争执。老师并没有为了维护自己在其他学生面前的权威而继续与小安争辩，而是为了防止出现一直僵持到双方都下不了台的情况，勇于承认自己的错误，让事件影响不再扩大，这也是对全班示范勇于认错的绝佳身教机会。

但是为了让小安意识到不经过教师的允许离开座位是不正确的，老师利用重新指令的技巧，要求学生遵循规范。"但是现在是早自习，在没有特殊理由且未经过老师允许之前，请你回座位坐好。"小安情绪平静之后，也向老师认了错，回到了座位上，避免了争吵的扩大。

（2）家校联系。

早自习后，老师主动联络小安的妈妈之后，进行家校联系，询问相同的行为问题，发现小安在小学的时候就有这样的行为。对此，老师追问了在以前的教育阶段曾经执行过的策略及其成效状况。当时老师们都用较宽松的标准包容他，小安因而一直没有养成服从要求和遵守秩序的习惯，也得知罚站和记过等惩罚性的后果似乎都无法有效制止小安的行为，顶多也只是收敛三四天，也许一周后又故态复发，因此，老师决定采取新的教学策略帮助小安不再离座。

2. 学生离座问题

面对患有多动症的学生，相信老师最烦恼的其中一个问题就是他们不断离开座位，无法坐定，有时更会骚扰其他同学，即阻碍课堂进行。究竟有什么教学策略可以处理这个问题呢？

（1）为学生创造走动的机会。

为了避免小安在课堂中离开座位、影响他人，班主任老师利用了小安喜欢走动的特性，给他分配了一些岗位及工作，如帮助老师去办公室拿试卷、分发作业、为班级同学点名等，特别是当小安开始不能坐定时，任课老师便可以给予他工作，让他适量地"放电"，然后继续专心上课。刚开始时，小安总是不能很好地将作业分给同学们，同学们也会抱怨小安在发作业本时把作业本暴力地扔在桌子上，或者是发到别的同学那里。对此，老师特意召开了一次班会，聘请小安做自己的小助理，并且安排其他学生夸赞小安的优点，让他变得更有责任心和耐心。从那之后，小安对自己"小助理"的角色很负责，并且愿意专心听讲，以防没有听到老师给自己安排的任务。并且在学期结束的时候，班主任老师奖励给小安一套文具，小安的自信心也得到了极大的提升。

（2）将课堂流程拆细。

多动症儿童很容易分心，故此，任课老师尝试将课堂的流程拆细，避免一次给予学生一个长时间的练习。在数学课堂上，老师将教学与练习的时间分隔开，在每次的讲解后都给予学生自由讨论和提问的时间，这样除了让学生更容易专注外，也更易掌握所有学生是否跟得上进度。

除了将课堂流程拆细之外，任课老师在备课时记录下每个环节所需要的时长，老师在自由讨论和提问时间告知小安下一环节大概需要多久能够结束，让小安掌握每节课堂中环节的时间，使得小安更有耐性，他的离座问题也得以缓解。

（3）建立行为契约。

行为契约在正向行为支持的概念中，通常是指由多动症儿童、家长、教师或其他重要的相关人员，共同拟定签署的条件化增强系统的约定。只要多动症儿童能够达到契约中好行为的表现要求，就可以获得在契约里约定的奖励。班主任老师仔细观察了小安一段时间，发现小安很喜欢打篮球，但是因为没有自己的篮球而经常只能观看其他同学，于是班主任决定以篮球作为增强物，以获得更好的效果。于是，班主任老师找到小安探讨契约的内容，老师先是指出他在课堂和自习中离座的现象，小安点了点头。接着，老师肯定了小安有几次的表现非常好，有好的表现就应该得到相应的奖励。小安对此感到惊讶，以为老师会批评自己。老师拿出契约的草稿，内容为：只要小安在容易离座的自习课中能够保持坐在自己的座位上，并且做自己的事情，不打扰其他同学就可以获得5颗星；如果离开座位一次，或者在老师、同学的提醒后马上回到座位上，就可以获得2颗星；如果在一节课中离开座位2次就不能获得星星。

由于小安几乎在每次自习时都会离座两次以上，所以班主任老师选择以"离座一次"为行为约定的起点，并且将"经提醒后表现"也给予增强，让小安不会因为一时疏忽就丧失该时段被增强的机会，而造成他索性违规到底的风险。班主任老师在契约中对于违规行为并没有提及，是为了强调好行为的结果有增强，违规行为就无法得到增强。教师应避免使用惩罚的手段，只着重在好行为的表现有好后果，并且考虑意外疏忽的补救机会，创造"一定能够得到增强"的预期目标。这使得小安的自信心得到了极大的增强，能够维持在座位上做自己的事情的好行为。

（四）案例四：针对多动症儿童心散、做白日梦的教育措施

案例：

1. 背景

送走全班学生后，班主任老师坐在办公桌前陷入沉思，开学好一阵子了，班上的花花（化名）让用心带班的老师非常头痛，虽然这班是初中一年级的新生，但是花花真的跟其他学生很不一样，她在班上几乎不开口说话，下课也不离开座位。她常常一个人坐在教室的后面一边用手指卷着自己的头发，一边望着窗外发呆，即使提醒多次，花花的注意力依旧会分散，对此班主任老师十分无奈。

2. 意外冲突

这是一节语文课，所有学生都在朗读课文，这时语文老师发现，花花的嘴巴虽然在动，但是她的眼睛却盯着教室窗外，即使老师已经走到了她的身边，花花还是没有任何反应。于是，老师俯下身子敲了一下桌子，并对花花说："花花，我们昨天上课是学的这篇课文吗?"花花注视着老师并不停地点头表示肯定，而实际上花花根本没听老师在说什么，也不知道答案是否正确……

【诊断】

注意缺乏型的多动症儿童很容易被无关刺激吸引，注意的分配和转换方面有困难。他们在平时生活当中，对来自各方面的刺激均有一定的反应，不能较好地过滤外界无关刺激，从而导致上课不能坚持认真听讲，做作业时不能全神贯注，而是一心数用。

环境中任何视、听刺激均可干扰其注意力，使之分心。此类儿童在学校是比较容易被识别的，如经常关注教室外面的一些情况，只要听到教室内有异常声响，目光就会循声而去，或者在上课过程中经常东张西望。即使在游戏活动当中，也难以集中注

意力坚持到底。这是多动症儿童注意分散的其中一个表现，即指向外部世界，还有一部分儿童的注意容易分散，指向的是个体的内部心理世界。

【策略】

多动症儿童的一大特征是不能专注、心散、经常做白日梦。除了听老师授课外，好像还有数十件事分散他们的注意力。假如老师没有给予提醒，他们很可能会整节课都在做白日梦。遇到这种情况，除了安排他们坐前排和经常提醒他们之外，还有什么应对策略呢？

1. 将提示词粘贴在多动症儿童的课桌上

刚开始时，任课老师会经常叫花花回答问题，但是慢慢地老师发现，这有可能会阻碍课堂进程并且会影响其他学生课堂参与。因此老师采取了新的教学策略，走到花花的课桌前提示她。但由于花花的性格很内敛，每次老师走过来停留时间过长，所有学生都会将目光盯向她，花花就会变得羞愧，这不仅打扰其他同学，也影响了花花的心理健康。

于是，老师采用提示词的方法，无声且快速地提示花花。老师将一些提示词粘贴在花花的课桌上，如"坐端正""集中注意力"等，由于花花只是一年级的小学生，所以配上了相应的图片，每当老师发现花花不专心时，就走到她的座位前，用手指轻轻地指一下图片，做一个"无声提示"。这既可以使花花明白老师的意思，又可以避免她的尴尬，在老师的帮助下，花花上课的专注度得到了很大提升，在日常生活中也不再频繁地走神了。

2. 研究及移除干扰因素

同样的教学策略对于小学的洋洋来说，并没有起到很好的效果。假如多动症儿童的桌面上或者眼前有太多的东西，这些视觉刺激均会容易让他不能集中注意力。洋洋的班主任老师留心观察了一个星期，发现洋洋在不专心、做白日梦时喜欢盯着自己面前的课本，教科书上的插图是干扰洋洋的主要物品，因此老师尝试将这些干扰因素都移离他的眼前。老师给洋洋提供了一本没有插图的教科书，将教科书上的插图放在课堂演示的课件中，减少洋洋分心的可能性。

有时面对情况严重或年龄较小的多动症儿童，可能连桌面上的提示字或提示图都会变成干扰因素，故此老师必须见招拆招，才不致弄巧反拙。

3. 提升课堂趣味性

这是最难却又最有效及治本的一个策略。有趣的课堂能让所有学生更加留心上课，老师可以丰富课堂组织策略，将活动、体验、游戏加入不同的环节中，让学生从体验中学习，加深记忆，也可以令多动症儿童不易分心。

针对花花总是分心的情况，英语老师在相对枯燥的讲解单词环节采用游戏的方式进行，与全班同学玩起了"逛三园"的游戏，请每个同学轮流说出同一类的单词，即使有同学没有回答出来，英语老师也会给予鼓励，这不仅使得花花的专注度得到了提高，而且增加了全班同学学习的积极性。

（五）案例五：针对多动症儿童抢答问题及不写作业的教育措施

> **案例：**
>
> 1. 背景
>
> 二年级的班级中有一名很特殊的男孩叫小阳（化名），父母离异，与爸爸奶奶居住，爸爸工作很忙，小阳几乎由奶奶照顾。小阳有时几乎不说话，有时特别喜欢去招惹同学，例如，向同学扔纸团、吐口水；上课随意下座位走动或蹲在地上玩，或是坐在位子上把纸撕成小碎片；也会自己玩数独；特别害怕别人触碰自己身体；心理年龄很小（大概是幼儿园小朋友的心理年龄）；没有朋友；期末数学可以考100分，但是语文交白卷，其他科目几乎不考。目前，小阳已被医院确诊为多动症儿童，心智发育停留在幼儿期。
>
> 2. 意外冲突
>
> 小阳在课堂中还保留着幼儿园时的习惯，老师讲到他感兴趣的问题时，总是不经过思考就站起来回答问题，惹得全班哈哈大笑，这种情况不仅搞乱了课堂秩序，还打击了小阳的自信心，对此老师感到十分头疼。此外，小阳总是不能及时地上交家庭作业，班主任老师经过了解得知，小阳的奶奶并不知道他有哪些作业，通常小阳还没有写完作业就放任他玩耍……

【诊断】

一般来说，学生积极回应老师的提答是个好现象。但多动症儿童会经常积极而冲动地抢答，回答亦多是未经深思熟虑，这样反而会阻碍课堂进度。多动症儿童的行为常表现为以下两个方面。

1. 活动量过多

（1）经常手舞足蹈，或者在座位上不停地扭来扭去，难以安静下来；

（2）在课堂或者需要安静坐着的场合，经常擅自离座；

（3）在不适当的场合四处奔跑或攀爬；

（4）难以安静地游玩或参加休闲活动；

（5）无时无刻不在活动，像一台不会停下来的机器；

（6）多言。

2. 自制力弱

（1）问题还没问完，他们便抢着回答；

（2）难以在游戏或群体中等候或排队；

（3）常中途打断或骚扰别人的活动。

【策略】

1. 多动症儿童容易因为心散、不专心而经常完不成作业

如有时因为没有完整地记录作业而不能完成家庭作业。老师有什么方法可以帮助多动症儿童，避免他们因为完不成作业而受到惩罚呢？

(1)学习记录作业内容的技巧。

患有多动症的学生相对其他同学容易分心，因而，教给他们完整记录家庭作业内容的技巧可以有效避免多动症学生经常完成不了作业的情况。以下是小阳的班主任老师采取的一些简单策略。

首先，当老师布置作业时，立即写下。各科老师在布置作业时，提醒学生要立即将作业记录在作业本上，以避免他们因为漏将作业内容写下来而完成不了作业。刚开始时，小阳总是不能及时写下老师所布置的作业内容，即使老师提醒了，他还是会有忘记的时候。于是班主任老师会在放学前检查小阳的作业本，如果小阳没有及时写下来，老师就会在第二天布置作业时多提醒几次，帮助小阳强化及时记录作业内容的习惯。

其次，记录作业内容，进行多颜色标注。除了将当天布置的作业记录在作业本上外，任课老师还会提醒学生将第二天要交的作业内容记录在作业本上，帮助学生重复提醒自己，增强记忆效果。由于小阳总是不能及时地完成作业，任课老师会根据小阳的发展水平为其安排作业的内容顺序。因此，老师会建议小阳用不同颜色笔标识不同类型的作业，并提示他按照作业的重要性进行标注，以提醒自己要尽快写完能够完成的作业。在教师的帮助下，小阳慢慢养成了写作业的习惯，也渐渐可以跟上班级其他同学的进度。

(2)请同学帮忙核对，家长及时查阅作业内容。

小阳虽然会在作业本上记录当天的作业内容，但是有时会出现漏记、错记的情况，班主任老师便安排了班级中责任心强、乐于帮助他人的乐乐在放学前核对小阳的作业本。刚开始时，小阳会抗拒将作业本给乐乐，有时还会直接离开教室，不给乐乐检查的时间。老师察觉到这种情况后，决定在最后一节课下课前安排核对作业记录的环节，要求全班同学和同桌交换作业本，相互检查有没有遗漏的部分。这样既提供了时间检查作业，又不会让小阳产生抗拒的心理。相互检查作业的做法在帮助全班养成记录作业的良好习惯的同时，也让小阳获得了认可感。

同时，为了防止小阳的奶奶因不知道作业内容而不能及时督促他完成作业，班主任将每日作业都通知给小阳的家长，要求他的家长及时留意，使他们养成每天查看作业内容的习惯，以帮助小阳及时完成家庭作业。

(3)减少书写作业，增加活动式作业。

教师应减少布置书写类的作业，为多动症学生安排活动式的作业。任课老师在检查评价小阳的作业时发现，即使小阳按照要求完成了作业，但是老师发现在练习性作业和书写类作业上，他的作业越写越乱，慢慢地便会失去耐心。因此，老师选择将书写类作业减少，增加活动式作业，这不仅符合多动症儿童的特性，而且适应了小学年龄阶段幼儿的发展特点，取得了很好的效果。

2. 每个老师都希望学生积极地回应自己，但是有些患有多动症的学生没有经过深思熟虑就冲动地抢答问题，这样反而会造成课堂的混乱

假若老师控制不当，除了影响课堂进度，也有可能打击到学生的自信心。以下提供了一些教学策略可供参考。

（1）以答题卡片限制学生答题次数。

面对这类积极却冲动的多动症学生，小阳的班主任特意为他们设计了答题卡片，每节课小阳在内的所有同学都只有规定次数的答题机会，如果答对了题目可以额外奖励一张卡片，如果答错了题目则没有奖励卡片，这样不仅可以鼓励不爱举手回答问题的学生积极互动，还可以限制小阳的答题次数。由于只有答对题目才能继续进行回答，所以可以教导他们要深思熟虑后才能作答。

（2）请学生写出答案代替举手。

除了举手或举卡片回答问题外，任课老师在课堂中会请学生先将答案写在作业纸上，特别是在答题卡用完之后。使用答题卡片之后，老师发现，如果学生将答题卡片用尽后，可能会导致学生没有继续听讲的动机，反而降低了学生学习的积极性。因此，并不是所有的答案，老师都会请学生举手回答，而是要求学生将答案写在纸上再统一核对答案，这样学生就算不能随便举手，但也继续有动机留心上课，并且避免了老师一直提问固定学生的情况发生。

（3）不时改变互动方式，避免学生频繁举手。

除了向全班发问之外，老师可尝试不同的互动方式，避免经常要学生举手回答。如让学生与身边同学或小组商量答案、派组员在黑板写出答案等。这样更可以给整个课堂增添趣味。

（六）案例六：针对多动症儿童社交及调节情绪的教育措施

案例：

1. 背景

小欣今年 9 岁，是一个女孩子，在 7 岁时被确诊为多动症。小欣的症状主要以专注力不足为主，个性也比较冲动，在看医生后，一直有服食多动症药物，课堂学习已慢慢追上进度，但她的社交及情绪管理仍然有待改善。

2. 意外冲突

小欣在课间时特别喜欢招惹同学，常常把其他女同学气哭，小欣看到女同学哭了后，想要去安慰却不知道该怎么做。如果有别的同学想要亲近小欣，她则会大声尖叫，无缘无故打人，其他同学慢慢地都远离小欣，没有人喜欢和她一起玩了。一次考试结束，小欣因为没有考到满分，在教室里大哭了起来，班主任老师对小欣的社交和情绪管理感到十分头疼……

【诊断】

情绪调控是多动症学生最容易遇到的问题，往往在比赛、考试等强调结果的情况

中最为常见。具体表现为：①情绪的自我控制能力差；②常因承受挫折而产生更多问题；③唤起系统反应不足。

【策略】

多动症学生面临的一大难题就是社交问题，老师应该如何帮助他们进行社交及情绪管理？面对挫败，尤其是负面或失望时，他们未必懂得如何处理好自己的情绪，表现得沮丧和愤怒，更可能一触即发。倘若其他同学不熟悉多动症学生的特点，直接与他们起冲突，情况可能不堪设想。老师究竟有什么方法可以避免这些情况发生呢？

1. 进行松弛练习

教师应该掌握一些简单的情绪放松训练，帮助学生进行松弛练习。如老师请小欣先找一张椅子坐下，背靠着椅背；先用鼻子深深地吸一口气，让腹部慢慢胀起，全身保持放松的状态；缓缓地将气呼出，让腹部收缩起来，恢复到吸气前的状态；重复呼吸练习，直至心跳及呼吸减慢，并感觉平静。通过简单的松弛练习，使得小欣的情绪先稳定下来，再进行其他的行为训练和教育策略。

2. 社交技能训练

首先，主要通过角色扮演、指导示范和录像等方法，让多动症学生学会提问、倾听、合作和称赞等技能。小欣的班主任老师经常组织小组进行合作的活动和游戏，帮助多动症学生与其他学生合作学习，使小欣有机会在班级练习社交技能。其次，设计伙伴式练习活动，教师根据长时间的观察记录结果，按照性格、兴趣等因素对学生进行匹配，鼓励他们成为朋友；班主任老师还组织了大量的文体互动，促进学生在文体活动中交往，在快乐的、非结构化的环境中成为好朋友。小欣虽然在活动中自控力不强，但是她也有自己独特的优点，如跑步很快，慢慢地更多同学都想和小欣做朋友，小欣也变得更加自信快乐。

3. 教导学生何谓"体育精神"

在处理多动症学生的情绪之前，先要让他们明白比赛的真正意义。老师需要向学生灌输正确的体育精神，教导学生应如何看待输赢。班主任老师开了一次主题班会，在比赛前先与学生讨论可能发生的结果及处理方式，同时引用著名的运动员作为例子，教导学生面对失败不能轻易放弃，即使失败，亦要永不言败，比赛过程中最重要的是吸取经验，努力改进。

4. 对落败的学生加以鼓励

多动症学生在比赛中落败时有可能会出现情绪反复的问题，面对这种状况，老师先向小欣解释，凡事可从多方面去看。在比赛中落败，多动症学生可能会将失败归咎于自己的表现，老师应以乐观方式去提醒他们，落败原因其实有很多，问题不一定出在自己身上。教师应鼓励学生在面对挫败时，与家人、老师或朋友商量倾诉，从不同的方面获取建议及帮助，并反思更多解决问题的方法，有助于增强他们的抗逆力。

5. 留意分组情况及计分方式

老师要多留意分组情况，避免因为让学生自行分组，而各组的实力失衡。同时，老师还应注意计分方法，避免以一次比赛定输赢。小欣所在的学校为了避免学生因为一次比赛失败而失去信心，安排了一系列的比赛，每次比赛都可以得到相应的分数，将分数累积至一个学期，或者累积同一组学生在不同运动的比赛结果，令学生可以发挥所长。这不仅使得小欣在内的所有学生都获得了成功感，而且激发了他们努力拼搏、永不言弃的体育精神。

6. 建立情绪记录表及行为记录表

通过建立每天的情绪和行为记录表(见表9-6和表9-7)，帮助小欣进行回顾和反思，逐步学会如何控制自己的情绪。教师每周、每月对小欣的情绪和行为记录进行评价，及时给予多动症学生鼓励和肯定。

表 9-6　行为管理计划表

行为管理计划	
学生姓名：	班级：
填写日期：	
长期目标：	短期目标：
由学生自行填写　□	由老师和学生一起填写　□
行为控制策略(请选出适用的行为控制策略并在后面的方格中打"√") 策略 A □ 行动五部曲： 1. 停一停：停下来，不用及时做出回应 2. 看一看：观察对方的面部表情和身体姿态 3. 听一听：聆听对方的说话内容 4. 想一想：考虑各种回应方法及各方法的好处和坏处 5. 动一动：选择并执行最恰当的方法，如"对不起""请你原谅我"或"多谢" 策略 B □ 提示卡提醒自己控制冲动行为 （请在下面的方格写下你的自我提醒语句） 策略 C □ 自我提醒语 _____ 策略 D □ 倒数 策略 E □ 深呼吸 策略 F □ 其他：_____	

表 9-7 情绪管理计划表

情绪管理计划		
学生姓名：		班级：
填写日期：		
长期目标：		短期目标：
由学生自行填写 □		由老师和学生一起填写 □

我今天的情绪是：	情绪指数：（请在方格内涂上颜色） 超冷淡　　　平静　　　超激动 □□□□□□□□

情绪控制策略（请选出使用的情绪控制策略，并在后面的方格中打"√"）

策略

						运用策略时要留意一下：
A	使用适当的词汇（如兴奋、失望）表达情绪	□	G	离开现场	□	1. 三"不"原则 不伤害自己 不伤害他人 不损害物品
B	增强意识，留意负面情绪引起的生理反应，并立即运用适当的方式自我控制	□	H	冷静一下，如深呼吸，倒数，喝水，到洗手间洗脸	□	
C	正面表达自己的情绪（如说/笑/哭出来）	□	I	想一件有趣的事情	□	2. 考虑当时的环境是否允许
D	运用身心松弛法	□	J	想象令自己心旷神怡的事情	□	
E	运用自我提醒语句	□	K	想想发脾气的后果	□	
F	运用提示卡提醒自己冷静	□	L	其他：	□	

（七）案例七：针对多动症儿童改善执行功能的教育措施

案例：

1. 背景

班主任新接到一个班，第一节体育课上室内课。班主任老师走进教室相互介绍，讲完要求，对全班同学进行原地的队列和站姿训练。老师将每个学生的动作、肩的位置、手型、站姿等进行了纠正和优化。他发现一个小男孩晨晨（化名）总管不住自己，纠正好动作，老师一转身他就还原了，老师决定慢慢教他，伸手想帮他把五个指头并拢伸直，刚触碰到他的手，他尖叫着躲开了，老师很惊讶，批评了他，他直接不练习了，坐在椅子上休息，同学也没理会他。班主任老师意识到了问题的严重性，这是一个比较特殊的孩子。

2. 意外冲突

经过一段时间的观察，班主任老师发现晨晨经常无法仔细注意细节，容易粗心犯错。这是一节户外体育课，晨晨在运动场上喜欢运动，但绝不参与集体运动，并且不理会老师的叮嘱。体育老师要求每位同学进行拍球练习，但是晨晨拍了几下就跑到别的地方玩了，为了锻炼晨晨，老师请他帮忙拿活动器材，他答应后就将这件事情忘记了，一个人在器材室玩了起来……

【诊断】

与晨晨一样同样患有多动症的学生，常常表现出不注意细节，在做作业或其他活动中出现粗心大意的错误，在日常活动中丢三落四，体现出记忆力和专注力的失衡。以下是操作记忆问题与专注力失调相关的症状：①工作或游戏时难以维持注意力；②直接对话时，常好像没在听；③经常无法遵循指示而无法完成家庭作业等任务；④经常在组织工作与活动上有困难；⑤经常逃避、讨厌或不愿从事需要持久心力的工作；⑥经常遗失工作或活动所需的东西；⑦经常容易受外在刺激而分心；⑧在日常生活中常忘东忘西。

【策略】

有部分患有多动症的学生，会在课堂作业、工作或其他活动中，不能对细节给予集中注意或犯些粗心的错误，常丢失些对任务或活动必需的东西，在日常活动中表现出健忘。老师可以采取什么策略帮助多动症学生改善执行功能的问题？

1. 先记住一样最重要的事，定时检查

如果发现学生难以将繁复的信息牢记，老师可以先请学生把一件最重要的事情记下。班主任先请晨晨记住"要检查自己的作业记录本"，然后要求他将每日需要做的事情写在作业记录本内，制作成提示清单来提醒自己应该完成的任务，让学生在检查作业记录本的同时检查提示清单。

老师可以提醒学生在特定时间要检查作业记录本，如在放学前、收拾书包时或晚餐后检查作业记录本，帮助他们建立起定时检查的习惯，以减少学生因为记性差而影响学习的情况发生。

2. 善用视觉帮助记忆

在制作提示清单的时候，老师可以建议学生用不同的颜色笔代表不同重要程度。班主任老师要求用红色记录重要的作业内容，以防止晨晨回到家中忘记完成家庭作业。此外，老师还教给学生如何使用图表或图画做好规划，将复杂的事情以图像的形式记录，用颜色和图像加深学生记忆，也增加了学生翻阅作业记录本的频率。

3. 多感官接收信息

可以利用听指令、学习、计数、阅读理解和解决问题的方法在日常生活中锻炼学生的短时记忆，班主任老师会采用短而精和重复的指令帮助晨晨反复记忆，并邀请晨晨做"小老师"来提升他的责任感，同时将工作分成细小部分或执行重复的工作来增强他的操作记忆。

在安排任务或制订记忆内容时，任课老师常采取图像化、可触摸等方式帮助晨晨多感官接收信息，同时多次给予视觉提示，帮助他刺激记忆复现，提高学生的记忆力。

4. 代币奖励计划记录表

要有效地实行代币奖励计划，班主任老师的每个步骤都非常重要：首先要设计一本符合晨晨个体差异的奖励计划记录表；准备一包代币；制订目标行为清单及奖赏每种行为的数目；制订奖赏项目清单及换领奖赏的数目；决定额外奖赏，如迅速完成任务清单以外的好行为等；决定不获奖赏的情况，如需要老师重复多次的提醒；制订给予和换领奖赏的时间；制订检查整个计划的时间。通过代币奖励计划记录表帮助晨晨及时强化记忆和执行行动。

（八）案例八：针对帮助多动症儿童提高学业成绩的教育措施

> **案例：**
> 1. 背景
> 　　自小庆升读小学后，作业量日渐增加，家长发现每次要他"坐定"完成作业时，都几乎软硬兼施；即使能勉强令他开始做作业，都要花上好一段时间监督；不论是书写中文或英文，小庆都是写得错漏百出，东歪西倒，如常混淆英文字母（如将"d"写成"b"），或写错一些字形近似的中文字（如将"明"写作"朋"等）。妈妈为了他不会被老师责罚，只好握住他的小手，逼他跟着自己的笔画写字，结果让双方都感到疲累不已，继而也影响到亲子关系。
> 2. 意外冲突
> 　　今日考试时，小庆又坐在座位上搞东搞西，坐不住，四处张望。等到交试卷时，语文老师发现小庆几乎没有写几道题目，有的题目即使写了也有很多错误。老师既想对小庆放低要求，又害怕他得不到发展，对此十分苦恼……

【诊断】

小庆父母最终让其接受评估，最终确诊了他患有"读写障碍"，小庆在工作或游戏时难以维持注意力。读写障碍分为"阅读"和"书写"两方面，阅读障碍表现为文字分辨能力较弱、词句理解能力较差及阅读速度较慢；而书写障碍则常会表现为字形控制困难、写速缓慢及文法错误等。一般而言，读写障碍主要影响与文字相关的科目，如中英文的读写及理解能力等，数学科目有时亦受之影响。

【策略】

对患有读写障碍及其他有学习困难的多动症学生，教师要采取什么样的教学策略才能帮助他们提高学业成绩呢？

1. 认知行为训练

教师要善用强化适当或理想行为的方法，善于关注、赞美及奖励学生激发他们的学习积极性。小庆的老师设计了计分制度，与小庆达成了行为合约，只要他有积极学习行为或是学业进步，就可以获得相应的积分来获取奖励。在使用计分制度时，教师要减少不适当行为的方法，避免故意忽视或暂停奖励等方法产生的副作用。

制订课室常规是帮助多动症儿童学习的重要方式，通过制订正面的课堂规则，教师能够时常给予即时反应，并让学生自行评估表现。除此之外，小庆的班级制订了明确的课堂流程，如老师入课室前，应该收拾上一堂课的物品，以使学生专注学习课堂。老师还通过摇铃、拍手、口号和动作等事先与学生约定好的方式提醒他们集中注意力，并为容易"走神"的学生编制了"专心口号"："坐定、坐好好轻松！眼看、耳听必成功！"

为了使小庆的注意持续地集中，老师允许他有活动的时间，如请他完成帮老师收作业、发放试卷或擦黑板等工作，同时给所有学生可以"合法"离位伸展一下的时间，可以让学生得到放松，又积极"遵守"课堂秩序。

2. 环境预防

为了增强多动症儿童的学习动机，其中一个重要策略是避免他们的注意力被分散，以帮助他们专心。首先，教师将会分散注意力的物件移除，座位周围适量减少不必要的刺激；其次，通过张贴重要的课堂规则的视觉提示，将重要事项贴在学生视觉可见的地方。

座位的安排也极为重要，在班级中，教师将小庆的座位安排在离教师和较静的同学附近，或者是让能力较好的同学坐在他邻近座位。此外，教师要考虑上课时多动症儿童与教师之间的距离是否恰当，以便可以给他提供足够的提醒。

总之，教师要让多动症儿童能在具有架构的环境中生活和学习，减少难以预测的情境出现而造成的多动症儿童反应不及时或混乱。环境的预防可以用四个"结构化"来表达：结构化的学校作息(时间结构化)；结构化的上课流程(顺序结构化)；结构化的规范要求(秩序结构化)；结构化的教室环境(空间结构化)。

3. 多感官学习法

帮助多动症儿童善用多感官刺激，如视觉、听觉及触觉教材，让他运用不同感官去感知事物，加强思维及记忆力的发展，以提高其学习兴趣及训练专注力。可以采取以下的教学策略。

(1)触觉。

①用手指把字写在学生的手掌或背上，然后让学生猜想所写的字。

②学生用手指把字写在细沙、白米、细盐、砂纸、绒纸或桌面上。

③把字制成立体，让学生触摸。

(2)视觉。

①利用字卡学习，把字体放大并配以图画。

②利用不同的颜色来显示字体的组成部分。

(3)听觉。

①按学生的能力，让学生把字的组成笔画或部分逐一读出来。

②利用音乐、电脑、录像、图像等视、听觉多感官的学习。

③用新奇的物件制作教具，提升学生的兴趣及新鲜感，或者以戏剧性的教学手法进行教学。

4. 因材施教

针对多动症儿童的行为，老师或家长对他们进行针对性训练，以激发他们的学习兴趣。对于类似小庆的学生，教师会适当减少书写作业，增加活动式作业；评分侧重多动症儿童对内容的理解，不计较字体是否端正；将篇幅较长的课业或篇章拆细，容许多动症儿童在完成一小部分后稍作休息；不时请多动症儿童重复课堂重点，确保他明白课堂内容。通过安排适应小庆身心发展水平的课堂和作业，帮助他适应课堂的节奏，调动学习的积极性。

对于作业和试卷的设计与答题方式，教师也做到了因材施教。以数字记下重组句子的次序，帮助小庆检查朗读句子是否顺畅；运用边框突出题目的要求、变化或必须学习的知识；培养多动症儿童阅读题目与要求的习惯，题目通常置于练习的上方；使用其他答题代替工具，如电脑或录音口头回答；减少作业和试卷的容量，延迟上交时间，与多动症儿童商议在测考期间小休安排；改变试卷字体大小、字体颜色及行距多少等方式，以提升多动症儿童的学业成绩。

二、教育干预

研究表明，多数多动症儿童都在普通教育环境中接受教育，通过进行关键的适应性调整或在传统教学程序中增加支持措施，教师可以兼顾多动症儿童的需要而不会影响教师对班级中其他学生的教学。

多动症儿童的家长表示很高兴孩子可以在普通班级学习。融合教育的老师也分享了自己在融合班级中的教学体会："以前很多的标签现在都不用了，不再说这个人是学习障碍、多动症等。因为现在他们都是我要教的学生。如果一个班级里有特殊学生的话，很多人会不知所措。但我开始试着去适应不同的学习风格。如果我发现有些孩子没有跟上，我就会问自己：'我可以采用什么策略来改变这种情况？'"

表 9-8 介绍了帮助多动症学生融入班级的调整措施和自我效能方法。

表 9-8　多动症学生融入班级的措施[①]

项目	表现	错误的处理方式	正确的处理方式	具体措施
社会互动	注意缺乏型：学生很退缩，不愿参加社会活动 多动-冲动型和两者兼有型：学生情绪很高可能会合群，也可能不合时宜和令人厌烦	注意缺乏型：在其他学生面前，强调学生的孤立情况；试着强迫学生参与游戏 多动-冲动型和两者兼有型：出现不合时宜的行为时，强行让他离开该情境	用角色扮演来学习交友技能。帮助学生发现自己的优势，鼓励学生集体参与这些活动。先从小群体开始。鼓励学生接纳支持患注意缺陷/多动性障碍的孩子	可依据项目，组成一对一的小组，让有相同兴趣并愿意接受的孩子成为患注意缺陷/多动性障碍孩子的伙伴的最初目的是可以使他有一个好朋友

---

① ［美］路得·特恩布尔等：《今日学校中的特殊教育（上册）（第 3 版）》，方俊明等译，314 页，上海，华东师范大学出版社，2004。

续表

项目	表现	错误的处理方式	正确的处理方式	具体措施
教育表现	作业不完成和/或潦草；丢掉或忘了家庭作业；材料混乱；学生可能在优势领域或有兴趣的领域内取得成功	批评或嘲讽	教学生怎样来组织好他们的材料。帮他们找一个辅导人员。把作业分解成易操作的部分	可以让同伴充当家庭教师
课堂态度	缺乏学习动机，或兴趣很难保持	放弃这个学生	在教学中使用以下五个原则：关联、新颖、变化、选择和活动	运用基于五个原则的合作学习活动

在融合教育中教师可以做的调整如表 9-9① 所示。

表 9-9　为多动症学生所做的调整

注意缺乏

1. 将位置安排在安静的区域
2. 旁边安排好的学习榜样
3. 旁边安排"学习伙伴"
4. 增加桌子间距
5. 允许其用更多的时间来完成作业
6. 根据学生注意持续时间布置作业
7. 使用计时器
8. 把长的任务分解为小的步骤，以便学生可以看到结果
9. 帮助学生设定短期目标
10. 每次布置一项任务，避免负担过重
11. 需要的正确反应数降低一个等级
12. 减少家庭作业
13. 教育学生学会自我监督
14. 用口语教学内容匹配相应的书面内容
15. 提供帮助记笔记的同学助手
16. 教学语言简洁准确
17. 使学生融入课堂教学
18. 指导学生保持注意在任务上，使用个别的信号

冲动性

1. 忽略小的不良行为
2. 奖惩要紧接行为之后
3. 对于错误行为采用忽视策略

---

① ［美］路得·特恩布尔等：《今日学校中的特殊教育（上册）（第 3 版）》，方俊明等译，314 页，上海，华东师范大学出版社，2004。

4. 过渡期要加强监督

5. 对错误行为尽量避免训斥(如避免口头批评)

6. 对良好行为给予表扬

7. 表扬周围同学的良好行为

8. 让学生坐在一个榜样旁边或老师旁边

9. 订立行为契约

10. 指导学生对行为进行自我监督，如举手、喊报告

11. 只有学生手举得合理时才叫他回答

12. 当学生举手回答问题时，要给予鼓励

运动和活动

1. 允许学生有时可以站着工作

2. 提供离开座位的机会，如跑步任务

3. 任务期间提供短时间休息

4. 过渡期要密切监督学生

5. 当学生的作业完成得十分匆忙和粗心时，提醒他仔细检查，给学生额外的时间完成作业(特别是那些动作慢的学生)，监督学生记下家庭作业

6. 送每日/每周进度报告给家长

7. 定期检查书桌和笔记本的整洁度

8. 赞扬整洁而非惩罚杂乱，允许学生在家里有另一套课本

9. 一次布置一份作业

10. 帮助学生确定短期目标

11. 当学生存在视觉运动缺陷时，不要因其书写潦草而惩罚他

12. 鼓励用电脑学习

13. 允许学生用录音带来完成任务或家庭作业

承诺

1. 鼓励守承诺的行为

2. 反馈要及时

3. 忽略小的不良行为

4. 教师要多关注良好行为，以强化该行为

5. 对不良行为的训斥要"谨慎"，避免责备或批评

情绪

1. 给予保证和鼓励

2. 出现良好行为或作业完成较好就给予表扬，当学生紧张时，不用逼迫的语气，轻声说话

3. 布置新任务要重复指令，以确保学生理解指令

4. 寻求让学生在班级中充当领导者的机会

5. 经常与家长交流，了解学生在校外的爱好和成就

6. 让学生带好的评价记录回家

7. 找时间与学生单独交谈

8. 当学生退缩或极度害羞时，鼓励他与同学的社会交往

9. 当学生受挫败时，常给予鼓励

10. 注意学生的压力情况，常给予鼓励或减少工作量以减缓压力，避免发脾气

续表

11. 多花时间与似乎容易忧郁或发怒的学生交谈
12. 提供基本的情绪控制训练，鼓励学生先走开
13. 使用冷静策略
14. 如果要发火了，先告诉旁边的大人

学业技能

1. 阅读薄弱：提供额外的阅读时间；使用预习策略；材料要短，限于一页；减少要读的材料量；避免朗读

2. 口头表达薄弱：接受所有的口头反应；用其他方式代替口头报告；鼓励学生说出新的观点或经历；选择易于学生讲的话题

3. 写作薄弱：允许非书面形式的报告（图片、口头或计划等）；允许使用打字机、文字处理机和录音机；不布置大量的书面作业；考试为多选题或填空

4. 数学薄弱：允许使用计算器；使用方格纸来写数字；提供额外的数学学习时间；通过改正计算过程中的错误及时提供给学生正确的反馈和指导

组织计划
请求父母帮助鼓励学生组织计划

了解组织规则

1. 鼓励学生用笔记本来记录分类工作

2. 提供给学生一个记录家庭作业的笔记本

3. 鼓励旁边同学的良好行为

4. 过渡期要密切监督学生

5. 让学生坐在老师的旁边

订立行为契约

1. 教育学生学会对行为进行自我监督管理社会化

2. 表扬学生的良好行为

3. 监督学生的社会互动交往

4. 与学生共同建立社会行为目标，并且同时实施奖励计划

5. 使用口头表扬或特定的信号来鼓励学生得体的社会行为

6. 鼓励学生与其他学生进行合作来学习任务

7. 提供小组社会技能训练

8. 经常表扬学生

9. 在集体活动时，让学生承担特别的责任，使其他学生能用积极的眼光来看待他

三、结语

科学准确的评估和诊断是多动症儿童有效干预的前提条件。鉴于学龄前尤其是学前阶段儿童本身的心理行为特点，在实践过程中融合教育教师一定要注意区分儿童正常的活泼好动与"多动障碍"的不同，区分儿童常见的注意力不集中与"注意缺陷"的不同。[1] 在

---

① 张福娟、杨福义：《特殊儿童早期干预》，206 页，上海，华东师范大学出版社，2011。

融合教育的过程中，教师应当充分利用多种方式，进行综合干预，针对儿童在不同的情境下出现的不同问题行为有针对性地进行干预，教师应该树立正确的融合教育观，掌握科学的融合教育方法，在教学过程中做到家校共育，发挥各种干预方法的优势，帮助多动症学生更好地融入班级，实现多动症儿童在社交交往、品行行为和学业等各方面的全面发展。

【关键概念】

1. 注意缺陷多动障碍　2. 多动—冲动型多动症　3. 注意缺乏型多动症

4. 两者兼有型多动症　5. 融合教育　　　　　6. Conners 评估问卷

7. 行为干预治疗　　　8. 游戏疗法　　　　　9. 综合干预法

【问题与思考】

1. 多动症儿童如何诊断与评估？

2. 分析并讨论如何对多动症儿童进行干预与治疗。

3. 思考并分析多动症儿童有什么特征。

4. 论述如何针对不同情境的多动症儿童进行融合教育，并谈谈你的看法。

5. 思考怎样鼓励其他儿童参与融合教育。

6. 讨论如何针对不同类型的多动症儿童进行个别化教育。

7. 多动症儿童的发病原因目前还没有定论，请你谈谈你的看法。

【深思感悟】

为什么在普通班级中多动症儿童发展水平更好？如何帮助多动症儿童适应融合教育？

【延伸阅读】

1. 张福娟，杨福义．特殊儿童早期干预［M］．上海：华东师范大学出版社，2011．

2. 吴增强．多动症儿童心理辅导［M］．上海：上海教育出版社，2006．

3.［美］路得·特恩布尔等．今日学校中的特殊教育（上册）（第 3 版）［M］．方俊明等译，上海：华东师范大学出版社，2004．

第十章

唐氏综合征儿童的融合教育

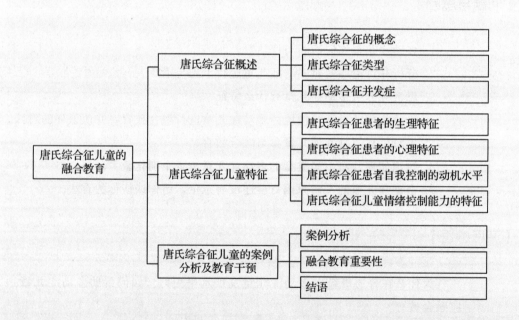

学习目标

1. 了解唐氏综合征的基本概念。
2. 了解唐氏综合征儿童的身心发展特点。
3. 了解针对唐氏综合征儿童进行的教育干预措施。

情境导入

自从小丽出生后不久就被诊断出患有唐氏综合征，她的家人就了解了很多有关唐氏综合征的知识。他们已成为特殊儿童权利的坚定倡导者，并与有唐氏综合征儿童的家庭组成了一个紧密的社区。小丽在她当地的小学参加一个特殊教育项目，在那里她得到了一系列教师和治疗师的支持。她最喜欢的活动包括绘画和玩培乐多。小丽的父母也一直在与她的治疗师合作，制定一项侧重于她的长处和需求的个性化教育计划（IEP）。他们注意到小丽对积极的强化和视觉提示反应良好，这有助于她保持积极性和参与学习。

除了她的学业和治疗目标外，小丽的 IEP 还包括社交和情感发展目标。她参加了社交技能小组，正在学习以健康的方式识别和表达自己的情绪。小丽的老师和治疗师与她的家人密切合作，确保她在学校和家里都能得到支持。

尽管面临一些挑战，小丽还是给她周围的每个人带来了很多快乐和爱。她的家人和社区致力于为她提供充分发挥潜力所需的资源和支持。小丽的旅程让他们明白，每个孩子，无论能力如何，都有独特的才能和力量可以贡献给世界。

上述案例讲述了一位患有唐氏综合征的儿童小丽参加了本地小学组织的一个特殊教育项目，通过教师和治疗师的帮助逐渐步入正常的生活和学习的故事。这个案例让我们看到患有唐氏综合征儿童融入正常校园的可能性，当唐氏综合征儿童和正常儿童在同一间教室学习时，作为教师，我们应该怎样帮助唐氏综合征儿童积极融入班级呢？又该如何引导正常儿童与特殊儿童相处呢？本章将就这些问题进行详细的阐述。

第一节
唐氏综合征概述

一、唐氏综合征的概念

唐氏综合征(Down Syndrome)是一种由染色体异常导致的智力障碍，患者第 23 对染色体上有三条染色体，是一种先天性、遗传性疾病，国内又称为先天愚、蒙古症、21-三体综合征。唐氏综合征患儿在智力的发育上存在着严重的问题，唐氏综合征患儿属于智障儿童的一种，但又有明显的不同，唐氏患儿智力本身没有问题，只是发育落后，要比同龄儿童落后很多，而且不光体现在智力上，在运动能力与行为表现上也与同龄人有极大的差异。唐氏综合征是最常见的染色体疾病，在新生儿的普查中，国外报告发生率为 0.32%～3%，国内为 0.56%～0.64%。[①] 国际社会对唐氏综合征的关注由来已久，其有自己的国际组织、学术刊物、国际性大会。唐氏综合征国际(DSI)从 2006 年起将每年的 3 月 21 日(大部分唐氏综合征由 21 号染色体三体造成，故取 3 月 21 日)定为"世界唐氏综合征日"。

二、唐氏综合征类型

涉及 21 号染色体的异常细胞分裂发生会导致唐氏综合征(见图 10-1)。这些细胞分裂异常导致额外的部分或全染色体 21。这种额外的遗传物质是唐氏综合征的特征和发育问题的原因。三种遗传变异中的任何一种都可能导致唐氏综合征，因而将该病分为三种类型。

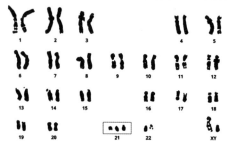

图 10-1　唐氏综合征患者染色体

① 董贵珍：《唐氏综合症儿童问题行为矫正的个案研究》，载《科学咨询(教育科研)》，2023(4)。

(一)三体型(Trisomy21)

三体型是染色体移位造成第 14 对染色体的变异标准型第 21 对染色体三体变异(Trisomy21)，又称 21－三体综合征，第 21 对染色体多出一条，细胞中有四十七条色体，占唐氏综合征患者的 90%～95%。这大多是由通常第 1 减数分裂期的不分离造成的，也有在第 2 减数分裂时发生的情况。父母方通常都携带正常的染色体，婴儿是偶然形成的三体异常。

(二)嵌合型(Mosaicism)

嵌合型是占全体比例的 1%～3%。由第 21 对三体变异染色体结合体(占 80%)和正常细胞结合体的体细胞分裂所产生的不分离造成。通常父母方染色体正常，染色体的不分离在受精卵的细胞分裂过程中偶然发生，造成婴儿的部分细胞三体变异，部分细胞正常，极为罕见。

(三)异位型(Translocation)

异位型是占全体比例的 5%～6%。细胞中多出一条染色体，附着在 D 组(第 13、14、15 对染色体)或 G 组(第 21、22 对染色体)的染色体上，特别容易出现在第 14 对或第 21 对染色体上。异位型中一半左右是偶发性的，也就是父母双方都是正常染色体。另外一半是遗传性异位，父母有一方携带有这样的染色体，这在家族中常能找到相同病症的亲属。

三、唐氏综合征并发症

唐氏综合征患儿很容易并发其他疾病，如感染、相关免疫性疾病、恶性肿瘤等，这可能是由于患儿 T 和 B 淋巴细胞数减少，自身的免疫存在缺陷。唐氏综合征的患者存在约 80 多种的临床表型，各个表型十分复杂，发生频率不稳定，严重程度不统一。根据医学界研究表明，患有认知缺陷和先天性心脏病是最普遍的。

唐氏综合征患者可能有许多并发症，其中某些并发症随着患者年老变得更明显。这些并发症包括以下情况。

(一)心脏缺损

约半数唐氏综合征患儿生来伴有某种先天性心脏缺损。这种心脏问题可能危及生命，可能需要在婴儿早期进行手术。

(二)胃肠道(GI)缺损

GI异常发生于一些唐氏综合征患儿中，可能包括肠道、食管、气管和肛门异常。该异常可能会使患儿消化问题(如GI阻塞、胃灼热/胃食管反流或乳糜泻)的风险增加。

(三)免疫紊乱

由于免疫系统异常，唐氏综合征患者出现自身免疫性疾病、某些形式癌症和传染病(如感染性肺炎)的风险会增加。

(四)睡眠呼吸暂停

软组织和骨骼变化导致气道阻塞，唐氏综合征患儿和成人患者面临阻塞性睡眠呼吸暂停的风险更高。

(五)肥胖症

与一般人群相比，唐氏综合征患者更趋肥胖。

(六)脊柱问题

一些唐氏综合征患者的前两个颈椎可能错位(寰枢椎不稳)。这种状况致使他们面临因颈部过度伸展而严重伤及脊髓的风险。

(七)白血病

患唐氏综合征的幼儿白血病风险升高。

(八)痴呆

唐氏综合征患者患痴呆风险大大增加，体征和症状可能在50岁左右开始出现。患唐氏综合征也增加了形成阿尔茨海默病的风险。

(九)其他问题

唐氏综合征还可能涉及其他健康疾病，包括内分泌问题、牙齿问题、癫痫发作、耳部感染和视听力问题。

第二节
唐氏综合征儿童特征

一、唐氏综合征患者的生理特征

患有唐氏综合征的儿童和成人具有独特的面部特征。虽然并非所有唐氏综合征患者都有相同的特征，但一些常见的特征包括以下五个方面：①短头畸形、颅缝和囟门闭合晚；②眼裂小，眼距宽，睫毛短而稀少；③患白内障、斜视、眼震、圆锥形角膜；④耳小、杯状耳，对耳突出，外耳道狭窄；⑤关节活动度大，皮肤松弛。[①]

二、唐氏综合征患者的心理特征

乔普曼（Chapman）等在前人研究的基础上概括总结了主要以英语为母语的唐氏个体在语言、认知及适应行为方面的特点（见表10-1）。

表 10-1　唐氏综合征儿童行为特点

年龄	领域	行为特征
婴儿期 （0～4 岁）	认知	学习能力在 0～2 岁时落后于正常儿童，并在 2～4 岁时感觉运动认知发展滞后加剧 视觉记忆正常
	口语	在所能发出的音上和正常儿童没有差别 从呀呀语向正式语言过渡的速度落后于正常儿童 话语的可理解性差
	语言	与认知能力缺陷有关的非语言请求行为频率较低 表达性词汇的累积速度、平均句长增长的速率较正常儿童慢，也低于语言理解水平 理解能力正常
儿童期 （4～12 岁）	认知	特定的听力短时记忆缺陷
	口语	语音错误持续时间较正常儿童长，变体的范围很大 可理解性差

---

① 　何燕：《唐氏综合征儿童父母教养行为的干预研究》，硕士学位论文，华东师范大学，2010。

续表

年龄	领域	行为特征
儿童期 （4~12岁）	语言	语言表达能力在此期间继续落后于理解能力，但语言理解能力和非语言认知能力相匹配 大量省略语法功能语素
	适应行为	与其他认知缺陷的控制组相比，行为方面的问题相对较少，但与没有唐氏综合征的兄弟姐妹相比，行为方面的问题较多 随着年龄的增长，焦虑、消沉、孤僻等不良情感加剧
青少年期 （13~18岁）	认知	口语工作记忆缺陷及回忆能力发展落后
	口语	话语的频率，语速的控制，以及句子重音方面都有问题
	语言	句法的理解和表达能力远远落后于词汇的理解和表达能力 句法的理解开始落后于非语言认知能力 词汇的理解水平开始超过非语言认知能力
	适应行为	与其他认知缺陷的控制组相比，行为方面的问题相对较少
成年期 （18岁以上）	认知	至50岁时，这个群体现阿尔茨海默病症状的比例达50%
	口语	口吃及鼻音重的出现率很高
	语言	句法的理解继续落后于认知能力的发展
	适应行为	与其他认知缺陷的控制组相比，行为方面的问题相对较少 随着年龄的增长，焦虑、消沉、孤僻等不良情感加剧 唐氏综合征患者的痴呆症状并不会随着攻击性行为的增加而加重

（一）语言特征

言语和语言发展对所有儿童的认知发展至关重要。通过单词可以掌握知识，孩子学习词汇的速度越快，他或她获得有关世界的知识的速度就越快。因此，词汇发展非常重要——孩子在5岁入学时所知道的单词数量将对其发展进步产生非常重要的影响。语言支持思考和推理。人类大脑已经进化出一种非凡的能力，可以非常轻松地学习口语，然后将口语用于心理活动，如思考、推理和记忆通常以"无声言语"的形式在脑海中进行，因此，任何语言习得明显延迟的孩子在使用这些认知过程的能力方面都会延迟。

语言对于儿童的社会发展同样重要，因为语言能够使他们与他们的社交世界进行谈判并控制他们的行为。如当孩子学习语言时，他们可以询问他们想要什么，解释他们的感受，描述他们一直在做的事情，并与朋友分享想法和忧虑。孩子们能够通过使用无声语言来指导自己和计划他们的行动，从而开始控制他们的行为。我们越能帮助患有唐氏综合征的儿童学习说话，他们在认知和社会发展的各个领域就会进步得越快。

唐氏综合征儿童在言语表达能力上存在缺陷，多数唐氏综合征儿童发音不清晰，语法能力差，电报语使用较多，并且在句子中经常省略动词和其他语法词。

布雷(Bray)和沃纳夫(Woolnough)通过录像观察了 12 个唐氏综合征儿童在三种情境中的语言表现，即分别与成年人、同伴和家人进行交谈。结果发现这些儿童有接近 50% 的言语由单个词组成，句子中词的平均个数是 0～3.62(其中有个男孩子不说话)，只有两个儿童能说出含有 9 个词的句子。之后请来两个不了解唐氏综合征的语言临床学家对这些儿童的言语理解力进行评定，结果只有两个被试被评定为言语理解力尚好。专家还指出这些儿童难以用口头表达的方式交流信息。后来福勒(Fowler)做了一个总结性研究，进一步证实了上述研究结论，并指出即使十多岁的唐氏综合征儿童的言语技能发展也不成熟，但他们的词汇运用技能相对好于语法技能。[①]

(二)短时记忆特征

与正常发育的儿童相比，有严重学习困难的儿童、效率差的阅读者、有言语问题的儿童及唐氏综合征儿童都表现出短时记忆缺陷。[②] 评价短时记忆容量大小的一个常用指标是短时记忆广度，其常用的测量方法是数字广度测验，正常发育的 3 岁儿童有 2～3 个数字广度，十几岁的儿童有 7～8 个数字广度，但唐氏综合征儿童的记忆广度没有达到它应有的水平，十多岁的儿童的记忆广度可能只有 3 个。[③] 研究者还发现唐氏综合征患者短时记忆广度不仅比同智力年龄匹配组正常儿童的短时记忆短，并且比同智力年龄匹配的其他病因的弱智患者也要短；而且麦肯齐(Machenzie)等人的研究表明唐氏综合征青少年的记忆广度增长速度比其智力增长速度缓慢。[④]

三、唐氏综合征患者自我控制的动机水平

自我控制是指个人对自身心理与行为的主动掌握，是个体自觉地选择目标，在没有外部限制的情况下，克服困难，排除干扰，采取某种方式控制自己的行为，从而保证目标实现的一种综合能力。

对唐氏综合征儿童来讲，由于他们自身生理、心理的缺陷，他们在认知、情感、

[①]　赛燕燕、傅根跃:《唐氏综合症患者的语言与短时记忆特点研究现状》，载《中国特殊教育》，2004(4)。

[②]　Irene Broadley，John MacDonald and Sue Buckley，"Are Children with Down Syndrome Able to Maintain Skills Learned from a Short-term Memory Training Program?" in *Down Syndrome Research and Practice*，1994，vol. 2，pp. 116-122.

[③]　Margriet A. Groen et al.，"A Case of Exceptional Reading Accuracy in a Child with Down Syndrome：Underlying Skills and the Relation to Reading Comprehension," in *Cognitive Neuropsychology*，2006，vol. 23，pp. 1190-1214.

[④]　Leonard Abbeduto et al.，"The Linguistic and Cognitive Profile of Down Syndrome：Evidence from a Comparison with Fragile X Syndrome," in *Down Syndrome Research and Practice*，2001，vol. 7，pp. 9-15.

意志等方面的发展水平都比正常儿童低，因此，他们的自我控制能力的发展水平也比较低，发展比较缓慢。沃尔特·惠特曼（Walt Whitman）认为智力残疾者面临的中心问题就是无力进行自我控制。

有学者研究了普通儿童与唐氏综合征儿童坚持与成功的行为曲线，发现唐氏综合征儿童努力成功的比率要低于普通儿童。[①] 唐氏综合征儿童从事工作的水平低、节奏慢，在工作中经常表现出不愉快，喜欢接受容易的挑战。唐氏综合征儿童在认知能力测试项目中表现出很大的可变性，他们缺乏坚持，逃避学习的机会，许多测试项目的分数低是由于他们拒绝尝试，而不是由于他们的表现差。因此，增强唐氏综合征儿童自我控制的能力，激发"动机"是十分重要的方面。

由于唐氏综合征儿童的生理、心理缺陷，其生长环境与受到的照料程度也与普通儿童不同。唐氏综合征儿童很难融入普通的社会群体当中，他们很少有机会接触幼儿园、学校的教育，并且由于他们在日常生活中所表现出的不同，常常被忽视了正常的教育，由于交流方式的缺乏，患唐氏综合征的儿童及其父母很难有交流的机会。

缺少社会榜样的示范也是影响唐氏综合征儿童自我控制发展的一个重要因素。社会理论学家班杜拉（Bandura）和米歇尔（Michelle）曾对榜样的作用进行了研究，他们通过前测获得了选择即时满足和延迟满足的四年级和五年级两类学生，对每类学生分别进行三种实验处理：一种是让儿童观看一个成人在诸多延迟满足和即时满足项目中的选择示范；一种是儿童获得有关成人示范者以符号形式所给出的选择状况；还有一种没有示范者的出现。研究结果发现，榜样示范增加了选择延迟满足项目儿童对即时满足项目的选择趋向，同样，也降低了学生的选择倾向。唐氏综合征儿童由于很少接触普通儿童及其环境，很难找到示范者和可模仿的对象，因此，他们很难做出好的认知反应。

许多测试母婴关系的研究发现，唐氏综合征儿童的母亲可能花费了大量的时间，结果却不尽如人意。她们习惯凡事包揽，亲力亲为，这反而降低了唐氏综合征儿童解决问题的能力，影响了儿童坚持性品质的发展。

四、唐氏综合征儿童情绪控制能力的特征

普通的儿童在学校教育和家长的逐步严格要求的影响下，随着年龄的增大，其控制和调节自己情感的能力会日益发展起来。学龄初期的儿童在一定程度上已经能够控制自己的一些愿望，服从活动任务的需要。而唐氏综合征儿童在情感控制方面则发展得不佳且缓慢。他们情绪的调节和控制能力还更多地受机体需要和激情的支配。他们

---

① Robert H. MacTurk et al., "The Organization of Exploratory Behavior in Down Syndrome and Nondelayed Infants," in *Child Development*, 1985, vol. 56, pp. 573-581.

难以按照社会所需要的行为规范或道德标准来调控自己的情感和行为，也难以根据环境的变化和实际需要协调自己的情感，改变已经产生的欲望和要求。

与正常发育的儿童相比，唐氏综合征儿童的情绪控制能力并不一定差。与其他儿童一样，患有唐氏综合征的儿童可能会经历各种各样的情绪，包括快乐、沮丧、愤怒和悲伤。然而，他们由于认知和发育差异，可能难以理解和表达自己的情绪，以及在某些情况下调节自己的情绪。例如，患有唐氏综合征的儿童可能难以理解社交线索，并且可能无法清楚地表达自己，这会使他们更难有效地表达自己的情绪。此外，他们可能难以自我调节，这会使他们更难根据不同的情况来管理自己的情绪。

然而，在适当的支持和指导下，患有唐氏综合征的儿童可以提高情绪调节技能。成人可以为他们提供机会来练习识别和标记他们的情绪，教他们管理情绪的应对策略，以及创造一个让他们感到安全和有保障的支持性环境。

重要的是要将每个患有唐氏综合征的孩子作为一个个体来对待，并认识到他们可能具有独特的优势、挑战和学习方式。在适当的支持和指导下，患有唐氏综合征的儿童可以学会有效地管理自己的情绪，并在日常生活中茁壮成长。

唐氏综合征儿童在弱智儿童中所占的比重很大。目前，很多家庭和社会机构希望培训这些唐氏综合征儿童，使他们能够生活自理并掌握简单的技能，以减轻家庭和社会的负担。因此，培养唐氏综合征儿童的自我控制能力是十分重要和必要的。

第三节
唐氏综合征儿童的案例分析及教育干预

一、案例分析

案例：

小静是一名患有唐氏综合征的小学四年级学生，她所在的教室是一间融合性教室，教室里有两名被诊断患有注意力缺陷多动障碍（ADHD）的学生、一名有语言障碍的学生和一名患有唐氏综合征的学生（小静）。小静的马老师在开学的第一周的某一天课上，想确保小静认识所有的学生，并且班级里的孩子们也能彼此认识。在学生们走进教室之前，马老师安排一个学生站在门口与每个人握手打招呼。这个学生看着每个学生的眼睛，说"早上好"，同时握手。第一项活动是马老师用来让学生锻炼人际交往能力的一种策略。小静轻松地完成了这项任务。她脸上挂着灿烂的笑容，因为前门的学生在和她握手后也给了她一个拥抱。

马老师将小静安排到了队伍的最后，这是因为小静这周的课堂任务是当"车尾"。学生们每周轮流进行这项任务。"车尾"是为了确保所有排队的学生都向前走，以确保没有掉队的人。

等所有学生都进了教室后，马老师让学生拿出他们的作业文件夹。当其他学生都拿出文件夹时，小静举起了手。马老师走向小静，蹲在她的桌子旁，她向马老师解释说，她的作业文件夹还在教室外面的书包里。马老师提醒小静在走进教室之前一定要拿好文件夹。马老师告诉小静，这次她可以去拿，因为这还是开学的第一周，但下次她需要记住它。

马老师蹲下与小静齐平，并与小静交谈，就好像小静有能力按照这个方向行事。当然，马老师也会允许其他学生拿到他们的作业文件夹，如果他们需要的话。马老师并不是仅仅因为小静是特殊儿童就给予她特殊的治疗。

马老师让家庭作业检查员开始在教室里走动，并在孩子们的家庭作业上签字。马老师告诉孩子们：当你的作业文件夹签完字后，请回到椅子上坐好。然后马老师问谁能重复一下我刚才给你的指示，她叫一个学生，然后该学生向马老师和全班同学重复说明。这给了那些一开始可能没有注意听讲的学生第二次听指导的机会。马老师走到小静的桌前，检查小静的作业文件夹是否拿出来了。她看到小静的文件夹拿出来了；作业也完成了，于是给了小静一张票。马老师在课堂上使用奖励系统，如果学生按时完成任务，表现良好，帮助他人，并且总体上是课堂上的好公民，他们就可以获得门票。然而，如果学生不做这些事情，马老师也会拿走门票。最后，学生们将用这些门票从老师的奖品盒中获得一些东西。马老师使用这种方法奖励学生已经五年了，在她的课堂上一直很有效。学生们似乎很喜欢这种奖励制度，总是想办法多得几张票。

学生们在作业文件夹上签名后，大多数人安静地回到椅子上坐好。一个学生在回去的路上走神了，开始阅读墙上的海报。马老师只是走到学生身边，拍拍他的肩膀。然后学生回到座位前。马老师用这种策略作为一种简单的、非语言的提醒，告诉学生她注意到他没有完成任务，他需要回到座位上。这种策略似乎不会分散其他学生的注意力，也不会引起别人的注意。

今天，不同的学生被委派了展示他们的"我的包"的任务。这些学生都有一个装有四到五件个人物品的包。展示的学生可以坐在教室前面老师的椅子上，告诉大家他所拥有的物品。展示结束后，其余的孩子可以向他提问。如果一个学生提出了评论，而不是提问，马老师会提醒他/她，这不是评论的时间，而是提问的时间。马老师在让学生们完成任务方面做得非常出色，介绍也进行得很顺利。在演示过程中，她只和小静说过一次话。小静选择把腿放在前面，在别人的空间里，而她本应该盘腿而坐。另一个学生让小静动一下腿，但她没有动。

马老师在课堂上接纳有特殊需要的学生时表现出了自信。她和小静交流过几次，但她没有分心。她以小静的水平说话，确保自己在做任务，但并不专横。马老师对待小静就像对待她所有的学生一样。这种教师风度在任何包容的教室里都是必要的。虽然学生可能需要一些额外的指导，但当教室里有 30 个学生时，老师不能把所有的精力都用在一个学生身上。马老师能够把她的注意力平均分配给所有的学生。

【教学策略】

(一)针对唐氏综合征儿童的教育措施

1. 创设友好环境

马老师安排一个学生站在门口与每个人握手打招呼。这个学生看着每个学生的眼睛，说"早上好"，同时握手。小静轻松地完成了这项任务。她脸上挂着灿烂的笑容，因为前门的学生在和她握手后也给了她一个拥抱。

许多患有唐氏综合征的儿童可能会遇到感觉处理方面的挑战，对于一些患有唐氏综合征的学生来说，教室环境可能会让人不知所措，因此创造一个感官友好的环境非常重要，它可以最大限度地减少干扰，并减少可能导致不适的感官输入。

当教室氛围友好而热情时，患有唐氏综合征的儿童会感到更加舒适和自信，这可以增加他们学习活动的参与度，并提高学业成绩。友好的课堂环境可以促进患有唐氏综合征的儿童与同龄人之间的积极社交互动，帮助患有唐氏综合征的儿童发展重要的社交技能，如沟通、合作和同理心。患有唐氏综合征的儿童在新的或不熟悉的环境中可能会感到焦虑，友好的课堂环境可以减少焦虑并促进归属感，激励患有唐氏综合征的儿童参与学习活动和尝试新事物。当孩子们感到支持和鼓励时，他们更有可能冒险并取得进步。当老师表现出善意和支持时，孩子们更有可能感受到联系和参与学习。此外，不论是正常儿童还是特殊儿童，当他们感到受到重视和尊重时，他们更有可能以积极的眼光看待自己，并对自己的成就感到满意。

2. 分解任务

小静这周的课堂任务是当"车尾"。学生们每周轮流进行这项任务。

将学习任务或活动任务分解，或将它们分解成更小、更易于管理的步骤，可以在帮助患有唐氏综合征的儿童学习新技能和完成任务方面发挥重要作用。患有唐氏综合征的儿童可能难以处理复杂的信息，因此将任务分解成更小的步骤可以帮助他们理解要求。通过使任务更易于管理，孩子们会感到更加自信和有能力。当任务过于复杂或困难时，患有唐氏综合征的儿童可能会变得沮丧或不知所措。将任务分解成更小的步骤可以帮助减少挫败感并使学习过程更加愉快。此外，患有唐氏综合征的儿童可能在短期记忆方面存在挑战，并且可能难以记住多步骤任务。

当任务被分解成更小的步骤时，患有唐氏综合征的儿童能够更好地独立工作并掌控自己的学习，这可以帮助孩子们培养他们的独立性和自信。分解任务还可以帮助患有唐氏综合征的儿童逐渐培养新技能，当他们逐渐掌握了每个小步骤时，这就帮助孩子建立了一个坚实的技能基础，新技能就可以随着时间的推移建立起来。

总的来说，分解任务可能是支持唐氏综合征儿童学习和发展的有用策略。通过将复杂的任务分解成更小、更易于管理的步骤，孩子们可以培养技能，提高独立性，并对自己的能力更有信心。

3. 在课堂上使用奖励系统

马老师走到小静的桌前，检查小静的作业文件夹是否拿出来了，她看到小静的文件夹拿出来了，作业也完成了，于是给了小静一张票，学生们可以用这些门票从老师的奖品盒中获得一些东西。

奖励系统可以激励患有唐氏综合征的儿童参与他们可能认为具有挑战性的活动和任务。对完成任务或目标取得进展的儿童给予奖励可以帮助孩子保持动力和注意力。此外，奖励积极行为可以强化积极行为，并帮助孩子了解课堂上需要什么样的行为，这有助于唐氏综合征儿童提高自尊和成就感。患有唐氏综合征的儿童可能难以集中注意力和参与，但奖励制度可以帮助他们增加对学习活动的参与度，当他们知道有奖励等着他们时，他们可能更有可能参加课堂活动。奖励制度还可以鼓励患有唐氏综合征的儿童与同龄人互动并发展社交技能。需要注意的是，奖励可以根据每个患有唐氏综合征的孩子的个人需求和兴趣量身定制，这有助于确保他们积极参与并积极学习，同时也能增强他们的优势和兴趣。

在课堂上使用奖励系统是促进唐氏综合征儿童积极行为和增加参与度的有效方法。然而，重要的是确保适当地使用奖励，并与其他教学策略相结合以支持学习和发展。

4. 不过多照顾特殊儿童，平等对待每一位儿童

马老师走向小静，蹲在她的桌子旁，她向马老师解释说，她的作业文件夹还在教室外面的书包里。马老师蹲下与小静齐平，并与小静交谈，就好像小静有能力按照这个方向行事。

尽管患有唐氏综合征的儿童有额外的教育需求，但他们也有许多与同龄其他非残疾学生相同的需求。如果他们完全融入社会并被社会接受，受益于适合年龄的榜样及感觉自己是普通人群的一部分，他们将取得最快的进步。这种社会接纳将对个体提升自信、自我认同和自尊产生深远影响——如果整个学校是一个关心和支持其所有成员的学校。

在融合课堂中平等对待每个学生是教育工作者的一个重要目标。这需要教师花时间了解学生的背景、经历和兴趣以调整教师的教学方法，来满足他们的个人需求。教师要做到避免刻板印象和偏见，为学生的发言权和选择提供机会，让学生参与决策，并为他们提供表达意见和偏好的机会，因为这可以帮助学生增强个体能力，并提高他们对学习的主人翁意识。教师还要做到监控进度，定期评估学生的进步，并根据需要调整教学，这可以帮助教师确保所有学生都取得进步并满足他们的个人需求。

特殊儿童成功融入学校，最重要的因素是学校和教师的态度。教师必须对包容感到积极，并相信孩子应该在他们的学校上学。就像案例中马老师所表现的那样。对于学校来说，首先，要重视儿童多样性，以一种积极态度建立包容框架——理解学生为什么在你的学校、你的班级，以及学生将如何在学校取得进步；其次，要组织规划和支持系统的管理职责，包括制作资源。同时，父母、照顾者要积极参与解决问题的积极方法。

（二）针对唐氏综合征儿童家庭辅助指导的教育策略

对于患有唐氏综合征儿童的父母来说，在入学前阶段需要帮助孩子进行一些必要的训练。教师可以指导家长为唐氏综合征儿童制订干预计划，可以参考瑞典治疗师艾琳·约翰逊（Eileen Johnson）的治疗计划。

1.0～1 岁阶段的干预计划

对于患有唐氏综合征儿童的父母而言，在这个阶段，他们需要在家中营造良好的沟通环境，确保父亲和母亲能够了解孩子的言语和语言需求，以及言语和语言的发展方式。在第一年结束时，家长需要鼓励所有沟通技巧、眼神交流、轮流发言、指点。在这一年中，父母和照顾者可以尝试所有的沟通技巧，如眼神交流、轮流发言等，同时针对语音的听觉辨别以支持牙牙学语的发展，普通的婴儿在这个阶段正在建立说话的语言运动技能。父母和照顾者要鼓励婴儿使用手势，这主要是为了帮助孩子理解语言。

2.1～2 岁阶段的干预计划

营造良好的沟通环境对于唐氏综合征儿童来说是必需的，因此每个阶段父母都需要注意这一点。在这个阶段，父母要继续进行有针对性的工作以支持听力和产生语音——单一声音和重复的牙牙学语(用于语音和听觉记忆发展)，同时要通过录音的方式来记录孩子的语音发展。

通过使用物体、图片和动作的游戏来理解和产生早期词汇，以补充孩子的日常语言接触，家长可以有针对性地教学和练习单词，然后是两个和三个单词结构。家长可以通过游戏的方式进行单词的教学，并鼓励孩子模仿。

高质量的语言浸入式方法不足以满足患有唐氏综合征的儿童的需要，所以在选择用于模仿的单词时，应选择孩子已经可以发出的声母，强调在词汇和语言进步之前解决语音产生技能的必要性，父母要记录孩子理解的单词或说出的单词。

3.3～5 岁阶段的干预计划

在这个阶段，父母要继续教授词汇并培养孩子的早期语法和句法。家长可以通过游戏和制作书籍来实现语言学习，一些阅读活动将有助于家长帮助唐氏综合征儿童进行词汇和语法的练习，看单词和听单词对许多患有唐氏综合征的孩子来说是一个重要的帮助。对唐氏综合征儿童的言语、语言和工作记忆发展最有效的干预措施是将他们安置在融合教育的学前班和学校，并教他们阅读。这种学习会帮助青少年在表达性语言结构、语音清晰度及语言和视觉短期记忆跨度方面取得非常大的进步，大约在 10 岁时可以在其身上观测到这种进步。

阅读的好处最初可能来自比口头形式更准确地存储整个印刷文字图像的能力——然后前者支持后者的学习。随着字母发音的学习，患有唐氏综合征的儿童在学习阅读和拼写时，对语音的听觉辨别力将得到改善，然后是语音意识——听到单词声音的能力会得到增强。所有的阅读活动都旨在确保孩子们理解或被教导去理解他们正在阅读的内容，否则将看不到语言上的好处。如果观察者在观察患有唐氏综合征的孩子读书时不明白他们在读什么，这是老师的错，而不是孩子的错。

家长应保留词汇理解和产生的记录，意识到产生词汇量与产生语法发展之间的重要联系，这已在典型发育儿童和患有唐氏综合征的儿童中得到证明。这意味着至少在患有唐氏综合征的儿童身上看到的一些语法延迟是词汇学习延迟的结果。此外，6岁是学习语法的关键时期，此时大脑的接受能力最强，掌握语法对儿童的语音发育有显著影响。所有这些发现对理解唐氏综合征儿童常见的言语和语言特征具有重要意义，并对早期和持续治疗具有重要意义。

综上，对学前期和学龄期的唐氏综合征儿童父母进行家庭辅助十分有必要，教师要结合以上干预计划，帮助唐氏综合征儿童的父母正确进行家庭干预治疗，通过家校合作帮助学生更好地适应学习生活，在社交、学习等各方面获得全面发展。

【总结】

通过上述案例中马老师的一系列举动和小静的反应可以看到，融合教育对于患有唐氏综合征的学生来说至关重要。融合教室提供了一个支持和接受的环境，让患有唐氏综合征的学生可以与同龄人一起学习和社交。

将有特殊需要的学生纳入融合教育课堂一直是讨论的主要话题。融合教育意味着所有学生都是学校社区的一部分，无论他们的优点和缺点，特殊学生不需要被安置在不同的机构。以美国为例，将残疾学生纳入普通教育课堂是美国现行的一项法律要求，根据美国的特殊教育法，即《残疾儿童教育法》，许多学校的最终目标是创造一个环境限制最少的教室，以满足所有学生的需要。

但不幸的是，许多教师没有被教过如何教有特殊需要的学生，而仅仅是在融合教育课堂上包括有特殊需要的学生，教师们一致认为大多数教育者和教师缺乏适当的知识基础，以有效地教育非典型发展的学生。教师确实希望课堂上有特殊需要的学生，然而他们并没有为这类学生的教学做好充分准备，虽然有些教师可能有能力教育有特殊需要的学生，但他们没有足够的信心这样做。

案例中的马老师能够使唐氏综合征儿童小静开心愉快地在融合学校里度过轻松愉快的一天，她是一位具有一定融合教育经验和教学策略的教师。作为一名班级里有特殊儿童的教师，必须拥有一定的职业素养，了解唐氏综合征学生的具体情况，如学生的理解力、技能和优势，利用学生的优势来支持成功的学习和发展，根据需要为个人调整计划，要灵活，但也要对没有明确理由或证据的干预措施保持谨慎。

美国有一项教育计划——个性化教育计划，该计划是美国实施的由专业人士和家长或监护人组成的团队制定的法律文件，用于指导残障学生的教育。IEP的目的是概述学生的独特学习需求，设定目标，并确定学生在学校取得进步所需的服务和便利条件。根据《残疾人教育法》制定IEP是一项要求，该法是一项联邦法律，旨在保证残障学生获得免费适当的公共教育。IEP团队通常包括学生的父母或监护人、教师、特殊教育专业人员及任何其他相关服务提供者，如语言治疗师或职业治疗师。

IEP包括了有关学生的残疾、他们目前的学业成绩及影响他们学习的任何功能或行为问题的信息。它概述了学生的具体学术和功能目标，以及为支持他们的学习而提供的服务和便利条件。

【概念聚焦】 IEP

IEP 是为美国残疾学生制定的法律文件，包括患有唐氏综合征的儿童，他们需要特殊教育服务以满足其独特的教育需求。IEP 是学生家长、教师和其他学校工作人员之间的协作努力，以确定学生的个人优势和挑战，设定教育目标，并制订实现这些目标的计划。IEP 的制定以《残疾人教育法》为指导，该法要求学校向所有残障学生提供免费的适当公共教育（FAPE）。每年对 IEP 进行审查和更新，以确保它对学生不断变化的需求保持适当和有效。

IEP 是根据学生的具体需求量身定制的，可能包括调整和修改课程、专业指导和相关服务，如言语和语言治疗或职业治疗。IEP 还概述了学生当前的表现水平、学业和功能进步的目标，以及如何衡量进步。

家长在 IEP 过程中发挥着关键作用，并被鼓励参与孩子 IEP 的制定、实施和审查的各个方面。包括参加 IEP 会议，就孩子的优势和挑战提供意见，以及与学校工作人员合作以确保 IEP 反映孩子的个人需求和目标。

除了提供专门的指导和服务外，IEP 还确保残疾学生被纳入普通教育课程，并获得与正常发育的同龄人相同的教育机会。包括参加课外活动、使用学校设施和课程，以及在包容性课堂环境中与同龄人互动和社交的机会。

IEP 是通过一个基于团队的过程制定的，其中包括学生的父母、普通和特殊教育教师、管理人员及其他需要的专业人员，如学校心理学家或治疗师。该团队共同努力确定学生的个人优势和需求，确定适当的目标，并制定策略和调整以支持学生朝着这些目标取得进展。

IEP 制定后，将由学生的教师和其他学校工作人员实施和监督。定期监测 IEP 中概述目标的进展情况，并通过进度报告和正式会议向学生家长报告。IEP 的目标是为残疾学生（包括患有唐氏综合征的学生）提供高质量的教育，以满足他们的个人需求并让他们充分发挥潜力。IEP 流程促进家长、教育工作者和其他专业人士之间的合作，并确保向残疾学生提供他们在学校内外取得成功所需的支持和服务。

二、融合教育重要性

近年来，针对唐氏综合征儿童的包容性教育缓慢但稳步地发展。越来越多的儿童在当地学校接受教育，在包容性环境中提供的适当教育可为患有唐氏综合征的儿童提供最佳发展机会。实施融合教育对唐氏综合征儿童有以下重要性。

（一）言语和语言增益

在适当的支持下，在主流学校环境中接受教育的唐氏综合征儿童随着时间的推移在结构和清晰度方面表现出显著的语言进步。言语和语言发展对于认知和社会发展的重要性怎么强调都不为过。单词和句子是智力发展的基石——我们使用口头语言进行思考、推理和记忆。文字是了解世界的主要知识来源。言语和语言技能影响社会和情感发展的各个方面——在社交世界中交涉和交朋友的能力，分享忧虑和经验，以及成为家庭和社区的一部分的能力。

(二)促进社交

患有唐氏综合征的儿童可以从主流课堂上与同龄人社交和互动的机会中受益。这可以帮助他们发展社交技能、建立人际关系，而这在更加隔离的课堂中是不可能发生的。融合课堂也可以使正常发育的儿童受益。他们可以学到关于多样性、同理心和接纳的重要课程，并加深对特殊人群的理解和欣赏。

(三)提高学业成绩

进入主流课堂的唐氏综合征儿童可以取得显著的学业进步，他们可能会受益于接触更具挑战性的学术内容，以及同龄人的高期望和学术标准。他们在包容性课堂中体验到了更多的学术和社交机会，因此被纳入融合教室的唐氏综合征儿童可能有更好的毕业后成果，如更高的就业率和更好的独立生活。

(四)促进公平和多样性

融合课堂提倡所有学生，无论其能力如何，都有权接受满足其独特需求的教育。这有助于促进公平和多样性，并可能导致更具包容性和包容性的学校文化。

(五)良好的学习环境

患有唐氏综合征的儿童需要在必要的个人支持下与同龄的普通儿童一起学习才能取得成功。在特殊教育课堂中很难提供最有效的学习环境，但在融合教育的课堂中，患有唐氏综合征的儿童可以向他们的同龄人学习，与同龄的普通儿童一起观看和参与课程，从而获得良好的学习环境和全天的学习机会。融合教育学校对课堂有更高的期望，课堂和课程是为普通儿童设置的，他们的学习也为患有唐氏综合征的儿童提供了识字和语言方面的榜样。

三、结语

为患有唐氏综合征的儿童提供的包容性教育包括为他们提供必要的支持和资源，以便他们在主流课堂环境中与正常发育的同龄人一起学习和成长。这更侧重于个性化的教育计划，以满足每个孩子的特定需求和优势，同时促进他们的社交和情感发展。教师可以使用的一些策略包括适应性材料和技术、修改后的课程、辅助技术和差异化教学。融合教育不仅有利于患有唐氏综合征的儿童，还可以促进课堂上所有学生对多样性的理解和接受。通过早期干预和持续支持，患有唐氏综合征的儿童可以充分发挥潜能并在包容性教育环境中取得成功。

　　唐氏综合征儿童的融合教育还涉及家长、教师和其他支持人员之间的合作，以确保满足儿童的独特需求。这可能涉及家长与教师之间的定期沟通、个性化教育计划的制订及提供持续的支持和便利，以帮助孩子取得成功。融合教育还涉及促进积极和包容的学校文化，让所有学生无论其能力或差异如何都感到受到重视和尊重。

　　融合教育可以为患有唐氏综合征的儿童带来许多好处，包括提高学业成绩、社交、情感发展及自尊。融合教育还能促进特殊儿童重要生活技能的发展，如独立、自我倡导和解决问题。

　　总体而言，针对患有唐氏综合征儿童的融合教育包括为他们提供所需的支持和资源，让他们在温馨和包容的课堂环境中与同龄人一起学习和成长。这种方法有助于促进他们的学业、社交和情感发展，同时也促进所有学生对多样性的理解和接受。

【关键概念】

1. 唐氏综合征　　2. 唐氏综合征儿童认知特征　　3. 自我控制
4. 动机水平　　　5. 言语发展缺陷　　　　　　　6. 任务分解
7. 家庭辅助

【问题与思考】

1. 唐氏综合征儿童的认知发展特征是什么？
2. 分析并讨论如何对唐氏综合征儿童进行融合教育。
3. 唐氏综合征儿童入学前家庭可以给予什么帮助？

【深思感悟】

　　为什么在普通班级中唐氏综合征儿童发展水平更好？如何帮助唐氏综合征儿童适应融合教育？

【延伸阅读】

　　王虹. 学龄前唐氏综合征儿童口肌训练手册[M]. 北京：人民卫生出版社.

参考文献

[1] 谌小猛, 赵颖曦, 刘泽慧. 盲童情绪理解与表达的研究进展[J]. 中国特殊教育, 2021(6).

[2] 邓猛, 彭兴蓬. 变革与支持: 行动中的融合教育——第三届全国融合教育会议综述[J]. 残疾人研究, 2021(3).

[3] 谷长芬, 朱丽芳. 北京市学前融合教育服务现状的调查研究——以13所融合幼儿园为例[J]. 中国特殊教育, 2023(4).

[4] 郭文斌, 张晨琛. 我国融合教育热点领域及发展趋势研究[J]. 残疾人研究, 2017(3).

[5] 侯雨佳, 邓猛. 国外孤独症谱系障碍儿童早期依恋特征及干预策略述评[J]. 残疾人研究, 2018(1).

[6] 胡晓毅, 范文静. 我国学龄孤独症儿童教育安置形式的思考[J]. 教育学报, 2016(6).

[7] 胡智锋, 樊小敏. 中国融合教育的发展、困境与对策[J]. 现代教育管理, 2020(2).

[8] 景时. 融合教育后现代差异观的阐释与批判[J]. 中国特殊教育, 2021(4).

[9] 李晓华, 刘海荣. 瑞典"特殊支持需要儿童"政策: 特点及启示[J]. 幼儿教育, 2016(33).

[10] 刘礼兰, 王娟, 雷江华. 融合教育环境中普特教师合作的研究热点与前沿趋势[J]. 中国特殊教育, 2022(6).

[11] 刘明清, 谢翌, 陈婕, 等. 适异而育: 共生视域下融合教育文化创建个案研究[J]. 教育理论与实践, 2021(26).

[12] 刘雪琴, 胡春华, 罗叶, 等. 综合干预治疗对7~14岁注意缺陷与多动障碍患儿执行功能缺陷疗效[J]. 中国学校卫生, 2023(5).

[13] 刘玉娟. 0—3岁儿童语言和言语障碍的早期诊断与干预[J]. 中国特殊教育, 2018(9).

[14] 彭兴蓬. 融合教育的价值追求及社会支持系统的建立[J]. 教育研究与实验, 2014(3).

[15] 任加艳, 张新立. 融合教育环境中听觉障碍幼儿同伴关系现状及其改善策略[J]. 学前教育研究, 2016(4).

[16] 沙鹏, 雷江华. 融合情境中应用同伴介入法干预孤独症儿童社交语言研究述评[J]. 中国特殊教育, 2023(2).

［17］王东升，张玲，邓猛. 教育现代化背景下融合教育本土教学实践特色的探析［J］. 中国特殊教育，2022(9).

［18］辛伟豪，张珍珍，鲁鸣. 融合教育背景下特殊学生家庭作业研究综述［J］. 中国特殊教育，2022(4).

［19］许琳，郅晓蓉. 从个体到家庭：智障者及其监护人社会支持研究综述与展望［J］. 社会保障研究，2022(3).

［20］颜廷睿，关文军，邓猛. 融合教育质量评估的理论探讨与框架建构［J］. 中国特殊教育，2016(9).

［21］赵斌，冯诗瑶，张瀚文. 融合教育本土化发展的内涵、理论基础与实践探索［J］. 中国特殊教育，2022(12).

［22］赵欣，袁茵，孙立双，等. 听觉障碍小学生情绪表达规则认知特点研究［J］. 教育科学研究，2023(3).

［23］周满生. 关于"融合教育"的几点思考［J］. 教育研究，2014(2).

［24］左娟娟，贺荟中. 美国孤独症儿童学前融合教育安置研究综述及启示［J］. 中国特殊教育，2023(4).

［25］贺荟中，张珍珍，张云翔. 融合环境下孤独症谱系障碍儿童幼小衔接的困境与支持策略［J］. 西北师大学报(社会科学版)，2023(3).

［26］陈庆庆，万勤，黄昭鸣. 神经性言语障碍的特征及神经机制研究进展［J/OL］. 听力学及言语疾病杂志，2023-03-13.

［27］谌小猛. 视障儿童定向行走训练指南［M］. 北京：北京出版社，2018.

［28］邓猛. 融合教育背景下中国特殊教育体系发展研究［M］. 南京：南京师范大学出版社，2016.

［29］董奇. 心理与教育研究方法［M］. 北京师范大学出版社，2022.

［30］郭卫东. 中国近代特殊教育史研究［M］. 高等教育出版社，2012.

［31］雷江华，刘慧丽. 学前融合教育(第2版)［M］. 北京：北京大学出版社，2022.

［32］An Z. G. , Hu X , , Horn E. . Chinese Inclusive Education：The Past，Present，and Future［J］. *Intervention in School and Clinic* , 2018，54(2).

［33］Berti L. C. , De Assis M. F. , Cremasco E. , et al. . Speech production and speech perception in children with speech sound disorder［J］. *Clinical Linguistics & Phonetics* , 2022，36(2-3).

［34］Birnschein A. M. , Paisley C. A. , Tomeny T. S. . Enhancing social interactions for youth with autism spectrum disorder through training programs for typically developing peers：A systematic review［J］. *Research in Autism Spectrum Disorders* , 2021，84.

［35］Boroson B.. Inclusive Education：Lessons from History. ［J］. *Educational Leadership*，2017，74(7).

［36］Kumazaki H.，Muramatsu T.，Yoshikawa Y.，et al.. Optimal robot for intervention for individuals with autism spectrum disorders[J]. *Psychiatry and Clinical Neurosciences*，2020，74(11).

［37］Investigating Augmented Reality as a mode of representation for hearing and hearing-impaired preschool children[J]. *International Journal of Child-Computer Interaction*，2022，34.

［38］Lakkala S.，ÓskarsdÓttir E.. Enhancing Sustainable Inclusive Education[J]. *Sustainability*，2021，13(14).

［39］Lancioni G. E.，Olivetti Belardinelli M.，Singh N. N.，et al.. Recent Technology-Aided Programs to Support Adaptive Responses，Functional Activities，and Leisure and Communication in People With Significant Disabilities[J]. *Frontiers in Neurology*，2019，10.

［40］Madhesh A.. The concept of inclusive education from the point of view of academics specialising in special education at Saudi universities[J]. *Humanities and Social Sciences Communications*，2023，10(1).

［41］Matsuzaki J.，Kuschner E. S.，Blaskey L.，et al.. Abnormal auditory mismatch fields are associated with communication impairment in both verbal and minimally verbal/nonverbal children who have autism spectrum disorder[J]. *Autism Research：Official Journal of the International Society for Autism Research*，2019，12(8).

［42］Moossavi A.，Mehrkian S.，Gohari N.，et al.. The effect of harmonic training on speech perception in noise in hearing-impaired children[J]. *International Journal of Pediatric Otorhinolaryngology*，2021，149.

［43］Navarro-Mateu D.，Franco-Ochoa J.，Valero-Moreno S.，et al.. To be or not to be an inclusive teacher：Are empathy and social dominance relevant factors to positive attitudes towards inclusive education? ［J］. *PLoS ONE*，2019，14(12).

［44］O'connell K. S.，Shadrin A.，Smeland O. B.，et al.. Identification of Genetic Loci Shared Between Attention-Deficit/Hyperactivity Disorder，Intelligence，and Educational Attainment[J]. *Biological Psychiatry*，2020，87(12).

［45］Okyere C.，Aldersey H. M.，Lysaght R.，et al.. Implementation of inclusive education for children with intellectual and developmental disabilities in African countries：a scoping review[J]. *Disability and Rehabilitation*，2019，41(21).

［46］Sabbarwal S.. Inclusive Education across Cultures：Crossing Boundaries，Sharing Ideas［J］. *Institutionalised Children Explorations and Beyond*，2016，3(2).

［47］Watkinson M. D.，Ehlenbach M.，Chung P. J.，et al.. Interventions in the Home and Community for Medically Complex Children：A Systematic Review［J］. *Pediatrics*，2023，151(5).

［48］Wilson R. B.，Thompson A. R.，Rowse G.，et al.. The experience of seeking，receiving，and reflecting upon a diagnosis of autism in the UK：A meta-synthesis of qualitative studies conducted with autistic individuals［J］. *Research in Autism Spectrum Disorders*，2023，103.

［49］Yada A.，Tolvanen A.，Savolainen H.. Teachers' attitudes and self-efficacy on implementing inclusive education in Japan and Finland：A comparative study using multi-group structural equation modelling［J］. *Teaching and Teacher Education*，2018，75.

［50］Zaidman-Zait A.，Poon B. T.，Curle D.，et al.. The Transition to School Among Deaf/Hard-of-Hearing Children：Teacher and Parent Perspectives［J］. *The Journal of Deaf Studies and Deaf Education*，2019，24(4).

［51］Zhang C.，Miao X.. Systematic Review on Chinese Special Education and Inclusive Education：China's Solution in Globalization［J］. *ECNU Review of Education*，2022.